Alain Lallemand

RUSSISCHE MAFIA

Alain Lallemand

RUSSISCHE MAFIA

Der Griff zur Macht

Das Netzwerk zwischen Moskau,
Berlin und New York

Aus dem Französischen
von Bernd Weiß

Lichtenberg

Titel der Originalausgabe: L'Organizatsiya.
La mafia russe à l'assaut du monde
Originalverlag: Calmann-Lévy

Dieses Buch wurde auf chlor- und säurefrei gebleichtem Papier gedruckt. Die Folien der Verpackung und des Schutzumschlages sind PE-Folien und biologisch abbaubar.

Umschlaggestaltung: Casa nova corporate communications, München
Satz: Ventura Publisher im Verlag
Druck und Bindung: Clausen & Bosse, Leck
Printed in Germany
ISBN 3-7852-8410-1

2 4 5 3 1

Inhaltsverzeichnis

Einleitung

WOR W SAKONJE – DER DIEB, DER DAS GESETZ BEFOLGT

Dieses Buch erzählt die Geschichte einer Bande von Kriminellen, die aus der internationalen russischen organisierten Verbrecherwelt hervorging. Eine Geschichte, deren Ende noch nicht abzusehen ist. Das FBI ordnet diese Bande den neuen, weltweit führenden Gruppen der russischen Mafia zu und hat ihr den Namen »Organisation Rachmiel Brandwain« gegeben. Heute hört man immer wieder, schmutziges Geld korrumpiere die Wirtschaft – dieses Buch liefert den Beweis dafür.

Am Anfang unseres Berichts stehen drei Männer, die trotz ihrer unterschiedlichen Charaktere zwischen 1987 und 1994 geschäftliche und freundschaftliche Verbindungen eingingen. Der Lebenslauf des aus Weißrußland stammenden Boris Nayfeld läßt sich anhand der Gerichtsakten verfolgen, aus denen seine ranghohe Stellung als *awtoritet* hervorgeht. Zu seinen Vergehen zählen Drogenhandel, versuchter Mord und Erpressung. Bei der zweiten Person handelt es sich um den Ukrainer Rachmiel Brandwain, der zur Zeit immer noch in Europa als freier Geschäftsmann tätig ist. Eineinhalb Jahre lang legte er uns in zahlreichen persönlichen Gesprächen seine Sicht über die russische Mafia dar. Auch wenn man seinen Betrachtungen ein gewisses Maß an Skepsis entgegenbringen sollte, so sind sie doch eine hervorragende Informationsquelle. Das Beispiel von Brandwain und Nayfeld zeigt besser als jedes andere die Verquickung legitimer Geschäfte – die von kleineren Betrügereien und Schiebergeschäften ohne mafiosen Hintergrund begleitet sind – mit dem eigentlichen organisierten Verbrechen.

Ihre Komplizen, O. Kwantrischwili, W. Iwankow, M. Balagula, B. Dekanidse, R. Bagdasarian und E. Laskin, verkörpern die Führungselite des russischen Verbrechens, das von Brooklyn bis Moskau, von Vilnius bis Berlin sein Unwesen treibt. Sobald neue Gestalten auf der Bildfläche erscheinen, wie im Falle der »Taiwaner«, suchen die Kriminalisten ebenfalls bei Brandwain und Nayfeld Rat.

Wovon handelt nun dieses Buch? Es erzählt ganz einfach die Geschichte einer Handvoll Männer – nicht mehr als zwanzig –, die, wenn auch nicht die ganze Welt, so doch einige der wichtigsten Länder des Westens erzittern ließen. Diese Männer, denen Brandwain am Ende zum Opfer fallen wird, hatten innerhalb weniger Jahre ihr Ziel erreicht und gaben in der Unterwelt den Ton an. Sie hatten sich mit der Cosa Nostra und den kolumbianischen Kartellen verbündet und einer einst bedeutungslosen kriminellen Vereinigung weltweiten Einfluß verschafft. Die Ermordung W. Ljubarskis geht ebenso auf ihr Konto wie die – in Wiborg beschlagnahmte – Tonne Kokain oder die Ermordung des Journalisten V. Lingys in Vilnius. Wenn man den Angaben des BKA, des MVD und des FBI glauben kann, ist sie für Dutzende, wenn nicht Hunderte von Morden in Moskau oder Berlin, in Los Angeles oder Paris verantwortlich. Ihre Mitglieder sind demnach die eigentlichen Urheber der Annäherung zwischen italoamerikanischer und russischer Mafia.

Unsere Geschichte ist bis zum heutigen Tag beispiellos, und die darin vorkommenden Spielregeln sind es ebenfalls. Kein Clan der italienischen Mafia oder eines der kolumbianischen Kartelle, keine japanische *yakusa*, kein Soldat einer chinesischen Triade oder eines *büyük baba* Istanbuls hat je mit solcher Beharrlichkeit ein Wirtschaftsunternehmen dazu benutzt, seine über die ganze Welt verteilten kriminellen Aktivitäten zu unterstützen. Eine Scheinfirma erfüllt naturgemäß nur so lange ihren Zweck, bis sie enttarnt ist. Die hier aufgeführten wirtschaftlichen Verknüpfungen der Gesellschaft M&S International und ihrer Dependancen in verschiedenen Staaten haben jedoch eine Besonderheit: Ihre Zentren liegen an den Knotenpunkten des organisierten Verbrechens, das sich von den Staaten der ehemaligen Sowjetunion her ausbreitet – eines der beunruhigendsten Phänomene unseres ausgehenden Jahrhunderts. Es führt uns in das Labyrinth des russischen Kriminellenmilieus von Brighton Beach, der litauischen Vilnius-Brigade, der slawischen Banden Moskaus, der Briefkastenfirmen und prunkvollen Villen in den Vororten Antwerpens und der Import-Export-Läden im Zentrum Berlins. Die »russische« Kriminalität ist kein festgefügter Monolith, sie weist in jedem Staat unterschiedliche Erscheinungsformen auf. Ein Blick hinter die Kulissen der wirtschaftlichen oder kriminellen Verflechtungen macht jedoch erst dann Sinn, wenn er uns über die Ziele und die Denkweise ihrer Urheber aufklärt. Wir wollen daher zuerst die Entstehungsgeschichte der russischen Mafia außerhalb der UdSSR aufzeigen – in diesem Fall anhand der Vororte im Osten New Yorks – und uns dann auf die verschlungenen Pfade von Drogenhändlern und Schutzgelderpressern, bezahlten Killern und Betrügern (die ihre Geschäfte mit Mineralölerzeugnissen betreiben) sowie Schiebern elektronischer Geräte und Zigarettenschmugglern begeben.

Die russische Mafia

Genaugenommen kann man gar nicht von der »russischen Mafia« sprechen. Es handelt sich vielmehr um eine bunte Mischung aus Georgiern, Moskowitern, Polen, Israelis, Ukrainern, Deutschen, Amerikanern, Tschetschenen, Belgiern, Litauern, Weißrussen und Kolumbianern. Die Bezeichnung »russisch« unterstreicht dabei lediglich die Tatsache, daß Moskau ein, wenn nicht sogar das weltweit bedeutendste Zentrum dieser Kriminalität darstellt.

Dennoch werden wir ausführlich auf die kulturelle Herkunft der maßgeblichen Personen eingehen und wollen dabei gleichzeitig eine Polemik entschärfen, für die es eigentlich keinen Grund gibt. Die Angabe der Glaubenszugehörigkeit – zum Beispiel »jüdisch« – ist zwar für die Betreffenden selbst bindend, aber man darf nicht vergessen, daß sich Menschen unter der Ära Leonid Breschnews ebenso schnell wie unerwartet bekehrten und die jüdische Diaspora dazu mißbrauchten, die Sowjetunion ohne große Probleme zu verlassen. Die sowjetischen Behörden ihrerseits nutzten diesen Umstand, um ihnen unliebsam gewordene Personen ins Ausland abzuschieben. Ebenso sollte man sich davor hüten, Religion mit Nationalität und familiäre Abstammung mit persönlicher Überzeugung gleichzusetzen. In diesem Buch ist grundsätzlich die Nationalität ausschlaggebend. Die von den Personen angegebene (beziehungsweise deren vermutete) Glaubenszugehörigkeit wird nur dann erwähnt, wenn sie von entscheidender Bedeutung ist: etwa in Fällen des spontanen Übertritts zu einem Glauben und da, wo die Täter religiöse Beweggründe für ein Verbrechen vorgeben. Bei solchen Vorkommnissen handelt es sich keineswegs um eine Nebensache. So ergänzt zum Beispiel die israelische die russische Kriminalität. Ja, sie stellt heute sogar deren Fortführung dar, und Tel Aviv spielt für die mafiose Organisation, von der hier die Rede sein wird, eine zentrale Rolle.

Dies sollte genügen, um keine Mißverständnisse aufkommen zu lassen.

Läßt sich, wenn man diese in sich abgeschlossene Welt schon nicht auf einen gemeinsamen Nenner bringen kann, wenigstens von der »Mafia« sprechen? Strenggenommen ist der Begriff »Mafia« auf ein sizilianisches Phänomen beschränkt, mit dem die Behörden gegen Ende des 19. Jahrhunderts einen bestimmten Verbrechertypus bezeichneten. Es ist nicht einmal sicher, ob zwischen der Mafia von 1880 und der heutigen Mafia in Italien wirklich eine historische Verbindung besteht. Wie also soll man verfahren? Der Begriff »Mafia« wird heute auf der ganzen Welt, vor allem in den Medien, in einem sehr allgemeinen Sinne verwendet. Er wird jedoch allmählich außer Gebrauch kommen, weil es ihm an einer festumrissenen Klassifizierung fehlt. Daher ist die Bezeichnung »organisiertes Verbrechen« vorzuziehen. Das BKA hat als erste Behörde versucht, eine Definition dieser Verbrechensart zu finden, die jedoch ihrer Länge wegen schwerfällig wirkt und für den Gebrauch ungeeignet ist. Sie wurde deshalb auf eine Zahl von Merkmalen reduziert, die im wesentlichen folgendes besagen: Organisiertes Verbrechen ist das planmäßige Begehen von Straftaten bedeutenden Umfangs, das mit Gewinn- oder Machtstreben verbunden ist und von mindestens zwei Personen gemeinsam während eines mehr oder weniger langen Zeitraums betrieben wird. Es impliziert ferner, daß diese Personen eine Arbeitsteilung vornehmen, geschäftsmäßige Strukturen einsetzen, Gewalt und andere Einschüchterungsmethoden anwenden und auf die Politik, die Medien, die öffentliche Verwaltung, die Justiz oder die Wirtschaft Einfluß nehmen.

Der Begriff »Mafia« sollte sich im übrigen auf eine inoffizielle und unspezifische Verwendung beschränken.

Eine letzte Klarstellung: Die »russische Mafia«, wie sie den Staatsanwaltschaften der ganzen westlichen Welt bestens bekannt ist, ist nicht mit der sowjetischen Mafia identisch, die Waksberg[1] in seinem Buch beschreibt. Die Kriminalisierung eines ganzen Regimes – oder besser gesagt, einiger seiner wichtigsten Repräsentanten – und der Zusammenbruch dieses Regimes aufgrund der willentlich betriebenen Untergrabung seiner ursprünglichen Ideale begünstigen natürlich gegen den Staat gerichtete Entwicklungen, die zu mafiosen Strukturen führen können. Der Zusammenbruch bedeutet jedoch keineswegs das Endstadium. Unserer Ansicht nach darf man die beiden Pole des Phänomens nicht miteinander vermischen: Einem käuflichen politischen und wirtschaftlichen

System steht eine »Unterwelt« gegenüber, die zur Übernahme der Macht bereit ist. Sicher, zwischen beiden existieren Verbindungen, und sie verdichten sich sogar. So konnte zum Beispiel der Pate der Organisazija, W. Iwankow, auf politische Unterstützung zählen, die seine vorzeitige Freilassung in Toulon und seine Flucht in die Vereinigten Staaten ermöglichte. Der Führer der Vilnius-Brigade, Boris Dekanidse, durfte zeitweilig in der lettischen Datscha von Boris Pugo, einem der Anstifter des mißlungenen Putschversuchs im August 1991, wohnen. Und Sergei Michailow war lange Zeit in Besitz eines costaricanischen Passes. Aber die sowjetische Mafia, die Waksberg beschreibt, hatte kein Interesse an einer Zusammenarbeit mit dem internationalen organisierten Verbrechen. Dies hätte ihrem Ruf als von Regierungsseite respektierter Organisation und auch ihrer Legitimität innerhalb der Sowjetunion geschadet. Außerdem hätte sie einen ganz besonderen Schatz teilen müssen: das Erbe einer zerfallenden Weltmacht. Ein solcher Entschluß wäre kaum vorstellbar.
Zwei völlig verschiedene Welten arbeiten so in friedlichem Einvernehmen. Die Strategen der Organisazija sind glücklicherweise nicht identisch mit den Strategen im Kreml, aber beide sind am Roten Platz vertreten.

Blei und Kapital

Viele Details, die wir hier anführen, wurden bereits veröffentlicht und sind vor allem aus den russischen, deutschen und amerikanischen Medien bekannt. Doch wurde dabei nie eine globale Betrachtung vorgenommen; das hat Gründe, die bei den einzelnen Staaten zu suchen sind: Die isolierte Stellung des russischen Innenministeriums (MWD) und der fragmentarische Charakter der Analyse lassen sich durch die Nachrichtensperre, der alle aus Moskau stammenden Informationen unterliegen, sowie durch das Mißtrauen der westlichen Polizeibehörden erklären. In Deutschland hat strengste Geheimhaltung Tradition (auf Länder- wie auf Bundesebene), und die Behörden geben nur spärlich Informationen frei. Sie haben das Problem der »russischen Mafia« sicherlich am besten erkannt, obwohl Deutschland zu den Staaten gehört, in denen über dieses Thema sehr wenig öffentlich diskutiert wird. In Amerika dienen Nachrichtenbeschränkungen einzig dem »Zeugenschutz«, außerdem besteht kaum Interesse an polizeilichen Untersuchungen außeramerikanischer Ereignisse.

Aus diesem Grund darf in keinem Werk über die russische Kriminalität eine allgemeine Einführung in dieses Phänomen fehlen.

Anläßlich der UN-Weltkonferenz über den Kampf gegen das transnationale Verbrechen Ende 1994 in Neapel unternahm die italienische Nachrichtenagentur ANSA den Versuch, die Bedeutung der unterschiedlichen mafiosen Gruppierungen in der ganzen Welt anhand von Zahlen zusammenzufassen. Sie schätzte die Zahl der in der italienischen Mafia organisierten Verbrecher auf 20 000 enge Mitglieder und Zehntausende von Personen in deren Umfeld: die sizilianische »Cosa Nostra« mit 5000 Mitgliedern und hundertachtzig Familien; die »Camorra« Neapels mit 6000–7000 Mitgliedern, die sich auf etwa hundert Clans verteilen; die kalabresische »'Ndrangheta« mit 5000 Mitgliedern in hundertfünfzig kriminellen Vereinigungen und die »Sacra Corona Unita« Apuliens mit 1000 Mitgliedern, die sich auf etwa fünfzig Banden verteilen. Im Jahre 1993 wurden allein auf der italienischen Halbinsel 1008 Morde registriert, die in Zusammenhang mit dem organisierten Verbrechen in Italien standen.

In den Vereinigten Staaten umfaßt die »Cosa Nostra« fünfundzwanzig Familien mit 3000 »Soldaten«.

Die japanischen »Yakusa« vereinigen 90 000 Verbrecher in 3400 Clans. Alleine der Yamagushi-gumi-Clan zählt 32 000 Mitglieder.

China scheint alle Rekorde zu brechen: Allein fünfzig Triaden tei-

len sich Hongkong. Die bedeutendste unter ihnen, »Sun Yee On«, verfügt über 30 000 Mitglieder. Das organisierte Verbrechen in China entspricht ganz den gigantischen Ausmaßen des Landes.
In Rußland werden 5700 Banden der Organisierten Kriminalität zugerechnet, davon sind 3500, die zusammen etwa 100 000 Mitglieder zählen, mafiosen Typs. M. Jegorow, Leiter der russischen Abteilung zur Bekämpfung des organisierten Verbrechens, sagte dazu in einer Rede vor dem amerikanischen Senat im Mai 1994: »Gab es in Rußland 1990 lediglich 785 OK-Gruppen, so ist die Zahl bis heute auf 5691 gestiegen. Die Führung dieser Gruppen liegt in der Hand von etwa 3000 Bandenchefs, von denen 279 als Paten gelten. Nach den uns vorliegenden Informationen existieren 926 Gruppen, die sich in hundertfünfzig kriminellen Vereinigungen mit jeweils siebzig bis dreihundert Personen organisiert haben. Die Gesamtzahl der in diesen kriminellen Gruppen Aktiven beläuft sich auf etwa 100 000 Personen. Die Organisierte Kriminalität besitzt überregionalen Charakter, und mehr als dreihundert Gruppen des organisierten Verbrechens operieren im Ausland. [...] Glaubt man den offiziellen Statistiken, war bis 1989 jegliche Form organisierten Verbrechens in Rußland faktisch unmöglich. Aber es existierte dennoch. [...] 1993 leiteten wir in 5000 Fällen Ermittlungsverfahren ein und brachten 11 000 Mitglieder organisierter krimineller Banden vor Gericht. Unter ihnen befanden sich 1200 Mafiabosse.«
Zwei Jahre später, am 15. Mai 1996, sprach die Nummer zwei des russischen Innenministeriums, Igor N. Koschewnikow, vor eben diesem amerikanischen Senat sogar von 22 000 Banden und 94 000 Verbrechern.
Gemessen an ihrer Anzahl, stellen die organisierten russischen Vereinigungen gegenwärtig bei weitem nicht die beunruhigendste Form der Organisierten Kriminalität dar. Die Situation in Japan oder China ist weitaus alarmierender. Aber die russische Kriminalität zieht aus einer rasanten Entwicklung der vergangenen Dekade Nutzen: Seit Ende der achtziger Jahre kommt ihnen die wirtschaftliche und kulturelle Öffnung zum Westen zugute. Wie-

der einmal ist es nicht die eigentliche Kriminalität, die in hohem Maße Anlaß zur Beunruhigung gibt, sondern die gefährliche Kombination von »Blei und Kapital«, von Verbrechen und legitimen »Geschäften«.
Der von deutschen Behörden aufgedeckte Handel mit atomarem Material aus der ehemaligen Sowjetunion hat uns gezeigt, daß die Debatte um die öffentliche Sicherheit durchaus emotional geführt wird. Diese Emotionen werden durch die Unkenntnis der Hintergründe genährt – man könnte beinahe sagen, erzeugt.

Der Ehrenkodex

In seinem Bericht über die *wory w sakonje* zitiert der amerikanische Sicherheitsexperte und in Moskau lebende Joseph Serio[2] den russischen Sicherheitsberater Lebedew[3]. Nach dessen Ansicht reichen die ersten Hinweise auf eine hierarchische Struktur und eine Arbeitsteilung im russischen Verbrechermilieu bis ins ausgehende 19. Jahrhundert zurück. Der eigentliche Aufschwung erfolgte jedoch erst mit dem Ende der Oktoberrevolution im Jahre 1917, als die politischen Gegner des neuen Regimes das traditionelle kriminelle Milieu kontrollieren wollten, um die existierende Unsicherheit und das Chaos zu verstärken. Sie nannten sich *schigany* und erließen ein – fast schon politisches – Gesetz mit moralischen Grundsätzen, dessen Kodex im wesentlichen folgendes besagte: Ein *schigan* durfte nicht am gesellschaftlichen Leben teilhaben, keine Familie gründen, nicht für den Staat kämpfen, mit den Behörden weder als Zeuge noch als Geschädigter zusammenarbeiten; und zudem mußte jeder einen finanziellen Beitrag in eine gemeinsame Kasse entrichten.
Diese Kooperation militanter politischer Anhänger mit der Verbrecherwelt stieß schnell an ihre Grenzen und mündete im Laufe der zwanziger und dreißiger Jahre in eine Spaltung zwischen der Basis,

den sogenannten *urki,* und den potentiellen Entscheidungsträgern, den *schigany.* Die *urki* kehrten dabei zu einer mehr klassischen, gewissermaßen vorrevolutionären Idee des Verbrecherlebens zurück und stellten einen eigenen Ehrenkodex auf. Dessen Einhaltung wurde von den »Dieben, die sich zum Kodex bekennen« (freie Übersetzung nach Joseph Serio) überwacht oder, wörtlicher, von den »Dieben, die das Gesetz befolgen«: den *wory w sakonje* (im Singular: *wor w sakonje*).

Wie sah dieser Kodex, wie sah dieses Gesetz aus? Die Auffassungen der verschiedenen Autoren gehen hier weit auseinander. Joseph Serio zählt siebzehn Regeln auf, aus denen der neue Kodex bestand:

1. Der Dieb muß seiner leiblichen Familie den Rücken kehren (Mutter, Vater, Geschwistern). Die kriminelle Gemeinschaft ist seine einzige Familie.
2. Ein Dieb darf keine eigene Familie gründen (keine Frauen und Kinder haben).
3. Ein Dieb darf keiner Arbeit nachgehen und nur von den Erträgen seiner kriminellen Handlungen leben.
4. Ein Dieb muß anderen Dieben mittels der gemeinsamen Kasse oder des *obschtschak* moralische und materielle Unterstützung gewähren.
5. Ein Dieb darf Informationen über Komplizen und deren Aufenthaltsort nur unter dem Siegel der Verschwiegenheit weitergeben.
6. Ist ein Dieb ins Ziel von Ermittlungen geraten, muß der andere Dieb für seine »Deckung« sorgen und ihm die Flucht ermöglichen.
7. Tritt innerhalb einer Bande oder zwischen Dieben ein Konflikt auf, muß ein Treffen zur Beilegung dieses Konflikts organisiert werden.
8. Sofern dies notwendig wird, muß ein Dieb diesem Treffen beiwohnen, um über einen anderen Dieb zu urteilen, wenn dessen Lebensführung oder Verhalten Anlaß zu Kritik geben.

9. Die in diesem Treffen gegen den Dieb ausgesprochene Strafe muß vollstreckt werden.
10. Ein Dieb muß die Ganovensprache beherrschen.
11. Ein Dieb darf nur dann an einem Kartenspiel teilnehmen, wenn er genügend Geld hat, um eventuelle Schulden zu bezahlen.
12. Ein Dieb muß Novizen seine »Kunst« lehren.
13. Ein Dieb muß immer einen »boy« oder *schestjorka* in seinem Dienst halten.
14. Ein Dieb darf nur soviel Alkohol trinken, daß er noch klaren Verstand bewahren kann.
15. Ein Dieb darf sich unter keinen Umständen mit den Behörden einlassen; ein Dieb nimmt nicht am gesellschaftlichen Leben teil; ein Dieb darf keinen gesellschaftlichen Vereinigungen angehören.
16. Ein Dieb darf vom Staat keine Waffen annehmen und nicht in der Armee dienen.
17. Ein Dieb muß jedes Versprechen, das er einem anderen Dieb gegeben hat, einhalten.

Ein ganz offensichtlich geschöntes, ja romantisches Bild von einem *wor w sakonje*. Der Autor Warlam Schalamow, der selbst viele Jahre in den stalinistischen Arbeitslagern zugebracht hat, zeichnet ein weitaus schonungsloseres Porträt: »Ein Dieb stiehlt, trinkt, führt ein lockeres Leben, feiert, spielt Karten, haut alle übers Ohr, die nicht zum Milieu gehören, arbeitet weder in Freiheit noch im Gefängnis, ermordet skrupellos Verräter, nimmt an Ehrengerichten teil, die die wichtigsten Fragen des Unterweltlebens regeln. Er bewahrt die Geheimnisse der Unterwelt (und es gibt viele), hilft den Kumpanen seiner Bande, rekrutiert den Nachwuchs und bildet ihn aus und achtet darauf, daß das Gesetz des Milieus nicht angetastet wird. Der Kodex ist nicht kompliziert. Aber mit den Jahrhunderten haben sich Tausende von Traditionen herausgebildet, sakrosankte Gebräuche, deren strikte Einhaltung die Hüter der Unterwelt auf das strengste überwachen. Die Diebe sind große

Talmudgelehrte. Um eine strikte Befolgung der Gesetze zu gewährleisten, organisiert man von Zeit zu Zeit geheime Versammlungen, auf denen – an die neuen Lebensbedingungen angepaßte – Verhaltensregeln vorgeschrieben werden und wo man die Änderungen im Wortschatz der laufend überarbeiteten Ganovensprache, des Unterweltjargons, ausarbeitet, oder besser gesagt, besiegelt.«[4]

Schalamow führt zudem aus, wie der Kodex der *wory* sich im Laufe des Zweiten Weltkriegs aufgelöst hat: Eines der unumstrittenen Grundprinzipien des Ehrenkodexes ist die Ablehnung jeglicher Teilnahme am gesellschaftlichen Leben, jeglicher Unterwerfung an eine bestehende Ordnung. Die Tätowierungen (siehe Anhang) sind dafür ein äußerst beeindruckendes Beispiel. In den ersten Kriegsjahren legten jedoch zahlreiche *wory w sakonje* als Gegenleistung für ihre Entlassung aus dem Gefängnis die Uniform an, um ihr Land zu verteidigen. Schalamow zitiert, ebenso wie Djomin[5], das Beispiel der Armee Rokossowskis, in der verschiedene Kriminelle dienten. Hierbei handelte es sich sehr wohl um eine Unterwerfung unter die Autorität des Staates.

Der »Krieg der Hündinnen«

In der Nachkriegszeit, im Jahr 1947, wurde das Strafmaß für einfache Vergehen anhand sowjetischer Gesetze über Diebstahl und Privateigentum erheblich erhöht. Die Gerichte, die für diese Delikte zuständig waren, verhängten harte Strafen: Eine Großzahl ehemaliger *wory*, die sich der ewigen Rebellion gegen den Staat verschworen und in der Armee gedient hatten – und aus diesem Grund zuvor von den sowjetischen Behörden entlassen worden waren –, wanderte erneut in die Straflager Stalins. Dies war der Beginn des »Kriegs der Huren«, den wir, der wörtlichen Übersetzung folgend, »Krieg der Hündin-

nen« nennen wollen. Diejenigen, die sich von den Sirenen des Staates nicht hatten verlocken lassen, nahmen den »Verrat der Hündinnen« nicht so einfach hin. Als Folge davon wurden unter den Strafgefangenen viele Rechnungen blutig beglichen. Eine Tatsache, die der Gefängnisverwaltung keineswegs mißfiel.
Die Auswirkungen dieses Krieges werden von den Kriminologen unterschiedlich interpretiert. Hatte das Blutvergießen solche Ausmaße erreicht, daß der Kodex geändert werden mußte, damit die kriminelle Gemeinschaft überleben konnte? Das ist zumindest die Ansicht von Joseph Serio. Oder hatten die »Hündinnen« lediglich ihre Unabhängigkeit erreicht, wie es Warlam Schalamow nahelegt? Fest steht, daß 1948 eine Wende erfolgte und von da an *wory* jeglicher Couleur in bestimmten Ausnahmefällen eine begrenzte Form der Zusammenarbeit mit dem Staat akzeptierten. Schalamow war in diesem Jahr selbst in einem der Lager inhaftiert. Sein persönliches Zeugnis vom Ausgang dieses Konflikts bleibt demnach einzigartig. Er konstatiert, daß sich unter den »Hündinnen« führende Personen der Verbrecherwelt befanden und daß der Einsatz an der Front den Ganoven, die die Gefahr liebten, entgegenkam. Die »Hündinnen« galten also nicht als Feiglinge. Im Gegenteil – sie waren auch weiterhin von ihrer früheren Aura umgeben und behielten ihre Selbstachtung. So soll ein Dieb mit dem Spitznamen »der König« 1948 in dem Durchgangslager der Wanino-Bucht ein neues Gesetz erlassen haben, das es den *wory* ermöglichte, bestimmte Aufgaben, die ihnen von der Lagerverwaltung aufgetragen wurden, zu übernehmen. Die Bewegung breitete sich mit großer Geschwindigkeit in den anderen Haftanstalten aus.
Damit begann der zweite Akt des »Kriegs der Hündinnen«. Die Anhänger des neuen Ehrenkodexes nahmen Rache für die ungerechte Behandlung, die sie erfahren hatten. Sich ihrer Anziehungskraft wohl bewußt und gestärkt durch den moralischen Einfluß des »Königs«, zwangen sie zahlreiche traditionelle *wory*, sich durch den Kuß auf eine Messerklinge zu bekehren oder zu sterben. Ein Jahr nach diesem neuen Krieg – wir befinden uns mittlerweile im Jahr 1949 oder 1950, und Schalamow selbst sollte 1953 entlassen

werden – tauchte gemäß seiner Darstellung schließlich eine dritte und letzte Gruppierung auf: die »Grenzenlosen«. Die sowjetischen Behörden waren zu diesem Zeitpunkt der Auffassung, die Ära der *wory* sei vorüber. Später mußten sie jedoch zugeben, daß diese Einschätzung falsch gewesen war.

Die etwa siebenhundert *wory w sakonje,* die heute weltweit agieren – vierhundert davon allein in Rußland –, richten sich mehr oder weniger nach dem ursprünglichen Ehrenkodex. Joseph Serio macht darauf aufmerksam, daß beispielsweise die Georgier erst zu Beginn der sechziger Jahre in der Bruderschaft der *wory* an Bedeutung gewannen, ohne eine echte, gewachsene Tradition zu besitzen. Aus diesem Grund kam es vor, daß Georgier sich den Titel eines *wor* erkauften, anstatt ihn sich durch eine Existenz, die des Ehrenkodexes der Diebe würdig war, zu verdienen. Es kann also durchaus sein, daß man im georgischen Milieu einen kaum zwanzig Jahre alten *wor* antrifft. Unter den echten russischen *wory* ist dies eher unwahrscheinlich.
Wir befinden uns also weit entfernt von der romantischen Darstellung des »Diebes, der das Gesetz befolgt«.

Die Hierarchie der russischen Mafia

In den meisten Quellen nimmt der *wor* die oberste Stufe der Hierarchie ein. Es existiert also keine »cupola«, die, wie im Falle der sizilianischen Mafia, ein Leitorgan auf regionaler Ebene darstellt und mehrere Clanchefs vereint. Lediglich bei Verhandlungen und einigen zeitlich begrenzten Missionen soll die Bildung ähnlicher Entscheidungsebenen erfolgen. Die russische Organisierte Kriminalität besitzt folglich keine föderalistische Struktur.
Welche Ebenen befinden sich nun unterhalb des *wor*? Nach Be-

richten der amerikanischen Steuerfahndungsbehörde FinCEN (Financial Crimes Enforcement Network) weist diese kriminelle Infrastruktur[6] immer das gleiche Schema auf. Ein »Pate« – der *wor* – befehligt einen »Brigadier«, dem wiederum vier Zellen mit unterschiedlichen Aufgaben unterstehen: Drogenhandel, Prostitution, politische Kontakte und Schlägertrupps. Der Brigadier wiederum ist zwei »Spionen« unterstellt, die direkt dem Paten unterstehen und die Loyalität sowie eine mögliche Machtkonzentration in den Händen des Untergebenen überwachen.

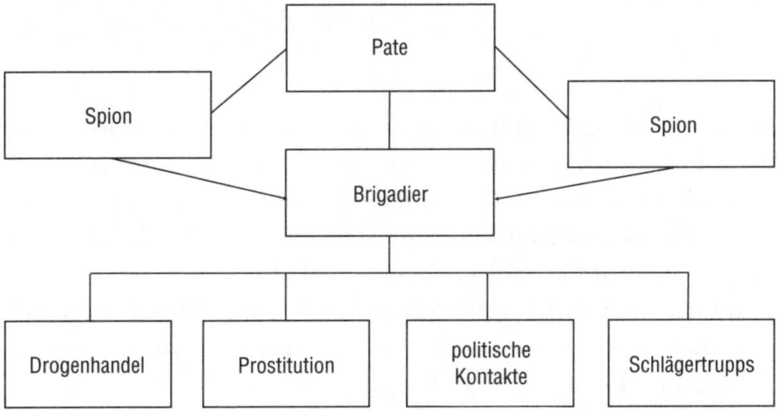

Die klassische sowjetische Analyse folgt in etwa diesem amerikanischen Ansatz und unterstreicht dabei die strikte Trennung zwischen Spitze und Basis. Der vielzitierte russische Autor Dolgowa[7] spricht von einer pyramidenförmigen Struktur, in der die Planung und die kriminelle Strategie der Elite obliegen, während die Ausführung den kleinen Verbrechern überlassen wird. Zwischen diesen beiden Schichten befindet sich die logistische und Sicherheitsebene, die Befehle von oben weiterleitet. Die Identität des wirklichen Auftraggebers bleibt somit für die Basis im dunkeln. In einigen Fällen wird die Basis, laut Dolgowa, nicht einmal von der Existenz einer Elite in Kenntnis gesetzt.

Der Amerikaner Joseph Serio, der sich auf eigene Nachforschungen stützt, entwickelte einen dritten Ansatz, der die in den Gefängnissen herrschenden Strukturen aufgreift und sich mit den beiden ersten überschneidet. Er unterscheidet eine erste Machtebene, die des *wor*, mit fünf grundlegenden Aufgaben:

1. Information (er ist es, der über die neuesten Entwicklungen im kriminellen Sektor, die neuen Ernennungen usw. informiert ist);
2. Organisation (er plant die Operationen und überträgt bestimmte Machtbefugnisse);
3. Regulierung (er vertritt die Anführer bei deren Abwesenheit, regelt die Streitigkeiten zwischen den einzelnen Gruppen, achtet auf die Einhaltung des Kodexes);
4. Entscheidungsbefugnis;
5. die Verwaltung des *obschtschak* – der gemeinsamen Kasse.

Dieser finanziert sich durch die Einnahmen aus Straftaten, die Bußgelder, die bei Nichteinhaltung des Ehrenkodexes erhoben werden, und aus den Profiten, die angeschlossene Wirtschaftsgebilde (Handelsgesellschaften, Vereinigungen usw.) erbringen. Die Höhe des *obschtschak* sollte dem Einfluß des *wor* entsprechen. Dieser Fonds wird für die Zahlung von Bestechungsgeldern, den Kauf von Nahrungsmitteln, Alkohol oder Drogen für die Inhaftierten, die Organisation und den logistischen Rahmen der kriminellen

Handlungen sowie für die Unterstützung von Familien der Inhaftierten verwendet.
Das zweite Kettenglied im Machtgefüge stellt der Berater oder *sowetnik* dar. Er verfügt über gute Kontakte zur Gefängnisverwaltung und ist so in der Lage, für die Einschleusung von Alkohol, Drogen und Prostituierten in das Innere des Straflagers zu sorgen. Unter diesem Gespann, das aus dem *wor* und seinem Berater besteht, befinden sich all diejenigen, die den praktischen Teil der Organisation erledigen. Sie sind zuständig für die Beschaffung und Lagerung der Vorräte (Drogen, Alkohol usw.) und für die Eintreibung des *obschtschak*.
Auf der untersten Ebene befindet sich schließlich der »Wasserträger«, der Neuling oder *schestjorka*.
Wie organisieren sich diese Gruppen nun untereinander? In der Praxis läßt sich keine ethnische oder geographische Zuordnung für die Erklärung dieser Machtstrukturen finden. Einzig die tschetschenischen Banden bilden hierbei eine Ausnahme. Es ist im übrigen nicht klar, ob die Tschetschenen, die die Autorität eines einzigen *wor w sakonje* nicht mehr anerkennen, überhaupt zur »russischen Mafia« gehören. Unbestritten ist, daß sie innerhalb des eurasischen organisierten Verbrechens eine bedeutende Rolle übernehmen; sie sind aber zu spezifisch, um dafür repräsentativ zu sein. So sollen ihre Banden als einzige eine pyramidenförmige Struktur besitzen (vgl. Kapitel 1).
Die spezifischen und nationalen Typologien der anderen Gruppen – wie sie von den russischen (vgl. Kapitel 5) und den amerikanischen Polizeibehörden (vgl. Kapitel 8) erarbeitet wurden – lassen sich in kein Schema einordnen, das auf die europäische Situation übertragbar wäre.

Versuch einer Klassifizierung

Wir können uns demnach nur auf eines der wenigen Dokumente stützen, die den Versuch unternehmen, einen globalen Ansatz zu finden. Es handelt sich dabei um den zur Zeit noch vertraulich behandelten Jahresbericht der Kriminalabteilung des FBI[8], auf den wir noch mehrmals zurückkommen werden. Dieser Bericht zählt neun eurasische Gruppen der Organisierten Kriminalität auf, die in der ganzen Welt – außerhalb der Vereinigten Staaten – aktiv sind. Die jüngeren Berichte bieten zwar mehr Detailinformationen, beinhalten aber keine Zusammenfassung der Erkenntnisse. Im übrigen deckt sich diese Version mehr mit den Fakten des vorliegenden Buches.
Im folgenden geben wir einen Auszug wieder:

»**Die Tschetschenen**. In der internationalen Verbrechergemeinschaft stellen die Tschetschenen mittlerweile die am meisten gefürchtete OK-Gruppe einer ethnischen Minderheit dar. Sie verfügen sowohl über Planungsspezialisten als auch über Schlägertrupps. In Moskau bilden sie die größte Gruppe mit ca. 1500 Mitgliedern. Rechnet man die aktiven Mitglieder in anderen Teilen des Landes dazu, kommt man auf eine Zahl von etwa 3000 Personen. Diese Gruppe besitzt eine straffere Struktur als der Großteil der anderen eurasischen Gruppen; sie weist eine strenge Hierarchie auf und legt besonderen Wert auf die Zugehörigkeit zum Clan. Es ist eine geschlossene Gesellschaft, die ihre Mitglieder anfangs nur unter Tschetschenen aus dem tschetscheno-inguschetischen Gebiet im Süden Rußlands rekrutierte.
Die Tschetschenen sind weltweit in Erpressungen und Auftragsmorde verwickelt. Sie teilen sich die Kontrolle über den größten Verbrauchermarkt Moskaus und sind in der Prostitution ebenso aktiv wie bei großangelegten Autoschiebereien von Deutschland und Österreich nach Rußland. Bekanntermaßen sind Moskau

und Sankt Petersburg die Zentren dieser tschetschenischen Verbrechergruppen.
Der kriminelle Einfluß der tschetschenischen OK-Gruppen hat sich bis in das russische Militär hinein ausgeweitet. Nach Schätzungen befanden sich unter den im Gebiet Moskau stationierten Truppen 1991 etwa 1700 Tschetschenen. Zahlreiche Kontakte wurden nicht nur dazu benutzt, den illegalen Drogenhandel der tschetschenischen Gruppen zu erleichtern, sondern auch, um Zugang zu den Waffendepots zu bekommen, mit dem Ziel, Waffen zu stehlen und weiterzuverkaufen.
Im Jahre 1992 verhinderten die russischen Fahnder einen potentiellen Milliardenbetrug, der der russischen Zentralbank einen Verlust von 25 Milliarden Rubel – zur damaligen Zeit der Gegenwert von 1,2 Milliarden Dollar – verursacht hätte. Ein mächtiges Syndikat mit Sitz in der autonomen Republik Tschetscheno-Inguschetien hatte versucht, die Schalterangestellten in Moskau und in anderen Städten mit Bestechungsgeldern zur Annahme gefälschter Kreditbriefe zu bewegen. Den Verbrechern war es bereits gelungen, auf diese Weise mehrere Milliarden Rubel in bar zu kassieren, bevor die Polizei, von argwöhnischen leitenden Bankangestellten alarmiert, der illegalen Aktion ein Ende bereiten konnte. Wäre sie jedoch nach Plan verlaufen, hätte dies, nach Einschätzung der Ermittlungsbehörden, den Zusammenbruch des russischen Währungssystems zur Folge gehabt.
Man nimmt an, daß die Tschetschenen außerhalb Rußlands zahlreiche Scheinfirmen zum Zweck der Geldwäsche ihrer Einnahmen aus dem Drogenhandel unterhalten. Diese befinden sich in Deutschland, Polen, Ungarn, Großbritannien und New York. Türkische und zypriotische Medien bringen die tschetschenischen OK-Gruppen mit dem Handel großer Mengen Uran in Verbindung, das vermutlich aus russischen Armeebeständen gestohlen wurde und zu horrenden Preisen auf dem internationalen Markt angeboten wird.

Die Aseri (Aserbaidschaner). Diese Gruppe soll den Drogenhandel in Moskau kontrollieren.

Die Dolgoprudnenskaja. Diese OK-Gruppe setzt sich aus Profiathleten, insbesondere Boxern und Kampfsportlern, sowie aus ehemaligen Polizeibeamten zusammen. Die Mitglieder dieser Gruppe sind der Öffentlichkeit durch die Massenmedien wohlbekannt und genießen eine gewisse Popularität. Sie legen ein ›zivilisiertes Verhalten‹ an den Tag und sind dafür bekannt, daß sie von den anderen Gruppen der eurasischen Organisierten Kriminalität als Vermittler in Konfliktfällen akzeptiert werden.
Die Gruppe kontrolliert den Norden Moskaus und ist vor allem auf Einschüchterung und Schutzgelderpressung im Raum Moskau und Sankt Petersburg spezialisiert. Zu ihren Aktivitäten zählen auch Diebstahlsdelikte und die Kontrolle von Kasinos. Sie sollen zudem sehr stark in kriminelle Geschäfte bei der Wohnungsvergabe und im Autohandel verwickelt sein.

Die Uralmasch-Gruppe. Sie operiert vom gleichnamigen Industriekomplex aus. Dieser Komplex, in dem Tausende von Arbeitern beschäftigt sind, zählt zu den größten der Region Jekaterinburgs, dem ehemaligen Swerdlowsk, und gilt, nach Angaben der russischen Polizeibehörden, seit langem als ein Zentrum des Schwarzhandels. In den siebziger Jahren trieben dort zwei Brüder Schmuggel mit Waren, die sie von den leitenden Managern des Standorts bezogen. Als Gegenleistung versorgte ihre Bande, die unter dem Namen ›Uralmasch‹ bekannt wurde, diese unter der Hand mit Waren, die sonst nirgends zu bekommen waren. Sie bauten Filialen auf, die die Waren direkt vom Förderband kauften, rissen die Kontrolle über die Jugendbewegung der Fabrik an sich, stellten eine eigene Fußballmannschaft auf, betrieben ihr eigenes Restaurant, ihr eigenes Sportbekleidungsgeschäft und offenbar auch ihr eigenes Maklergeschäft.
Die Ermordung eines der beiden Brüder und seines Geschäftspartners wird mit der Privatisierung der Erdölindustrieanlagen

Jekaterinburgs in Zusammenhang gebracht. Im Rahmen dieser Privatisierung wollte man sich lukrative Verträge sichern.

Die Jekaterinburg-Gruppe. Die Mitglieder dieser Gruppe, mit Hauptsitz in Jekaterinburg, sind in Import-Export- und Baugeschäfte sowie den Großteil der Bank- oder Finanzdienstleistungen Jekaterinburgs verwickelt. Ihre Mitglieder liefern sich Schießereien am hellichten Tage und sind an Bombenanschlägen, Entführungen und Brandstiftungen ohne erkennbaren Hintergrund beteiligt. Diese Tätergruppe soll auch auf dem Moskauer Flughafen Domodedowo aktiv sein.

Die aserbaidschanische Mafia. Sie betreibt ihre Geschäfte vor allem in Aserbaidschan, besitzt jedoch auch Einfluß in Rußland. Sie soll den Agrarmarkt und den Devisenmarkt in Sankt Petersburg kontrollieren. Der mutmaßliche ›Pate‹ oder Chef der aserbaidschanischen Mafia ist ein ehemaliger hoher nationaler Funktionär, Vertreter von Aserbaidschan bei einer internationalen Organisation.

Die Mogilewitsch-Gruppe[9]. Eine ukrainische Gruppe, die von Semjon Mogilewitsch, alias ›Sewa‹, angeführt wird. Seine Geschäftskontakte reichen bis nach Israel, Tschechien, Ungarn, Österreich und in die Vereinigten Staaten. Der Großteil der illegalen Profite dieser Gruppe stammt aus Budapest und wird in Tschechien gewaschen. Mogilewitsch organisiert alle Schwarzmarktgeschäfte der ehemaligen Sowjetrepubliken, die über Tschechien – vor allem – in Richtung Westen laufen. Die Aktivitäten seiner Bande reichen vom Verschieben großkalibriger Waffen über Prostitution und Drogenhandel, den Handel mit Edelsteinen bis hin zur Geldwäsche. Wahrscheinlich ist sie auch am Handel mit radioaktivem Material beteiligt. Zu ihren Mitgliedern zählen Geschäftsleute verschiedenster Branchen, Restaurantbesitzer und Bauunternehmer. Das wahre Ziel ihrer Geschäftsinteressen soll aber in der Geldwäsche liegen.
Die Schlägertrupps der tschechischen Fraktion dieses Clans wer-

den von russischen Veteranen des Afghanistankriegs ausgebildet. Im Prager Kriminellenmilieu sind sie nicht nur für ihre ausgezeichnete körperliche Verfassung, sondern auch für ihre Brutalität bekannt. Die Schläger beteiligen sich manchmal auch selbständig am Handel mit einfachen Waffen und an Erpressungen. Die Scheinfirma ›Sewa‹ treibt Geschäfte mit der ›Gruppe West‹ der ehemaligen Sowjetarmee und besitzt eine Tochterfirma in den Vereinigten Staaten.

Die Organisation Rachmiel Brandwain. Eine eurasische OK-Gruppe, die in Europa und auf der ganzen Welt tätig ist. Die Organisation besteht aus zentralen Personen des internationalen organisierten Verbrechens, unter anderem auch jenem *wor w sakonje,* dem die Rolle des Supervisors der gesamten eurasischen Organisierten Kriminalität in Deutschland nachgesagt wird und der als europäische Anlaufstelle für OK-Bosse fungiert. Die wichtigsten Personen dieser Gruppe sind Inhaber einer Briefkastenfirma, die insgeheim von Iwankow kontrolliert werden soll. Dieser nutzt die Gesellschaft und deren zahlreiche Tochterfirmen zur Geldwäsche. Der ehemalige Leibwächter des inhaftierten ›Paten‹ der Organisazija ist im geheimen am Unternehmen beteiligt. Der ›Pate‹ der litauischen OK-Gruppe ›Vilnius-Brigade‹ ist der alleinige Vertreter der Firma in den baltischen Staaten. Die beiden führenden Bosse dieser Gruppe wurden Anfang 1993 wegen Drogenhandels verhaftet.[10]

Die Vilnius-Brigade. Eine litauische Zeitung veröffentlichte ein Interview mit einem anonymen Mitglied der Vilnius-Brigade. Diesem Informanten zufolge existiert ein Kern von acht bis zehn ›Geschäftsleuten‹ an der Spitze der ›Mafia‹, die alle über sehr enge Handelskontakte in den Niederlanden, Rußland, den Vereinigten Staaten, Polen und Finnland verfügen.
Die Vilnius-Brigade ist an Erpressungen, Geldwäsche und Waffenschiebereien beteiligt – manchmal unter Mithilfe hoher Regierungsbeamter. Gleich ihren im Ausland stationierten ›Partnern‹

scheinen die Chefs der Brigade ihre Ausbildung im Rahmen krimineller Geschäfte im Westen zu erhalten. Nach dieser Ausbildung werden sie in den Osten zurückbeordert, entweder um einer Anklage zu entgehen, oder um ihren Aktionsradius auszudehnen. Dabei kommt ihnen das derzeitige wirtschaftliche Chaos in den ehemaligen Sowjetrepubliken zugute.

Mit den Einnahmen aus Erpressungen und Gewalttaten erstehen die Mitglieder dieser Gruppe im Zuge des derzeitigen Privatisierungsprogramms Anteile an legalen Wirtschaftsunternehmen. Im Jahre 1992 ließen der ›Pate‹ und seine Partner zwanzig Handelsgesellschaften eintragen, von denen ein Großteil lediglich zur Geldwäsche dienen soll. Zwei Mitglieder der OK-Gruppe waren in den achtziger Jahren direkt in einen raffiniert angelegten Krankenversicherungsbetrug an der Westküste der Vereinigten Staaten verwickelt. Dieser Ein-Milliarden-Dollar-Schwindel zielte auf das staatliche Krankenversorgungsprogramm für Alte und Behinderte (Medicare) ab und brachte den kalifornischen Aktieninhabern einer privaten Krankenversicherung beachtliche Gewinnsteigerungen ein. Die Mitglieder der Vilnius-Brigade sind ferner bekannt für Diebstahlsdelikte, Schmuggel und illegalen Goldhandel sowie für Drogenschmuggel, Bombenattentate, Erpressungen und Mord.«

Kapitel 1

Brooklyn

Tot. Ein großer roter Fleck breitete sich auf dem marmorierten Fußboden aus. Der zusammengekrümmte Körper des alten Mannes lag leblos am Boden. In seinem blauen Anzug sah er aus, als käme er geradewegs aus einem Altersheim. Doch dieser Eindruck täuschte. Er war gerade erst dreiundfünfzig Jahre alt, und seine blonde, leicht mollige Ehefrau wartete an diesem Mittag in einem Restaurant auf ihn. Sicherlich hatte er auch eine Geliebte … Trotz seines Alters und trotz der Wunden, die ihm das Leben zugefügt hatte, schien er von guter Gesundheit zu sein. Diese Wunden hatten ihn tief gezeichnet. Ein halbes Jahr zuvor, am 24. Januar 1984, hatte ein Unbekannter versucht, ihn vor seiner Wohnung im Ocean Parkway aus nächster Nähe zu erschießen. Eine Kugel traf ihn am linken Ohr. Ein Schmerz explodierte in seinem Kopf. Der Asphalt. Das Krankenhaus. Und dann nichts mehr. Obwohl die Polizei eine Spur bis nach Israel verfolgte, konnte der Attentäter nie ermittelt werden. Jewsej, der seitdem unter einer halbseitigen Gesichtslähmung litt, verlegte seinen Wohnsitz aus dem gefährlichen Stadtviertel Brighton Beach nach Park Slope, nördlich des Greenwood-Friedhofs, und der Kreis seiner engsten Vertrauten, zu denen auch sein Chauffeur zählte, wurde von da an merklich kleiner. Das sollte ihn aber nicht davon abhalten, in den Restaurants und Nachtclubs von Brooklyn oder Manhattan ein luxuriöses Leben zu führen. Am Morgen des 4. Mai 1985, um 8.30 Uhr, hatte Jewsej, wie an allen Samstagen, gepflegt, aber unauffällig gekleidet, seine Wohnung verlassen, um in der Lower East Side in einem der türkischen

Bäder des jüdischen Viertels von Manhattan einige Pfunde abzuschwitzen und im Kreis von Freunden die ständige Angst, in der er lebte, zu bewältigen.
Doch an diesem Morgen konnte Jewsej die Verabredung mit seinem Chauffeur nicht einhalten. Ein mit Sonnenbrille und Sportanzug gekleideter Mann feuerte aus nächster Nähe zwei Kugeln auf Jewsejs Schläfe ab. Die Polizisten des New York Police Departement hatten keine Mühe, den Toten zu identifizieren und das Motiv des Mordes zu erraten: ein Mafia-Verbrechen. Der Name des Opfers: Jewsej Agron, offiziellen Aussagen zufolge Juwelier, besser bekannt als Pate der russischen Mafia Brooklyns. Vor beinahe zehn Jahren war er mit falschen Angaben in die Vereinigten Staaten gekommen.

Die Beamten der amerikanischen Polizei hatten diesen Mann bestimmt nicht vergessen. Nach dem ersten Mordversuch im Januar 1984 fand man unter seiner Achsel ein Holster mit einer Pistole Kaliber 38, aus der fünf Schüsse abgefeuert worden waren. Seitdem war bekannt, daß es sich bei Jewsej um einen gefährlichen Killer handelte. Sein Chauffeur und Leibwächter, Boris Nayfeld, auch »Beeba« oder »Papa« genannt, war so klug gewesen, nicht länger auf ihn zu warten. War »Beeba«, Weißrusse und leidenschaftlicher Bodybuilder und somit auch in Kraftproben erfahren, nicht sein mutmaßlicher Vertrauter und Komplize in Drogengeschäften? Die Polizei hätte ihm sicher gerne einige Fragen gestellt. Aber auch er wird früher oder später seine Aufenthaltsgenehmigung verlängern lassen müssen …

Jewsej Agron besaß nicht das typische Äußere eines Paten. Sein schmaler Kopf mit der hohen, glatten Stirn und den tiefschwarzen Augen gab seinen Gesichtszügen etwas Gefälliges und Ruhiges, das eher an einen treuen Hund, an einen Schuldirektor oder an den Metzger von nebenan erinnerte. Der mächtige schwarze Schnurrbart, über dem eine große Nase thronte, ließ sein Gesicht noch biederer wirken. Als dieser sowjetische Auswanderer am

Nachmittag des 8. Oktober 1975 am John-F.-Kennedy-Airport zum ersten Mal amerikanischen Boden betrat, stellte kaum jemand seine Angaben in Frage, denen zufolge er aus Westdeutschland kam, wo er, wie er erklärte, die letzten vier Jahre verbracht habe – was auch der Wahrheit entsprach –, und in Leningrad geboren wurde. Den Grenzbeamten verschwieg er dabei allerdings, daß er wegen Mordes sieben Jahre im Gefängnis gesessen hatte.[1] Wie hätten sie seine Angaben auch nachprüfen sollen? Im gleichen Jahr fanden außer Jewsej 5249 weitere sowjetische Juden oder diejenigen, die sich als solche ausgaben, Zuflucht in den Vereinigten Staaten. Agron gehörte zur dritten Einwanderungswelle russischer Bürger seit dem Zweiten Weltkrieg, und diese war stark mit Kriminellen durchsetzt. Das alles sollte aus dem Schlußbericht der vom amerikanischen Präsidenten eingesetzten Kommission gegen das organisierte Verbrechen hervorgehen, den diese im April 1986 vorlegte.[2] Ein Umstand, für den oft der KGB verantwortlich gemacht wurde, ohne daß es je stichhaltige Beweise dafür gegeben hätte. In der KGB-Zentrale am Lubjanka-Platz hatte man allen Grund, die Auswanderung hartgesottener Verbrecher zu unterstützen, anstatt in den sowjetischen Arbeitslagern, die trotz ihrer einfachen Ausstattung hohe Kosten verursachten, für deren Unterhalt zu sorgen. Dabei berief man sich auch auf jenen »Artikel 5« (Erklärung der Zugehörigkeit zum jüdischen Glauben), von dem bekannt ist, daß sein Inhalt oft willkürlich ausgelegt wurde.

Im Jahre 1975 kannte ein amerikanischer Grenzbeamter die russische Mafia vom Hörensagen, wenn er sie nicht sogar als eine Erfindung Hollywoods ansah. Zwar machte man in New York zu dieser Zeit die ersten Erfahrungen mit der sogenannten Kartoffelsackbande, den ersten Drahtziehern krimineller Machenschaften, mit der die russischen Einwanderer in Verbindung gebracht wurden. Doch dachte man nicht im Traum daran, diese Betrüger mit den Paten Little Italys zu vergleichen. Die Kartoffelsackbande war rund um die Strandpromenade von Brighton Beach aktiv und bestand vor allem aus Einwanderern, die erst vor kurzem in die Ver-

einigten Staaten gekommen waren: Armenier, Juden, Rußlanddeutsche, aber vor allem Ukrainer aus der Region um Odessa. Auf dem Schwarzmarkt zogen sie unter dem Mantel Säckchen hervor, die angeblich Goldrubel enthielten. Das Opfer kaufte jedoch in Wirklichkeit für ein paar tausend Dollar einen Sack mit Kartoffeln.
Zehn Jahre später, im Jahre 1985, sah die Sache ganz anders aus: American Express beklagte allein durch Betrugsdelikte der russischen Mafia Schäden in Höhe von 2,7 Millionen Dollar. Und dies stellte nur einen kleinen Teil der Verluste dar, die in den ersten neun Monaten des laufenden Jahres zu verzeichnen waren. Nach Angaben des FBI teilten zwölf russische kriminelle Gruppen mit insgesamt vierhundert bis fünfhundert Mitgliedern das Stadtgebiet New York unter sich auf. Diese Stärke entsprach der des größten italoamerikanischen Mafiaclans in der Stadt, dem Gambino-Clan. Zehn bis zwölf russische Mafiabosse waren in Los Angeles bekannt, etwa hundert russische Mafiosi in Philadelphia. Weiterhin existierten Banden in Cleveland, Chicago, Dallas, Portland, Boston, Miami und in San Francisco, und alle besaßen Verbindungen nach Brooklyn. Sie waren zwar nicht straff organisiert, hatten aber überall ihre Finger im Spiel: bei Erpressungen und Fälschungen ebenso wie bei Betrügereien und im Drogenhandel; bei Entführungen und bezahltem Mord, Prostitution, Steuerbetrug und – nicht zuletzt – bei der Geldwäsche.

Die Russen hatten zudem Verbindungen zur »Cosa Nostra« aufgebaut, insbesondere zum Genovese- und Gambino-Clan, den beiden mächtigsten Familien der italoamerikanischen Mafia, die für die betrügerischen Geschäfte mit Mineralölerzeugnissen den »Schutz« garantieren. Ja, Jewsej Agron, der falsche Juwelier aus Leningrad, war in gewisser Weise auch ein kunstfertiger Goldschmied. Was er aber schmiedete, waren vor allem mafiose Geschäfte. Sein Gewicht von 64 Kilogramm und seine Größe von ein Meter einundsiebzig täuschten leicht darüber hinweg. Wenn die Beschreibung, die ein amerikanischer Anwalt einst fand, auch nicht auf ihn gemünzt war, so scheint sie doch sehr zutreffend: »Kaufen Sie einen 10-Kilo-Sack Scheiße und versuchen Sie, seinen Inhalt in einen 5-Kilo-Sack zu quetschen. Dann haben Sie eine gute Vorstellung davon, wie er ist.«

Auch wenn Jewsej Agron weder sympathisch noch besonders verführerisch oder beeindruckend war, besaß er doch eine Besonderheit, der er seine rätselhafte Ausstrahlung verdankte: Er hatte eine ausgesprochene Vorliebe für Bestrafungen und trug stets einen prächtigen Elektroschocker – wie er für Vieh verwendet wird – bei sich, der sich hervorragend dafür eignet, Menschen zu erpressen, zu züchtigen oder zu foltern. Sorglos und mit großer Geschicklichkeit setzte er ihn gerne vor aller Augen ein. Dieser Elektroschocker, den er wie einen Spazierstock schwang, war sein Markenzeichen, sein Aushängeschild; ebenso wie sein bescheidenes Hauptquartier im El Caribe Club. Als kaltblütiger Killer legte Agron auch gerne selbst Hand an; den New Yorker Fahndern ist noch so manche abscheuliche Szene vor Augen. Wer in Brooklyn erinnert sich nicht an jenen Racheakt, der auf eine Herabsetzung der russischen Mafia folgte und unter Jewsejs Kommando ausgeführt wurde? Der Beleidiger fand seine Frau erschlagen auf. Man hatte ihr die Augen ausgerissen. Unter den Killern kursierte der weitverbreitete Glaube, daß das Abbild eines Mörders in die Netzhaut seines Opfers eingraviert bleibt. Keine Augen, keine Beweise.

Man muß Jewsejs weitere Taten nicht aufzählen, um zu erkennen, daß es sich bei ihm nicht um einen Amateur handelte: barbarische Morde, äußerste Gewaltbereitschaft – und er war ein Meister seines Fachs. Schließlich schuf er die Basis für die Zusammenarbeit der einzelnen russischen Banden im Großraum New York und sogar in den anderen Städten der Vereinigten Staaten. So handelte er ein Grundsatzabkommen zum Austausch von Befehlsempfängern – vielleicht sollte man besser Killern sagen – aus, das in den Vereinigten Staaten wie in Kanada Gültigkeit besaß. So konnte sich ein Clan vom anderen Schutzgelderpresser und Handlanger für einzelne Aktionen ausleihen. Das hatte zwei Vorteile: Zum einen konnten die Ermittler einen Killer oder eine Straftat nicht mehr einer einzigen »Familie« zuordnen, und zum anderen wurden die polizeilichen Ermittlungen eines Verbrechens noch mehr zum Ratespiel. Als Folge entstand ein Hin und Her um die heikle Frage, nach welchem Verfahren die Tat zu ahnden sei: Handelte es sich um eine Einzeltat? Oder um eine Tat mit mafiosem Hintergrund, die nach dem amerikanischen Gesetz gegen Organisierte Kriminalität, dem sogenannten RICO Act, verfolgt werden konnte? Ein schwieriges Problem. Über dieses Abkommen hinaus wurde unter Gentlemen auch die Rückgabe von Bandeneigentum vereinbart, das eine Bande der anderen gestohlen hatte.

Das Steuerkarussell

Agron konnte sich noch ein weiteres Verdienst auf seine Fahne schreiben. Als erster band er die russische Mafia Brooklyns in den Mineralölsteuerbetrug mit ein – eines ihrer lukrativsten Geschäfte, das sie auch heute noch betreibt. Der durchschnittliche Gewinn liegt bei 28 bis 30 Cent pro Gallone[3], nach Abzug aller Kosten also bei etwa 7,6 Cent pro Liter. Agron nutzte das sogenannte »daisy chain«-Prinzip der griechischen und türkischen Immigranten. Wörtlich übersetzt bedeutet dieser Ausdruck »Gänseblümchen-Kette« und ist in Europa unter dem Namen »Steuerkarussell« bekannt: Eine Firma kauft von einem großen Erdölkonzern ganz legal Kraftstoff. Diesen verkauft sie zum Marktpreis an eine zweite Firma, und zwar noch vor der Festlegung der genauen Steuerhöhe (die von der Tagesnotierung abhängt) – nehmen wir einmal an, 52,5 Cent pro Gallone. Die zweite Firma verkauft den Kraftstoff an eine dritte, dieses Mal mit der ordnungsgemäßen Kommission: Nun sind wir bei 53 Cent. Bislang wurde noch keine Steuer abgeführt, da die ersten beiden Firmen völlig legal über das Zertifikat 637, eine Ausnahmegenehmigung, verfügen, die ihnen den steuerfreien Handel erlaubt. Logischerweise müßte nun das letzte Glied der Kette, das über diese Genehmigung verfügt, bei dem Verkauf an den Einzelhändler auch die anfallende Steuer in Höhe von 37 Cent abführen. Die dritte Firma jedoch legt ebenfalls das bereits bekannte – natürlich gefälschte – Zertifikat 637 vor. Sie gilt demnach nicht als Einzelhändler und verlängert damit die Kette des steuerfreien Handels, jedoch nur scheinbar. Die zweite Firma verkauft also an die dritte, ohne Gelder an den Staat abzuführen.

Bei der letzten Firma handelt es sich um eine »Briefkastenfirma« ohne Gesellschaftsvermögen, Büro oder Geschäftsräume. Eine pure Fassade, die für ihre Existenz lediglich eine Faxnummer benötigt. (In Amerika werden diese Firmen »burn companies« genannt; es sind Firmen, die nach Erfüllung ihres Zwecks im wahrsten Sinn des Wortes »verbrannt« werden.) Diese Scheinfirma verkauft den Kraftstoff nun an eine vierte, die an dem Scheingeschäft mitbeteiligt ist – sagen wir für 91,5 Cent –, und täuscht dabei die Steuerabgabe vor. Die vierte im Bunde bietet den Kraftstoff wiederum der ersten Firma mit einem leichten Preisnachlaß an, da die Steuern offiziell ja schon abgeführt wurden, zum Beispiel für 80 Cent. Damit ist der Handel aber noch nicht zu Ende. Mit einer letzten, dieses Mal legalen Transaktion wird der Kraftstoff nun für 89 Cent an einen Einzelhändler verkauft. Dabei ergibt sich ein Gewinn von einigen Cent pro Gallone gegenüber dem legalen Marktpreis, da der Einzelhandelspreis bei 92,5 Cent liegt.

Mit anderen Worten: Einmal vom Erzeuger verkauft, macht dieser Kraftstoff zunächst einen großen Umweg und wird dann wieder dem legalen Markt zugeführt. Die Steuerprüfungen der amerikanischen Finanzbehörde IRS können in solchen Fällen nicht mehr greifen, selbst wenn sie alle drei Monate durchgeführt würden. Bis ein eventueller Betrug ausgemacht ist und die Begleitumstände ermittelt sind, hat sich die dritte Firma, das Herzstück des Geschäfts, längst in Luft aufgelöst – wenn sie überhaupt jemals existiert hat. Und da die betroffenen Firmen alle unter einer Decke stecken, ist es ein leichtes, die Transaktionen via Fax innerhalb einer Viertelstunde zu tätigen, ohne daß der wertvolle Kraftstoff je einen Meter bewegt wurde.

Für die Mafia stellen die »daisy chains« eine bedeutende Einnahmequelle dar, und man kann die »Cosa Nostra« aus diesem Sektor nicht verdrängen. In einer Stadt, in der jedes Kilogramm Zement doppelt soviel kostet wie im Rest der Vereinigten Staaten – »Mafia oblige« –, gibt es Vorrangstellungen, die nichts mit guten Manieren zu tun haben. Aber zum Glück der Russen ist der italoamerikanischen Mafia nicht an der praktischen Durchführung des Betrugs gelegen. Sie will lediglich die Dividenden abkassieren und begnügt sich daher mit einer Pauschale für jede verkaufte Gallone, die durch interne Vereinbarungen festgelegt wird.
Jewsej Agron bereitete das Terrain für eine erste Zusammenarbeit zwischen der italienischen und der russischen Mafia vor. Innerhalb von fünf Jahren versammelte er einen wahren Hofstaat um sich, der nach Schätzungen aus etwa zwanzig Beratern und Leibwächtern bestand. Zwei Quellen zufolge brachten ihm seine illegalen Aktivitäten 1980 geschätzte 50 000 Dollar pro Woche und in sechs Monaten des Jahres 1984 45 Millionen Dollar ein. Der Scheinhandel mit dem Kraftstoff sicherte ihm damals vermutlich die Kontrolle über ein Drittel der Einzelhändler im Großraum New York.[4] Nach Ansicht von Laura Brevetti, der ehemaligen Leiterin des Sonderkommandos der Polizei gegen Bandenkriminalität in New York[5], fand im Jahre 1983 mindestens ein Treffen auf Long Island statt, bei dem Italiener und Russen aller Wahrscheinlichkeit nach »die Welt unter sich aufteilten«. Auf einer »Jalta-Konferenz«, die den Mineralölsteuerbetrug zum Thema hatte, wurde die Existenz der russischen Mafia durch die anderen Mafiaclans offiziell anerkannt, und man gestand ihr 25 Prozent des Marktanteils zu.[6]

In der Zwischenzeit hatte Agron seine Aktivitäten auf die Prostitution und das illegale Glücksspiel ausgeweitet. Sein Habitus ähnelte zunehmend der Hollywooddarstellung eines Paten: schwarzer Lincoln, häufiges Auftauchen an verschiedenen Treffpunkten, um seine Macht (und seinen Elektroschocker) zur Schau zu tragen, Anweisungen zu geben und seine künftigen, ihm selbstverständlich ergebenen Diener aus der Gosse zu rekrutieren.

Agron war ganz offensichtlich ein Mensch, der andern gerne einen Dienst erwies. Nicht etwa, weil er ein gutmütiges Wesen hatte, sondern weil dies seine Macht festigte. Im Jahre 1977 bot sich ihm hierzu eine einzigartige Möglichkeit. Ein bis dahin unbekannter russischer Einwanderer namens Marat Balagula, der Mitte Januar desselben Jahres in die Vereinigten Staaten eingereist war, hatte sich mit Frau, Kindern und Eltern im Stadtteil Washington Heights (Manhattan) niedergelassen. Balagula war Ukrainer, ein intelligenter Mann, der schon in Odessa Karriere gemacht hatte. Doch er träumte von Amerika und gehörte zu denen, die ihre Träume verwirklichen. Er sprach noch nicht englisch, hatte aber einen befristeten Job in der Bekleidungsindustrie angenommen. Für 3,50 Dollar die Stunde schnitt er Stoffstücke zu. Dann lief er dem Paten über den Weg, und drei Jahre später war er Besitzer eines Restaurants – das im russischen Milieu zu einem bekannten Treffpunkt wurde – und schließlich persönlicher Berater Jewsej Agrons. Eine Traumkarriere. Von Anfang an stand fest: Balagula würde der neue Pate der russischen Verbrecherwelt.

Aber bis dahin sollte Agron noch so manches einträgliche Geschäft tätigen. Wie jene Geldwäsche von über einer Million Dollar – getätigt in Las Vegas – zugunsten eines Hotelkomplexes, die das FBI in den achtziger Jahren aufdeckte. Über Jahrzehnte hinweg war dieses Unternehmen eine der legitimen Fassaden der italoamerikanischen Mafia. Agron und seine Leute wurden zu kostenlosen Kurzaufenthalten eingeladen. Die Hotelleitung räumte jedem von ihnen einen »Spielkredit« in Höhe von 50 000 Dollar ein, den sie natürlich nicht »verspielten«. Sie betraten lediglich den Saal und übergaben ihre Jetons – gegen Provision – einem Verbindungsmann des Genovese-Clans, der sie sich später zugunsten der

Mafia auszahlen ließ. Offiziell hatten sie – und somit die Hotelleitung – das Geld beim Spielen verloren.

Agron hatte einen langen Arm, der bis Montreal, Chicago und Los Angeles reichte, aber auch eine Menge Feinde, wie eine solche Funktion es mit sich bringt. Die Identität des Mannes, der Agron 1984 umzubringen versuchte, ist mittlerweile bekannt. Nach Meinung der amerikanischen Justiz soll der Auftrag für das Attentat von einer anderen wichtigen Figur des russischen Kriminellenmilieus erteilt worden sein, die im gleichen Jahr wie Agron direkt aus der Ukraine einreiste und zur Zeit im Gefängnis sitzt. Aber, wie jedermann weiß, hatte dieser Mann sein Ziel verfehlt. Wer also unternahm es, an einem Samstag im Mai 1985 die sechs Stockwerke bis zu Agrons Wohnung in Park Slope zu erklimmen, um den Paten vorzeitig und dieses Mal endgültig ins Jenseits zu befördern?

Zumindest weiß man, wer aus dem Verbrechen Nutzen zog. Nur einen Tag nach dem Mord taucht Jewsejs Chauffeur, Boris Nayfeld, im El Caribe Club auf, um von einem ungeduldigen Nachfolger Anweisungen entgegenzunehmen: Marat Balagula. Hatte er seinen Vorgänger ermorden lassen? Balagula behauptete, daß allein die zahlreichen Schlägereien, die Jewsej Agron vor allem in seinem Restaurant angezettelt hatte, schon ausgereicht hätten, um zwei Kugeln, Kaliber 25, für ihn zu opfern. Die Fahnder in Brooklyn waren jedoch ganz anderer Auffassung. Dieser Mord war das Resultat eines offenen Kriegs zwischen Bandenchefs. Der Grund? Die Emporkömmlinge innerhalb der russischen Mafia hatten globalere Vorstellungen von der russischen Kriminalität; sie planten regelrechte »Entwicklungsprojekte«, die im übrigen auch realisiert wurden. Agron hingegen war es gerade einmal gelungen, Verbindungen nach Kanada und Ostdeutschland aufzubauen. Und das auch nur, weil er sich dort zuvor schon aufgehalten hatte. Der Mafiainformant des amerikanischen Journalisten Robert I. Friedman sah den entscheidenden Grund für den Konflikt in den betrügerischen Mineralölgeschäften. Agrons Gier nach den Gewinnen, die mit diesem Geschäft in Aussicht standen, soll unersättlich gewesen sein.[7]

Balagula, Gorbatschows »Freund«

Das alles spielte nun keine Rolle mehr, es gab einen neuen Chef. Balagula, der zweite Pate der russischen Verbrecherwelt in Brighton Beach, wurde 1943 in der russischen Stadt Orenburg geboren. Er blieb aber mit dem Herzen und der Herkunft nach zeitlebens Ukrainer. Einzig die Kriegswirren und der Vormarsch der Deutschen waren für seinen Geburtsort verantwortlich, da seine Eltern, Jakob und Sinaida, sich schon nach Kriegsende in Odessa niederließen. Marat absolvierte erfolgreich das Gymnasium, leistete einen dreijährigen Militärdienst in der Marineverwaltung und heuerte im Alter von zweiundzwanzig Jahren auf einem sowjetischen Schiff, der »Iwan Frankel«, an.[8] Diese Arbeit erlaubte ihm zu reisen, in einer Epoche der dogmatischen Abschottung ein seltenes Privileg. Seine Reisen ermöglichten ihm zudem den Handel mit Nippsachen und Kunstwerken, elektrotechnischen Haushaltsgeräten und harten Devisen. Etwa zur Zeit seiner Anstellung lernte er auch seine künftige Lebensgefährtin Alexandra kennen, die er ein Jahr später, 1966, heiratete. Sie wurde von allen einstimmig als wundervolle Frau beschrieben, und es gelang ihr, Marat nach fünf Jahren auf See davon zu überzeugen, seinen Dienst zu quittieren.

1971, als Balagula – noch keine dreißig Jahre alt – bereits eine Datscha an der sonnigen Schwarzmeerküste sowie eine Zweitwohnung in Odessa besaß, wurde er mit der Leitung einer ukrainischen Nahrungsmittelgenossenschaft beauftragt. Das war der Beginn einer zunächst bescheidenen Karriere im Schwarzhandel und, wie der Zufall es wollte, die Zeit seiner Bekanntschaft mit einem der aufsteigenden Sterne der sowjetischen Regionalpolitik, einem gewissen Michail Gorbatschow. Liebte er dieses Land, sein Land, diese von Rußland annektierte »Kornkammer«, wie sie in unseren Schulbüchern genannt wird? Auf jeden Fall feierte er dort prunkvoll seinen dreißigsten Geburtstag und den Gipfel seiner »sowjetischen« Karriere.

Dieser Genossenschaftsdirektor, der übrigens das Examen als Mathematiklehrer absolvierte und ein Diplom in Wirtschaftswissenschaften besitzt, das er sich in Abendkursen erarbeitet hatte, beabsichtigte nicht, sein restliches Leben an der Schwarzmeerküste zu verbringen. Seine jüdische Abstammung war ihm bei den Posten, die er im sowjetischen System angestrebt hatte, nie ein Hindernis gewesen. Er war zwar kein praktizierender Jude, berief sich aber auf seine Glaubenszugehörigkeit, um eine Ausreisegenehmigung zu erhalten. Im Januar 1977 reiste er in die Vereinigten Staaten aus. Noch im selben Jahr lernte er Jewsej Agron kennen, der ihn unter seine Fittiche nahm.

Im russischen Kriminellenmilieu besaß er von Anfang an eine hochrangige Stellung. Da er imstande war, ziemlich ausgeklügelte Geschäfte in die Wege zu leiten, wurde er bereits 1980, im Alter von siebenunddreißig Jahren, Agrons Berater in finanziellen Angelegenheiten. Zur gleichen Zeit erstand er im Herzen des russischen Viertels von Brooklyn ein Restaurant mit dem Namen »Odessa«. Es wurde schon bald zum Sitz eines sogenannten »Hochgerichts«, das Streitigkeiten zwischen Mafiosi zu regeln hat, in ihren Kreisen *na ljudi* genannt. Balagula avancierte gleichzeitig zur grauen Eminenz und zum Hüter des »Gesetzes der Gesetzlosen«.

Das »Odessa« ist eines jener Lokale, durch dessen Beliebtheit das Ansehen eines ganzen Viertels steigen und auch wieder sinken kann. Ähnlich wie das Café »Arbat« ist es ein Anziehungspunkt von Little Odessa, eine zentrale Anlaufstelle, ohne die das russische Viertel Brooklyns sein Gleichgewicht verlöre. Denn das »Odessa« wäre nichts anderes als ein mit Parkett ausgelegter, chromblitzender Palast mit einem Meeresfrüchterestaurant im Souterrain, wenn es nicht vom Schwefelgeruch des Verbrechens durchzogen wäre. Welches Restaurant, welches Café in Paris, Rom oder Luxemburg müßte nicht seine Tore schließen, wenn es in dem Ruf stände, die Mafia zu beherbergen? Hier, am Rande des New Yorker Ballungsraumes, floriert ein Restaurant, das allgemein als Treffpunkt der russischen Mafia bekannt ist wie einst der Ravenite Social Club der italienischen Mafiosi in Little Italy. Viele neugierige Kunden zieht es an die Tische, wo sie zwar die Speisekarte lesen, aber vor allem ihre Augen umherschweifen lassen in der Hoffnung, bei einem Nachbarn die Beule eines Schulterholsters oder an einem Nebentisch ein Gesicht zu entdecken, das sie schon einmal auf der Lokalseite der *New York Times* gesehen haben. Mit einem Abendessen im »Odessa« erkauft man sich den vermeintlichen Luxus, etwas von dem zweifelhaften Ruhm der vom FBI gesuchten *Ten most wanted* abzubekommen. Das Ganze hat etwas Mythisches. In unserem ausgehenden Jahrhundert liegt die Anerkennung eines Mythos darin, auf Zelluloid abgelichtet zu werden. Das war auch das Vorhaben des Regisseurs Paul Mazursky. 1984 sollte Robin William in dem Film *Moskau in New York* an den Tischreihen des »Odessa« entlangspazieren. Doch die Dreharbeiten im »Odessa« wurden abgelehnt; Balagula steht nicht gerne im Rampenlicht. Mazursky wurde gebeten, an einem anderen Ort zu drehen.

Der Zusammenbruch der italienischen Mafia

Für Marat Balagula – wie für alle anderen russischen Mafiosi auch – stellte das Jahr 1982 einen Wendepunkt dar. Bis zu diesem Jahr mußte ein Einzelhändler den Anteil der Mineralölsteuer für jeden verkauften Liter an das Finanzamt abführen. Für die Steuerbehörden ein äußerst kniffliges Verfahren, das Konflikte sowie Möglichkeiten zur Steuerhinterziehung – seien sie vorsätzlich oder nicht – geradezu provozierte.

Von 1982 an wurde das Verfahren umstrukturiert, um die Steuererhebung zu vereinfachen. Von nun an mußte jeder Großhändler die Steuer abführen, was durch die Einführung des oben genannten Zertifikats 637 erleichtert wurde. Damit schaltete das IRS die kleinen Betrüger auf dem Markt aus, rollte aber der White-collar-Kriminalität und den Adepten der »daisy chain« den roten Teppich aus.
Hinzu kam, daß sich der Schmuggelsektor zweier unliebsamer Konkurrenten entledigte; das waren Lawrence Iorizzo, ein Pionier auf diesem Gebiet, und insbesondere der Capo des Gambino-Clans, Michael Franzese. Ersterer machte nach der Anklage im Jahre 1984 seinem Ärger über den ehemaligen Partner Franzese Luft. Franzese, von da an Informant des FBI, sollte den amerikanischen Senatoren viele Jahre später eröffnen, daß das erste Treffen zwischen der italienischen und der russischen Mafia, bei dem die Statuten des Mineralölsteuerbetrugs vereinbart wurden, bereits 1980 stattfand.[9] In jener Zeit forderte der Colombo-Clan von der russischen Mafia bis zu 75 Prozent ihrer Einnahmen aus dem Mineralölgeschäft.
Aber heute verliert die italienische Mafia mehr und mehr an Terrain, und die Russen haben freies Feld. Besser als jedem anderen gelang es Balagula, aus dem so geschaffenen Vakuum Nutzen zu ziehen, indem er die verschiedenen Kräfte der Italiener gegeneinander ausspielte. Wollte Franzese Balagulas Einnahmen aus den betrügerischen Mineralölgeschäften etwa »besteuern«? Balagula beeilte sich, mit den Clans Genovese und Lucchese ein Abkommen zu schließen, um zu vermeiden, daß andere Mafiafamilien ihn in die Pflicht nahmen – noch bevor Michael Franzese endgültig abtauchte.[10]
Für die ermittelnden Behörden ein wahres Geduldsspiel. Erst nach jahrelanger Arbeit – von 1992 bis heute – sollte es dem Bundesgericht im Distrikt Hauppauge (Staat New York) gelingen, die Schmugglerkarriere Balagulas zwischen 1983 und 1988 – dem Jahr seiner Verhaftung in Deutschland – zu rekonstruieren und ihn schließlich zu verurteilen.

Den Gerichtsakten zufolge wäre das alles nicht ohne die Mitwirkung einer Mineralölfirma auf Long Island möglich gewesen, die seitdem als »sauber« gilt. Einige ihrer leitenden Manager waren eher bereit gewesen, sich dem organisierten Verbrechen anzuschließen, als einen Konkurs einzugestehen. Die Power Test Corporation diente als Deckmantel für einen 160-Millionen-Dollar-Betrug. Zu dieser Zeit war der Mineralölsektor schon vom illegalen Handel durchzogen, und der bewußte Entschluß, sich mit der Unterwelt einzulassen, konnte als Überlebensakt hingestellt werden. Wie dem auch sei, die Power Test Corp., oder besser gesagt, deren Manager, beschlossen, vor allem illegal erworbenes Mineralöl aufzukaufen, während das Kriminellenmilieu sich im Gegenzug verpflichtete, vorrangig die Power Test Corp. zu beliefern. Die Geschichte wäre wohl nur eine Anekdote wert, hätte die Power Test ihre Expansionspolitik nicht so weit getrieben, daß sie 1985 eine Erdölgesellschaft mit dem klingenden Namen Getty Oil Texaco aufkaufte, eine der führenden Firmen auf dem Erdölmarkt. Dieses Geschäft brachte sie kurzzeitig auf die Titelseiten der Wirtschaftspresse. Der Name Balagulas – der 1984 auf ganz legale Weise Staatsbürger der Vereinigten Staaten geworden war – wurde dabei natürlich mit keinem Wort erwähnt. Vielmehr geriet die Person des Geschäftsführers der Power Test durch diese kostspielige Transaktion ins Licht der Öffentlichkeit. Das Unternehmen war von da an über eine Milliarde Dollar schwer und spiegelte klar und deutlich den ungeheuren Einfluß der russischen Organisierten Kriminalität wider. Denn 1986, im Jahr seiner Verurteilung, war Balagula zum größten Schmuggler für Mineralölprodukte an der Ostküste aufgestiegen.

Wurde Agron das erste Opfer dieses Machtzuwachses der Nummer zwei unter den Paten? Das ist möglich, sogar wahrscheinlich. Die italoamerikanischen Familien erhoben auf jede Gallone zwei Cent, und der erste »Don« von Brighton Beach wollte vielleicht ein – zu großes – Stück vom Kuchen seines ehemaligen Schützlings abhaben, und dies allein aufgrund seiner tatsächlichen oder vermeintlichen Machtposition. Balagula könnte so zu der Ansicht

gekommen sein, es sei an der Zeit, eine neue Seite aufzuschlagen, oder noch einfacher, die alte herauszureißen.
Am 5. Mai 1985 übernahm folglich ein neuer Pate den El Caribe Club. Balagula war ein kräftiger, überdurchschnittlich großer Mann. Ein rundes, offenes Gesicht, weiße Haare, glattes Kinn. Sah man von den Tätowierungen ab, die er an den Fingergelenken trug und die ihn als Mitglied der Organisazija auswiesen, waren seine Züge die eines zuvorkommenden Mannes, der es verstand, ein großes Restaurant zu leiten und gleichzeitig Provisionen aus Mineralölgeschäften einzutreiben. Bis zu diesem Tag war ihm persönlich noch kein Gewaltverbrechen angelastet worden. Er trug den »weißen Kragen« mit Eleganz und – der russischen Tradition verpflichtet – dachte gar nicht daran, sich auf illegale Geschäfte zu beschränken: Legal, halblegal, illegal – alle gewinnbringenden Strategien waren erlaubt. Doch das Spiel gestaltete sich von Anfang an schwierig. Denn die Ermittler des FBI begannen sich bald für ihn zu interessieren. Sie nahmen ihn ins Visier und ahnten bereits die zukünftige Rolle, die er in der Organisation einnehmen würde, waren jedoch zu sehr mit den Ermittlungen im Mordfall Agron beschäftigt. Doch Balagula würden sie in dieser Frage niemals zum Reden bringen. Er stand erst am Anfang einer Karriere, die traumhaft hätte verlaufen können. Trotzdem sollte er vorzeitig das Handtuch werfen. Im November 1986, nach neunzehnmonatiger Herrschaft, verließ er Hals über Kopf die Vereinigten Staaten und kehrte erst 1989 in Begleitung von zwei FBI-Agenten dorthin zurück. Was war geschehen?
Eine Dummheit hatte ihn zu Fall gebracht. Auch wenn man im nachhinein sagen kann, daß Balagula sehr viel kaltblütiger und beherrschter war als sein Vorgänger, der geschicktere und heißblütigere Agron, so war doch Balagula nicht gegen Widersacher in den eigenen Reihen gefeit. Machten seine Diplome schon einen Intellektuellen aus ihm? Wohl kaum. Ein ehemaliger Freund aus Antwerpen meinte dazu: »In Rußland besaßen zu dieser Zeit selbst die Straßenfeger ein Diplom.« Balagula war, wie Agron, ein rasch vertrauenfassender, beinahe schon langmütiger Mensch, ehrlich

darum bemüht, anderen zu helfen, vor allem wenn sie – wie er – Akademiker waren. Wissen übte auf ihn eine gewisse Faszination aus. Aber eine seiner flüchtigen Bekanntschaften kostete ihn schließlich Kopf und Kragen. In diesem Fall handelte es sich beileibe nicht um die Intelligenz in Person: Robert Fasano war nur ein ganz gewöhnlicher Verbrecher.

1986 verschaffte sich Robert Fasano einige Dutzend Kreditkarten der Merrill Lynch Bank samt dazugehörigen Zahlenkombinationen, eine Anzahl Blankokarten sowie die erforderliche Prägemaschine, um die Karten mit einer ID-Nummer zu versehen. Ein Geschäft, das lukrativ zu werden versprach.

Es gab nur ein Problem, und das waren die Händler. Um die gefälschten Karten zu benutzen, fehlte Fasano ein Netz von Geschäftsleuten, die mit ihm gemeinsame Sache machen wollten, d. h. sie mußten einen Verkauf vorgeben, bei dem die Ware in Wirklichkeit im Regal stehenblieb. Für diesen Betrug forderte man anschließend eine »Entschädigung« von der Bank. Hier erwiesen sich Balagulas Verbindungen, die von New York bis Philadelphia reichten, als nutzbringend. Balagula wollte, so drückten einige Freunde es aus, lediglich einen »Gefallen tun«. Das alles wäre glattgegangen (die Gewinne erreichten Millionenhöhe), wäre Fasano nicht auf scharfsinnige Fahnder gestoßen, die ihn zwangen, als Informant für die Justizbehörden zu arbeiten. Dafür verschonten ihn die Gerichte. In den Vereinigten Staaten nennt man dies zurückhaltend »Zeugenschutzprogramm«. Ausgerüstet mit einem Aufnahmegerät, das in seiner Kleidung versteckt war, sollte Fasano als lebendiges Instrument zur Bloßstellung Balagulas dienen, der blind in die Falle tappte. 1986 wurde er wegen Kreditkartenbetrugs, der in seiner Karriere im Grunde nur eine unwesentliche Rolle spielte, zu acht Jahren Haft verurteilt.

Die Flucht über den Atlantik

Er wurde zwar verurteilt, aber in Abwesenheit. Denn vorsorglich war Balagula drei Tage vor der Urteilsverkündung mit seiner Tochter und seiner Geliebten geflohen. Konnte man sein Leben bisher schon als »ungewöhnlich« bezeichnen, wurde es nun wahrhaft verwirrend und ist nur schwer zu rekonstruieren. Balagula war gegenüber der Geschäftswelt und allen legalen oder illegalen Finanzgeschäften aufgeschlossen; er wußte, daß ihm sein pseudojüdisches Etikett und seine ukrainische Herkunft die Unterstützung beider Einwanderergemeinden sicherte. Es gab schließlich nicht nur ein Little Odessa! Was spielte die Entfernung schon für eine Rolle: Er konnte seine Mineralölgeschäfte auch von Europa oder Afrika aus weiterführen.

Was ist über diese Jahre, die er fern von Brooklyn verbrachte, bekannt?

Mit seiner Geliebten, Natalja Schewtschenko, ließ er sich unter anderem in dem Antwerpener Appartementhotel »Columbus« nieder. Von dort aus versuchte er, ohne großen Erfolg, einen Handel mit Südafrika aufzuziehen. Seine Spur führte in mehr als dreißig verschiedene Länder, unter anderem nach Hongkong, Westdeutschland oder Paraguay. Antwerpen war sicherlich die wichtigste Etappe auf dieser Flucht. Dort traf er sich mit Freunden, die ihn in die Geheimnisse des Goldhandels einführten.

Nach den Aussagen des amerikanischen Geheimagenten Harold Bibb, der während des Balagula-Prozesses oft als Zeuge aussagte, wurde die Verfolgung seiner Spur ab Februar 1987 zum Kinderspiel. Seine Geliebte benutzte nämlich eine Kreditkarte, die auf seinen Namen ausgestellt war. Die Reiseroute der beiden ließ sich mühelos anhand der Kaufbelege verfolgen. Zudem erhielt Balagula kofferweise schmutziges Geld aus Brooklyn. Anfang 1987 mußte man ihn in Johannesburg suchen, und die Amerikaner machten ihn ohne große Schwierigkeiten aus. Aber eine nicht identifizierte undichte Stelle in der internationalen Polizeizusammenarbeit – Bibb zufolge handelte es sich um einen Fall von Korruption – ermöglichte es Balagula, den Moment seiner Verhaftung vorauszusehen. Per Flugzeug machte er sich in andere Gefilde auf, nach Sierra Leone.

Der geheimnisvolle Schabtai Kalmanowitsch

Freetown wurde für Marat Balagula zur wichtigen Station. Dort hatte sich ein russischer Emigrant niedergelassen, der dem israelischen Geheimdienst bestens bekannt ist: Schabtai Kalmanowitsch. Er war zuerst in Südafrika tätig gewesen, zog sich jedoch hier aus dem Geschäft zurück und baute seine Handelsgesellschaft in Sierra Leone neu auf, um sich vor allem als Spediteur und Hühnerzüchter zu betätigen. Doch Schabtai, der ehemals Ministerberater in der Regierung der israelischen Arbeiterpartei Golda Meirs gewesen war, nützte seinen Einfluß nicht nur für Geldgeschäfte. 1978 versuchte er eine Dreiecksverhandlung zwischen Israelis, Amerikanern und Russen zu organisieren, die die Freilassung des Spions Nathan Scharanski zum Ziel hatte. Das Vorhaben scheiterte, und Scharanski kam erst 1986 frei, aber – wie es scheint – dank eines von Kalmanowitsch geschaffenen Verbindungskanals. Dieser Mann brachte es weit. Er wurde sogar ein Vertrauter des sierraleonischen Präsidenten. Ein leicht verschrobener Mann, »der Fußballspiele der russischen Immigranten Sierra Leones gegen die Eingeborenen organisierte. Jedem Spieler der sierraleonischen Mannschaft versprach er im Falle ihres Sieges einen Sack voll Reis«, erinnert sich ein »Besucher«, der sich in jenem Jahr, 1987, dort aufhielt.

Bei diesem Besucher handelte es sich um einen kleinen, aufgeweckten Mann ukrainischer Herkunft, der es verstand, die Steuergesetze zu umgehen und riskante Transaktionen durchzuführen, und der gegen seinen Willen eine der tragenden Säulen des russischen Verbrechernetzwerks wurde: Rachmiel Brandwain. Balagula und »Mike« Brandwain waren sich schon in Antwerpen begegnet. Daß sich ihre Wege ein weiteres Mal in Sierra Leone kreuzten, lag daran, daß Brandwain als Spezialist in Sachen Goldhandel galt. In Brüssel hatte er gerade zwei Monate in Untersuchungshaft verbracht, da man ihn der Beteiligung an einem illegalen Goldhandel zwischen London und Luxemburg verdächtigte. Boris Nayfeld, Agrons ehemaliger Chauffeur und nun in Balagulas Diensten, hatte ihn nach Sierra Leone eingeladen, um die Seriosität eines Goldgeschäfts zu beurteilen, das ihnen jener berühmt-berüchtigte Kalmanowitsch angeboten hatte. Aber Brandwain hielt die Sache für dubios, er glaubte nicht an Kalmanowitschs Vertrauenswürdigkeit. Und er sollte recht behalten. Die meisten der Geschäfte, die Kalmanowitsch Balagula vorschlug, erwiesen sich als finanzielles Desaster. Bis auf – vielleicht – eine Ausnahme: die Mineralölgeschäfte. Balagula wollte über Kalmanowitschs Firma Erdöl nach Sierra Leone importieren.[11] Wir wissen zwar nicht, was aus diesem Geschäft geworden ist, das spielt aber auch keine große Rolle. Für die geographische und finanzielle Annäherung zwischen dem Paten der russischen Organisierten Kriminalität und einem Geschäftsmann, dessen Lebensweg tief in Geheimdienstaktivitäten verstrickt war, gibt es verschiedene Zeugenaussagen. Zudem spielte Kalmanowitsch ein doppeltes Spiel, was den mäßigen Erfolg seiner Joint-ventures erklärt. Ihre Rentabilität war nicht das eigentliche Ziel, sie dienten eher der Deckung von versteckten Unternehmungen zugunsten der UdSSR. Kalmanowitsch gab später offiziell zu, daß er seit 1972 für verschiedene Infiltrationen angeheuert worden war. Der Sicherheitsberater des Präsidenten von Sierra Leone und ehemals wichtige Informant des Mossad, Schabtai Kalmanowitsch, wurde 1987 in North Carolina wegen Scheckbetrugs in Höhe von zwei Millionen Dollar angeklagt. Aber sein endgültiger Sturz erfolgte erst am 25. Dezember 1987, als man ihn in Israel wegen Spionage für Rußland anklagte. Er wurde im Dezember 1988 zu neun Jahren Haft verurteilt und im März 1993 von Präsident Chaim Herzog begnadigt.

Für den Spion aus Sierra Leone bedeutete dies das Ende seiner Karriere. Der israelische Staat führte zu jener Zeit mit Rußland Verhandlungen über die Rückkehr von Exiljuden. Dies erklärt vielleicht die Begnadigung Kalmanowitschs in einem Land, in dem Spione normalerweise ihre volle Strafe absitzen. 1993 kehrte er also nach Rußland zurück und verschwand von der Bildfläche. Nach Meinung des FBI lebt er heute in Budapest und vertritt dort Balagulas finanzielle Belange.

Die Stunde der Wahrheit

Freetown, Johannesburg, Antwerpen. Auch die Odyssee seines Freundes Marat Balagula näherte sich ihrem Ende. Der schicksalhafte Tag war der 27. Februar 1989. Frankfurt. Durch einen eher unwahrscheinlichen Zufall erkannte ein Grenzbeamter Balagula auf dem Flughafen bei der Ausreise. Besaß dieser deutsche Grenzpolizist wirklich ein so gutes Gedächtnis, daß er Balagula, der seit drei Jahren auf der Flucht war, allein aufgrund des amerikanischen Fahndungsbriefes wiedererkennen konnte? Fest steht, daß zu diesem Zeitpunkt die deutschen Freunde Balagulas, besonders ein gewisser Efim Laskin, von dem noch die Rede sein wird, vor allem der Berliner Polizei große Probleme bereiteten. Die Annahme ist also berechtigt, daß die Wachsamkeit, die ein einfacher europäischer Grenzbeamter gegenüber einem flüchtigen russischen Verbrecher an den Tag legte, vor allem innenpolitische Gründe hatte. Wie dem auch sei, das Fallbeil schlug zu. Ende 1989 wurde Balagula, nachdem er beinahe zehn Monate in einem Hochsicherheitstrakt verbracht hatte, unter schweren Sicherheitsvorkehrungen in einer Militärmaschine nach New York gebracht.
Die Angst der Amerikaner, Balagula könnte gewaltsam durch einen Terrorakt, ein Kommando oder sonst irgendwie befreit wer-

den, erklärt seine Inhaftierung an der Seite von Leuten wie dem Terroristen Mohammed Hamadi, seine Einzelhaft in einer speziellen New Yorker Haftanstalt und schließlich auch die spektakulären Sicherheitsmaßnahmen während der Gerichtsverhandlungen vor dem Bundesgericht in Hauppauge. Auf unserer Seite des Atlantik kann man sich kaum vorstellen, welche Mittel zu seinem Schutz eingesetzt wurden. So waren die Gerichtsjournalisten überrascht, als Balagula am 16. November 1993, also vier Jahre nach seiner Ankunft im Land und nach etlichen Gerichtsverhandlungen, in drei schwerbewaffneten Fahrzeugen der Polizei vorgefahren wurde. Dementsprechend rüstete man auch in der Umgebung des Gerichtssaals auf. Der Bundespolizei war eine geplante Befreiungsaktion zu Ohren gekommen. Gleich darauf brachte man Balagula in das Bundesgefängnis von Otisville in Einzelhaft. Da dieser ganze Zirkus für einen Mann veranstaltet wurde, der offiziell als einfacher Mineralölhändler galt, versuchten seine Anwälte natürlich diese Maßnahmen auszunützen, indem sie sie als »Verstoß gegen den Grundsatz *in dubio pro reo*« *anprangerten.*

Die hektische Atmosphäre hinderte das Gericht in Hauppauge und dessen Präsidenten, Leonard D. Wexler, nicht daran, das amerikanische Leben Balagulas gründlich zu durchleuchten. Nachdem er im November 1986 wegen Kreditkartenmißbrauchs zu acht Jahren Haft verurteilt worden war – eine Haftstrafe, die er erst 1989 antrat, was den ermittelnden Justizbeamten Gelegenheit gab, ihr ganzes Können zu entfalten –, wurde Balagula am 1. Juli 1992 erneut angeklagt, diesmal wegen seiner betrügerischen Mineralölgeschäfte in der Zeit zwischen Dezember 1985 und Februar 1986. Er hatte damit in weniger als drei Monaten einen Gewinn von 400 000 Dollar erzielt, was ihm am Freitag, dem 6. November 1992, zehn weitere Jahre ohne Bewährung einbrachte. Unermüdlich ermittelte die Justizbehörde weiter, so daß sie Balagula ein Jahr später, am 30. Juni 1993, erneut unter Anklage stellen konnte. Jetzt ging es um die Gesamtheit seiner Mineralölgeschäfte zwischen 1983 und 1988. Man sprach von 3,6 Milliarden Litern

Kraftstoff[12], die über ein Netz von achtzehn lizenzierten Firmen an der Steuer vorbei verkauft worden sein sollen. Ein gutes und ertragreiches Geschäft, das ausreichte, Balagulas Schicksal gerichtlich zu besiegeln. Am 13. Oktober 1994 erklärte sich Balagula, entgegen allen vorherigen Ankündigungen der Verteidigung, für schuldig und riß damit fast alle Mitbeschuldigten in den Abgrund. Diesmal hatten seine Richter über einen Betrug von satten 85 Millionen Dollar zu urteilen.

Als Präsident Wexler fünfzehn Jahre später auf die Ankunft der Familie Balagula in den Vereinigten Staaten im Jahre 1977 zu sprechen kam, äußerte er sich wie folgt: »Für sie war das vielleicht das Paradies, für uns war es jedoch die reinste Hölle.« Doch hatte Balagula sich seinen Platz im Paradies zweifellos mit viel Geld erkauft. Im Gerichtssaal erfuhr man, daß er neben seiner in rosa Marmor gehaltenen Villa in Hewlett noch eine Privatinsel vor der westafrikanischen Küste besaß und über ein geschätztes Vermögen von 20 bis 600 Millionen Dollar verfügte. Die Aufzeichnung eines Telefongesprächs des zum Genovese-Clan gehörenden »Soldaten« Joe Galizia aus dem Jahre 1985 klärt die Geschworenen auf außergewöhnliche Weise über Balagulas Einstellung zum Geld auf. »Dieser Typ schmeißt mit Diamanten um sich wie wir mit Dollars!« war da zu hören.
Besagte Hölle erstreckte sich von Brooklyn bis Westchester auf alle Erdölterminals, die Balagula und Konsorten an der Ostküste kontrollierten. Vor allem auf jenes, das ihn die Freiheit kosten sollte, das Terminal Manhatten & Queens. Es wurde von der New York Fuel Terminal Corporation des Macchia-Clans verwaltet. Die NYFT Corp. verdankte ihre ausgezeichnete Geschäftslage einzig einem Netz aus achtzehn nichteingetragenen Mineralölfirmen, die von Balagula unter Mithilfe seiner Komplizen Wiktor Batuner und Michael Varzar geleitet wurden. Auch die kriminellen Manöver der M&Q Fuel sowie der M&Q Trucking Corp., beides Tochterfirmen, die sich auf den Transportsektor spezialisiert hatten, kamen ans Licht.

Wohlgemerkt verzieh man Balagula keinen einzigen der 3,6 Milliarden Liter aus diesen betrügerischen Geschäften. Die Stunde der Wahrheit hatte geschlagen. Die amerikanische Justiz reihte Anklage an Anklage und nahm fünfzehn Jahre betrügerischer Machenschaften der russischen Mafia und der »Cosa Nostra« unter die Lupe. Die diesbezügliche Berichterstattung der Gerichte aus den Jahren 1993–1994 ist sehr aufschlußreich. Und je schwerwiegender die Anklage wurde, desto mehr sah sich Balagula zum Schweigen verdammt. Das Blut, das seit kurzem im russischen Viertel in Strömen vergossen wurde, schien hinter dem riesigen Ölteppich, der im Gerichtssaal des Bundesgerichts ausgebreitet wurde, beinahe zu verschwinden. War Balagula, seit 1989 in Haft, also doch der russische Pate von Brighton Beach? Aber wer beging die Morde? Wer ist seit 1991 für all die Folterungen und Verstümmelungen an den Strandpromenaden von Ocean Parkway, Brighton Beach und Coney Island verantwortlich? Balagula verfügt über ein Alibi, das so felsenfest ist wie die Mauern der Strafanstalt, in der er sitzt.

Die Russen kommen!

Wer nur Manhattan kennt, hat von New York nichts gesehen. Bevor man die riesigen Ausmaße des »big apple« überhaupt richtig fassen kann, muß man erst einen Eindruck von den vielen Ausläufern bekommen, die sich im Blau des Atlantiks wiegen, die Fähre nach Staten Island besteigen oder über die Queensboro Bridge fahren. Die heruntergekommene Bronx, die feudalen Anwesen am Victory Boulevard oder die Lagerhäuser von Hoboken – New York ist ohne sie nicht vorstellbar. Und dennoch wäre es ein historischer Fehler, Brooklyn mit den anderen Vororten New Yorks gleichzusetzen. Vor etwa hundertfünfzig Jahren war Brooklyn die drittgrößte Stadt der Vereinigten

Staaten. Dann baute man die großartige, aber fatale Brooklyn Bridge, 1883 fertiggestellt, die den stattlichen Vorort mit Manhattan verband und Brigthon Beach unter die unumschränkte Herrschaft des Broadway zwang. Kaum zwanzig Jahre nach der erzwungenen Ankopplung war der Zusammenschluß unausweichlich; Brooklyn verkam zum einfachen Vorort. Jeder Stadtplan straft diesen Irrtum jedoch Lügen – ein Zwerg hat den Sieg errungen. Würde Brooklyn heute alle Leinen nach Manhattan kappen, wäre der »Vorort« die viertgrößte Stadt der Vereinigten Staaten!

Auf der anderen Seite des East River beginnt an der Cadman Plaza die Reihe der strengen, klassizistischen Gebäude der Bundesverwaltung und des Gerichtsgebäudes, in dem John Gotti, der Capo aller Capi, verurteilt wurde. Kurz hinter dem Prospect Park, dessen Ausmaße beinahe denen des Central Park gleichkommen, beginnt das eher farblos wirkende jüdische Viertel; ihm fehlt die typische Geräuschkulisse der meisten Stadtteile New Yorks. Aber schon kurz nachdem man das Viertel von Homecrest auf dem Ocean Parkway erreicht hat, kündigen kyrillische Beschriftungen das Ghetto an. Ab hier bezahlt man in Dollar, zählt aber auf russisch. Wenn die Butter auch amerikanisch ist, sie schmeckt nach Moskau, und auch die Kultur ist hier intakt geblieben. Es kann Ihnen passieren, daß Sie auf russisch nach der Uhrzeit gefragt werden und man Ihre auf englisch gegebene Antwort nicht versteht. Einzig der »buck«, der Dollar, wird in beiden Sprachen gleich ausgesprochen.

Hat man einmal den Shore Parkway überquert – dieser Boulevard schließt Brooklyn zur Küste hin ab und scheint das russische Viertel auf die Halbinsel von Coney Island zu verbannen –, taucht der bleierne, leuchtendrote Himmel von Brighton Beach Avenue auf. Brighton Beach Avenue, das bedeutet Sonne in den Fenstern und allerorts Männer mit Tabakdosen; das ist aber auch der triste Alltag, der sich vor den Hauseingängen abspielt. Vor den Türen der kleinen Läden drängen sich Großmütter und verkaufen selbstgestrickte Strümpfe oder importierte russische Pelzmützen; alle paar

Meter findet man ein Antiquariat, in dem russische Bücher angeboten werden, oder einen Händler, der alte, längst ungültige Geldscheine feilhält. Es sind jene Türen, die diejenigen, die reich geworden sind, von denen trennen, die sich auf der Straße eine Mahlzeit zusammenverdienen müssen.

In Brighton Beach leben 40 000 Einwanderer aus der ehemaligen Sowjetunion. Mehrere russische Tageszeitungen und Zeitschriften werden dort herausgegeben, russische Nachtlokale und eine eigene Nahrungsmittelindustrie sind entstanden. Es gibt nur eine einzige nennenswerte russische Buchhandlung (die Schwarzmeer-Buchhandlung) und einen Supermarkt, aber dafür eine Unzahl von kleinen Geschäften, Restaurants, Obst- und Gemüseläden, russischen Videoläden und Apotheken mit ausnahmslos amerikanischen Heilmitteln, in denen man den Verkäuferinnen jedes Wehwehchen auf russisch und englisch beschreiben kann. Die Entwicklung Little Odessas geht so rasant vonstatten, daß die amerikanische Telefongesellschaft AT & T im Jahr 1994 beschloß, einen Band »Russische Gelbe Seiten« herauszugeben – ein Telefonbuch mit beinahe 450 Seiten, in dem nur Teilnehmer verzeichnet sind, die aus der ehemaligen UdSSR stammen, sowie Firmen, die vor allem mit Rußland oder dessen Bruderländern Geschäftskontakte halten. Ein in zweierlei Hinsicht lukrativer Markt: AT & T schätzt die Zahl der derzeit in den Vereinigten Staaten lebenden russischsprachigen Bevölkerung auf etwa eine Million Menschen. Diese führen gerne Auslandsgespräche in Länder, die auf der anderen Seite des Atlantiks liegen.

Die russischen Immigranten haben sich vor allem im Osten der Halbinsel, längs der Sheepshead Bay, niedergelassen – weit entfernt vom bleiernen Himmel, der von der Hochbahn durchschnitten wird. Hier breitet sich ein künstlich angelegter Yachthafen aus und erinnert an das Brooklyn, wie es die Kinder Anfang dieses Jahrhunderts gekannt haben müssen. Kinder aus ganz New York verbrachten hier in den Vergnügungsparks und an den feinsandigen Stränden herrliche Sonntage. Der zweite mit einem Mythos behaftete Treffpunkt Little Odessas ist der Boardwalk.

Hier spaziert man auf Holzplanken den Atlantik entlang und vergißt die Rauheit des russischen Viertels für einen Moment. Die klare, kräftige Meeresluft, die schreienden Möwen im Wind, der goldgelbe Sand, der sich in den Ritzen der Bretter fängt – all das versetzt den europäischen Besucher in eine unwirkliche Welt. Betagte Russen treffen sich hier auf den Bänken im Wind zu einer Partie Schach. Sie leben schon seit zwanzig oder dreißig Jahren hier und ahnen nichts von der Gefahr, die in ihrem Viertel wächst und die dazu führt, daß alteingesessene New Yorker Bürger sie mit immer mehr Argwohn betrachten. Die Mafia? *Ich verstehe Sie nicht, Mister.*

Die zweite Mafiawelle

Dennoch gibt es sie, und zwar schon seit zwanzig Jahren. Aber diese Tatsache wurde erst seit 1992 anerkannt. Am 12. Januar desselben Jahres wurden der Einwanderer Wjatscheslaw Ljubarski, neunundvierzig, und sein Sohn Wadim, sechsundzwanzig, erschossen. Die Affäre erregte großes Aufsehen. »Abrechnung innerhalb der russischen Mafia«, prangte in Großbuchstaben auf der Titelseite des »New York Newsday«. Die Schlagzeile ging um die Welt. Das FBI stritt Ermittlungen in diese Richtung ab: »›Russisch‹ ist eine ethnische Bezeichnung und läßt sich [für die Ermittlungen] nicht anwenden«, so der Pressesprecher des New Yorker Büros, Joe Valiquette. De facto brauchte das FBI dreißig Monate, um die kriminelle Existenz der russischen Mafia zu akzeptieren. Im übrigen waren DEA, CIA, Zollfahndung und städtische Polizei schon an Ort und Stelle, waren die Rollen Jewsej Agrons und Marat Balagulas bereits bekannt (der eine tot, der andere verurteilt). Wenn die Paten also, allem Anschein nach, nichts mit der Sache zu tun hatten, wie ließ sich dann der Mord an Ljubarski erklären?

Die eigentliche Ursache für den Doppelmord vom 12. Januar soll in einem beharrlichen Mißverständnis liegen. Die internationale Presse enthüllte zwar die Existenz einer lange Zeit unterschätzten, ja sogar unbekannten »neuen« Organisierten Kriminalität. Aber das Ereignis hatte eine andere Bedeutung, als man nach oberflächlicher Analyse hätte glauben können. Es war weniger die russische Mafia, die in dieser Januarnacht in Erscheinung getreten war, als vielmehr die zweite Generation weltweit agierender Mafiosi. In den Köpfen der Kriminologen des FBI nahm die These von der alles auf den Kopf stellenden Revolution – aufgrund der zufälligen Aufdeckung einer Drogenhandelsvereinbarung zwischen italienischer und russischer Mafia – ganz konkrete Formen an. Diese Einschätzung konnten sie jedoch erst 1994 der Öffentlichkeit kundtun, als die Idee einer »globalen« Organisierten Kriminalität von Moskau bis Washington, von Brüssel bis Lagos die Runde machte.
Wer war Wjatscheslaw Ljubarski, jener »Kleinhändler ukrainischer Herkunft«, der 1978 in die Vereinigten Staaten einwanderte und über dessen gewaltsamen Tod die Zeitungen berichteten? Im Milieu wurde er »Slawa« genannt. 1984 wurde Ljubarski das erste Mal – zusammen mit einem Soldaten der italoamerikanischen Familie Genovese, Anthony Lanza – wegen Waffenbesitzes und Drogen festgenommen.[13] Lanza öffnete ihm den Zugang zu den betrügerischen Mineralölgeschäften. 1985 erhielt Ljubarski eine vierjährige Haftstrafe, wurde jedoch 1988 auf Ehrenwort wieder freigelassen. Von da an frequentierte er das Restaurant »Odessa«, das Balagula und seinen Leuten, zumindest nach Geschäftsschluß, als Hauptquartier diente. Nach Angaben aus New Yorker Kreisen sollen – sobald die präsentable Kundschaft nach Hause gegangen war – in den Räumen der oberen Stockwerke jene äußerst merkwürdigen Tribunale stattgefunden haben, die das Leben innerhalb der Organisazija weitgehend regeln, die berühmten *na ljudi:* mit viel Rauch, Wodka und Kokain. Anfang der achtziger Jahre hatte Ljubarski einen Schuldschein über 40 000 Dollar Spielschulden unterschrieben und war deshalb ins »Odessa« beordert worden:

Er sollte zahlen. Um den Forderungen Nachdruck zu verleihen, hängte man ihn 1989 nackt an die Deckenbeleuchtung seines Geschäfts.
Es scheint, daß er später an dem Mord eines der Männer beteiligt war, die das Geld eintreiben wollten. Aber Anfang Oktober 1991 wurde er vor seiner Wohnung angeschossen. Drei Kugeln, die ihn nur leicht verletzten. Dies war eine letzte Aufforderung, endlich zu zahlen.
An jenem Sonntag, dem 12. Januar 1992, gegen 1.20 Uhr, leistete der Killer nun ganze Arbeit. Zusammen mit seinem Sohn Wadim und seiner zweiten Frau Nelly betrat Ljubarski nach einem vergnüglichen Dinner die Vorhalle seiner Wohnung in der 11th Street. Ein volles Magazin Kaliber 9 traf Vater und Sohn. Nach einer kurzen Pause lud der Killer noch einmal nach und leerte ein zweites Magazin in den schon leblosen Körper des ukrainischen Juweliers. Wadim war sofort tot, Wjatscheslaw starb auf dem Weg ins Krankenhaus. Nur Nelly entkam dem Blutbad. Am Tatort wurden nicht weniger als dreißig Hülsen gefunden.
Die Ermittlungen der Justizbehörden bestätigten, daß es sich dabei um eine »Abrechnung innerhalb der russischen Mafia« handelte – und nicht die erste. War es für die Justiz noch zu früh, Namen und Erkenntnisse der Öffentlichkeit preiszugeben, so war es doch höchste Zeit, die Leichen zu zählen. Slawa war das sechste Opfer aus dem Milieu innerhalb von neun Monaten, und die Zahl stieg in dreizehn Monaten immerhin auf neun Tote. Wie sollte man den Ariadnefaden finden, der diese verschiedenen Morde miteinander verband?

Diese Aufgabe wurde noch dadurch erschwert, daß russische Einwanderer im allgemeinen nicht sehr gesprächig sind und sich nur ungern der Polizei anvertrauen. In der ersten Hälfte der neunziger Jahre war diese mit der Suche nach Kontaktpersonen und Informanten unter den Bewohnern Little Odessas beschäftigt. »Die überwältigende Mehrheit der Morde an russischen Einwanderern bleibt unaufgeklärt«, so Detective Daniel Mackey vom Polizeikommissariat Brooklyn. »Aus eigenem Antrieb gibt leider niemand eine Aussage zu Protokoll, wenn es sich um russische Verbrechen handelt. Keiner will etwas gesehen haben. Es könnte hier in diesem Zimmer geschehen, und niemand wäre dabeigewesen! Wir hatten hier vor kurzem einen Mord. Mitten auf der Straße, am hellichten Tag [...]. Es gab ›Augenzeugen‹, aber niemand, der bereit war, auszusagen.« Die einzige Spur: »Wir verfügen über Informationen, denen zufolge die russischen Killer in der Regel ihre Ausbildung von Angehörigen der ehemaligen russischen ›Spezialeinheiten‹ erhalten. In Boxer-, Catcher- oder Kampfsportkreisen sind sie ebenfalls häufig anzutreffen.«

Auch Emil Pusyrezki zählte zu den Mordopfern. Mit seinen sechsundvierzig Jahren war der ehemalige Elektriker und heroinabhängige Diabetiker ein Vertrauter des Paten Marat Balagula und zudem ein *tjaschki*, ein Schwerverbrecher. Er zog gerne das Messer und verdankte seinen Ruf innerhalb der Mafia seiner legendären Grausamkeit. Nachdem er zuvor schon einmal wegen Totschlags angeklagt worden war, erhielt er 1965 wegen eines in Odessa begangenen Mordes sieben Jahre Haft, die er in einem Straflager im Ural verbüßte.

Seine Tätowierungen, die der Gerichtsmediziner nach seiner Ermordung im Konkurrenzlokal des »Odessa«, dem Restaurant »National«, am 11. Mai 1991 ausgiebig bewundern konnte, bestätigten das Bild eines »Verbrechers, auf den der Tod eine große Faszination ausübte«.

Man zögerte noch, den Auftraggeber dieses Mordes beim Namen zu nennen. Wollte er das »National« erpressen, wie es in den Zeitungen zu lesen war? Oder wurde er lediglich von Ljubarskys Männern als Rache für den »säumigen Schuldner, der nackt an der Decke aufgehängt wurde« ermordet? Fest steht, daß sich ihm an jenem 11. Mai 1991 ein maskierter, schwarzgekleideter Mann unbemerkt näherte und eine Pistole mit Schalldämpfer aus seinem Regenschirm zog. Eine Kugel in den Kopf, eine in die Brust. Als der Körper schon am Boden lag, folgten noch sieben weitere Schüsse. Der Mörder bückte sich, hob sorgsam die Hülsen auf und

machte sich davon. Von den fünfzehn anwesenden Gästen war nur ein einziger bereit zu sprechen.
Danach griff eine wahre Mordepidemie um sich. Am 22. Mai wurde ein Mann in der Shell Road in seinem Auto erschossen, am 31. Juli ein etwa Vierzigjähriger in seiner Wohnung in der 13th Street. Dazwischen, am 8. Juli, verschwand ein Gangster, der am Ende seiner Karriere stand und wegen seiner Vergangenheit in Chicago den Spitznamen »Tschikazki« trug, aus der 12th Street. Er wurde am 27. August halbverwest in der Nähe des John-F.-Kennedy-Airport mit vier Kugeln im Kopf aufgefunden. Und schließlich entdeckte man am 6. November, kurz nach den ersten Schüssen auf Ljubarski, im Yachthafen der Sheepshead Bay einen in Plastik verpackten angeschwemmten Körper.
Man versteht nun besser, warum sich die Polizei Brooklyns, die außerstande war, die ganze Tragweite der Angelegenheit zu enthüllen, dem Medienspektakel um den Doppelmord an den Ljubarskis im Januar 1992 nicht widersetzen konnte. Sieben Tote in neun Monaten: Derjenige, der die Karten mischte, besaß ganz offensichtlich eine glückliche Hand. Und er würde sich sogar noch zwei weiterer, sehr wichtiger »Karten« entledigen. Am 8. Mai 1992 wurde Saidamin Mussostow in New Jersey ermordet. Er war erst zehn Monate zuvor in die Vereinigten Staaten eingereist. Die Spur dieses Tschetschenen führte die Fahnder bis in den Kern der russischen Organisierten Kriminalität in Berlin. Am 23. Juni war Alexandr Slepinin, dreiundvierzig, an der Reihe. Slepinin, der den Behörden aufgrund einer früheren Anklage wegen Waffenbesitzes bestens bekannt war, starb am Steuer eines Cadillac Seville, Baujahr 1985. Zwei Kugeln in den Kopf, drei in den Rücken. Auch Slepinin war ein *tjaschki.* Auf seiner Brust prangten Tätowierungen in Form eines Panthers und eines Drachens – ein möglicher Hinweis auf seine sowjetischen Eskapaden.
Wer steckte hinter diesen Morden?
Offensichtlich war Marat Balagula in Schwierigkeiten und mußte auf die Hilfe eines Mittelsmanns zurückgreifen, um aus seiner Zelle heraus bestimmte Finanzgeschäfte zu tätigen. Das FBI war dar-

über hinaus der Ansicht, daß niemand seinen Platz einnehmen konnte[14], was sicherlich stimmte. Drei oder vier Personen stritten sich um dieses Privileg. Aber nur zwei dieser *blatnye* waren stark genug, um sich schließlich einen Bruderkrieg zu liefern: Auf der einen Seite befand sich Boris Nayfeld, alias »Papa«, alias »Beeba«, der ehemalige Chauffeur und Vertraute Jewsej Agrons, und gleichzeitig dessen mutmaßlicher Mörder; auf der anderen Seite einer seiner Kumpane der ersten Stunde, Monja Elson, alias »Kischinjowski« (nach dem Namen seines Geburtsortes Kischinjow, der Hauptstadt Moldawiens). Beide besaßen den gleichen düsteren Charakter, den gleichen Reflex: erst töten, dann nachdenken. Und beide begannen ihren Weg auf die gleiche Weise und hätten eigentlich Verbündete werden können. Aber Brighton Beach war für die beiden Männer, die sich nun als Rivalen gegenüberstanden, zu klein. Und die Folgen dieser Rivalität sollten bald den gesamten europäischen Kontinent überziehen, von Rom nach Berlin, von Amsterdam bis nach Antwerpen.

Blutsbrüder

Das Lokal heißt »Rasputin«, für Russischsprachige die erste Adresse im Nachtleben Brooklyns. Dieses Nachtlokal, das früher den Namen »Miracle« trug, gehört zu den bekanntesten Stützpunkten der Mafia in Brighton Beach. Das FBI schätzt die Renovierungskosten dieses »Fassadeunternehmens«, das mit einer großen Werbekampagne im Juni 1992 eröffnet wurde, auf über 3 Millionen Dollar. Den Geschäftsbüchern zufolge beliefen sich die Kosten lediglich auf ein Viertel dieser Summe. Alex Pusaizer, der Herr des Hauses, soll lediglich ein Strohmann sein, hinter dem ein geheimer Verwaltungsrat die Kontrolle über das »Rasputin« ausübt. Nach Ansicht der Polizei Brooklyns führen die Verbindungen einiger dieser heimlichen Verwalter direkt nach Moskau. In den ersten Monaten seiner Existenz gehörten zu den mutmaßlichen Teilhabern dieses Stripteaselokals auch Schalwa Ukleba, der, wie wir später sehen werden, Kontakte zu Nayfeld und Elson unterhielt, sowie zwei Vertraute Elsons: Wiktor Silber, alias Wladimir Silberschtein, und dessen Bruder Alexander.

Elson

Elson, alias »Kischinjowsky«, war ehemals zusammen mit Boris Nayfeld Leibwächter von Jewsej Agron gewesen. 1978 kam er zusammen mit seiner Frau und den beiden Kindern als Flüchtling in die Vereinigten Staaten. Kaum in Brighton Beach ansässig, tauchte er im Netzwerk von Kreditkartenbetrügern und im Mineralölschmuggel auf; zudem betätigte er sich im Drogenhandel. Anfang der achtziger Jahre hatte er übrigens in Israel im Gefängnis gesessen. Aber Elson war vor allem ein Schutzgelderpresser mit einer Leidenschaft für Rolex-Uhren, extravagante Anzüge und Bentleys.

Innerhalb von etwa zehn Jahren arbeitete er sich an die Spitze einer Verbrecherbande mit dem Namen Monja-Brigade[15] vor, die sich, unter anderem, auf Einschüchterung, Bedrohung, Mord und Drogenhandel spezialisiert hatte. Er frequentierte das »Rasputin« und die Brüder Silber deshalb, weil ihm der Schutz des Clubs jährlich 300 000 Dollar einbrachte.[16] So wie Balagula sein »Mafia-Gericht« oder *na ljudi* in den Räumen des »Odessa« abhielt, soll Elson für diese Tribunale die Marmorsäle des »Rasputin« ausgewählt haben. Dort schlichtete er die Streitigkeiten zwischen unbedeutenden Mafiagruppen und erhielt – als Gegenleistung – einen Anteil aus den illegalen Geschäften, die bei solchen Anlässen unter den Cliquen aufgeteilt wurden. Als Elson die Rolle des Mafiarichters an sich riß – eine Funktion, die er neben seinen persönlichen Geschäften ausübte –, wurde er zur Schaltstelle zwischen der Orga-

nisazija (bzw. der traditionellen russischen Kriminalität), der italoamerikanischen Mafia und den tschetschenischen Gruppen, die neuerdings auf den Markt drängten.
Im nachhinein wird klar, daß Elsons Macht sämtliche ethnischen Unterschiede überbrückte und alle Elemente der aus dem Osten kommenden Verbrecherwelt aufnahm. (In seiner Schlägertruppe entdeckten die Amerikaner auch einen Litauer.) Da Elson Kontakte zu allen Clans pflegte und zahlreiche Gruppen kontrollierte, traf er nur selten falsche Entscheidungen. Nur in einem Fall hatte er sich verschätzt: als er sich mit seinem ehemaligen Waffenbruder Boris Nayfeld, genannt »Beeba«, überwarf, der im Drogensektor zu seinem Konkurrenten geworden war und der ihm das Leben zur Hölle machen sollte.

Das Blut der Brüder

Nayfeld kam im Alter von zweiunddreißig Jahren, kurze Zeit nach Elson, in die Vereinigten Staaten. Von 1982 bis 1987 bezog der 1947 geborene Weißrusse Sozialhilfe, obwohl er sich 1988 ein herrliches Anwesen auf Staten Island kaufen konnte und regelmäßig zwischen New York, Moskau, Antwerpen, Aruba, Vilnius oder Berlin hin und her jettete. Nayfeld erwies sich als wahrer Kosmopolit. Das FBI mußte ganze zwei Jahre lang seine Spur verfolgen und Überseegespräche abhören, bevor er schließlich verhaftet werden konnte. Trotz seiner mangelhaften Bildung – Nayfelds Stärke war vor allem seine Körperkraft – war er in der Lage, Operationen auf internationalem Niveau durchzuführen. Als Leibwächter, Chauffeur und Vertrauter Jewsej Agrons gehörte er zu den wichtigsten Vertrauten von dessen Nachfolger Marat Balagula, den er auf einigen Etappen seiner Flucht nach Afrika begleitete. Er war in den Mineralölsteuerbetrug Balagulas ebenso eingeweiht wie in dessen Goldgeschäfte.

Warum hatte sich dieser Mann mit Elson überworfen? Sah er sich als rechtmäßiger Nachfolger Balagulas? Das ist möglich, zeugt jedoch von einer verzerrten Wahrnehmung. Denn die *awtoritet* Moskaus hätte dies nicht ohne eine formale Ernennung hingenommen. Ebenso wahrscheinlich ist, daß Nayfeld und Elson im Heroinhandel unterschiedliche Interessen verfolgten. Den Akten nach stieg Elson erst 1991 in diesen Sektor ein. Eine aufmerksame Rekonstruktion von Nayfelds Vergangenheit zeigt, daß eine einst nutzbringende Freundschaft allmählich in abgrundtiefen Haß umgeschlagen war. Wenn der Grund dieses Hasses zwischen Nayfeld und Elson faktisch auch ein Geheimnis blieb, so ließ er sich doch an ihrer Rivalität ablesen.
Brooklyn 1991. Der Pate von Brooklyn, Marat Balagula, war zwei Jahre zuvor von Deutschland ausgeliefert worden. Elson drängte auf den Heroinmarkt, und bald wurde ihm ein wichtiger Auftrag anvertraut: der Mord an Wjatscheslaw Ljubarski. Elsons Stellung an der Spitze der russischen Mafia stand auf dem Spiel. Er konnte gar nicht umhin, Nayfeld zu eliminieren. Trotzdem mißlang ihm der Anschlag. Am 14. Januar ging »Beebas« Auto in die Luft, er selbst blieb jedoch unverletzt.
Von diesem Zeitpunkt an legte Nayfeld eine furchterregende Härte an den Tag. Am 14. Mai rächte er sich und versuchte seinerseits, Elson umzulegen. Ohne Erfolg. Ein weiterer Versuch erfolgte am 6. November 1992 in Los Angeles. Elson wurde bei der Schießerei an der Hand verletzt. Schon am nächsten Tag, dem 7. November, ließ Nayfeld in Brooklyn das Auto seines Rivalen in die Luft jagen. Ein weiterer Fehlschlag. Aber allmählich wurde die Polizei auf Elson aufmerksam: Nachdem am 27. April 1992 ein Haftbefehl wegen Entführung, Raubüberfalls und Waffenbesitzes gegen ihn erlassen worden war – die Behörden ihn jedoch aufgrund fehlender Beweise wieder auf freien Fuß setzen mußten –, schenkte man jedem neuen Anschlag auf sein Leben eine ganz besondere Aufmerksamkeit, die auf Dauer beiden, dem Angreifer und dem Opfer, gefährlich wurde. Jede Machtdemonstration repräsentierte von da an die Präsenz einer Mafiagruppierung in einem bestimm-

ten Territorium. (Wir dürfen dabei nicht vergessen, daß neben den direkten Konfrontationen zwischen Elson und Nayfeld neun weitere Leichen zu verzeichnen waren, die zwischen Mai 1991 und August 1992 entdeckt wurden.)
Es waren demnach einerseits die Fortschritte bei den Ermittlungen gegen die russische Mafia und andererseits die immer häufiger zutage tretenden Abrechnungen unter Mafiosi, die schließlich Ende November 1992 eine entscheidende Auseinandersetzung forcierten. Denn dieses Mal war auch die italoamerikanische Verbrecherwelt in Form des Gambino-Clans beteiligt, und sie zwang die Bundespolizei schon wenige Stunden nach der Tat zum Handeln.

Tötet »Wowa«

Die »Panne«, die alles auslöste, hatten die Brüder Silber zu verantworten. Wiktor, alias »Wowa«, und Alexander, alias »Alex«, kamen 1979 in die Vereinigten Staaten. Ihre Jugend hatten sie in der Ukraine verbracht. Von Anfang an versuchten sie sich im Mineralölschmuggel, was ihnen 400 000 Dollar wöchentlich einbrachte; zudem verfügten sie über Kapitalerträge aus einem Motel auf Jamaika.
Die Gebrüder Silber waren jedoch keine Einzelgänger. Sie verstanden es, die Gunst verschiedener Clans zu gewinnen, die ihnen auf lange Sicht Schutz gewährten. Aber ihr bedeutendster Partner blieb der Gambino-Clan, vor allem in der Person Anthony Morellis, genannt »Fat Tony«. Mit ihm baute Wiktor Silber eine »daisy chain« im Mineralölhandel auf.
Wiktor folgte der ungeschriebenen Regel der Mafiavereinbarungen: Die Russen zahlten den Italoamerikanern ein Zehntel, dafür durften die Russen die Durchführung ihrer Geschäfte selbst regeln. Wenn sie zum Beispiel eine außenstehende Person bei dem

Versuch überraschten, in ihrem Sektor Geschäfte zu machen, bedrohten sie sie zuerst. Lehnte derjenige es ab, sich den Regeln des Milieus zu unterwerfen, zündeten sie ihm das Geschäft an. So ordnete Wiktor Silber im Februar 1992 ohne Vorwarnung die Zerstörung einer Mineralölfirma an, die den V-Männern des FBI und des IRS als Deckmantel diente.
Erst nach der völligen Aufgabe dieser Undercoverstrategie, der bereits an die vierzig Händler ins Netz gegangen waren, legte die Bundespolizei im August 1995 ihre Karten auf den Tisch.[17] Der amerikanische Staat war seit 1982 von den Mineralölschmugglern geprellt worden und reagierte Ende der achtziger Jahre mit der Gründung von fünf Scheinfirmen durch das FBI: Fuel Services of America, RLJ Management, Ruz Fuel, Delaware Valley Fuel Services und Packer Petroleum. Die Scheinfirmen sollten mit den Betrügern gemeinsame Sache machen, um diese leichter zu entlarven. Dies war zwar eine ungewöhnliche Methode – die DEA gründete sogar eine eigene Bank zur Geldwäsche, um die Betrüger ausfindig zu machen –, doch war sie durch die gigantischen Verluste gerechtfertigt, die der Betrug die Steuerzahler kostete: 1,6 Milliarden Dollar Einnahmeverlust pro Jahr.
Am 10. Februar 1992 gingen einige dieser Firmen in Flammen auf. Die Strohmänner Silbers nahmen daraufhin mit den verdutzten FBI-Männern Kontakt auf und erklärten ihnen: Wenn sie nicht den »Schutz« durch die Russen akzeptierten, würden sie nie auf diesem Markt mitmischen können.
Neun Monate nach diesen Brandanschlägen ahnte Wiktor Silber noch nicht, daß die Tage seiner Freiheit gezählt waren. Einige seiner Partner wußten jedoch schon mehr. Am 20. November luden ihn die Italoamerikaner nach Manhattan ein und unterbreiteten ihm, auf welche Weise die New Yorker Polizei und das FBI ihm und seinen Scheinfirmen das Handwerk legen wollten. Deren Hartnäckigkeit war nach dem Schlag vom Februar nur allzu verständlich. Das Ziel des Treffens lag weniger darin, »Wowa« zu helfen; sie wollten sich vor allem seiner bedingungslosen Kooperation vergewissern – dem Schweigen gegenüber den Ermittlern – und

zudem sicherstellen, daß er kompromittierende Dokumente vorsorglich verschwinden ließ. Dummerweise legte »Wowa« jedoch weder die passenden Worte noch genug Fingerspitzengefühl an den Tag. Möglicherweise fielen Sätze wie: »Wenn ich untergehe, gehst du mit unter …«

Als Wiktor Silber den Treffpunkt verlassen wollte, gestand man ihm seine italienischen Leibwächter nicht mehr zu. Er brach also allein auf und fuhr, die Fenster seines Ford Taurus, Baujahr 1989, hochgekurbelt, über den Franklin Delano Roosevelt Drive nach Brooklyn zurück. Es herrscht abendliche Rushhour. Ein Wagen vor ihm verlangsamt seine Geschwindigkeit, Silber bremst. Der Verkehr läuft zäh, doch der andere Wagen kommt beinahe zum Stehen. Plötzlich taucht ein zweites Fahrzeug auf, drängt ihn ab und überschüttet ihn mit einem Kugelhagel. Ergebnis: ein Sehnerv durchtrennt, schwere Gehirnverletzungen.

Auf der Intensivstation des Bellevue Hospital erhielt er bereits am nächsten Tag Besuch von »Fat Tony« persönlich. Dieser riet ihm wahrscheinlich zu schweigen.[18] Für immer und ewig. Denn am darauffolgenden Tag, dem 22. November, ging eine Lawine von beinahe zweihundert Hausdurchsuchungen über New Jersey, New York und Pennsylvania – aber auch Florida – nieder, die die ganze Infrastruktur der Mineralölgeschäfte »Wowas« erfaßte und im Mai 1993 die formale Anklage gegen Silber – sein Verfahren wurde wegen seiner eingeschränkten Verhandlungsfähigkeit abgetrennt –, »Fat Tony«, »Little Igor«, Seifer und die ganze Bande ermöglichte. Das Ende einer Episode.

Elson verlor damit mehr als einen Komplizen oder eine Einflußmöglichkeit. Ein wichtiger Teil seines Netzes war zusammengebrochen. Aber wer hatte auf dem Franklin Delano Roosevelt Drive an diesem Novembertag die Schüsse abgefeuert? Die Ermittler tappten im dunkeln und wissen es sicherlich noch immer nicht. Sie nahmen an, daß es sich bei dem Killer um einen gewissen Boris handelte, Boris Nayfeld. Einer Vermutung zufolge soll neben dem Gambino-Clan auch der Genovese-Clan bei »Wowa« abgesahnt haben. In diesem Zusammenhang fällt der Name Daniel Pagano; er soll Empfänger dieses Mafiatributs gewesen sein. Das Prinzip der doppelten Abgabe an die »Cosa Nostra« wurde im Mai 1996 übrigens erstmals bestätigt, als ein Capo der Lucchese-Familie vor dem amerikanischen Senat aussagte.[19] Soll das bedeuten, daß man »Wowa« am 20. November nicht nur befahl, zu schweigen, sondern vor allem, den Namen Paganos zu vergessen? Bedeutet es ferner, daß zwischen Nayfeld auf der einen und dem Genovese-Clan auf der anderen Seite ein direktes Abkommen existierte? Diese Vermutung wurde niemals bestätigt.

Ende 1992 hatten Nayfeld und Elson allen Grund, sich erbittert zu hassen. Aber wieder einmal war es Nayfeld, der, im wahrsten Sinne des Wortes, die nächste Salve abfeuerte. Am 26. November 1993 saßen drei Personen, zwei Männer und eine Frau, in einem Lexus auf der 16th East Street von Sheepshead Bay. Plötzlich tauchten aus einem anderen Auto zwei oder drei Angreifer auf und eröffneten das Feuer. Außer den drei Personen im Lexus wurde noch eine weitere Person bei dem Schußwechsel getroffen. Die Namen, die sie bei ihrer Einlieferung ins Coney Island Hospital angaben, ließen die New Yorker Tageszeitungen nun nicht mehr gleichgültig: Monja Elson, zweiundvierzig, wurde im Rücken getroffen, ebenso seine Frau, die dabei noch schwerer verletzt wurde; Oleg Sapiwakmine, fünfundzwanzig Jahre alt und Leibwächter, trug eine leichte Verwundung am Unterleib davon. Bei der vierten Person handelte es sich wahrscheinlich nicht um ein gezieltes Opfer. Trotz der Juwelen und der Uhr im Wert von 300 000 Dollar, die Monja Elson bei sich trug, glaubte die Polizei keinen Moment daran, daß es sich bei der Schießerei um einen einfachen Raubüberfall gehandelt haben könnte. Ihrer Ansicht nach war Monja Elson der »bedeutendste russische Mafioso der Vereinigten Staaten, der zur Zeit auf freiem Fuß ist«. Man hatte geglaubt, er habe sich nach Los Angeles zurückgezogen, doch nun meldete er sich ganz unerwartet zurück und war »in Brooklyn sicherlich nicht gerade sehr willkommen«, so der Kommentar.
Purer Euphemismus: Kaum zwei Monate später, am 24. Septem-

ber 1993, wurde der Leibwächter Oleg Sapiwakmine ermordet. Monja Elson bekam es mit der Angst zu tun und verließ Brooklyn endgültig, die Waffen im Gepäck. Er soll sich heute in Israel, vielleicht auch in Europa aufhalten.
Nayfeld wiederum hielt sich immer seltener in den Vereinigten Staaten auf und ist seit 1993 dort kaum noch anzutreffen.
Zwei Kriegslüsterne, die einen Vorort, der das viertgrößte Ballungsgebiet der Vereinigten Staaten darstellt und in dem man sich kaum zufällig über den Weg laufen kann, in ein Mafiaghetto verwandelten, das für sie beide zu klein geworden war. Kann Haß zwei Menschen so eng aneinanderbinden? Der Kriegsschauplatz, der groß genug für diesen Krieg, aber auch für die neuen finanziellen Interessen unserer Kumpane war, sollte von nun an die ganze westliche Welt sein: der Süden für Elson mit einem Kontakt zur italienischen Halbinsel und ihrer Mafiatradition; der Norden für Nayfeld, im Herzen der jüdischen Gemeinde Antwerpens.

Kapitel 2

Antwerpen

Man sagt, Antwerpen besitze den schnellsten Hafen Europas. Er gehört zu jenen florierenden Häfen des alten Kontinents, in denen das Manna ertragsreicher Handelsgeschäfte im Überfluß fließt und für die jede Erweiterung der Umschlagkapazitäten immer schon überfällig ist. Und er ist einer der wenigen Handelshäfen Westeuropas, die Marseille den Rang ablaufen. Aber ebenso wie der südfranzösische Schiffslandeplatz leidet er unter der Last dunkler Geschäfte wie Tabakschmuggel oder Drogenhandel. Daß diese Transaktionen so kurzfristig und schnell abgeschlossen werden, hat natürlich seinen Preis: Die Beschlagnahmungen durch die Zollbehörden der Handelsmetropole belegen dies Woche für Woche.

Doch Antwerpen verdankt seinen wahren Ruhm nicht diesen Geschäften. Der Glanz der Metropole beruht sicherlich nicht auf dem Glanz des Hafens, sondern auf dem Glanz von Diamanten – jener unvergänglichen Rarität, die die Berühmtheit dieser flämischen Stadt bis in die Straßen von Surat, auf die Halbinsel Bombays, an den Fünf-Sterne-Strand Tel Avivs oder in die Docks von New York reichen läßt. Allein 1994 liefen achtzig Prozent des Rohdiamanthandels und fünfzig Prozent der Geschäfte mit geschliffenen Diamanten über Antwerpen. Von den weltweit zwanzig Diamantbörsen sind allein vier in Antwerpen ansässig. Der weltweit größte Diamantenkonzern, die südafrikanische Gesellschaft De Beers, bietet seine Ware nur einem ausgewählten Kreis von Direktkäufern an. Über die Hälfte dieser Händler, die den Weltmarkt beherrschen und ihre Steine direkt beim Londoner Kartell, der Central

Selling Organization (CSO), beziehen, hat sich für diesen Standort entschieden. In Zahlen bedeutet dies einen jährlichen Umsatz von etwa 620 Milliarden belgischen Francs – 21 Milliarden Dollar – für ein Handelsvolumen von 237 Millionen Karat im Jahr 1994 und 357 Millionen Karat im Jahr 1995.[1] (Dies entspricht einer Menge von siebzig Tonnen Edelsteinen.)
Der Diamantenhandel macht allein acht Prozent des belgischen Bruttosozialprodukts aus. Ein beneidenswertes historisches Erbe, das seinesgleichen sucht. Amsterdam ist mehr auf den Einzelhandel ausgerichtet, New York auf das Juweliergeschäft, und in Bombay werden die Steine nicht mit derselben Qualität verarbeitet wie in Antwerpen. Diese Vormachtstellung läßt sich nur aus der Geschichte der Stadt erklären. Aus Brügge kam dieses einzigartige Know-how einst nach Antwerpen. Doch die jüdischen Diamantenhändler flohen im 16. Jahrhundert vor der spanischen Inquisition nach Amsterdam, und Antwerpen büßte an Bedeutung ein. Noch im 19. Jahrhundert nahm es lediglich in der Kategorie »geschliffene Diamanten« den ersten Platz ein. Erst in der Zeit zwischen den beiden Weltkriegen, als sich Amsterdam aufgrund seiner Steuerpolitik selbst ins Abseits manövrierte, nahm Antwerpen erneut – und bis auf den heutigen Tag – den ersten Platz in der Weltrangliste aller Sektoren ein. Selbst der Industriediamantensektor hat hier mit vierzig Prozent des Weltvolumens Fuß gefaßt. Die indische und afrikanische Billiglohnkonkurrenz beginnt natürlich an dem Monopol der Diamantenverarbeitung zu nagen – in weniger als fünfundzwanzig Jahren ist die Zahl der Diamantenschleifer in Antwerpen von 20 000 auf 3000 gesunken –, aber die hochwertige Ware wird weiterhin an den Ufern der Schelde gehandelt.
Wenn es auch für den Erhalt dieser Trophäe kein Geheimrezept gibt, so ist es doch ratsam, sie durch ein Klima der Nachsicht, sowohl seitens der Polizei als auch der Steuerbehörden, zu hüten. Dieses Huhn, das goldene Eier legt, benötigt gerade einmal zehn Hektar Fläche, auf denen sich 1200 Firmen befinden. In der Industrie und im Handel werden so 30 000 Arbeitsplätze gesichert, davon etwa 3000 fachspezifische Berufe der Diamantenbranche.

Aber auch andere Besonderheiten, z. B. drei Diamantfachschulen für etwa einhundert Schüler oder sechs Banken, die auf das Diamantengeschäft spezialisiert sind, konnten so entstehen. Will man diesen Geschäftszweig bewahren, muß man ihm vor allem Schutz gewähren. Seit dem Attentat im Jahre 1981 sind die gefährdetsten Straßen für Fahrzeuge nur noch mit Passierschein zugänglich. Insbesondere die Hovenierstraat, in der der »Haut Conseil du Diamant« und der »Antwerpsche Diamantkring« (siehe Kapitel 7) residieren, ist davon betroffen. Antwerpen stellt den Diamantenhändlern eine speziell ausgebildete und fünfundzwanzig Mann starke Polizeitruppe zur Verfügung. Dieser sogenannten DIA-Brigade – DIA steht für »Diamant« – obliegt der Schutz des Viertels. Dann die Frage der steuerlichen Kulanz. Es versteht sich von selbst, daß die lokalen Behörden, auch wenn sie nicht von »Nachlässigkeit« sprechen, zwischen Händlern und Steuerprüfern ein »distanziertes Verhältnis« ausmachen. In der Tat werden Streitigkeiten unter Diamantenhändlern von einem Schiedsgericht und nicht vor ordentlichen Gerichten geregelt. Ein Beispiel: Im Sommer 1992 sahen die Diamantenhändler Antwerpens durch Geldwaschaktionen von Drogengeldern ihr Vermögen in den Tresoren der Hovenierstraat schwinden, ohne sich bei der örtlichen Kriminalpolizei zu beschweren. Erst mehr als ein Jahr nach diesem Vorfall, im Januar 1994, wurde dieses gravierende Ereignis im Zusammenhang mit einem anderen Drogendelikt zu Protokoll gegeben.

Und schließlich läßt man den Diamantenhändlern gerne einen gewissen Spielraum. Die Stadt setzt sie nicht unter Druck: Selbst wenn man die Steuerabgaben aller Firmen im Diamantenviertel zusammenzählt, so ist dies lediglich ein »Krümelaufsammeln«.[2] Schärfere Finanzkontrollen würden keine Wirkung zeigen: Betrüger müßten lediglich ihre Ware nicht mehr über Antwerpen handeln, dort aber eine Niederlassung behalten, um jegliche gesetzlichen Verpflichtungen zu umgehen. Wie sollte man eine weltumspannende Industrie in den Griff bekommen, in der sagenhafte Geschäfte kaum vorstellbaren Umfangs mit einem Händedruck und einem einzigen Wort, »Massel« (Viel Glück), abgeschlossen werden?

Der Betrug mit Rohdiamanten

Ist Antwerpen ein sicherer Hafen für Schwarzgeld? Das wäre übertrieben, da man im Steuersystem trotz allem eine Reihe von Anpassungen vorgenommen hat. Aber auch hier kommt die Bedrohung seit einigen Jahren von russischer Seite, und dies aus mehreren Gründen. Ungeschliffene russische Diamanten, die außerhalb des Londoner Kartells CSO gehandelt werden, haben Eingang in die Werkstätten der Diamantenschleifer Antwerpens und Tel Avivs gefunden – ein Verstoß gegen das Abkommen zwischen dem südafrikanischen Konzern De Beers und Moskau. De Beers, der quasi das Welthandelsmonopol für Diamanten besitzt, hatte 1990 mit Moskau vereinbart, daß die riesige russische Rohdiamantenproduktion in den Weltmarkt integriert und über die CSO verkauft würde. Beide Parteien unterzeichneten einen Fünfjahresvertrag, in dem Moskau der CSO ein Exklusivrecht einräumte. Als Gegenleistung erhielt es 26 Prozent aus den Einnahmen, also eine Milliarde Dollar, und eine weitere Milliarde Vorschuß.

Aber Moskau umging dieses Abkommen, indem es 1993 an der CSO vorbei 1,5 Millionen Karat ungeschliffene Diamanten lieferte, d. h. die Russen nahmen einen minimalen Schliff an den Rohdiamanten vor, um sie dann als »geschliffen« verkaufen zu können. Das Abkommen zwischen De Beers und den Russen schloß jedoch geschliffene Diamanten nicht mit ein. Diesem unkorrekten Geschäftsgebaren lag, wie man leicht erraten kann, der Wunsch zugrunde, bei weiteren Verträgen eine bessere Verhandlungsbasis zu haben, vor allem bezüglich der Menge, die die Russen außerhalb der CSO verkaufen durften. In Antwerpen entschlossen sich mehr als zwanzig Direktkunden De Beers – sie gehören zu jenem geschlossenen Kreis aus hundertfünfzig Kunden, die den Weltmarkt beherrschen –, auf den russischen Zug aufzuspringen, und kauften Rohdiamanten, die 10–20 Prozent unterhalb des Marktpreises lagen. Der Diamantenpreis drohte in den Keller zu fallen und hielt sich nur dank eines Machtwortes der CSO, die die Produzenten aufforderte, einen Teil ihrer Produktion bis auf weiteres zurückzuhalten. Die »Jobber« wurden im Mai 1995 mit Sanktionen belegt. Einige der »zugelassenen Kunden« wurden vom Handel ausgeschlossen, andere lediglich ermahnt.[3] Was den Weltmarkt betrifft, so schlossen De Beers und die Russen erst im Februar 1996 erneut ein diesmal dreijähriges Abkommen, in dem jeder russische Handelsspielraum außerhalb der CSO ausdrücklich ausgeschlossen wird.

Auf der höchsten Ebene des Diamantenhandels findet also eine Verschlechterung des Vertrauensklimas statt, wozu noch ein anderes Phänomen im Diamantenviertel Antwerpens kommt, das vielleicht nur zufällig mit diesem zusammenfällt. Es handelt sich um die immer stärker werdende Präsenz von Nichtjuden – Georgiern, Ukrainern usw. – in den kleinen Juwelierläden der Pelikaansstraat, die für das Diamantenviertel das sind, was die Hotdog-Buden für den Eiffelturm darstellen. Dort werden unechte Diamanten als »Brillanten« angeboten, und daneben Juwelen von minderer Qualität, die jeden Geschmack bedienen. Diese Tatsache sorgte schon für Schlagzeilen, nachdem einige gewaltsame Ereignisse den Ruf des Viertels geschädigt hatten. Am 31. Mai 1991 wurden in der Pelikaansstraat Nr. 104–108 zwei Juweliere kaltblütig erschossen und ihr Geschäft um beträchtliche Mengen an Edelmetallen erleichtert. Die Mörder wurden schließlich im Norden Tel Avivs, in Natanya, ausfindig gemacht. Beide sind georgischer Abstammung, besitzen aber die israelische Staatsbürgerschaft und wurden in Tel Aviv zu lebenslänglicher Haft verurteilt.[4]

Die Tat rief Bestürzung hervor und kam wieder in Erinnerung, als im März 1995 der israelische Juwelier georgischer Abstammung, Awi Beberaschwili, ermordet wurde. Awi war erst zweiundzwanzig Jahre alt. Sein Vater, Semjon, kam aus Lod bei Tel Aviv und besitzt, neben einer Handelsgesellschaft, ein Juweliergeschäft in der Pelikaansstraat Nr. 45. Nur wenige Tage nachdem der Sohn ein ähnliches Geschäft direkt neben dem seines Vaters in der Pelikaansstraat Nr. 43 eröffnet hatte, wurde er mit einer Pistole Kaliber 22 erschossen – völlig überraschend und ohne daß ein Einbruch vorlag. Der Mann, der ihn am 7. März 1995 ermordete, muß zu seinem Bekanntenkreis gehört haben, zumindest löste er mit seinem Erscheinen im Geschäft kein Erstaunen aus. Die Spur des Mörders wird wohl für immer im dunkeln bleiben, da die Familie aus Versehen die wichtigsten Beweismittel zerstörte. Das jüdische Viertel, das Diamantenviertel, ist eben nicht mehr das, was es einmal war. In einem Interview der Tageszeitung *Gazet van Antwerpen* behauptete ein anonymer Informant, daß siebzig Prozent der Geschäfte in der Pelikaansstraat in den Händen der russischen Mafia, vor allem von vier Familien,[5] seien, die sich zu einem Kartell zusammengeschlossen hätten. Natürlich gibt es keine Beweise, aber Gerüchte.

Brandwain – der Mann mit den goldenen Händen

Dennoch beginnt unsere Geschichte im Schatten dieser diamantenen Festung im Jahre 1977. Es sei denn, man legt ihren Anfang in die Kälte des ukrainischen Winters, in jenen Februar 1947[6], in dem Rachmiel Brandwain in Sdolbunow zur Welt kam. Brandwain sollte aller Wahrscheinlichkeit nach zum Nachwuchs der jüdischen Gemeinde in der Ukraine beitragen, die im Zweiten Weltkrieg 850 000 Mitglieder verloren hatte. Die Identität der ukrainischen Juden war in Gefahr. Die Eltern Rachmiels waren zwar keine praktizierenden Juden und nur dem Paß nach jüdisch, aber gerade dadurch erhielten sie Ende der fünfziger Jahre die Gelegenheit, nach Polen auszureisen. So konnten sie die Ukraine verlassen und sich für einige Monate in Lentschiza niederlassen.

Rachmiel war zu diesem Zeitpunkt knapp neun Jahre alt, sprach russisch und sollte Polen nie wirklich kennenlernen, da seine Familie bald darauf in den Norden Israels, nach Haifa, zog. Unmittelbar nach seiner Schulzeit, die er auf dem Gymnasium als Internatsschüler verbrachte, strebte er eine Karriere bei den Seestreitkräften an und besuchte die Offiziersschule der Handelsmarine, in der er als Kadett diente. Nach drei Jahren Militärdienst unter den Eliteoffizieren der Zahal, stieg er 1971 ins Berufsleben ein und heuerte bei der israelischen Handelsmarine an.

Er erwies sich durchaus als tauglich, aber ein Gehörverlust stellte ihn 1975 vor die Entscheidung, entweder für immer an Land zu bleiben oder ins Ausland zu gehen, was er auch bald tat; er trat in den Dienst der belgischen Schiffahrtsgesellschaft CMB, die ihren Sitz in Antwerpen hat. Im Februar 1977, kurz vor seinem siebenundzwanzigsten Geburtstag, heiratete er in Israel, in Akko, eine junge Frau ukrainischer Abstammung, die dreißig Jahre zuvor in Odessa geboren worden war: Galina Kriworuschko. Die Aussicht auf Vaterschaft – das erste Kind wurde 1978, das zweite 1982 geboren – und die ständigen Klagen der Ehefrau und baldigen Mutter veranlaßten ihn schließlich, ein für allemal an Land zu bleiben und gegen 1977 ein kleines Elektrogeschäft in der Lange Kievitstraat zu eröffnen. »Ein miserabler kleiner Laden«, erinnert sich ein Zeuge, und Rachmiel, alias »Mike«, war wohl der gleichen Ansicht. Ein paar Quadratmeter, auf denen er Kabel verkaufte, kleine Reparaturen erledigte, kurz gesagt, sich durchschlug, um zu überleben; darüber hinaus brauchte er auch noch den Rest der Ersparnisse auf, die er in den zwei Jahren bei der CMB angesammelt hatte. Dennoch bedauerte er diese Entscheidung nicht allzusehr. Die Seefahrt hatte nicht mehr viel eingebracht, die Landaufenthalte waren immer kürzer, die Reisen immer länger geworden.

Mike kamen die kleinen Geschäfte wieder in den Sinn, die er in früheren Zeiten »unter der Hand« laufen hatte. Bevor er bei CMB seinen Vertrag unterzeichnete, hatte er sich in Belgien mit kleinen Jobs über Wasser halten müssen. Der »graue Markt« stellt für einen echten Ukrainer keine Nebenbeschäftigung dar, er ist der Hauptteil seines Lebensunterhalts. Und zudem genoß er das Vertrauen der Kunden. Sicher, er trug keine Kippa, ging nicht in die Synagoge, aber er sprach Russisch – zumindest gebrochen, er wirkte vertrauenswürdig und stellte keine Fragen.
Neben seiner Niederlassung im Herzen des jüdischen Viertels schaffte es Mike, im Exportgeschäft Fuß zu fassen. Dort gelang ihm ein wahrer Durchbruch. Er hatte verstanden, daß Antwerpen besonders wegen seiner Eigenschaft als Handelsdrehscheibe für alle möglichen Geschäfte interessant war. Und er wußte, daß ihn – auch wenn er selbst nicht das nötige Kapital besaß, um sich in riskantere Unternehmen zu stürzen – die Familie seiner Frau unterstützen würde. So eröffnete er im März 1981 zusammen mit seiner Frau, seinem Schwager Sascha und seiner Schwiegermutter eine GmbH mitten im Diamantenviertel, in der Pelikaansstraat. Edelen Metalen Antwerpen (EMA) avancierte, zehn Jahre vor allen anderen, zum Prototyp jener Geschäfte osteuropäischer Juweliere und Pseudodiamantenhändler, die in den neunziger Jahren die angesehenste Straße des Diamantenviertels aus dem Gleichgewicht bringen sollten.
Zuvor hatte Brandwain mit einem Laden in der Lange Kievitstraat eine beachtliche Dienstfertigkeit entwickelt. So wollte ein griechischer Käufer elektronische Geräte erwerben, die aber aus Ersatzteilen zusammengesetzt werden sollten, um den Einfuhrzoll zu umgehen. Zu dieser Zeit ging Mike noch davon aus, daß der Steuerbetrug nicht von ihm, sondern von demjenigen begangen würde, der die Ersatzteile zu einem unverzollten Gerät zusammenbaute. Ihm kam gar nicht der Gedanke, daß er dadurch persönlich in Schwierigkeiten geraten könnte. In der EMA GmbH hielt er es genauso, auch wenn er hier neben elektrotechnischen Geräten auch mit Edelmetallen und Edelsteinen handelte. Die Russen

schätzten diesen Zwischenhändler, der sich Mühe gab, ihre Sprache zu sprechen. Das Vertrauen in ihn wuchs, bestellte Ware erreichte immer ihren Bestimmungsort. Ob es um Gold, Steine oder elektronische Bauteile ging, der Ruf Mikes, der von seinem Schwager Sascha, einem Elektriker, unterstützt wurde, wuchs unaufhaltsam. Sicher, es gab das belgische Gesetz, aber auch das Gesetz des Marktes. Dieser recht eigentümliche Laden, der auf Touristen aus dem Osten abzielte, lief derart gut, daß Mike 1984 oder 1985 ein zweites Geschäft gleichen Typs im Herzen Berlins eröffnete. Die Stadt war damals noch ein beliebtes Ziel für Moskauer Studenten, die zweimal jährlich ihre Ferien im Westen verbrachten und sich bei dieser Gelegenheit mit Elektrozubehör eindeckten. Mike erfüllte ihre Wünsche. Später eröffnete Brandwain in Rotterdam eine ähnliche Filiale für russische Seeleute, jedoch ohne großen Erfolg.

Kirschen & Co

Bald benötigte Brandwain einen Finanzmakler für seine Geschäfte. Er entschied sich für ein Wechselbüro, das in die Geschichte der belgischen Justiz eingehen sollte: Kirschen & Co. Brandwains Kontaktmänner zur Finanzwelt – François Leiser und Hilaire Beelen – waren Urheber eines aufsehenerregenden Diamantenbetrugs, bei dem es um mehrere Milliarden französische Francs ging. Ins Kreuzfeuer der Justiz geraten, ging Leiser mit Mike nicht gerade zart um: »Brandwain besaß direkt neben unserem Büro ein Geschäft für Unterhaltungselektronik, das aber nur als Deckmantel diente.«[7]
Was hatte sich in der Pelikaansstraat Nr. 63 zugetragen? Möglicherweise haben Hilaire Beelen und François Leiser, die den Betrug ausgeheckt hatten, eine ganze Generation von Betrügern um sich geschart und ausgebildet. Zur damaligen Zeit rissen sie etwa

vierzig Personen mit in den Abgrund, die mit dem Wechselbüro Kirschen zusammenarbeiteten. Unter anderem wurde die gesamte Buchhaltung der EMA beschlagnahmt, so daß sie ihre Geschäfte eine Zeitlang einstellen mußte.[8] Aber in Brandwains Fall war nicht nur der Betrugsfall Kirschen im Spiel. Ein zusätzlicher Untersuchungsbericht des bis dahin unbekannten Brüsseler Richters Jean-Claude van Espen – er sollte später den Fall Pineau-Valenciennes, Manager der Elektroholding Schneider, bearbeiten – wurde neun Monate nach dem Fall Kirschen veröffentlicht. Dieses Mal war von einem Goldhandel die Rede, der mit zwei pakistanischen Brüdern, den in Uccle (einem Vorort von Brüssel) lebenden Gebrüdern Zahirud und Salahud Din, in Verbindung stand. Sieben Personen wurden verhaftet, darunter der Geschäftsführer einer Antwerpener Gesellschaft – Brandwain! Die Anklage lautete unter anderem auf Urkundenfälschung im Rechtsverkehr, Unterschriftenfälschung, Hinterziehung der Mehrwertsteuer und Verstoß gegen das Steuerrecht. Mike landete wegen dieses angeblichen Handels mit vier Tonnen Gold (die damals einen Wert von beinahe 100 Millionen Dollar hatten) für zweieinhalb Monate im Gefängnis. Doch es kam nie zur Verhandlung. Wie aus dem Bericht hervorgeht, den die Brüsseler Staatsanwaltschaft damals zitierte, hatten die Gebrüder Din auf dem Schwarzmarkt erstandenes Gold angeblich durch Belgien transportieren lassen, um es in Großbritannien, aber auch in der Türkei und in Ägypten mit einer »Steuer« von fünf Prozent, ihrem Gewinn, weiterzuverkaufen. Trotz der vermuteten Gewinnspanne der Gebrüder Din machte der Kunde dank der Umgehung der gesetzlichen Goldsteuer (in Großbritannien allein 15 Prozent Mehrwertsteuer) immer noch ein gutes Geschäft. Das setzte jedoch eine besondere Infrastruktur voraus – einschließlich sechs umgebauter Fahrzeuge, darunter eines Rolls Royce –, mit denen sie das Gold außer Landes schaffen und gleichzeitig das schmutzige Geld zurückbringen konnten. Auch die Kuriere der Brüder waren mit allerlei Nützlichem ausgerüstet, so z. B. mit Schuhen, in denen das wertvolle Metall versteckt werden konnte.

Trotz der Fülle an Informationen, die der Justiz vorlagen, hatte die Akte kein Nachspiel. Ohne Zweifel lag das an diversen Verjährungsfristen und Kompetenzstreitigkeiten zwischen den Ländern. War Brandwain tatsächlich aktiv an diesem Handel beteiligt? Seine derzeitige Verteidigungsstrategie bleibt diesbezüglich zweideutig:
»Wissen Sie, der Goldhandel fand nie auf belgischem Boden statt. Ich will damit nicht sagen, daß ich Goldhandel betrieben hätte. Aber wenn Sie Gold in Luxemburg kaufen und es nach London bringen, haben Sie dann auf belgischem Territorium Handel betrieben? [...] Monsieur Lallemand, es handelt sich da nicht um Drogenhandel, Mord oder um die Mafia. So etwas ist heute ganz alltäglich ...«
»Können Sie heute sagen, daß Sie ...«
»Warum müssen wir darüber sprechen? Ich habe zwei Monate für nichts im Gefängnis gesessen. Die englische und die belgische Justiz haben entschieden, daß die Sache verjährt ist.«
1987 lieferte der in die Schweiz geflohene Leiser einem belgischen Wochenmagazin eine weitaus klarere Version, die zwar kürzer, für Brandwain aber belastender war.[9] Entsprachen seine Aussagen der Wahrheit oder handelte es sich lediglich um eine sprachliche Entgleisung? Niemand wird es je erfahren.
Wie sich später zeigte, standen sich die Protagonisten der Akte Kirschen und das Umfeld Brandwains nicht nur örtlich sehr nahe. Wie dem auch sei, die durch die Affären Kirschen und Din ausgelöste Welle begrub das kleine Geschäft in der Pelikaansstraat unter sich, und Mike konnte bei seiner Entlassung im Winter 1986/87 nur noch den Bankrott der EMA feststellen. Die zuvor bereits beschlagnahmte Buchhaltung war nicht mehr auffindbar, und die Steuerbehörde erlegte ihm eine Nachzahlung in Höhe von 45 Millionen belgischen Francs auf. Die EMA gab ihren Sitz in der Pelikaansstraat auf, und auch heute noch sind die Geschäfte auf Eis gelegt.

Brandwain und Nayfeld – eine Allianz, die von Dauer ist

Brandwain hatte mittlerweile zwei Kinder und ein karges Einkommen. Orientierungslos versuchte er sich im Autoverleih der Firma eines Freundes, die fünf Jahre später bankrott ging. Aber er blieb der jüdischen und der russischen Gemeinde Antwerpens erhalten und war auch weiterhin für seine Fähigkeit, »Geld zu machen«, bekannt. Er galt als der »Mann mit den goldenen Händen«. Die EMA hatte es seinerzeit bewiesen, und das Geschäft in Berlin lief immer noch. Vielleicht wurde er aus diesem Grund in den ersten Wochen des Jahres 1987, zwei Monate nach seiner Haftentlassung, von einem »Landsmann« aus Weißrußland angesprochen. Bei diesem handelte es sich um keinen Geringeren als Boris Nayfeld, der vorgab, in großen Schwierigkeiten zu stecken, und ihn um Hilfe bat.
Das Treffen fand in einem der Cafés statt, die um den Hauptbahnhof Antwerpens herum gelegen sind. Nayfeld wurde von seinem »Geschäftspartner« in Deutschland, Efim Laskin, genannt »Fima« (der kleine Zar) begleitet, der ihn auch während seines Aufenthalts in München beherbergte. Eine folgenschwere Begegnung: ein in windigen Geschäften nicht gerade unerfahrener Geschäftsmann und zwei Größen des russischen organisierten Verbrechens.

Wie wir gesehen haben, hatte Nayfeld die Ermordung seines ehemaligen Chefs Jewsej Agron im Mai 1985 erlebt. Sein neuer Chef, Marat Balagula, war seit November 1986 auf der Flucht, und er selbst reiste schon damals ständig zwischen den Vereinigten Staaten (vermutlich wollte er dort den von Balagula geräumten Platz einnehmen), Deutschland, Berlin, München und Antwerpen hin und her.

Was Efim Laskin angeht, so ist sein Name ebenfalls mit einem sehr bewegten Leben verbunden, das am 27. September 1991 auf tragische Weise in München ein Ende nahm. Seine Leiche wurde, von Messerstichen übersät, auf dem Kofferraum seines Autos in der Nähe des Ungererbads aufgefunden. Die Brutalität dieses Mordes und die ergebnislos verlaufenden Ermittlungen lösten in der Münchner Öffentlichkeit Bestürzung aus. Es handelte sich um eines der ersten Verbrechen in Deutschland, die ohne jeglichen Zweifel mit der russischen Mafia in Verbindung standen. Nach Ansicht des FBI wurde Laskin von der italienischen Mafia ermordet, da er seine Schulden aus einem gemeinsamen Drogendeal nicht bezahlt hatte. Laskin soll von zwei bekannten Großdealern eine beachtliche Anzahlung für einen ganz bestimmten Handel angenommen haben, später aber nicht in der Lage gewesen sein, das Geld oder den Stoff beizubringen. Das ist aber nicht die einzige These. Ein Informant des BKA lieferte später eine ganz andere: Laskin und Nayfeld, die während ihrer Reise nach Antwerpen 1987 noch Verbündete waren, gerieten Anfang der neunziger Jahre in einen Streit – der sehr wohl mit Mike Brandwain in Zusammenhang gestanden haben könnte. Laskin suchte daraufhin Mitte 1991 Nayfelds Todfeind, Monja Elson, und dessen Frau auf und verlangte von ihnen Nayfelds Tötung. Elson jedoch beauftragte einen gewissen Schalwa Ukleba, genannt »Swer«[10], mit dem Mord. Schalwa stand Nayfeld jedoch näher als Elson und setzte ersteren von dem Vorhaben in Kenntnis. So mußte Laskin seine falsche Einschätzung der Clandifferenzen mit dem Leben bezahlen.

Aber vorerst war das alles noch gar nicht aktuell. Das Treffen des Trios in Antwerpen sollte von grundlegender Bedeutung sein. Nayfeld und Laskin waren vor allem gekommen, um sich von Brandwain »Geld zu leihen«, das sie auch erhielten. Ein Zeichen dafür, daß der Untergang der EMA den ukrainischen Geschäftsmann doch nicht ganz mittellos gelassen hatte. Brandwain sollte das Geld, daß er Fima geliehen hatte, nie wiedersehen. Was Nayfeld betrifft, so zahlte er seine Schulden nach und nach mit dem Geld zurück, das der Job, den Mike ihm verschafft hatte, einbrachte. Aber vor allem waren sie gekommen, um übers Geschäft zu reden: Einerseits ging es um den Goldhandel in Sierra Leone, den der Doppelagent Kalmanowitsch vorgeschlagen hatte, andererseits wollten die beiden Kumpane auch gerne ein Geschäft nach dem Vorbild von Brandwains Läden (in Antwerpen und Berlin) gründen. Ihres sollte jedoch in Österreich, an der jugoslawischen Grenze, irgendwo zwischen Villach und Leibnitz, liegen. Laskin und Nayfeld hatten dort einen »Freund«, einen Vertrauensmann, der unter anderem bereits im Textilhandel aktiv war und dessen Geschäft man um elektrotechnische Artikel erweitern würde. Die Sache wäre ganz einfach: Die Räume existierten bereits, Brandwain sollte die Ware liefern, und man würde den Gewinn durch vier teilen. Denn Nayfeld und Laskin, deren Arbeit lediglich darin bestand, die beiden Geschäftsmänner zusammenzubringen, wollten selbstverständlich ihren Teil abhaben. Doch genau hierin lag das Problem. Warum sollte sich Brandwain mit Nayfeld und Laskin belasten, wenn diese nicht bereit waren, sich selbst zu engagieren?

Das Vorhaben wurde nie realisiert, da man sich über die Aufteilung des Gewinns und die Kontrolle über das Geschäft nicht einig werden konnte. Laskin forderte für jedes abgeschlossene Geschäft eine Provision, ohne dabei selbst aktiv werden zu müssen. Brandwain war der Ansicht, daß man seine reiche Geschäftserfahrung allzu billig kaufen wollte. An diesem Punkt, glaubt man den Angaben Brandwains, begannen er und Nayfeld miteinander zu sympathisieren. Wollte Laskin etwa zum Rentier werden? Das war sein gutes Recht. Aber Brandwain sogar mit Erpressung zu drohen war ungeschickt. Und dennoch: Wenige Tage später bedrohte er aus Ärger darüber, daß er von einem lukrativen Geschäft ausgeschlossen wurde, mehrere Geschäftspartner Brandwains. Nayfeld – Laskins Verbündeter und sonst auch nicht gerade zimperlich – war empört und stellte sich wider alle Erwartung auf Brandwains Seite. Er schien zu ahnen, daß mit dem »Mann, der goldene Hände hat« mehr Geld zu machen war als mit einem gewöhnlichen Schutzgelderpresser wie Laskin. Eine dauerhafte Allianz nahm so ihren Anfang.[11]

Nayfeld, der Leibwächter aus Brooklyn, wurde von da an zum Beschützer des Antwerpeners, sein »Draht« zur Mafia. Er besaß Beziehungen, die zu gut waren, um ehrbar zu sein, dank derer er aber, zusammen mit Brandwains Know-how, wahre Wunder vollbringen sollte.

Kapitel 3

Berlin

Kein Land des Westens hat unter der eurasischen Kriminalität so gelitten wie Deutschland, und zwar noch vor seiner Wiedervereinigung.

LKA Berlin, erster Stock. Das Gebäude muß einst ruhmreiche Zeiten erlebt haben, davon zeugt der monumentale Treppenaufgang. Aber hinter den anonymen Türen der cremefarbenen Gänge entdeckt der Besucher nichts weiter als die schlichten Büros der Berliner Behörde. Es ist erstaunlich, daß auch im Zeitalter der High-Tech-Fahndungsmethoden die tägliche Umgebung eines Polizisten immer noch die gleiche ist wie zu Zeiten Clemenceaus, Hindenburgs oder Hoovers.

Im Gegensatz zur Einrichtung haben sich die Akteure jedoch sehr verändert. Der Kommissar der Abteilung für die Organisierte Kriminalität osteuropäischer Staaten zeigt uns das Foto eines leichenblassen Mannes, dessen Hals von einer deutlichen Narbe gezeichnet ist.

»Ein Profikiller. Er wurde selbst Opfer eines anderen Killers. Das ganze Laken war voller Blut. Als er wieder sprechen konnte, haben wir ihn natürlich sofort gefragt, wer ihn ermorden wollte. Er ist selbst Spezialist im Umgang mit dem Messer und antwortete, es habe sich keineswegs um einen Mordversuch gehandelt – dafür wurde das Messer mit zu großer Genauigkeit geführt –, sondern um eine Warnung. Man wollte ihn nicht umbringen, sondern ihm lediglich ein unvergängliches Andenken verpassen.« Das ist auch gelungen. Der Schnitt rührt von einem schmutzigen Taschenmesser der Marke Opinel her und wird nie richtig vernarben.

Lustlos fährt der Kommissar mit seiner Vorführung fort. Ein anderes Bild zeigt einen Verdächtigen, dem man bei seiner Festnahme keine Handschellen umlegen konnte – sie waren zu klein für seine riesigen Handgelenke.

Heute zum Beispiel gilt das Interesse unseres Kommissars einem gewissen Juri Michailowitsch Sedow, geboren im April 1959, der im Besitz falscher tschechischer Ausweispapiere ist und den man verdächtigt, an der Ermordung eines sehr bedeutenden russischen Geschäftsmannes namens Wladimir Missjurin beteiligt gewesen zu sein.

Missjurin war im Erdölgeschäft tätig – 1992 bekam er eine Exportlizenz für russisches Erdöl in Höhe von 1,5 Millionen Tonnen – und lebte in Moskau. Zusammen mit seinem deutschen Geschäftspartner Eduard Meiler besaß er außerdem eine in Berlin ansässige Import-Export-Gesellschaft für Metalle und Mineralien, die Medoc GmbH, eine weitere Import-Export-Gesellschaft in Lausanne, die Tasso AG, sowie eine Villa in Uccle, einem der besten Viertel Brüssels. Aber man nimmt an, daß er über seine Erdölgeschäfte vor allem die Geldwäsche russischer Mafiagelder betrieb. Als er am 18. Dezember 1994 gegen 7 Uhr seine Villa in Uccle verließ, um nach Caracas zu fliegen, wurde er von mehreren Kugeln Kaliber 9 getroffen. Profiarbeit. Missjurin hatte sein Taxi am Vorabend bestellt, und auf der kurzen Strecke von seinem Haus bis zum Wagen wurde er niedergestreckt.

Ein Spürhund fand die Tatwaffe und die Masken der Mörder einige hundert Meter vom Tatort entfernt. Bei der Waffe handelte es sich um eine Agram 2000, die in den Beneluxstaaten völlig unbekannt ist. Ein erfahrener Ballistiker der Brüsseler Polizei mußte sein ganzes Können aufbieten, um die Herkunft der Waffe näher zu bestimmen: Jugoslawien. In Berlin hingegen ist die Agram 2000 keine Seltenheit mehr. »Eine kleine, äußerst effektive Waffe. Sie kommt aus Bosnien nach Deutschland«, erklärt der Kommissar des LKA. »Ihre Besonderheit besteht darin, daß sie Magazine mit dreißig oder sechzig Patronen aufnehmen kann. In letzter Zeit bekommen wir viele dieser Waffen in Berlin zu Gesicht. Sie wird von

Osteuropäern benutzt.« Nachforschungen in Berlin und Moskau ergaben, daß Missjurin mitnichten ein gewöhnlicher Erdölhändler war. 1994 wurde er bei einer Schießerei in Moskau verletzt und erblindete auf einem Auge. Die Fahnder aus dem Westen suchten bei den Russen um Auskunft nach und erfuhren, daß, nach Ansicht ihrer Kollegen aus dem Osten, hundertzwanzig bis hundertvierzig Morde mit Missjurin in Verbindung gebracht werden. Er war selbst ein Killer und soll die Erdölgesellschaft in Samara, die Nefsam, um einige hundert Millionen Dollar betrogen haben. Die Ermittler sahen nun klarer; seine Mörder sind wahrscheinlich unter jenen Rivalen Missjurins zu suchen, die damals der blutigen Schießerei entkamen.

Die Unantastbaren

Die Fahnder suchen noch immer nach dem Auftraggeber des Verbrechens, bei dem es sich um einen anderen Erdölhändler russischer Abstammung handeln könnte, einen ehemaligen Geschäftspartner Missjurins, der sich ebenfalls in der deutschen Hauptstadt niedergelassen hat. Zwei Verdächtige, die mutmaßlichen Killer, waren schnell hinter Schloß und Riegel. Der eine, Igor Legozki, befand sich bereits in einem russischen Gefängnis in Haft, der andere lebt in Berlin auf dem Ku'damm und heißt Juri Sedow. Sie mußten jedoch beide wieder auf freien Fuß gesetzt werden.

Die russische und die belgische Polizei konnten an diesem Punkt der Ermittlungen zufrieden sein. In Deutschland zeigt sich das Problem jedoch von einer ganz anderen Seite. Die Ergebnisse im Fall Missjurin sind zwar zufriedenstellend, aber sie spiegeln lediglich den Alltag im Land wider. Beinahe täglich erfolgen Verhaftungen wie die Sedows, ohne weitere Konsequenzen nach sich zu ziehen. Berlin scheint für die Killer aus dem Osten eine Art Auffangbecken zu sein. Und »Lufthansa«-Mörder sorgten derart für Aufregung, daß der bekannte Schriftsteller Robin Moore sie zum Thema seines Romans »The Moscow Connection« machte. Berlin ist demnach mit einem Anstieg »russischer« Verbrechen konfrontiert. Gleichzeitig werden diese Verbrechen aber immer differenzierter, wobei nur ein verschwindend kleiner Teil der Delikte in der Stadt selbst verübt wird.

»Was bedenklich stimmt«, so der Kommissar, »ist nicht so sehr der Mangel an Zeugenaussagen als die Professionalität, mit der diese Mörder vorgehen. Sie wissen, wie man tötet, und es ist schwierig, dieser Gewaltbereitschaft etwas entgegenzusetzen. Bei der Verhaftung sind sie völlig gelassen und verziehen keine Miene. Töten gehört zu ihrem Alltag, als ob sie ein Butterbrot äßen. Ihre Logistik ist im übrigen ausgezeichnet. Sie kaufen ihre – technisch einwandfreien – Waffen in Rußland, so daß man deren Spuren nicht nachverfolgen kann. [...] Man muß wissen, daß die Inhaftierung in einem deutschen Gefängnis für sie bereits einen Sieg darstellt. Zudem sind unsere Gefängnisse sicher, dort kann sie niemand umbringen.«

»Die russischen Verbrecher lassen sich oft im Zentrum Berlins nieder, auf dem luxuriösen Kurfürstendamm oder in der Fasanenstraße. Wie erklären Sie sich ihren offensichtlichen Reichtum?«

»Geld spielt bei ihnen keine Rolle mehr. Sie sind so unvorstellbar reich, daß man im wahrsten Sinne des Wortes von ›unantastbar‹ sprechen kann. Bei den Italienern existiert zum Beispiel eine vertikale Abschottung. Sie können nicht so einfach in der Hierarchie aufsteigen. Bei den ›Russen‹ ist es genau das gleiche. Dazu kommt das Geld: Niemand will den Mund aufmachen, aus Angst, das errungene Geld zu verlieren. In dieser Hinsicht stehen Militärs, Politiker und Geschäftsleute Schulter an Schulter. Oder, im umgekehrten Fall, sind sie so arm, daß ihr Wille, reich zu werden, sehr, sehr stark ist.«

Der Kommissar gab uns zum Abschluß den Tip, uns eine von Grund auf renovierte Passage auf dem Ku'damm anzusehen. Es ist einer jener modernen Paläste aus Stahl und Glas mit Restaurants, Snackbars, einem Schallplattenladen und, in den obersten Etagen, mehreren Dutzend Appartements, alle von Russen gemietet. Das LKA gibt keine weiteren Auskünfte; offensichtlich weiß es aber bereits, wo und unter welchen Namen sich die künftige russische Bedrohung abzeichnet.

Das hat teilweise mit den bisherigen Erfahrungen zu tun. Seit den sechziger Jahren, aber ganz besonders seit den Ermittlungen des BKA gegen ein Netz russischer Geldfälscher von Hundertdollarnoten, lebt Deutschland mit dem Gespenst des organisierten Verbrechens aus der ehemaligen UdSSR im Nacken. Die Zahlen sprechen für sich. Im Jahre 1993 stammten von 2 051 775 festgenommenen Verdächtigen 29 002, d. h. 4,8 Prozent, aus der ehemaligen UdSSR, 2,2 Prozent davon aus der Russischen Föderation. Darunter befinden sich Russen (13 153), Ukrainer (5106), Litauer (1723), Letten (1467), Esten, Weißrussen, Georgier, Kasachen usw. Jede Art von Delikten wird ihnen zur Last gelegt, von Autoschieberei über Erpressung, Diebstahl, Menschen- und Drogenhandel bis hin zum Mord.[1] Den Angaben des BKA zufolge sind vor allem Berlin, Köln, München und Frankfurt davon betroffen. Die Beamten in Wiesbaden interessieren sich nicht nur für russische Mafiagruppierungen in Rußland oder Deutschland; auch Frankreich, Belgien, Österreich, die Schweiz, Kanada und die Vereinigten Staaten sind für sie von Bedeutung. Einem FBI-internen Dokument zufolge befindet sich der Kopf des eurasischen Verbrechens nicht in Deutschland, sondern in Antwerpen. Die Deutschen sind in ihrer Einschätzung etwas vorsichtiger. Sie stimmen zwar der These zu, wonach sich das Mafiaoberhaupt im Ausland befinden soll, vermuten es aber in Paris, Brüssel oder Monaco.

Doch dies ist für die breite Öffentlichkeit von nur geringer Bedeutung. Ein wirklich beunruhigendes Problem in Deutschland ist dagegen der Anstieg von Erpressungen deutscher Geschäftsleute, sei es in Deutschland selbst oder in Rußland. So wurde ein deutscher Architekt in Sankt Petersburg zusammengeschlagen und erblindete auf einem Auge. Ein anderer wurde in Polen entführt, mißhandelt und kam nur deshalb mit dem Leben davon, weil ihn polnische Eliteeinheiten befreiten.

Dies alles scheint nebensächlich, betrachtet man einen anderen Bericht des BKA zur Organisierten Kriminalität aus dem Jahre 1993.[2] Unter 9884 Verdächtigen bilden nicht etwa russische Einwanderer die stärkste ethnische Gruppe, sondern Türken (15 Prozent), Jugoslawen (6,2 Prozent) und Italiener (5,2 Prozent). Im April 1995 veröffentlichte der Bundesinnenminister ähnliche Zahlen für das Jahr 1994: 14,2 Prozent Türken, 9,3 Prozent Jugoslawen, 4,6 Prozent Italiener und nur 4 Prozent Bürger der ehemaligen Sowjetunion. Aber bestimmte Tendenzen sind manchmal folgenschwer. In einem Vortrag vor dem ständigen Untersuchungsunterausschuß des amerikanischen Senats[3] legte der Präsident des BKA, Hans-Ludwig Zachert, andere Ergebnisse vor: »Der Anteil von Osteuropäern an den Verdächtigen, die wir in den letzten beiden Jahren im Rahmen der Organisierten Kriminalität erfaßt haben, beträgt etwa elf Prozent.« Hinsichtlich des Handels schlägt BKA-Präsident Zachert einen noch alarmierenderen Ton an: »Die Zahl der Fälle von Handel mit radioaktivem Material, denen wir nachgegangen sind, hat sich von 1991 bis 1992 beinahe vervierfacht. 1993 verzeichneten wir einen Anstieg um fünfzig Prozent, bei einer Zahl von 241 Fällen. Beachten Sie diese Zahlen. 1990 hatten wir vier Fälle, 1991 waren es 41, 1992 bereits 158 und 1993 schließlich 241 Fälle. Ich muß hier hinzufügen, daß es sich bei etwa der Hälfte der Fälle um simple Betrugsversuche handelte. Die Personen gaben vor, spaltbares Material zu besitzen, was aber nicht der Wahrheit entsprach. Von den 158 Fällen im Jahr 1992 waren jedoch 99 so beunruhigend, daß wir Ermittlungen wegen Diebstahls von radioaktiven Stoffen einleiteten. Und in 18 Fällen wurden wir tatsächlich fündig.«

Plutonium auf dem Flug Moskau–München

Der Schmuggel von radioaktivem Material russischer Herkunft hat in der letzten Zeit in Deutschland immer wieder für Debatten gesorgt, in denen sogar politische Schicksale entschieden wurden. »Der Spiegel« trug mit seinen Enthüllungen vom Juli 1994 bis zum April 1995 maßgeblich dazu bei. In seiner Ausgabe vom 18. Juli 1994 meldete das Wochenmagazin, daß die sechs Gramm Plutonium, die in einer Garage in Tengen beschlagnahmt wurden, aus russischen Gaszentrifugen stammten. Es war das erste Mal, daß bei einem Nuklearschmuggel Material aus Militärbeständen der ehemaligen Sowjetunion verkauft wurde. In diesem Fall befanden sich die sechs Gramm Plutonium 239 in einem 4,5 Kilogramm schweren Bleizylinder mit elf Zentimetern Durchmesser. Nur ein Zehntel des Inhalts bestand aus reinem Plutonium. Für den Bau einer Bombe benötigt man mehrere Kilogramm dieses Stoffes.
Am 15. August 1994 entfachte ein Artikel des »Spiegel« erneut die Diskussion um das Thema. Fünf Tage zuvor hatte die Polizei auf dem Münchner Flughafen 363,4 Gramm Plutonium 239 beschlagnahmt, das einen Anreicherungsgrad von 87 Prozent aufwies und ebenfalls aus Rußland stammte. Zwei Spanier und ein Kolumbianer wurden bei ihrer Landung verhaftet und sorgten weltweit für Aufregung. Sie hatten vier Kilogramm Plutonium zum Kauf angeboten, waren aber auf V-Männer der Polizei gestoßen. Die Regierung Kohl zog daraus prompt politischen Nutzen: Schon am 20. August wurde der Geheimdienstkoordinator Bernd Schmidbauer in Moskau zu Verhandlungen mit der russischen Spionageabwehr empfangen. Bereits am 22. August erfolgte die Verabschiedung eines Memorandums, das die Schaffung von Kooperationszellen vorsieht, an denen beide Staaten mitwirken. Das Memorandum mußte nur noch die Unterstützung Kohls und Jelzins finden. Die Beschlagnahmung von München beschleunigte die diplomatischen Aktivitäten von deutscher Seite. Die Amerikaner – und be-

sonders FBI-Direktor Louis Freeh –, die bereits seit April 1994 eine derartige Zusammenarbeit anstrebten, können darüber sehr erfreut sein.
Aber im April 1995 meldete »Der Spiegel«, daß die berühmte Beschlagnahmung vom 10. August des Vorjahres nicht aufgrund eines zufälligen Treffens von Händlern und vermeintlichen Käufern zustande gekommen sei, sondern daß der Handel von »der Polizei eingefädelt wurde«. Die Geheimdienste Bernd Schmidbauers wurden beschuldigt, die Lieferung provoziert zu haben. Umgehend beklagte der russische Vizeatomminister Jewgeni Mikerin, einer der Gesprächspartner Schmidbauers, den Betrug und erklärte: »Wenn Schmidbauer von dieser Inszenierung im voraus unterrichtet war, ist er seines Postens unwürdig.« Am darauffolgenden Tag, dem 10. April, blieb der Bundesregierung nichts anderes übrig, als alle Anschuldigungen widerwillig zurückzuweisen. Eine deutsche Ärztevereinigung, Mediziner gegen Atomkraft, ging jedoch soweit, Schmidbauer wegen Gefährdung der Bevölkerung durch diese »Inszenierung« anzuzeigen. Die Polemik nahm ihren Lauf.
Die drei in München verhafteten Männer wurden im Juli 1995 zu Freiheitsstrafen zwischen sechsunddreißig und achtundfünfzig Monaten (ohne Bewährung) verurteilt. Sie bekannten sich alle für schuldig. Ein illegaler Handel lag wohl vor, aber bis heute sind noch nicht alle Hintergründe aufgeklärt.
Ende Januar 1997 wartet Schmidbauer mit neuen Erkenntnissen auf, die dieses Mal für ihn sprechen: Er legt einen CIA-Bericht vor, demzufolge es sich bei dem verhafteten Kolumbianer um einen russischen Spion handele, der früher für den KGB arbeitete und heute der Abteilung »S« des russischen Nachrichtendienstes SVR unterstehe – der Nachfolgeorganisation des KGB. Es seien Verantwortliche des SVR gewesen, die den Plutoniumschmuggel auf eigene Rechnung organisiert hätten. Schmidbauer zieht noch einen weiteren Trumpf aus dem Ärmel: Er behauptet, der im April 1995 im »Spiegel« erschienene Bericht, in dem die Beschlagnahmung in München heruntergespielt wurde, beruhe auf einer Irreführungskampagne der russischen Geheimdienste …

Die Wahrheit wird wohl nie ans Licht kommen. Wir behalten aus dieser Medienschlacht eine Analyse in Erinnerung, die Karl-Heinz Kapp von der Adenauer-Stiftung mehrfach in der Öffentlichkeit verlauten ließ. Der außen- und sicherheitspolitische Experte hält eine nukleare Bedrohung durch Terroristen oder die Organisierte Kriminalität aus verschiedenen technischen und weltpolitischen Gründen für sehr unwahrscheinlich: Mit Ausnahme weniger Staaten sind selbst die bestorganisierten kriminellen oder terroristischen Gruppen nicht in der Lage, nukleares Material in Angriffswaffen zu verwandeln. Zudem erlaubt der endgültige Charakter dieser Waffe keine (kriminelle) Strategie ständiger Erpressung noch eine (terroristische) Politik gezielter Forderungen. Das bedeutet, daß der Plutoniumschmuggel nur für Betrüger von Interesse sein kann ...

Aus diesem Grund ist der Handel mit radioaktivem Material nur ein Teil dieser Verbrechenswelle, mit der Deutschland nach der Öffnung des »eisernen Vorhanges« zu kämpfen hat. Seine Grenze mit Polen läßt es zu einem, im wahrsten Sinne des Wortes, »exzentrischen« Staat Europas werden. Und BKA-Präsident Zachert weiß dies bitter zu beklagen:
»1993 wurden beinahe 25 Prozent der gefälschten deutschen Banknoten von polnischen Banden gefertigt, die von Polen aus operieren. Die falschen Scheine geraten nicht nur in Deutschland in Umlauf, sondern auch in Ländern Osteuropas. Mit gefälschten amerikanischen Dollarnoten verhält es sich genauso. [...] Polen dient auf den Schmuggelrouten als Drehscheibe. Von Polen aus werden gestohlene Fahrzeuge weiter in die baltischen Republiken, in die Ukraine, nach Rußland und in den Kaukasus gebracht. Nach Polizeiangaben ist diese Region ebenfalls in die Hände der Organisierten Kriminalität gefallen. Bestimmte Banden sind auch in anderen Verbrechensbereichen aktiv und schrecken vor Gewalt nicht zurück. Zusätzlich zu den deutschen oder polnischen Tätergruppen stoßen wir immer häufiger auf ethnisch homogene Gruppen von Bulgaren oder Russen. Wir haben es daher gewisser-

maßen mit einer ethnischen Mafia zu tun und können somit keine deutschen V-Männer einschleusen. Diese Menschen sprechen seltene Sprachen, so daß wir bei telefonischen Abhörmaßnahmen nicht immer verstehen, worüber sie sich unterhalten. Zudem ist es schwierig, schnell genug an Übersetzer heranzukommen.[4] Sie können daraus schließen, daß es für uns immer schwerer wird, diese ethnischen Gruppen zu infiltrieren.«

Diese Situation bringt bisher unbekannte kriminelle Strukturen an den Tag. Im April 1995 bestätigte der Leiter des Brandenburger Verfassungsschutzes, Wolfgang Pfaff, Informationen über eine Verflechtung von russischer Mafia und sowjetischem Geheimdienst. Dieser habe nach dem Abzug aus der ehemaligen DDR sein Spionagenetz reaktiviert, um seinen wissenschaftlichen und wirtschaftlichen Rückstand aufzuholen.[5] Die Erfahrung bestätigt eine gewisse Regelmäßigkeit und eine gewisse Konventionalität bei der Durchführung der Verbrechen. 1994 herrschte noch der Brauch, Fahrzeuge über einen Militärflughafen, der sich dreißig Kilometer außerhalb Berlins befand, zu verschicken. Die im Westen stationierte sowjetische Armee war dabei ein gewichtiger krimineller Verbündeter. Der Flughafen wurde mittlerweile geschlossen, doch andere Wege haben sich aufgetan. Einfache Schmuggler russischer, rumänischer oder polnischer Abstammung bringen ihre Wagen nach Polen. Dort werden zwar seitdem schärfere Kontrollen durchgeführt, aber die Hehlerzentren haben sich einfach ein Stück weiter nach Osten verlagert. Damit ist Warschau nur noch eine Etappe auf den diversen Transitrouten.
Auch der Zigarettenschmuggel erlebte einen Aufschwung. Er wird vor allem von Vietnamesen betrieben, die die Zigaretten auf der Straße verkaufen, jedoch von Eurasiern aus Osteuropa beliefert werden. Dieses Problem ist äußerst besorgniserregend, da es in diesem Geschäft, das auf den ersten Blick eher zweitrangig erscheinen mag, mehrfach zu Ermordungen kam. Ende 1995 wurden in der Umgebung von Chemnitz mehrere Vietnamesen erschossen, erwürgt oder erstochen aufgefunden.

Zigaretten werden ebenso in Antwerpen geschmuggelt. Generell geht der Schwarzhandel nach folgendem Prinzip vonstatten: Bei einem Zigarettenhersteller kauft man eine bestimmte Menge Zigaretten, die für ein bestimmtes Gebiet auf der Welt vorgesehen ist. Je nach der angegebenen Verkaufszone gewährt der Hersteller eine bestimmte Qualität und einen festgelegten Preis. So liefert zum Beispiel Philip Morris für Westeuropa die Marke Marlboro in der Qualitätsstufe 5, deren Geschmack sich von den nach Polen und Rußland gelieferten Zigaretten unterscheidet. Bei dem Geschäft berücksichtigt Philip Morris die angegebenen Verteilerzonen, denn der Preis in Frankreich kann das Doppelte des Preises betragen, der in Rußland verlangt wird. Bestellt ein Händler in Antwerpen die Zigaretten für Rußland und taucht diese Ware dann auf dem deutschen Markt auf, wird er sicher für mehrere Jahre auf die schwarze Liste des Herstellers gesetzt. Deshalb entstehen sehr komplexe Schmuggelschemata. So wurde ein LKW-Fahrer mit einer Ladung amerikanischer Zigaretten geschnappt, die tatsächlich – zum russischen Preis – in Moskau angelangt war, die er aber nach Zypern und Italien transportieren sollte.
Der letzte große Coup dieser Art liegt im Handel mit elektronischen Geräten und ist besonders auf dem Berliner Ku'damm zu bestaunen. Die belebteste Einkaufsstraße der Hauptstadt erstickt fast unter der großen Anzahl von Läden, in denen sich Videokassetten, Taschenrechner, Fernsehapparate oder Funkgeräte stapeln. Alles sogenannte »Exportgeräte«, auf die keine Steuer erhoben wird, wenn sie direkt ins Ausland geliefert werden. Rachmiel Brandwain hat in dieser Hinsicht kein neues System erfunden. Berlin ist schon seit Jahren das Babel der Elektrogeräte. Der Kommissar im LKA erinnert sich ganzer Wagenladungen von Geräten der Marke Sony, die in Berlin ankamen und sofort in Richtung Rußland verschwanden: Strenggenommen fand der Handel auf deutschem Boden statt.

Die entfesselte Gewalt

Dies sind die bekanntesten Vorgehensweisen der russischen Mafia, sozusagen die Klassiker unter einer Vielzahl von Delikten, die alltäglich geworden sind. Die eigentliche Besonderheit dieser Verbrecher ist jedoch ihrem Wesen nach unvorhersehbar: die Gewalt. Eine exzessive Gewalt, die bar jeder Logik ist und sich nicht mit der Gewalt vergleichen läßt, die Italiener oder Türken in der Regel anwenden. Im Berliner Rotlichtmilieu halten die Russen einen beachtlichen Marktanteil, den sie sich nicht so einfach streitig machen lassen.

Über die Hälfte der 5000 Prostituierten sind Ausländerinnen. Wenn in den achtziger Jahren die Thailänderinnen den ersten Platz einnahmen, wurden sie mittlerweile von den Polinnen, Bulgarinnen und Russinnen verdrängt. Die Prostitution aus dem Osten gehört nun in ganz Westeuropa zum Alltag. Sie nimmt solche Ausmaße an, daß sie bereits die Verantwortlichen des europäischen Programms »La Strada« auf den Plan rief. Dieses ging aus dem Programm »Phare« hervor, das auf den Kampf gegen die Prostitution abzielt. Von den 1995 in den Niederlanden bekanntgewordenen Fällen von Menschenhandel mit weißhäutigen Frauen stammten 108 der 155 Opfer aus osteuropäischen Ländern. Polen stellt für diesen Handel ein Transitland dar und ist für viele dieser Frauen die erste Etappe. Frauen aus den GUS-Staaten werden dort in Bordellen Warschaus oder in anderen Städten in den Beruf »eingeführt«.

In Berlin – wie überall – ist dieser spektakuläre Durchbruch an den Dumpingpreisen abzulesen, und er spricht die Sprache der Gewalt: Im August 1994 drang die Polizei in ein renommiertes Frankfurter Bordell ein, dessen Kundschaft vor allem aus Geschäftsleuten bestand. Dort fanden die Beamten die Leichen des Besitzers – eines russischen Zuhälters –, seiner Frau und vier russischer Prostituierter im Alter zwischen achtzehn und achtundzwanzig Jahren. Aller Wahrscheinlichkeit nach handelte es sich um die Folge einer simplen Meinungsverschiedenheit zwischen dem Bordellbesitzer und seinem russischen »Lieferanten«. Ein Experte der russischen Organisierten Kriminalität, Dagobert Lindlau, wird von der »New York Times«[6] wie folgt zitiert: »Diese Leute töten nicht nur häufig und auf brutale Weise, sie überlegen auch nicht lange. Sie warten nicht erst ab, ob ein anderes Einschüchterungsmittel wirkt, sie morden beim kleinsten auftretenden Problem.«

Diese Gewaltbesessenheit entsetzte die Deutschen so sehr, daß der Polizeipräsident Berlins sich 1994 gezwungen sah, das Problem der russischen Mafia, besonders in seiner Stadt, öffentlich anzuprangern; bedauernd stellte er eine sinkende Bereitschaft zu Zeugenaussagen oder zur Anzeigenerstattung fest. Unser Kommissar im LKA Berlin gab gerne zu, daß es sich bei der eurasischen Kriminalität um das heikelste und schwierigste Problem seines Aufgabenbereichs handelt.

Besondere Freundschaften

Auch Efim Laskin, der »deutsche Partner« Boris Nayfelds, hat in Deutschland ein blutiges Andenken hinterlassen. Wie wir gesehen haben, wurde das von ihm angestrebte Vorhaben einer Niederlassung an der österreichisch-jugoslawischen Grenze nicht verwirklicht. Brandwain hielt von nun an nichts mehr in Antwerpen; er konnte sich ungehindert dem Ausbau seiner Berliner Geschäfte widmen, während Nayfeld seine Zeit weiterhin mal dies- und mal jenseits des Atlantiks verbrachte. Trotz der verschiedenen Wege, die sie einschlugen, kamen sie zwischen 1987 und 1994 mehrfach zusammen. Was konnten sie voneinander erwarten? Brandwain machte gute Geschäfte, war in halblegalen Unternehmungen bewandert und besaß im Handel mit elektronischen Geräten, Edelsteinen und Edelmetallen beträchtliche Erfahrungen. Nayfeld hingegen war nicht in der Lage, sich in irgendeine Geschäftsstruktur einzuordnen. Er lebte ausschließlich von Einnahmen aus dem organisierten Verbrechen oder der Eintreibung von Schulden. In Mikes Augen erwies sich dies jedoch als nicht zu verleugnender Trumpf. Vereint würde die tiefe Kenntnis mafioser Strukturen ihnen erlauben, ein schlagfertiges Eintreibungsunternehmen zu organisieren. Nayfeld konnte verhandeln und war imstande, konkrete Ergebnisse zu erzielen. Im Gegensatz zu Mike, der die Ukraine bereits vor mehr als dreißig Jahren verlassen hatte, kannte er Rußland und die Republiken der UdSSR und war aus diesem Grund eine goldene Brücke zu den »russischen« Gemeinden auf der ganzen Welt.
Als Nayfeld Jahre später, am Ende seiner Flucht, vor der amerikanischen Justiz zu seinem Lebensunterhalt aussagen mußte, ließ er durch seinen Anwalt folgende Erklärung abgeben:
»Seit 1987 war er Mittelsmann für eine Gesellschaft Brandwains. Ich habe den Inhaber der Gesellschaft eingehend befragt, um den wirklichen Umfang dieses Beschäftigungsverhältnisses zu erfahren, das ich vorsichtshalber nicht als das eines ›Angestellten‹ be-

zeichnen möchte. Er war nicht wirklich Angestellter, er war Zwischenhändler, Vertreter. Mister Nayfeld war – ist – verantwortlich für elektrotechnische Güter, Nahrungsmittel, Textilwaren und Zigaretten, deren Wert in die Millionen geht und die diese Gesellschaft in die ehemals kommunistischen Staaten verkauft. Dank der Verbindungen, die Mister Nayfeld in einigen dieser Staaten besitzt, konnten sie neue Märkte erschließen. Mister Brandwain gibt als Zeugenaussage an, daß er zur Zeit für einen Kredit an die Stadt Gomel in Weißrußland in Höhe von 400 000 Dollar verantwortlich zeichne [...] Nach Auskunft von Mister Brandwain ist Mister Nayfeld für diese Summe persönlich verantwortlich, und ohne ihn besteht keine große Hoffnung, das Geld wiederzufinden. Mister Nayfeld hätte von diesem Betrag, bei gelungener Transaktion, eine Provision erhalten.«[7]

Noch deutlicher konnte ein Anwalt vor Gericht kaum werden: Boris Nayfeld besaß keinerlei kaufmännische Qualifikation. Er war im übrigen nicht Geschäftsmann, sondern – ein feiner Unterschied – die »Garantie für die erfolgreiche Durchführung der Geschäfte« seines Geschäftspartners.

»In der Tat«, so Brandwain, »kannte er die herrschende Mentalität in Rußland zur Zeit des kommunistischen Zusammenbruchs: Er sollte als Sicherheitsgarant dienen, verstehen Sie? Mit ihm als Partner konnte uns niemand hintergehen, weder in Moskau noch in Rußland. Manchmal erledigte er seine Arbeit auf ziemlich schmutzige Weise, und ich sagte ihm mehrmals: Ich hoffe, du machst keine Dummheiten.«

»Aber er stand immer an meiner Seite und besaß Einfluß auf die russischen Immigranten, was die Rückzahlung der Kredite betraf, das ist schon richtig. Was bleibt mir auch übrig, wenn einer nicht zahlen will? Vor Gericht gehen. Aber vor Gericht würde ich gar nichts erreichen. Nayfeld – das war wie ein Aushängeschild. Brandwain und Nayfeld zusammen konnte niemand übers Ohr hauen. Das wesentliche an ihm war seine Kenntnis der Denkungsart, die diese Leute hatten. Er sagte zu mir: ›Mike, wenn wir diesen Leuten Ware liefern sollen, laß mich vorher mit ihnen reden.‹ Und er erklärte ihnen, daß es keinen anderen Ausweg gab, als zu zahlen. [...] Er war wie eine Christusikone: Sie ist zwar zu nichts nutze, ist und bleibt aber eine Ikone.«[8]

Brandwain, gestärkt durch diesen unerwarteten Trumpf, ließ sich also in Berlin nieder. Neue Bündnisse, neue Märkte eröffneten sich ihm nun. Von einem kleinen Laden in der Nähe des Bahnhofs Zoo brachte er es in wenigen Jahren zu einem großen Lagerhaus an einem Kanal im Osten der Stadt.

In was für eine Welt tauchte er da ein? Er wußte noch nichts über jene *wory w sakonje,* die Nayfeld so lieb waren, würde sie aber früh genug kennenlernen. In dieser Zeit gliederte sich das russische Verbrechen in Deutschland in fünf große Gruppen: Da gab es zuerst einmal die »Exilrussen«, die als organisierte Tätergruppe in der Bundesrepublik seit Ende der siebziger Jahre aktiv waren. Ihr wichtigster Bereich: Wirtschaftskriminalität, Betrug, Veruntreuung, Diebstahl und Fälschungen. Man traf sie vor allem in Berlin, München und im Ruhrgebiet an. Dann die Tschetschenen, die erst seit 1991 nach Berlin kamen. Ihnen werden eine Anzahl Morde sowie Schutzgelderpressungen im großen Stil zur Last gelegt. Die Georgier sind seit Mitte der achtziger Jahre in Deutschland und haben sich vor allem auf Hehlerei und Urkundenfälschungen verlegt. Die Ukrainer gelten als Spezialisten in den Bereichen Prostitution, Menschenhandel und Schutzgelderpressung. Und schließlich die Dolgoprudnenskaja, eine Gang, die aus ehemaligen Boxern und Catchern besteht. Sie sind die Könige unter den Schutzgelderpressern und im Einbruchsdiebstahl.[9]

Hinsichtlich dieser BKA-Analyse sind in der Akte Brandwain nur die Exilrussen und die Georgier maßgebend. Das FBI unterscheidet allerdings nur drei Gruppen des in Deutschland aktiven organisierten Verbrechens: Die »Exilrussen«, die »Tschetschenen« und die »militärischen Gruppen«, deren Mitglieder in Militärkreisen zu suchen sind und die in Berlin mit Drogengeschäften und Waffenschieberei in Verbindung gebracht werden. Zur Organisation Rachmiel Brandwain bemerkt das FBI: »Es handelt sich um eine in Europa und an anderen Orten der Welt aktive eurasische Gruppe des organisierten Verbrechens. Zu dieser Organisation gehören zentrale Personen des internationalen Verbrechens, unter anderem auch jener *wor w sakonje,* dem die Rolle des Supervisors der gesamten eurasischen Organisierten Kriminalität in Deutschland nachgesagt wird.«[10] Die Deutschen teilen diese Auffassung nicht ganz, sind aber auch nicht weit von ihr entfernt.

Malamud, Ben-Ari, Fanchini

Auf jeden Fall gehörten zu den ersten nachweisbaren Personen, mit denen Brandwain in Berlin Kontakte knüpfte, seine Geschäftspartner, allen voran ein gewisser Ben-Zion Malamud, der im Dezember 1944 in Omsk, am Westrand der sibirischen Ebene geboren wurde. Ben-Zion Malamud leitete eine Berliner Textilfirma, die Boma GmbH, in der Joachimstaler Straße. Unseren Informationen zufolge wurde Ben-Zion Malamud das Opfer von »russischen« Schutzgelderpressern, da man einen gewissen Oleg Asmakow, siebenunddreißig, genannt Alex Taim, und einen einundfünfzigjährigen Mann namens Yorman Zohar in Israel im Rahmen dieses Erpressungsversuchs verhaftete.

Ende der achtziger Jahre gehörte Ben-Zion Malamud zu den wenigen Leuten, denen es gelang, Brandwain von der Gründung einer Import-Export-Firma für elektronische Geräte zu überzeugen. Denn obwohl Brandwain über gute geschäftliche »Beziehungen« verfügte, hatte er – im wahrsten Sinne des Wortes – nicht ausreichend Platz. Er war daher geneigt, sich mit Ben-Zion Malamud in einer Gesellschaft namens Boma Electronics Import/Export GmbH zusammenzutun: »Ben-Zion Malamud besaß sehr gut gelegene Geschäftsräume. Ich habe die Sache also mit meinen Partnern besprochen und war der Meinung, daß es sich dabei selbst dann um das große Los handele, wenn man fifty-fifty machen müßte. Auch 50 Prozent vom Hauptgewinn waren immer noch beachtlich. Also verlegten wir unseren Handel in die Räumlichkeiten Ben-Zion Malamuds. Obwohl nur er und ich das Geschäft betrieben, habe ich meine beiden russischen Partner nicht im Stich gelassen, und wir haben unseren kleinen Laden geschlossen. [...] Bei Boma begann ich neben Textilien auch mit elektronischen Geräten zu handeln. Zu jener Zeit wollte jedermann mit mir zusammen Geschäfte machen, da in diesem Sektor der große Boom ausbrach. Sie kamen mit Koffern voller Geld, um den Laden leerzukaufen. [...] Boma Electronics bestand sechs Monate. Danach war Ben-Zion Malamud versiert genug, das Geschäft alleine zu machen. Wir haben uns getrennt. Ich hatte meinen Anteil. Ich schätze diese Art von Trennung nicht sonderlich, aber ich habe mich nicht betrogen gefühlt.«

Weitere Geschäftspartner, die den Berliner Justizbehörden ebenfalls bestens bekannt sind, traten zu dieser Zeit in Brandwains Leben. Zum Beispiel ein gewisser Mosche Ben-Ari, den im Berlin der achtziger Jahre eine geradezu mythische Aura umgab. Er besaß einen israelischen Paß und wurde 1991 der Bildung einer kriminellen Vereinigung sowie der Hinterziehung von Mehrwertsteuer verdächtigt. Mosche Ben-Ari soll geheimer Teilhaber der Gesellschaft »American Eagle«, mit Sitz in der Berliner Straße, sowie einer Firma namens »Stars and Stripes« gewesen sein. Letzterer sagte man die Verwicklung in verschiedene illegale Import-Export-Geschäfte nach. Bei der Schmuggelware handelte es sich um elektrotechnische Artikel – ein Netz, das Nayfeld zum gegebenen Zeitpunkt weiter ausbauen wird.
Brandwain und Ben-Ari kannten sich noch aus der Zeit, als Mike – 1984 oder 1985 – sein erstes Geschäft eröffnete. Mosche Ben-Ari beabsichtigte, eine Geschäftspassage im Nahrungsmittelbereich mit einem Budget von mehreren Millionen DM aufzuziehen. Ben-Ari, der ständig zwischen Haifa und Berlin unterwegs war, hatte so enge Beziehungen zum Umfeld Brandwains, daß er im März 1992 von einem seiner Geschäftspartner in einem Antwerpener

Vorort eine Immobilie übernahm[11], um darin eine neue Gesellschaft unterzubringen, die Kommanditgesellschaft Bena Invest. Bei diesem Partner Brandwains, der dem Clan Ben-Ari seine Antwerpener Villa überließ, handelte es sich um Riccardo Marian Fanchini, genannt »Richard«. Trotz seines italienisch klingenden Namens war er polnischer Abstammung. Er sollte die dritte wichtige Person werden, mit der Brandwain in Berlin zusammentraf. Fanchini wurde ihm von Boris Nayfeld vorgestellt, der – wie noch zu sehen sein wird – eine außerordentliche Gabe besaß, die seltsamsten Paradiesvögel um sich zu scharen. Fanchini war dafür ein gutes Beispiel; er war klein, braunhaarig und, trotz seiner kräftigen Statur, schlank. Er hatte funkelnde Augen, die Härte, aber auch Heiterkeit ausstrahlen konnten – ein lebenslustiger Mensch. Mit Fanchini ging man gerne aus, trank und amüsierte sich; nie mangelte es ihm an Geld. Interpol fahndete schon bald nach ihm, da er »in New Jersey wegen Einbruchs gesucht« wurde.

»Wir hören schon seit einigen Jahren von Fanchini«, bestätigte ein Beamter des FBI im Jahr 1995. »Das Problem liegt darin, daß seine derzeitigen Aktivitäten [in Europa, Anm. d. Verf.] völlig legal sind. Und für seine [vermuteten] kriminellen Aktivitäten haben wir nicht genügend Beweise.«

»Haben Sie von ihm in Zusammenhang mit Gewaltverbrechen gehört?«

»Nein. [...] In den Vereinigten Staaten war er in Diebstähle verwickelt, und in New Jersey liegt ein Haftbefehl gegen ihn vor. Nach unserer Auffassung lebt er in einem kriminellen Umfeld, hat aber selbst keine Gewaltverbrechen begangen.«

Fanchini, der all dies immer abstritt, hat sich ein einziges Mal, Ende Mai 1995, in der Öffentlichkeit gezeigt und schrieb als Stellungnahme zu den Zeitungsberichten:

»Ich bin gebürtiger Pole und besitze seit meiner Einwanderung nach Deutschland die deutsche Staatsbürgerschaft. 1983 ging ich in die Vereinigten Staaten, wo ich an der Ecke 1st Avenue und 7th Street ein polnisches Restaurant eröffnete, das ›Yolanta‹ [Name seiner Frau, Anm. d. Verf.]. Ich hatte viele russische Gäste. Zu den

Stammgästen zählte auch Mr. Nayfeld, ein Ukrainer. Ich hatte ihm erzählt, daß ich zurück nach Europa wollte. Ich hatte vor, wieder nach Wien zu gehen; wegen meiner Frau war ich aber auf der Suche nach einer Umgebung, in der man Englisch versteht und auch spricht. Mr. Nayfeld empfahl mir, mich in Antwerpen niederzulassen. Er stellte mich einem seiner Freunde vor, Mr. Brandwain, mit dem er oft zusammen in Edegem [Vorort Antwerpens, Anm. d. Verf.] wohnte.«[12]

Fanchini besaß tatsächlich enge Verbindungen an der Ostküste und vor allem eine Ehefrau, Yolanta Kosina, die am Ocean Parkway wohnte, jener Verkehrsader Brooklyns, die nach Little Odessa führt. Aber im Gegensatz zu Nayfeld hatte er nicht nur gute Kontakte zu zwielichtigen Milieus, sondern auch einen ausgeprägten Geschäftssinn. Mehrere seiner ersten Geschäftspartner erinnern sich noch daran, daß Fanchini vor allem dank eines außergewöhnlichen Verhandlungsstils Verträge erfolgreich abschloß oder Zahlungen erhielt: Er wußte, an welchem Punkt der Verhandlungen er laut werden konnte. Bei Fifty-fifty-Vereinbarungen gelang es ihm, die Kosten zu seinen Gunsten aufzublähen und sich von seinem Lieferanten einen Teil derselben auf ein Bankkonto in Österreich rückvergüten zu lassen; und er schreckte nicht davor zurück, Wodkaexporte als Orangensaft zu deklarieren.

Fanchini, Laskin, Ben-Zion Malamud, Ben-Ari ... Die Chancen standen gut, um Brandwain, den Goldexperten aus Antwerpen, dieses Mal endgültig der russischen Mafia zuzuordnen, der er nie wirklich angehört hatte. Wie geschah dies? Wie kommt es, daß die Berliner Polizei nun zwischen mehreren Dutzend Morden und der Akte Brandwain eine Verbindung herstellen kann?

Das LKA Berlin lehnt jede faktische Information zu der Sache ab, erläutert sie jedoch anhand einer Parabel:

»Stellen Sie sich einmal vor, Igor, ein russischer Mafioso aus Moskau, möchte Peter, einen honorigen belgischen Händler, in die Zange nehmen. Igor bestellt für 100 000 Dollar Wodka bei Peter, der dann ganz Europa nach dem billigsten Lieferanten abgrast.

Ein Wunder: Diesen gibt es tatsächlich. Er heißt Franz und liefert den Alkohol von Wien aus. Aber Franz steckt mit Igor unter einer Decke, was auch die hervorragenden Bedingungen erklärt, die er Peter einräumt. Peter, der Belgier, bestellt also seinen Alkohol bei Franz auf das Konto von Igor. Von da an gibt es zwei Möglichkeiten: Entweder Franz liefert den Alkohol an Igor oder er liefert ihn nicht. Igor wird auf jeden Fall behaupten, er hätte den Alkohol nie erhalten, obwohl er die 100 000 Dollar an Peter überwiesen habe. Peter wird so zum ›Schuldner‹ Igors. Aber alles regelt sich, als ein gewisser Oleg, ein Moskauer Geschäftspartner Igors, sich bereit erklärt, Peter einen Kredit in Höhe von 100 000 Dollar zu gewähren, zu zehn Prozent Zinsen monatlich.«
Der Köder ist ausgelegt. Auch wenn das Opfer es noch nicht weiß, die Falle ist schon zugeschnappt. Peter, der sich a priori nicht für ein Leben unter Mafiosi entschieden hat, ist der Moskauer Bande Igors hilflos ausgeliefert.

Marianaschwili

Die Besonderheit dieser neuartigen Situation wird sich einige Jahre später auf furchterregende Weise in Brandwains Umfeld widerspiegeln. Die Mafia ist kein ausgewählter Club, verteilt keine Mitgliedsausweise und führt auch kein Mitgliedsverzeichnis: Sie manifestiert sich einzig durch ihre Gewalttaten. Aus diesem Grund läßt sich die mafiose Aura, die den Mann aus Antwerpen umgibt, am besten an der Mordserie aufzeigen, die nun in den Vereinigten Staaten, in den Niederlanden und in Deutschland losbrach. Aber eine letzte Person aus diesem Umfeld fehlt uns noch: Marianaschwili.

Lassen wir Efim Laskin noch einmal auferstehen. Fima, der Mann, der gerne den Frauen imponierte und sein Ego pflegte, war zu jener Zeit eine wahre Mafiaautorität, die die gesamte russische Gemeinde Berlins erzittern ließ. Und er hatte Brandwain nicht aus den Augen verloren. Er hoffte, ihn als Partner für ein Geschäft an der österreichisch-jugoslawischen Grenze gewinnen zu können, mußte diese Hoffnung jedoch aufgeben. Wenige Zeit später spielte er erneut eine Rolle in Brandwains Leben. Mit zwei Russen – beide ehemalige Partner Brandwains – wollte er ein Geschäft abschließen. Laskin schimpfte über den »skandalösen« Anteil, den die beiden Russen forderten, und traf sich deswegen mit Brandwain auf dem Düsseldorfer Flughafen. Er drohte, den beiden Russen die Geschäfte zu vereiteln und so Brandwains Einnahmequellen zu schmälern.

Aber Brandwain stellte sich auf die Hinterbeine. Die Bedrohung seiner Partner stellte eine Bedrohung seiner selbst dar. Brandwain und Laskin trennten sich im Streit. Ein entscheidender Moment. Denn – wie bereits hervorgehoben – Nayfeld sollte sich zu diesem Zeitpunkt endgültig und unwiderruflich auf die Seite Brandwains schlagen. Es ist aber nicht anzunehmen, daß Brandwain Laskin so siegessicher die Stirn geboten hätte – und das zum zweiten Mal –, wenn er sich nicht schon vorher der Unterstützung Boris Nayfelds sicher gewesen wäre.

Laskin schien damals aus dem Leben Brandwains zu verschwinden. Doch machte er ihm zwischen 1989 und 1990 erneut das Leben schwer. Er rief ein *na ljudi*, ein Mafiatribunal, an, das in der Sauna des Europacenters stattfand und vor dem Laskin und Brandwain ihre Standpunkte verteidigen mußten.

Am Vorabend dieses Treffens wurden Brandwain, Nayfeld und Fanchini in einem Berliner Nachtclub von zwei Muskelmännern Laskins beschattet, die den Auftrag hatten, sie ganz offen zu beobachten. Fanchini begann dann allem Anschein nach, sich mit einem der Schläger zu unterhalten und mit ihm anzustoßen – sie fanden einander sympathisch. Der Name des Mannes: Tengis Wachtangowitsch Marianaschwili. Der Alkohol tat ein übriges, Marianaschwili und Fanchini wurden an diesem Abend Freunde.

Welche Rolle spielte da noch die Versammlung mit Laskin am darauffolgenden Tag? Als letzter wichtiger Mann im bisherigen Leben Brandwains war nun Marianaschwili in Erscheinung getreten, wodurch sich eine Reihe von Morden erklärte, die ganz offensichtlich damit zusammenhingen.

Doch nun zu den Fakten: Anfang der neunziger Jahre forderte Marianaschwili, eine Autorität im georgischen Milieu Berlins, von einem Zahnarzt in der Stadt Schutzgeld.[13] Die russischen Zahnärzte sind hier keine einfachen Freiberufler. Ihre Bedeutung innerhalb der russischen Mafiawelt ist so groß, daß sie, zusammen mit den Geschäftsleuten, als die Notabeln unter den »Exilrussen« gelten. Sie waren und sind also eine begehrte Beute, vor allem der Tschetschenen und ganz besonders eines gewissen Saidamin Mussostow (siehe Kapitel 1), den das FBI mit Ben-Zion Malamud (und seiner Boma GmbH) in Verbindung bringt. Im Juli 1991 zahlten die Tschetschenen 20 000 DM an einen Killer, um sich Marianaschwilis zu entledigen. Das erfolglose Attentat fand auf der Terrasse eines teuren italienischen Restaurants in Berlin, dem »Gianni«, am Fasanenplatz statt. (Brandwain war dort sogar noch am Tag vor dem Anschlag zu Gast.) Vier Personen kamen bei der Schießerei ums Leben. Sie verfehlte zwar ihr eigentliches Ziel, Marianaschwilis Renommee innerhalb der Mafia war jedoch für immer angeschlagen. Er floh und fand in Antwerpen zuerst in der belgischen Firma Brandwains, dann in der Villa Fanchinis[14] und schließlich in einer Wohnung im Zentrum Antwerpens Zuflucht, die anscheinend Nayfeld gehörte. Brandwain mußte sein Geschäft in Berlin schließen, die Schießerei hatte zuviel Staub aufgewirbelt. Marianaschwili blieb aber mit Fanchini in engem Kontakt und weiterhin in Brandwains Umfeld. Ein Zeuge aus dieser Zeit sah ihn oft in den Geschäftsräumen der Firma, wo er in der Metallbranche sein Glück versuchte, jedoch ohne großen Erfolg.[15]
Aber auch hier wurde er von den Tschetschenen ausfindig gemacht und beschloß diesmal, in die Niederlande zu fliehen. Nach Angaben des FBI, das sich auf niederländische Informationsquellen stützt, fand er dort Unterschlupf in der Wohnung einer ehe-

maligen »Ehefrau« Nayfelds namens Angela. Doch man gewährte ihm keine lange Verschnaufpause. Am 21. April 1992 wurde seine Leiche zwischen Utrecht und Amsterdam aus einer Schleuse gezogen.

Das führte zu einer gewissen Unruhe: Nayfeld, der in den Vereinigten Staaten von der Ermordung erfuhr, rief umgehend einen Nachbarn der Antwerpener Wohnung Marianaschwilis an: Er solle in der Wohnung des Ermordeten ein »Päckchen« sicherstellen. Dieser Nachbar war ein Angestellter der belgischen Firma Brandwains und gab dem Drängen des Weißrussen nach. Welche Geschäfte Nayfeld und Marianaschwili miteinander tätigten, ist auch heute noch ein Geheimnis. Spielte auch Fanchini bei der Sache eine Rolle? Das ist anzunehmen. Ein Partner Fanchinis, ein Pole namens »Mirek«, wartete in Europa auf Marianaschwili, um mit ihm gemeinsam in die Vereinigten Staaten zu fliegen. Aus diesem Plan wurde nun nichts, Mirek annullierte die Reise.

Der Mord an Marianaschwili blieb nicht lange ungesühnt. Einige Tage nach der Schießerei im »Gianni« verlor auch der mutmaßliche Auftraggeber des Mordes, Saidamin Mussostow, sein Leben. Am 19. August 1991 landete er mit sowjetischem Paß und deutschem Visum auf dem John-F.-Kennedy-Flughafen in New York. Die amerikanische Polizei verdächtigte ihn bald verschiedener Verbrechen und Erpressungen. Ohne Auto – nicht einmal im Besitz eines Führerscheins – und kaum des Englischen mächtig, hatte Mussostow wenig Aussichten auf Erfolg. Er ließ sich im Distrikt Bergen (New Jersey) nieder, wo er sich mit seiner neuen Lebensgefährtin, einer Russin und Verkäuferin in einem Supermarkt, ein 700-Dollar-Appartement teilte.[16] Er telefonierte häufig nach Little Odessa und hielt demnach Kontakt mit dem russischen Milieu.

Doch am Nachmittag des 8. August 1992 – seine Freundin war noch in der Arbeit – wurde Mussostow in seiner Wohnung von zwei unbekannten Killern ermordet. In seinem Körper fand man mehrere Kugeln Kaliber 22 und im Kopf eine Kugel Kaliber 9. Die Leiche Mussostows lohnte einer kurzen Betrachtung: Zwischen

Daumen und Zeigefinger befanden sich fünf eintätowierte Punkte, die wie bei einem Spielwürfel angeordnet waren. Er hatte also im Gefängnis gesessen (siehe Anhang »Tätowierungen«). Zwei weitere Punkte an einem anderen Finger lassen darauf schließen, daß er ein Profikiller gewesen sein könnte. Die anderen Zeichen – mehrere kyrillische Buchstaben an den Beinen, darunter ein umgekehrtes »J« – konnten nicht gedeutet werden.
Zu diesen beiden aufeinanderfolgenden Morden an Mussostow und Marianaschwili muß man noch den brutalen Mord an Laskin im September 1991 hinzuzählen. Fima wurde bekanntlich erstochen auf der Motorhaube seines BMW am Münchner Ungererbad aufgefunden. Bevor die Fahnder seinen Tod mit einem geplanten Attentat auf Nayfeld in Verbindung bringen wollten, hielten sie es für angebracht, die Morde an Laskin, Mussostow und Marianaschwili miteinander zu verknüpfen.

Anhand dieser Morde lassen sich die ganze Tragweite der Auseinandersetzungen und folglich auch die Summen ermessen, die auf dem Spiel standen und in der Geschichte des Duos Brandwain-Nayfeld von Bedeutung waren.

An einem Tag im März 1995, um 21.30 Uhr, fuhr der russische Geschäftsmann Pjotr Leontschikow, siebenundzwanzig Jahre alt, sein Auto in die Garage seiner Luxusvilla in Grunewald, dem Nobelviertel Berlins. Er hatte sie vor kurzem für 2 Millionen DM (in bar) erstanden. Eine finstere Gestalt zog eine Pistole Kaliber 9 mm und schoß ihm dreimal in den Kopf und in die Brust. Leontschikow war sofort tot. Die Behörden durchleuchteten daraufhin die Scheinfirma dieses allzu reichen Geschäftsmannes – die Alor GmbH – und fanden dabei heraus, daß es in Deutschland zweifellos Hunderte unangemeldeter »russischer« Firmen gibt, die ihre Geschäfte im dunkeln betreiben. »Der Spiegel« behauptete in einem langen Artikel über die russische Mafia, den das LKA zu einer der bestrecherchierten Reportagen zählt, auch dieser Mord hinge mit der Schießerei im »Gianni« im Juli 1991 zusammen.

Aber man sollte sich in der Tat vor überstürzten Rückschlüssen hüten, denen auch diese Analyse nicht entging. Die Schießerei und die Morde im »Gianni« waren die bisher gewalttätigste Demonstration der russischen Mafia in Deutschland. Der Vorfall blieb daher in den Köpfen aller Fahnder präsent, die mangels zuverlässiger Indizien dazu neigen, die Fäden der laufenden Ermittlungen voreilig miteinander zu verknüpfen. Leontschikow in diesem Zusammenhang zu nennen ist vielleicht eine falsche Vermischung. Die Beamten waren so darauf fixiert, daß noch im Juli 1994, nach dem Mafiaattentat auf den Usbeken Alexei Agujewski, der Name Laskins beinahe täglich fiel, obwohl zwischen diesen beiden Morden mit Sicherheit kein faktischer Zusammenhang bestand.

Generaloberst zu verkaufen

An diesem Punkt müßte man diesen Bericht eigentlich in mehrere Stränge teilen und den Leser gleichzeitig an verschiedene Schauplätze in Rußland, New York und Antwerpen führen, wobei er sicherlich bald die Orientierung verlieren würde, so verwirrend waren die Aktivitäten von Nayfeld, Brandwain und Fanchini, die nunmehr im Geruch der Mafia standen und die weitere Firmen in Polen, Belgien, ganz Osteuropa und in den Vereinigten Staaten gründeten. Berlin blieb ihr Zentrum, und in Deutschland – im Schatten der Kasernen einer ehemals sowjetischen Armee – landeten sie auch ihren ersten großen Coup. Am 31. August 1994 verließ der letzte russische Soldat das wiedervereinigte Deutschland. Das Datum stand schon seit langem fest. Es galt sich zu beeilen, wollte man das russische Verteidigungsministerium um möglichst viel Geld erleichtern.

Der Abzug der russischen Truppen aus Deutschland gab Anlaß zu tragikomischen Szenen, zu denen auch die Fahrzeugkonvois gehörten, die Polen durchqueren mußten. Gemäß einer strikten Marschordnung verließen pro Tag und Konvoi maximal hundertfünfzig Militärfahrzeuge die Kasernen, unter Begleitschutz von Militärfahrzeugen des wiedervereinten Deutschlands. Sie waren nur mäßig ausgerüstet, weshalb es häufig zu technischen Pannen kam. Diese waren auf die Verwendung von Kriegsdiesel mit sehr niedrigem Oktangehalt zurückzuführen, das zum Teil noch aus dreißig Jahre alten Beständen stammte. Jeder Fahrzeugführer wurde bei seiner Abfahrt mit einem Paß, einem Führerschein sowie den Fahrzeugpapieren ausgestattet und ins Ungewisse geschickt.

Bis zur deutsch-polnischen Grenze gab es keine Probleme. Aber sobald sie die polnischen Grenzposten erreicht hatten, erhielten die Russen ihre Waffen zurück und wurden gebeten, von nun an selbst für ihren Schutz zu sorgen. Längs der Marschroute – vor allem an Tankstellen – versuchten »Piraten«, sich des einen oder anderen Fahrzeugs zu bemächtigen, indem sie den Fahrer zwangen, es ihnen zu überlassen. Diese »Übergabe« wurde mit der erzwungenen Unterschrift eines Schuldscheins besiegelt, in dem vermeintliche Schulden als Grund angegeben waren. Dieser Schuldschein konnte von den Banditen bei einer späteren Kontrolle vorgewiesen werden. Der amerikanische Journalist Artur Brykner vom »Atlanta Constitution«, der einem dieser Konvois folgte, verglich sie mit den Trecks gen Westen zur Zeit der amerikanischen Pioniere.

Aber die ehemalige sowjetische Armee mußte sich nicht nur nach außen gegen die russische Mafia verteidigen, sie war auch in ihrem Innern »vermint«. Bei einer europäischen Fahndung gegen Autoschieberbanden (Audi, VW, Ford), in der deutsche, bulgarische, belgische und luxemburgische Behörden zusammenarbeiteten, stellte sich heraus, daß bestimmte Militärkasernen als Umschlagplatz für die gestohlenen Fahrzeuge dienten. Da es sich aber um Militärzonen handelte, kam man nicht an die Fahrzeuge heran. Zusätzlicher Vorteil dieser Vorgehensweise: Die gestohlenen Fahrzeuge verließen das Europa der Zwölf ohne Schwierigkeiten, da

sie zum Bestand der Militärkonvois gehörten, die per Bahn in die GUS zurückkehrten.
Die sowjetische Armee war so an den Verbrechen beteiligt, und einige ihrer Offiziere wollten in den verbleibenden Monaten daraus den größtmöglichen Profit schlagen. Es war eine Gelegenheit, bei der man sich die Taschen mit Geld vollstopfen konnte. Brandwain und Fanchini waren die ersten, die diese Gelegenheit beim Schopf packten. 1990 hatten sie in Antwerpen eine Handelsgesellschaft belgischen Rechts gegründet, die den verschlüsselten Namen M&S International trug: »M« für »Mike« Brandwain und »S« für »Sascha« (oder Alexandr) Kriworuschko, den Schwager Brandwains, der ihn bereits bei der Gründung der Edelen Metalen Antwerpen unterstützt hatte. Marianaschwili hatte versucht, einen geeigneten Mittelsmann zu finden, der seinen Partnern lukrative Geschäftsabschlüsse ermöglichen sollte. Aber das war dem Georgier nicht gelungen, und so erstürmten Brandwain und Fanchini buchstäblich selbst die Kasernen – mit Erfolg.
Brandwain meint dazu: »Wir waren die erste Firma, die mit der russischen Armee in Deutschland Geschäfte machte, und nahmen dabei ein großes Risiko in Kauf. Am Anfang erzielten wir sehr gute Abschlüsse. Doch mit der Zeit kam es zu immer größeren Schwierigkeiten. Ich will damit sagen, daß da für die Obersten und Offiziere sehr viel Geld zu holen war. Die Offiziere wurden jedoch regelmäßig ausgetauscht (alle sechs Monate war ein anderer da), denn in Moskau wollte natürlich jeder seine eigenen Leute plazieren und seinen Teil verdienen. Wir unterzeichneten mit ihnen Verträge und erhielten Bankgarantien.«[17]
In der Tat sollte M&S schon in den ersten Monaten des Jahres 1991 lukrative Verträge an Land ziehen, die sich anfänglich auf 15, dann auf 20 Millionen DM und eine Bankgarantie von 5 Millionen DM beliefen. Ein ungewöhnlicher Rahmenvertrag. Die sowjetische Armee kaufte über die Potsdamer Kaserne und zahlte auf ein Konto der Kreditbank in Luxemburg. Die Garantie wurde (via Deutsche Bank zugunsten der CGER-Antwerpen) von der Rechnungsabteilung der Westgruppe der sowjetischen Armee in Leipzig überwie-

sen. Rein formal war dagegen nichts einzuwenden. Doch was kaufte die Armee eigentlich? Die Generäle interessierte das alles nicht, ihnen war einzig ihre Provision wichtig, die sie für die Geschäfte erhielten. Ein Partner Fanchinis gibt darüber Auskunft. »Es gab eine Vereinbarung, die den Gewinn fifty-fifty unter der M&S und den Offizieren aufteilte.«[18] Das System war gut, bis auf ein Detail, aufgrund dessen die Geschäftsverbindung nach einiger Zeit abgebrochen wurde. Da jedermann im Kreml sich als erster bedienen wollte, wurden die Offiziere sehr häufig ausgetauscht, was Brandwain und Konsorten praktische Probleme bereitete – man konnte nicht jedesmal auch noch die »50 Prozent« der Vorgänger bezahlen, ohne dabei selbst in die Tasche greifen zu müssen. So kam es zu neuen Verhandlungen und einem Gerichtsverfahren vor dem Landgericht Leipzig am 25. Juni 1992. Das Gericht wies die Klage der sowjetischen Armee auf Rückholung der 5 Millionen DM ab, die auf das Konto der CGER-Antwerpen geflossen waren. Am 2. Januar 1994 wurden allerletzte Verhandlungen über einen Vertrag in Höhe von 20 Millionen DM geführt, doch der Markt war bereits erschöpft. Von der Justiz desavouiert, kehrte die sowjetische Armee nun an den Verhandlungstisch zurück, um einen Preisnachlaß von 25 Prozent auf die Ware zu erzielen und so die verlorene Bankgarantie in Höhe von 5 Millionen DM wieder hereinzuholen. Brandwain jedoch erhöhte den Vertragswert auf 20 Millionen, um weitere Profite herauszuschlagen, denn ohne eine solche Erhöhung war der Anteil der Schmiergelder nicht unbegrenzt erweiterbar.

Schilins Bombe

Dieser Handel verbarg noch dunklere Machenschaften, die unter ebenso fragwürdigen Umständen ans Tageslicht gebracht wurden. Die russische Regierung selbst führte dabei Regie, indem sie die ihr zur Verfügung stehenden Möglichkeiten nutzte. Am 17. Juni 1994, kurz bevor der letzte russische Soldat den deutschen Boden verließ, veröffentlichte die Moskauer Wochenzeitung »Moscow News« einen ganzseitigen Bericht über die Korruption der in Deutschland stationierten russischen Generäle.[19] Autor dieses Artikels war der Journalist und Militärexperte dieser Zeitung, Alexandr Schilin. Er hatte Erfahrung mit diesen Sensationsberichten, deren »Enthüllungen« in den folgenden Monaten von »ganz oben«, also von der eigentlichen Informationsquelle, nachdrücklich bestätigt wurden. Der Form halber erwähnte Schilin übrigens eine offizielle deutsche Quelle, Uwe Schmidt vom LKA Berlin, der dies niemals bestätigte und später lediglich Einzelheiten zugab. Es ist jedoch nicht ausgeschlossen, daß jemand anders dem Journalisten die Informationen zukommen ließ.

Im wesentlichen erwiesen sich diese Angaben als zutreffend. Schilin beschrieb die Schwierigkeiten – selbst der politischen Führung –, über die Westgruppe der sowjetischen Streitkräfte Erkundigungen einzuholen. Der erste, der dies wagte, war der russische Vizepremier Waleri Macharadse, der Präsident Jelzin Anfang 1992 einen aufschlußreichen Bericht überreichte. Macharadse wurde daraufhin aus der Regierung »entlassen« und ist heute Handelsattaché in Kanada. Im August 1992 forderte dann Juri Boldyrew, Vorsitzender des für Haushaltsprüfungen zuständigen Kontrollkomitees der Präsidialverwaltung, Sanktionen gegen mehrere Personen, darunter den Generaloberst Matwei Burlakow (den Kommandanten der Westgruppe). Aber nicht er, sondern Boldyrew wurde durch einen Ukas des Präsidenten ins Aus geschickt.

Da die Informationen beim Präsidenten keinen Anklang fanden, brachte die »Moscow News« die Sache ans Licht.
»Zu den Geschäftspartnern der Westgruppe gehörten die Firmen Natalena, Irena, Pantera und Comet – sie stellen die sogenannte ›belgische Gruppe‹ dar – sowie die europäischen Joint-ventures Innova, Tumas, Mir Trade Company, Osar, Mibis, Formula-7, Mos-Enico usw. Nach Angaben der Polizei werden alle Gesellschaften entweder von der M&S und der American Eagle oder von deren Filialen kontrolliert«, schrieb Schilin. Also vom Duo Brandwain-Ben-Ari. Das Betrugssystem funktionierte dabei folgendermaßen: Der deutsche Staat übernahm zum Teil die Unterhaltungskosten der Westgruppe innerhalb der russischen Streitkräfte, insbesondere die für Nahrungsmittel und Fertigprodukte. Diese Waren waren außerdem, wie das bei vielen Streitkräften üblich ist, steuerfrei, gelangten aber letztendlich auf den Schwarzmarkt und füllten die Bankkonten der Militärs. Aber es kam noch besser: Einige dieser Ladungen trafen am Eingang der Kaserne ein, wurden registriert, gelangten aber nie in die militärische Zone, sondern wurden sofort in Schwarzmarktdepots gelagert oder zu den Lieferanten zurückgebracht, wenn sie nicht – steuerfrei – nach Polen oder Rußland geschmuggelt wurden. Dieser Handel wurde von hochrangigen Offizieren gedeckt.
Schilin berichtete über betrügerische Verträge mit Gewinnspannen zwischen 200 und 2000 Prozent und über die Entdeckung von vier Millionen Zigaretten in einem Militärmagazin in Luckenwalde, die für den Schmuggel vorgesehen waren. Nettogewinn: 800 000 DM. (Eine Schachtel amerikanische Zigaretten kostete auf der Straße 4,50 DM, hingegen nur 1,20 DM in den Kasernen. Der Gewinn lag also bei 3,30 DM, ohne dabei den Profit zu berücksichtigen, der durch aufgeblähte Rechnungen entstand.)
Zudem veröffentlichte die »Moscow News« auch die wesentlichen Auszüge aus einer Arbeitssitzung, die am 9. und 10. November 1993 zwischen Militärs der Westgruppe und M&S – als Partner der Firma American Eagle – stattfand. Zur Erinnerung: Die Sperre der Bankgarantie war für alle Beteiligten unbefriedigend. Wie

lautete also der Vorschlag der Militärs? Auf der Basis der 5 Millionen DM, die als Garantie an M&S flossen – sowie der 3-Millionen-Garantie für American Eagle –, und um die langfristige Blockierung dieser Gelder zu vermeiden, vereinbarten beide Parteien für den Zeitraum zwischen Dezember 1993 und April 1994 die Lieferung von verschiedenen Waren über einen Gesamtwert von 8 Millionen DM. Ein Blick auf die Bestellung läßt einiges erahnen: Allein im Januar 1994 sollten 960 000 Packungen Camel (à 20 Zigaretten) zu je 0,90 DM (Gesamtwert 864 000 DM), 1 440 000 Packungen West (à 25 Zigaretten) zu je 1,06 DM (Gesamtwert 1 526 400 DM), 480 000 Packungen Golden America (à 25 Zigaretten) zu je 1,06 DM (Gesamtwert 508 800 DM), 960 000 Packungen HB (à 20 Zigaretten) zu je 0,90 DM (Gesamtwert 864 000 DM), 480 000 Packungen Amerigo (à 20 Zigaretten) zu je 0,39 DM (Gesamtwert 187 200 DM), fünf Wagenladungen Wein für insgesamt 150 000 DM, fünf Wagenladungen 1-Liter-Flaschen Wodka der Marke Orloff, fünf Wagenladungen Wodka der Marke Zar Peter zu 1,90 DM die Flasche (Gesamtwert 304 000 DM) sowie – last not least – 20 000 Badehandtücher zu 9 Mark das Stück (Gesamtwert 180 000 DM) geliefert werden. Im Klartext: Die russischen Militärs verwendeten mit Hilfe der Firmen Brandwains und Ben-Aris ganze 3,9 Prozent ihres Budgets auf die Ausstattung ihrer Männer (die Badehandtücher). Über 96 Prozent fielen auf Tabakwaren und Alkohol, die, der Menge nach zu urteilen, wohl eher für den Schmuggel vorgesehen waren.

Rachmiel Brandwain streitet das nicht ganz ab: »Im letzten Jahr, 1993, begannen wir mit der Lieferung von Zigaretten. Wir haben sie direkt vom Hersteller an den Empfänger schicken lassen. Daß die deutsche Polizei nicht überprüft, ob die russischen Soldaten sie nicht außerhalb Deutschlands weiterverkaufen, ist nicht mein Problem. Ich wurde nie verdächtigt, selbst diese Ware zu verschieben. Wir erhielten einen Brief von den deutschen Zollbehörden, in dem sie uns aufforderten, die Lieferungen einzustellen. Also haben wir mit der Armee den direkten Transport nach Rußland ausgehandelt, aber auch die hatten ihren Einfuhrzoll.«[20]

Wie zu erwarten, dauerte es nicht lange, bis die Informationen Schilins bestätigt wurden: Ende Oktober 1994 gelangte der Bericht des ehemaligen Generalinspekteurs Juri Boldyrew zur Boulevardzeitung »Moskowski Komsomolez«, die ihn im Original abdruckte. Boldyrew erwähnte darin tatsächlich die Bankgarantien in Höhe von 48 Millionen DM, die von der Westgruppe für dubiose Verträge – ja sogar für nicht existierende Versorgungsgüter – ausgezahlt worden waren. 3400 Fernseh- und Videokombinationen sowie 30 000 Kassettensets wurden durch diese Kanäle geschleust (80 Prozent der Ware waren zudem noch beschädigt). Von der Rechnungsabteilung der Westgruppe in Leipzig wurden neunzehn Scheinfirmen gegründet, um an dreizehn ausländische Firmen beträchtliche Geldsummen zu überweisen. Von den beklagten 48 Millionen DM erhielten M&S und American Eagle mit 13 Millionen DM den Löwenanteil. Dieses Mal ging der Skandal um die Welt, vor allem deshalb, weil der Hauptverantwortliche des Betruges, General Matwei Burlakow, zwei Monate vor diesen Enthüllungen zum Vizeverteidigungsminister ernannt worden war.

In diesen Skandal schien auf der einen Seite eine Reihe skrupelloser Generäle und andererseits eine Vielzahl von Firmen mit unterschiedlichen Absichten verwickelt zu sein. Dem war aber nicht so. Zwischen den verschiedenen Gesellschaften, die beschuldigt wurden, mit der russischen Armee unter einer Decke zu stecken, existierten sehr enge Verbindungen. Doch dieser Knoten ließ sich nur schwer entwirren. Als die Fahnder in den Statuten der American Eagle forschten, die im Juni 1991 auf der Kanalinsel Jersey eingetragen worden war und die Schilin als Firma Ben-Aris bezeichnete, stießen sie wieder auf die Spur Fanchinis und Brandwains. Und es sollte noch besser kommen: 1994 bat das BKA die Luxemburger Sûreté um Auskünfte über die American Eagle Invest. Die Sûreté entdeckte also die Zweitwohnung des Duos Brandwain-Fanchini auf dem Boulevard Gaston Diederich. Wegen unterlassener Veröffentlichung der Jahresabrechnung wurde sogar Anzeige erstattet. Ein geringes Vergehen, das jedoch die geheimsten Namen der Hierarchie von M&S ans Licht brachte: Rachmiel Brandwain und Hilaire Beelen, »Finanzier« des Wechselbüros Kirschen & Co! Die Interessen von M&S und American Eagle waren also auf das engste miteinander verknüpft.

Die von Schilin erwähnte Firma Innova führte die Beamten des FBI später auf die Fährte einer anderen Hauptfigur der russischen Organisierten Kriminalität: Wjatscheslaw Iwankow, genannt »Japontschik«. Wußte Brandwain schon damals, wer dieser berühmte Verbrecher war, der den Spitznamen »der Japaner« trug?

Kapitel 4

Mike & Sascha International

Sind die Fahnder in Antwerpen der russischen Organisierten Kriminalität auf der Spur, zieht es sie als erstes auf den Falconplein. Auf diesem Platz stehen, dicht nebeneinander, eine Handvoll Spirituosen- und Elektronikläden, die von einigen Dutzend Osteuropäern geführt werden. In diesem malerischen Viertel im Norden des Stadtzentrums glaubt man sich – mit ein wenig Phantasie – in die ehemalige Sowjetunion versetzt. Hinter jeder Ecke der verwinkelten Gassen, die nur zu Fuß erkundet werden können, stößt der Besucher schon auf einen moskauischen *kiosk*, in dem man Alkohol, Zigaretten, Raubkopien von Videofilmen und Beretta-Holster erstehen kann. Gewissermaßen ein zweites Arbat – jene vielbesuchte Touristenmeile und Fußgängerzone Moskaus – in direkter Nachbarschaft zu den Häusern der Nachfahren Bruegels. Hier deckte die Antwerpener Gendarmerie 1992 den Menschenhandel des neununddreißigjährigen Russen Abraham Melichow auf. Dank seiner Kontakte nach Rußland hatte sich Melichow über Polen junge russische und polnische Mädchen verschafft, die mit falschen Papieren ausgestattet wurden. Er hielt sie in einer Wohnung über einer Autowerkstatt am Falconplein fest und zwang sie zur Prostitution. Zeigten sich die Mädchen widerspenstig, drohte er, kompromittierende Fotos an ihre Familien zu schicken.

Seit 1992 sind zudem einige am Falconplein ansässige Russen derart massiv in Fälschungsdelikte verwickelt, daß die Behörden für die Überwachung des »Roten Platzes« eine eigene Einheit abgestellt haben. Hat man es hier bereits mit der Mafia zu tun? Bisher sind das alles nur Mutmaßungen, denn die Spur von Brandwain und Konsorten führte nicht in dieses letztendlich periphere Viertel Antwerpens, sondern direkt ins Herz des Diamanten und der Stadt – in das jüdische Viertel.

Die erste jüdische Gemeinde in Antwerpen geht auf das 14. Jahrhundert zurück; man machte sie damals für den Ausbruch der Pest im Jahre 1348 verantwortlich, was die Juden mit Strang und Scheiterhaufen büßen mußten. Ende des 15. Jahrhunderts, als die iberische Halbinsel unter der Inquisition litt, suchte eine neue Flüchtlingswelle in der portugiesisch-jüdischen Gemeinde Antwerpens Zuflucht. Sie wurden nicht gerade herzlich empfangen, und Karl V. setzte alles daran, ihnen das Leben schwer zu machen. Ab dem 16. Jahrhundert betätigten sie sich vornehmlich im Diamantenhandel und blieben von da an unbehelligt. Man fand die Überreste einer geheimen Synagoge aus dem Jahr 1682, einer der ersten konkreten Nachweise für eine dauerhafte Existenz dieser Gemeinde, die bis in unsere Tage reicht. Das jüdische Viertel Antwerpens besitzt jedoch nicht die übliche, über lange Zeit gewachsene Struktur, da es sich noch im letzten Jahrhundert an einer ganz anderen Stelle der Stadt befand.[1]

Verläßt man den majestätisch anmutenden Hauptbahnhof, dessen eindrucksvolle Kuppel die kleinen Juwelierläden der Pelikaansstraat beinahe erdrückt, gelangt man über die Lange Kievitstraat, eine unbedeutende Gasse, in das jüdische Viertel. Und nur 200–300 Meter weiter glaubt man, es auch schon wieder hinter sich gelassen zu haben. Kein Vergleich zur New Yorker Chinatown oder dem Russian Hill in San Francisco. Nur ein winziges Stück Antwerpen, dem die Geschichte den Hang zur Zurückhaltung vererbt hat. Nach außen gibt es keine oder nur wenige sichtbare Hinweise darauf, daß hier Juden leben: Die »Anderen« und ihr Haß sind immer noch da. Der Erzfeind ist übrigens wieder in Form der rechtsextremistischen flämischen Politgruppen aufgetaucht. Antwerpen ist die Hochburg dieses Extremismus.

Brandwains neuer Markt

Wir erinnern uns: In eben dieser Pelikaansstraat hatte Mike Brandwain seine erste Firma, die EMA, gegründet, die nach dem Kirschen-Diamantskandal auf Eis gelegt wurde. In Berlin hingegen gingen die Geschäfte im Jahr 1989 schon recht gut, auch wenn die großen Transaktionen mit der russischen Armee noch gar nicht begonnen hatten. Der Markt für elektrotechnische Artikel boomte, und auch Drogen waren sicher schon im Spiel. Brandwain behauptet zwar, daß er zu dieser Zeit von nichts wußte, aber einige seiner Berliner Freunde haben seine Geschäftspartner dabei beobachtet, wie sie das Rauschgift prüften und bei Mikes Ankunft schnell verschwinden ließen. Sein Freund Balagula war gerade in Frankfurt verhaftet worden, aber Brandwain führte trotz allem ein fröhliches und abwechslungsreiches Leben, in das der neue Weggefährte Fanchini frischen Wind brachte. Während Brandwain in Berlin der Durchbruch gelang, stürzte sich die Familie seiner Frau 1987 ins Immobiliengeschäft. Die Firma wurde – an den Vornamen seiner Frau Galina angelehnt – Galimmo genannt; man sicherte sich die finanzielle Unterstützung eines Geschäftsmannes aus Tel Aviv, um den Unternehmungen etwas mehr Gewicht zu verleihen.

1989 war auch das Jahr, in dem Brandwain seine Antwerpener Geschäfte umstrukturierte. Aus welchen Gründen? Auch wenn Mike zu den »russischen« Hehlern in Westberlin – und jenseits der Mauer – bereits Kontakte besaß, so hatte er sich jetzt ein neues Ziel gesteckt: Import-Export-Geschäfte mit Moskau. Der »Sicherheitsgarant« Nayfeld und der günstige Augenblick eines gewissen moralischen Verfalls in Rußland würden ihnen in der 18-Millionen-Metropole zum Erfolg verhelfen. Moskau mochte arm sein, doch gab es dort bereits eine betuchte Klasse. Eine Klasse, die den Prunk des Westens für sich entdeckt hatte und sich regelmäßig mit Alkohol, Schokolade, Kaviar, Zigaretten, Elektrogeräten, Computern und Modekleidung eindecken wollte, selbst wenn dafür horrende

Preise verlangt wurden und die Ware in Dollar zu bezahlen war. Die Nachfrage auf dem Import-Export-Sektor wurde von Tag zu Tag größer. Brandwain war in dieser Domäne ein Vorreiter. Er hatte den neuen Markt geortet und wollte ihn bedienen – allerdings von Antwerpen aus. Er mag die Deutschen nicht, wie er selbst sagt, und vielleicht mögen ihn bestimmte Leute in Deutschland ebenfalls nicht.

Die belgische Hafenstadt hatte noch andere Vorzüge. Mikes Familie lebt dort, Immobilien sind – geht man einmal von den Kriterien des russischen Jet-sets aus – günstig zu haben; und schließlich genügen hier zwei Worte Englisch, ein Wort Jiddisch und ein Wort Russisch, um eine Welt neu entstehen zu lassen. Zwielichtige Naturen würden hinzufügen, daß die Diamantenenklave weitreichende Steuervorteile besitzt und daß es in Belgien darüber hinaus zu jener Zeit noch kein Gesetz gab, das Abhörmaßnahmen zuließ. Sollte ein solches Gesetz eines Tages eingeführt werden – was mittlerweile der Fall ist –, genügte es, sich mit einem Handy auszurüsten, um die Fahnder vor erhebliche technische Schwierigkeiten zu stellen. Auch darf man nicht vergessen, daß die finanziellen Strukturen, die Brandwain – und damals auch Fanchini – zur Seite standen, vor allem Hilaire Beelen gehörten, der seine Kontakte in Luxemburg aufrechterhalten hatte (wo Interpol ihn als Finanzberater ausfindig machte).

Ende 1989 war für Brandwain wie für Nayfeld und Fanchini die Entscheidung gefallen. Sie ließen sich endgültig in Antwerpen nieder; die Geschäfte in Deutschland liefen – dessen ungeachtet – weiter. »Richard« Fanchini leitete zusätzlich in Polen Unternehmungen – er besaß weiterhin gute Kontakte nach Katowice –, die er aber ebenfalls von Antwerpen aus betreute. Wir wollen noch anmerken, daß Nayfeld, der 1987 zufällig in Brandwains Leben getreten war, in den Berliner Jahren sein Mittelsmann blieb. Von nun an arbeitete er mit dem Duo so eng zusammen, daß er sozusagen mit ihm verschmolz. Der Zusammenstoß mit Elson und die Mordserie in Brooklyn standen unmittelbar bevor.

Das Trio ließ sich zunächst einmal in der Pelikaansstraat 20–42, der ehemaligen EMA-Adresse, nieder. Das erste einer ganzen Reihe von Vorhaben stellte die Gründung der Import-Export-Gesellschaft Goliat International SA dar, die im November erfolgte. Ihr Sitz lag im Antwerpener Vorort Schilde. Mit dem vorgeschriebenen Grundkapital von 1,25 Millionen belgischen Francs (ca. 60 000 DM) begannen »Richard« Fanchini und seine Frau Yolanta, unterstützt von ihren polnischen Partnern, einen Handel mit elektronischen Artikeln und Computern, Textilien und Diamanten. Das war zwar erst der Anfang, doch damit halfen sie auch der Mafia in den Sattel: Keine zwölf Monate später, im Oktober 1990, übernahm Boris Nayfeld die Leitung der Gesellschaft und verlegte sie in seine Villa nach Egedem, einen anderen Vorort Antwerpens.[2]

Am 4. Januar 1990 war Brandwain offiziell immer noch in seinem Berliner Geschäft auf dem Ku'damm gemeldet, und Fanchini wohnte am Firmensitz der Goliat International. Zusammen mit dem israelischen Partner der Galimmo[3] gründeten sie nach belgischem Recht die Gesellschaft M&S International, ihre wichtigste Firma. Wir erinnern uns: »M« für Mike Brandwain, »S« für Sascha Kriworuschko, den Schwager, der »gerade einmal dazu taugt, Tennis zu spielen und den Hund spazieren zu führen«, wie Brandwain sich gerne ausdrückt. Die Familie seiner Frau war ganz in der Nähe, auch die finanziellen Entwicklungen zeugen davon. Das Logo von M&S International zeigt einen springenden schwarzen Panther vor dem roten Grund der Initialen. M&S bildete damals noch den Mittelpunkt dieser Clique und handelte mit Computern, elektrotechnischen Artikeln, Juwelen, Textilien, Lederwaren, Kosmetik, Tabak- und Rauchwaren, Lebensmitteln und Getränken. Das Startkapital belief sich auf 15 Millionen belgische Francs (ca. 700 000 DM). Da Brandwain wegen der Gründung dieser Firma eine erhebliche Anzahl von Formalitäten erledigen mußte, brachte er bei dieser Gelegenheit auch die Bilanzen der ruhenden Gesellschaft EMA in Ordnung. Eine beachtliche Anstrengung, wobei er der Buchhaltung allerdings eine eher untergeordnete Rolle zuschrieb: Einige Jahre später entdeckten völlig überraschte Aktionäre der M&S, daß der Firmenname sich »auf der Rückseite von Briefumschlägen [sic]« befand, die sie erst sortieren mußten. Eine der Besonderheiten des Busineß »auf russische Art« ist die Verknüpfung legaler, halblegaler, schwarzer und grauer Praktiken, die sogar Scheingeschäfte mit einschließt. Wirklich saubere Geschäftspraktiken sind so gut wie nicht existent, aber die Zahlenreihen lassen auch kein rein kriminelles Schema erkennen. Ein Alptraum für die Ermittler, die, bevor sie von »Geldwäsche« sprechen können, erst einmal den illegalen Ursprung einer bestimmten Summe nachweisen müssen.

Was dann kam, entsprach einer Vernebelungstaktik, die nur dazu diente, die Steuer zu umgehen. Am 23. März erfolgte über einen Treuhänder in Luxemburg die Gründung der Mondialmanagement SA, einer Aktiengesellschaft, die wiederum zwei Filialen – Holdinggesellschaften nach luxemburgischem Recht – verwaltete: die »Memorandum« am 9. Mai und die »Polo« am 16. Juli des darauffolgenden Jahres (beide hatten ein und denselben Firmensitz). Luxemburg stellte in gewisser Hinsicht die Rückzugsbasis der Russen dar. Auch das Konto, auf das die Gelder aus dem Geschäft mit der russischen Armee flossen, befand sich in Luxemburg. Und Brandwain fuhr selbst in den dunkelsten Stunden seines Lebens eine im Großherzogtum zugelassene Luxuskarosse. Fanchini und Brandwain meldeten übrigens für einige Zeit in derselben Luxemburger Wohnung ihren Wohnsitz an, ohne dort wirklich zu leben. Wie wir bereits erwähnten, war Luxemburg vor allem Hilaire Beelens Aktionsfeld.

Doch Luxemburg war nicht die einzige »Operationsbasis«: Von Januar bis Dezember 1991 gründeten Brandwain und Fanchini vier Gesellschaften auf der Kanalinsel Jersey, die alle am gleichen Firmensitz in Saint-Hélier gemeldet waren: die American Eagle Ltd. (von der bereits die Rede war), Border Trading Ltd., Fidel Trading Company Ltd. und Liberty Trading Company Ltd. Ihre genauen Funktionen sind uns bis heute nicht bekannt.

Eine Nummer zu groß

Das erklärte Ziel der M&S International und ihrer Filialen bestand also darin, den westlichen Überfluß nach Moskau zu exportieren. Dies geschah aber nicht ohne Vorsichtsmaßnahmen. Brandwains wichtigste Berliner Firma, Natalena, hatte befriedigende Profite erzielt und ihm in Polen – besonders auf dem Elektroniksektor – einen ersten Durchbruch beschert, was unsere Händler zu weiteren Vorstößen ermutigte. Als Großhändler hatten sie kaum Schwierigkeiten, Einzelhändler zu gewinnen, die ihre Produkte verkaufen wollten. Aber schon wenige Monate später hatten die zunehmende Verwestlichung Polens und die nun geringeren Geschäftsrisiken die Karten völlig neu gemischt. Jetzt gründeten die Hersteller ihre eigenen Niederlassungen in Warschau und benötigten keine weiteren Zwischenhändler mehr. Nur die Verteilerketten für den Einzelhandel hatten noch eine Chance – sofern ihre Gründung schon vor dem allgemeinen Run der westlichen Firmen auf den Osten erfolgt war. Diese Erfahrung in Polen hatte also gezeigt, daß es in Moskau angesagt war, sowohl im Groß- als auch im Einzelhandel Ladenketten aufzubauen. Der eigentliche Handel war nur dazu bestimmt, jegliches Risiko auszuschalten, stellte jedoch keine dauerhafte Investition dar.

Brandwain und Fanchini bauten ihre Stellungen als Großhändler aus, gründeten aber gleichzeitig auch eigene Einzelhandelsläden, in denen sie anfangs nur gegen harte Devisen verkauften. Es galt, einen Vorsprung zu gewinnen. Im ganzen Ostblock gründeten sie Filialen ihrer Kette M&S Inturcentr. Mit Ausnahme der M&S Investment in Polen, die sich um eine Fiat-Lizenz bewarb und vor allem mit Autos handelte[4], öffneten all diese Läden im Laufe des Jahres 1990. Filialen bestanden in Sankt Petersburg, Krasnodar, Odessa, Vilnius und Moskau. Brandwain und sein Partner beabsichtigten, dreißig oder vierzig Geschäfte zu gründen, um deren Sortiment man als konsumbewußter Bürger nicht herumkam, und die den bevorstehenden Anschluß an den Westen ankündigen sollten; Läden, mit denen die Hersteller unbedingt Verträge abschließen mußten, wollten sie ernsthaft den ehemals sowjetischen Block erobern! Das Geschäft kam ins Rollen und erreichte bereits im ersten Jahr einen Umsatz in Höhe von 2,7 Milliarden belgischen Francs (ca. 127 Mio. DM). Die Buchführung kam nicht nach, die Buchhalter gaben sich die Klinke in die Hand, außerstande, das Durcheinander der russischen Geschäftsleute entwirren zu können. Im zweiten Jahr sank der Umsatz auf weniger als 2 Milliarden belgische Francs (ca. 94 Mio. DM). Doch trotz der enorm hohen Kosten blieb immer noch ein Gewinn übrig. Aber Fanchini pflegte einen aufwendigen Lebensstil. M&S verfügte unter anderem über einen Rolls-Royce Corniche (als Geschäftswagen) sowie einen Ferrari, den er in Berlin nach einer durchzechten Nacht im Kater gekauft hatte. Im dritten Geschäftsjahr (1992) zeichnete sich bereits das Ende ab: 1,1 Milliarden belgische Francs (ca. 52 Mio. DM) Umsatz und erste Verluste.

M&S war wie die italienischen Autos, die Fanchini so liebte und die nur im hohen Drehzahlbereich auf vollen Touren laufen. Der polnische Markt jedoch hielt nicht, was er versprochen hatte – man war zu spät in den Einzelhandel eingestiegen. Vor allem aber wurden zwar die Waren nach Osten geliefert, nur kam kein Geld zurück. Selbst Nayfelds Schlägertrupps waren anscheinend machtlos. M&S überzog seinen Kreditplafond um mehrere hundert Millionen, hauptsächlich bei den belgischen Banken CGER und Kredietbank. Die polnischen Kunden wollten immer höhere Kredite, und M&S spielte die Mittlerrolle. Gleichzeitig erreichte der Markt nach und nach einen gewissen Sättigungsgrad. Eine fatale Situation: Die Liquidität der M&S war nicht mehr gewährleistet.

Bereits Anfang 1992 wollte Fanchini aussteigen oder wenigstens das sinkende Schiff verlassen und seine Unterschrift unter die von den Banken gewährte Kreditlinie zurückziehen. Brandwain jedoch hatte nicht die Absicht, so schnell aufzugeben, und bat seinen

Partner, noch einige Monate abzuwarten, bis man neue Teilhaber gefunden habe. Diese »neuen Partner« standen tatsächlich am 26. Januar 1992 vor der Tür. Es handelte sich um die Comuele, eine Immobilien-Investmentgesellschaft, die vor allem im europäischen Viertel Brüssels aktiv war: reiche Leute mit sauberen Finanzen und offenbar solide – zumindest gaben sie das vor. Brandwain und Fanchini kannten die Comuele schon seit einigen Monaten. Im Juli 1991 zog die M&S von der Pelikaansstraat ein Stück weiter in die Lange Herentalsestraat, in ein Gebäude, das einem der führenden Männer dieses Brüsseler Unternehmens gehörte. Doch die Beteiligung an der Kapitalaufstockung hatte ihren Preis: die Luxemburger Holding Memorandum (von der niemand zuverlässig sagen kann, wer dahinter steckte). Sie wurde für 70 Millionen belgische Francs (11,9 Mio. frz. Francs) veräußert. Auf dem Papier beteiligte sich die Comuele mit 30 Millionen belgischen Francs (5,1 Mio. frz. Francs) am Kapital (was aber keineswegs dem wirklichen Preis für eine Beteiligung an M&S entsprach). Mit frischem Geldsegen in Höhe von 100 Millionen belgischen Francs (17 Mio. frz. Francs) und nunmehr (ebenfalls auf dem Papier) ohne Fanchini – er wollte sich anderweitig orientieren – konnte Brandwain hoffen, die Geschäfte wieder in Gang zu bringen.

Doch der erhoffte Erfolg blieb aus. Am 22. August 1994 war die Antwerpener Gesellschaft offiziell zahlungsunfähig und meldete noch am gleichen Tag Konkurs an. Noch bis zum Vormonat hatte Brandwain geglaubt, doch noch die rettenden ukrainischen Partner finden zu können. Vergeblich. Bei der Immobiliengesellschaft Comuele, die in diesen Handel verwickelt war, dachte man einen Augenblick lang daran, über die M&S einen im Bau befindlichen Hotelkomplex nahe der Lada-Fabrik in Togliatti zu übernehmen. Von dem Gebäude stand bislang lediglich der Rohbau. Es mußte nur noch fertiggestellt und als Hotel eingerichtet werden, das dann mit einer der größten Automobilfabriken der GUS verbunden gewesen wäre. Man ließ die Idee jedoch schnell wieder fallen. Die Comuele beabsichtigte auch, über die (etwas ungewöhnlichen) Verbindungen der M&S in Moskau in das dortige Immobiliengeschäft einzusteigen. Selbst der russische Vizepremier Wladimir Resin trat deswegen an die M&S heran. Doch diese Sache verlief ebenfalls im Sand. Kaum ein Jahr nach der M&S ging auch die Comuele unter – rechtlich genauso – fragwürdigen Umständen pleite.

Swo

Auf den ersten Blick scheint an all dem nichts Ungewöhnliches zu sein. Eine Handvoll eurasischer Immigranten, von dem einen oder anderen Erfolg in Berlin leicht berauscht, träumt davon, einen in Umwälzung begriffenen Kontinent zu erobern, verbrennt sich dabei die Finger und hinterläßt ein Finanzloch von mehreren zig Millionen Dollar. So wurde die Geschichte zumindest von denjenigen erzählt, die an ihr beteiligt waren. In Wirklichkeit spielte sich die Sache aber ganz anders ab. Bleiben wir einmal bei den Fakten: M&S diente lediglich dazu, den ihr eingeräumten Kreditplafond auszuschöpfen, um dieses Geld in verschiedene Steuerparadiese zu pumpen – vor allem auf die Kanalinseln, aber auch nach Frankreich, Luxemburg oder in die Vereinigten Staaten. Drahtzieher und eigentlicher Nutznießer war die russische Mafia, die M&S immer kontrolliert hatte. Davon zeugte nicht nur die häufige Präsenz von Boris Nayfeld und Tengis Marianaschwili in den Geschäftsräumen der Antwerpener Gesellschaft, sondern auch die eines Mannes, dessen Bedeutung innerhalb der Mafia die Nayfelds bei weitem übertraf: Rafael (oder »Rafik«) Bagdasarian, genannt »Swo«. Ein Armenier, der im Sommer 1993 im Moskauer Hochsicherheitsgefängnis von Lefortowo ermordet wurde. Stephen Handelman, ehemaliger Moskauer Bürochef des »Toronto Star« und Autor des hervorragenden Werks »Comrade Criminal – The Theft of the Second Russian Revolution«[5], zählt auf, wer an dem Begräbnis dieses Mafioso in Eriwan im Juli 1993 alles anwesend war: Unter der Gesellschaft befanden sich Vertreter der türkischen, amerikanischen, deutschen und italienischen Kriminalität. Laut Handelman besaß Swo in der internationalen Verbrecherwelt so etwas wie den Rang eines Diplomaten:

»In den Versammlungen der russischen *underworld* setzte er sich für eine Beteiligung am Drogenhandel, am Immobiliengeschäft und an weiteren Aktivitäten ein, die dem sowjetischen Banditentum den Einstieg in das neue Zeitalter des kriminellen Kapitalismus ermöglichen sollten. Swo gehörte zu jenen *wory*, die die Chancen der postkommunistischen russischen Wirtschaft für die ausländischen Verbrechersyndikate erkannten, und verwandelte sich in einen gerissenen und unnachgiebigen Unterhändler. Er arbeitete mit seinem ausländischen Alter ego an dem Ausbau neuer Absatzmärkte für Drogen und Waffen in Osteuropa und im Nahen Osten. Sieben Monate vor seiner Ermordung setzte er sich aktiv für die – dann auch geschlossene – Allianz zwischen russischen und italienischen Verbrechersyndikaten ein. Einige behaupteten sogar, er hätte eine Abmachung mit den Kolumbianern ausgehandelt.«

Auch die FBI-Beamten gaben über Bagdasarians Person kein sehr schmeichelhaftes Urteil ab. Sie übernahmen die Auffassung russischer Polizeiquellen und glaubten, daß er mit Efim Laskin im internationalen Drogengeschäft zusammenarbeitete. Hinsichtlich der Auseinandersetzungen, die Laskin mit der italienischen Mafia hatte – er war nicht mehr in der Lage, einen von ihr gewährten Vorschuß zurückzuzahlen –, waren die Russen der Ansicht, daß es Bagdasarian war, der das Abkommen zwischen Italienern und Russen zustande brachte und der mit seinem Ansehen für Laskin bürgte. Als dieser seinen Verpflichtungen nicht nachkam, verschwand Bagdasarian vorsichtshalber erst einmal von der Bildfläche.

Swo, der bis zu seiner letzten Inhaftierung als mächtigste kriminelle Persönlichkeit Moskaus galt, wurde Brandwain von Nayfeld vorgestellt und war häufig in deren Antwerpener Geschäftsräumen zu Gast. Sie trafen sich auch in Berlin:

»In Berlin kannte ihn jeder«, erinnert sich Brandwain. »Er wurde dort wie ein König empfangen. Sie können sich das schwerlich ausmalen: Selbst dem Präsidenten der Vereinigten Staaten hätte man nicht einen solchen Empfang bereitet. Er war ein Mythos, und alle jungen Leute glaubten an diesen Mythos. Wissen Sie, damals verstand ich noch nicht alles [von der Welt der Mafiosi – Anm. d. Verf.]. Für mich war das eine andere Welt. Manchmal sprach ich bei den Treffen mit diesen *wory w sakonje,* wie Swo einer war, und ich redete so dummes Zeug, daß Nayfeld mich mit dem Fuß anstieß, um mir zu bedeuten: ›Sei still!‹ Und dann sagte er unserem Gesprächspartner als Entschuldigung: ›Er versteht nicht, er ist kein Russe.‹«
Diente M&S International lediglich illegalen Geschäften, der Geldwäsche oder einem simplen betrügerischen Konkurs? Darüber werden die Richter entscheiden; der Journalist beschränkt sich darauf, die Fakten darzulegen. Aus den Antwerpener Gerichtsakten zu diesem Konkursfall geht hervor, daß M&S absichtlich in den Bankrott getrieben wurde, da die Firma – oder einer ihrer Entscheidungsträger – einige ihrer Kunden bat, fällige Rechnungsbeträge auf das Konto anderer Firmen zu überweisen, vor allem derjenigen, die sich auf Jersey befanden. So ließ im Oktober 1995 ein Anwalt mitteilen, daß die Rechnung der von M&S 1992 nach Rußland gelieferten Ladas nicht an die M&S International bezahlt werden solle, sondern auf ein Konto der Border Trading, eine jener Offshore-Gesellschaften Jerseys mit Sitz in Luxemburg. Ist es nicht erstaunlich, daß Ladas von Belgien aus nach Rußland geliefert wurden? Sicherlich, und der russische Journalist Alexandr Dazkewitsch erläutert das Prinzip: »Die Ladas konnten bis Januar 1994 steuerfrei nach Rußland eingeführt werden, und Belgien ist für seine günstigen Preise im Kfz-Sektor bekannt.«[6] Der Grund für dieses Vorgehen liegt auf der Hand: Da das Geschäft über die Kanalinseln lief, entging es dem Fiskus. Bei einer Hausdurchsuchung in den russischen Büroräumen der M&S, die das polizeiliche Sonderkommando für Bandenkriminalität 1993 in Moskau durchführte, fanden sich Überweisungsbelege, mittels deren die Gewin-

ne der Moskauer Geschäfte in etwa fünfzehn verschiedene Länder der Welt geleitet wurden. Darunter befand sich auch eine Gesellschaft in Brooklyn, die der russischen Mafia gehört. Einige dieser Belege tragen die Unterschrift Brandwains, der jegliche Verantwortung abstreitet.
Die Odyssee von M&S nimmt also andere Formen an: die eines gigantischen »Einmalbetrugs«. Man verkaufte Ware und machte sich aus dem Staub, ohne sie bezahlt zu haben. Es stellt sich nur noch die Frage, wessen Kopf die Idee entsprungen war.

Belastende Hinweise

Anfang 1992 wollte Fanchini »kürzertreten«, wie einer seiner Geschäftspartner es ausdrückte. Er wollte genauso viel verdienen wie zuvor, ohne jedoch dasselbe hektische Leben führen und ständig hinter Lieferanten und Kunden herrennen zu müssen. Seine ersten beiden Geschäftsjahre waren in der Tat sehr bewegt gewesen, und es galt, maximale Investitionen – und demnach auch Kredite – herauszuschlagen, bevor das Vertrauen der Banken zu schwinden begann. Als keine Kredite mehr flossen, stieg Fanchini aus und versuchte seine Unterschrift zurückzuziehen. Seine Einschätzung, derzufolge man 1992 in Belgien die Konten schließen und aus der Sache aussteigen konnte, war sicherlich richtig. Aber die Geschäfte der M&S – und darin lag das eigentliche Problem – betrafen nicht nur das kleine Belgien. Zur gleichen Zeit zeichneten sich besonders in Litauen interessante Entwicklungen ab, wo M&S sich über einen »Freund« Nayfelds niedergelassen hatte und Umgang mit der lokalen Verbrecherwelt pflegte. Nayfeld war ebenso wie Fanchini der Meinung, daß der Handel mit elektronischen Geräten (Fernseh-, Videogeräte usw.) einen hervorragenden Deckmantel für den Schmuggel mit asiatischem Heroin böte. Auch andere Ge-

schäfte könnten in Angriff genommen werden. In Moskau fand sich zudem ein georgischer Pate, der der Ansicht zu sein schien, die Geschäfte von M&S Inturcentr, die ja in Devisen getätigt wurden, böten eine willkommene Gelegenheit, das Geld der Mafia aus der GUS zu schaffen; es konnte nicht im Ostblock bleiben. M&S mußte, selbst am Rande des Ruins, aus mehr als nur einem Grund am Leben erhalten werden, und sei es nur des Briefkopfes wegen; der »Einmalbetrug« allein konnte also nicht der eigentliche Sinn und Zweck ihrer Existenz sein.
M&S war demnach mehr wert als sein Gesellschaftskapital, weit mehr als sein Kreditplafond und vielleicht auch mehr als das Leben von Fanchini, Nayfeld und Brandwain zusammen. Haben sich diese drei Männer ihr Schicksal wirklich selbst ausgesucht? Schon 1994, als sie Konkurs anmelden mußten und Nayfeld einen Schlußstrich unter sein Leben als freier Mann zog, nahm das Trio völlig verschiedene, miteinander unvereinbare Verteidigungshaltungen ein. Nayfeld, der Pate aus Brooklyn, gestand beinahe alles und sprach über Morde, Schmuggel und Geld. Wie wir noch sehen werden, kam er sogar in den Genuß eines »Zeugenschutzprogramms«. Es existierte also noch jemand, der über Nayfeld stand, eine stärkere *awtoritet*, die in der russischen Mafia noch mehr Gewicht besaß.
Fanchini verweigerte jede Kontaktaufnahme: Er existierte sozusagen nicht. Nur sein Büro antwortete, um seine Abwesenheit zu bestätigen. Keine Interviews, einzig ein Rundschreiben, in dem er auf achtundsechzig Zeilen seinen gegenwärtigen Geschäftspartnern auf Ehre und Gewissen beteuerte, daß er kein Mafioso sei und daß er eine reine Weste hätte (was schon sein Vorstrafenregister widerlegte). Brandwain wiederholte ohne Unterlaß, daß er von der russischen Mafia in Moskau aufs Kreuz gelegt worden sei, die ihn 1993 all seiner Geschäfte enteignet hätte, um eine Reihe von Geschäften durchzuführen, über die er keine Kontrolle gehabt habe. Er gab vor, weder gewußt zu haben, daß Fanchini in New Jersey gesucht wurde, noch, daß Nayfeld ein Drogenhändler war, und daß die russischen Generäle mit Zigaretten Schwarzhandel betrie-

ben. Und all das, obwohl er ganz genau wußte, daß Nayfeld ein Schläger und Schutzgelderpresser war, daß der Mafiaboß von Vilnius – mit dem er einmal zusammentraf – ein »einflußreicher Mann« war, daß der Moskauer Pate aller Paten – mit dem er zweimal zusammentraf – ebenfalls als »einflußreicher Mann« galt und daß sein Freund Swo im russischen Milieu besser empfangen wurde als der Präsident der Vereinigten Staaten. Kurz, Brandwain mag »einflußreiche Männer«, aber keine Mafiosi.
Alle drei waren jedoch viel zu aktiv – und voneinander abhängig –, um nur einfache Opfer zu sein. Zur Erinnerung: Nur Brandwain und Fanchini waren Partner. Auch wenn Boris Nayfeld seine Dienste als Kontaktmann zur Mafia oder als Schläger anbot, war er vor allem eine *awtoritet*, die sich aus Brighton Beach etwas zurückgezogen hatte. Am 9. April 1990, einige Monate nach der Gründung von M&S International, sollte Fanchini, der Nayfeld am besten kannte, diesen unterstützen, indem er ihm den Platz des Verwaltungsbeauftragten der Import-Export-Firma Goliat International überließ. Ein Jahr später setzte Nayfeld – beinahe auf den Tag genau und auf die gleiche Weise – seinen Bruder Benjamin, oder Wenjamin, auf diesen Posten. Benjamin war ebenfalls eine gewichtige Figur der *Organisazija* und dem FBI in New York wohlbekannt. Am 19. April 1991 avancierte Benjamin zum Verwaltungsbeauftragten einer neuen Gesellschaft, Sonyc International, die unter der gleichen Adresse residierte wie die Immobiliengesellschaft von Brandwains Frau, die Galimmo. Das Ziel der Firma klang lapidar: »Import-Export von Gütern aller Art«. Sonyc International war übrigens eine der Gesellschaften, die Brandwain nach der Pleite von M&S International übernahm und mit der er in der Ukraine Fuß zu fassen versuchte.
Und schließlich gab es noch eine dritte Gesellschaft, die Nayfeld Hilfestellung leistete: die Park Residence. Am 19. August 1991 schloß sich die luxemburgische Holding Polo (gehörte sie M&S, Fanchini, Brandwain oder den Kriworuschkos?) mit einem Geschäftsmann aus Brooklyn, Ewgeni Benderski zusammen. Benderski lancierte gemeinsam mit der Firma Polo in einem Antwer-

pener Vorort eine Immobiliengesellschaft, deren Leitung wiederum Nayfeld anvertraut wurde.
Zu dieser Zeit begann der Name Nayfeld jedoch Staub aufzuwirbeln. Drei Monate zuvor war er das Ziel eines ersten Anschlags gewesen, und seine Auseinandersetzung mit Laskin stand kurz bevor. Efim Laskin wurde einen Monat später in München ermordet aufgefunden. Marianaschwili tauchte zu jener Zeit in Antwerpen auf, nachdem er im Monat zuvor der Schießerei im »Gianni« entkommen war. Selbst Brandwain sagte damals, daß er ihn nicht in seiner Umgebung haben wollte.
Zu der Zeit, als er den Posten bei Park Residence übernahm, konnte die wahre Herkunft Nayfelds und seiner Freunde keinem ihrer Bekannten verborgen bleiben. Auch die Person, die Nayfelds Posten (nach seinem Ausscheiden bei Park Residence im Juni 1993) einnahm, ließ Vermutungen über die Hintermänner dieser Gesellschaft zu: Es handelte sich um Brandwains Schwiegermutter. Die Verquickung zwischen den Immobiliengesellschaften der Familie Kriworuschko und M&S war so vollkommen, daß die Beteiligten selbst den Überblick verloren und 1993 im Amtsblatt »Journal officiel« ein denkwürdiges Dokument veröffentlichten, in dem die Labels der Firmen versehentlich vertauscht wurden.

Richards neues Leben

Indem die Brandwain-Gruppe einstimmig – und ganz sicher in völliger Kenntnis der Umstände – Boris Nayfeld in Antwerpen Zuflucht gewährte, verschaffte sie ihm anhand der verschiedenen Verwaltungsposten nach außen hin einen Deckmantel. Er war Leistungsempfänger der M&S und garantierte die Verbindung zu den Moskauer Mafiagruppen, in deren Revier die Niederlassungen der M&S Inturcentr fielen und die für deren Beaufsichtigung Schutzgeld forderten. Er wußte aber auch, daß die legalen Geschäfte nur einen verschwindenden Anteil der Aktivitäten ausmachten. Die Fassade der Ehrbarkeit hatte sicherlich ihren Preis, aber die legalen Handelsgeschäfte hatten kaum noch Bedeutung, nachdem die Kredite erst einmal ausgereizt waren. Das eigentliche Ziel der Firma war der Heroinschmuggel in Richtung New York, den man zusammen mit der amerikanischen »Cosa Nostra« organisierte. Während Brandwain sich abmühte, M&S am Laufen zu halten, machte Nayfeld die großen Gewinne. Von Antwerpen aus konnte er ungestört die Veredelung des Rauschgifts, dessen Transport über osteuropäische Länder oder über Israel und schließlich über den Atlantik organisieren, wo es dann in den Gängen des New Yorker Flughafens von Mitgliedern russischer Verbrecherbanden in Empfang genommen wurde.

Und Richard Fanchini? Die nachfolgenden Ereignisse klären uns über ihn und seine Vergangenheit auf. Brandwain beteuert, daß er Fanchini loswerden wollte und ihn aus der Firma warf, nachdem er Kenntnis von dessen Vergangenheit bekommen hatte. Das beweist zumindest, daß er schon 1992 Bescheid wußte (eine Tatsache, die später noch von Interesse sein wird). Fanchinis Version lautet ganz anders: Er habe die Firma aus eigenem Antrieb und ohne Streit verlassen. Das entsprach sicherlich der Wahrheit. Denn im Dezember 1993 machte die ganze Gesellschaft gemeinsam – einschließlich Fanchinis neuem Partner – auf Aruba Urlaub und wurde dort von der amerikanischen DEA bespitzelt. Würden Sie zusammen mit Ihrem Erzfeind Ihren Urlaub in der Karibik verbringen? Offiziell verließ Fanchini demnach M&S International in bestem Einvernehmen und mit dem vagen Ziel, erneut im Import-Export-Sektor tätig zu werden.

Fanchini hatte von Januar bis Mai 1991 in Brüssel bereits eine »One-man-Show«-Erfahrung hinter sich. Die Gesellschaft ging allerdings sehr schnell bankrott. Schon vor längerer Zeit hatte er seinen Platz bei Goliat International zugunsten von Nayfeld geräumt und suchte nun nach einer angemessenen Position. Er erinnerte sich, bei M&S die Bekanntschaft eines ehemaligen Verkaufsleiters von Atari gemacht zu haben, eines jungen, dynamischen Flamen, der bei dem Computerspielehersteller gekündigt hatte, um eine eigene Industriereinigungsfirma aufzuziehen: Frank Slaets. Auch M&S gehörte zu den Kunden dieses solide wirkenden Antwerpeners, und er fiel dort so angenehm auf, daß Brandwain ihn als Kommissionshändler einstellte. Slaets erfuhr genau zu dieser Zeit von der Spaltung des Duos Brandwain-Fanchini und hegte für ersteren keine allzu große Bewunderung. Er hielt ihn für größenwahnsinnig – »im positiven Sinne«, wie er sofort hinzufügt – und sah in Fanchini (ein »Dickkopf«) den korrektesten der drei Russen: »Er deckte die Geschäfte der Zwischenhändler, auch wenn diese ausstiegen. Aus diesem Grund zogen alle mit ihm mit. Er ist einer der wenigen Russen, die ihre Versprechen halten.« Slaets sollte das Gegenteil bald am eigenen Leib erfahren. Aber zum Zeitpunkt dieses Gesprächs, im April 1995, wollte er davon nichts wissen. Drei Jahre zuvor erschien ihm Fanchini als der Mann der Zukunft, der Mann, der über die Grenzen der einstigen Blöcke hinweg Geschäfte machen konnte. Er lud ihn also im September 1992 ein, sich an seiner Firma zu beteiligen. Fanchini nahm das Angebot an, einen Monat bevor er seine eigene Import-Export-Firma, die Trading Unlimited, gründete.

Der Trading Unlimited galt Fanchinis Hauptinteresse, sie war sein Trojanisches Pferd für den russischen Markt: Groß- und Einzelhandel, Autoverleih, Import-Export von allen möglichen Gütern: Textilien, Lederwaren, Getränken, Zigaretten, Agrarprodukten, Tabakwaren und Rohstoffen. Das klassische Prinzip, nur um eine Nuance reicher: War es für Brandwain und M&S Ehrensache, sich in die – beinahe familiäre – Antwerpener Gesellschaft einzufügen, so spielte Fanchini dagegen mit offenen Karten. In den Geschäftsunterlagen tauchten ohne Umschweife seine »Freunde« aus Brooklyn und New Jersey sowie seine Münchner Freunde auf. Die ersten beiden Partner kamen aus den Vereinigten Staaten: Leonid Barantschuk, der sich »Lennie Baron« nannte. Er stammte aus Jackson (New Jersey), wo er eine gleichlautende Firma namens Trading Unlimited Inc. besaß. Lennie war ein Bekannter, den Fanchini aus vergangenen Tagen in New Jersey kannte, jenem Bundesstaat, in den er keinen Fuß mehr setzen durfte, ohne das Risiko einzugehen, verhaftet zu werden. Lennie besaß eine eigene Wodkamarke, und Alkohol sollte eines der Zugpferde der Handelsgesellschaft werden. Bei dem zweiten Partner handelte es sich um Jakow Tilipman aus South Orange (ebenfalls New Jersey): »Ein gewitzter Jude«, erinnert sich Slaets. »Er besitzt viel Geld, kleidet sich aber wie ein Bettler und trug früher lange Haare. Wissen Sie, Typen wie Fanchini und Tilipman schämen sich nicht, im Jogginganzug auf die Bank zu gehen.« Tilipman, das war vor allem ein ellenlanges Vorstrafenregister: In früherer Zeit, als Fanchini im Januar 1987 wegen Einbruchs von der Polizei verhaftet wurde, gehörte Tilipman zu den drei anderen Festgenommenen, die man wegen Bildung einer kriminellen Vereinigung vor Gericht gestellt hatte. Bald darauf wurde er wieder straffällig, da er von April 1987 bis August 1988 in Brooklyn an einem von Russen eingefädelten Juwelenbetrug beteiligt war, der ihm und seinem Komplizen eine halbe Million Dollar einbrachte.[7] Tilipman und Fanchini entstammten beide demselben Milieu der russischen Kleinverbrecher Brooklyns, doch beide sind mittlerweile Millionäre. Slaets war dies bekannt. Er gibt zu, daß über sein Konto Schwarzgeld floß (etwa 250 000 Dollar), mit dem Tilipmans Haus in Belgien (zum Teil) bezahlt wurde. Wenn man, rein zufällig, auf die Idee kom-

men sollte, nachzuprüfen, ob Fanchini wirklich eine 5,1-Millionen-Dollar-Wohnung in Monaco besitzt, so bestätigt er dies ebenfalls, fügt aber hinzu, daß die Summe ohne Zweifel übertrieben sei. Das trifft auf zweierlei Weise zu. Die Kriminalpolizei in Monaco hat tatsächlich eine 10-Zimmer-Wohnung geortet, diese hat aber »nur« 10 Millionen französische Francs (ca. 3 Millionen DM) gekostet.
Wie konnte eine Gesellschaft wie die Trading Unlimited, die von Männern ohne jegliche kaufmännische Ausbildung geleitet wurde, derartige Gewinne erzielen? Slaets belieferte sie vor allem mit Fahrzeugen, Alkohol, sowie Winston- und Camel-Zigaretten. Heute liefert er Videogeräte oder Tapeten – für die schöne Fassade der Firma. Fanchini hatte eine Importroute für den Schiffsweg eingerichtet. Jede Lieferung mußte über Archangelsk (am Weißen Meer) laufen. Dort war man sicher, die niedrigsten Einfuhrzölle zu entrichten.
In Rußland selbst nahm dann Tilipman die Ware in Empfang und brachte sie in Lagerhallen in Moskau, alles unter dem Deckmantel ihrer Moskauer Firma, der Beniteks. Tilipman begab sich zur Aufteilung der Gewinne regelmäßig nach Belgien. Wie aus einem in Antwerpen zu dieser Sache eingeleiteten Ermittlungsverfahren hervorgeht, floß das Geld wahrscheinlich auch auf illegalem Wege zurück.
Ein Bekannter aus diesen Tagen erinnert sich:
»Tilipman und Fanchini verdienten Unmengen Geld. Die Villa Fanchinis in Schilde ist 45 Millionen belgische Francs wert (ca. 2,1 Mio. DM). Tilipman soll seine Villa für 26,5 Millionen belgische Francs (ca. 1,2 Mio. DM) gekauft haben und ließ sie danach noch einmal für 40 Millionen belgische Francs (ca. 1,9 Mio. DM) umbauen. Fanchini ist ein südländischer Typ, korpulent, einsfünfundsiebzig groß und sehr impulsiv. Er kann aus heiterem Himmel und ohne triftigen Grund anfangen zu schreien und loszuschlagen. Ich glaube, er spricht Polnisch, Russisch, ein wenig Italienisch und Englisch. Auf intellektueller Ebene hat er nie großen Eindruck auf mich gemacht. Er führte ziemlich simple Transaktionen durch. Ich kann mich erinnern, daß er immer nur über Alkohol sprach: Er

kaufte Amaretto in Norditalien, viel Wodka und viel Bier. (Er wechselte: Wodka im Winter, Bier im Sommer.) Auch reiner Alkohol war dabei. Es war auch einmal von Margarine und Schuhen die Rede sowie von einigen – nie zustande gekommenen – Geschäften mit Bananen aus Costa Rica und mit Speiseöl. Er sprach prahlerisch über den Kauf eines Zementwerkes in Moskau und dessen Neonleuchtschild, ›das größte in der ganzen russischen Hauptstadt‹. Seine belgischen Angestellten wurden sehr gut bezahlt. Er besitzt trotz allem kein Geld, da seine Geschäfte auf der Basis von einigen Kleininvestoren aus Antwerpen laufen, die ihm zu einem phänomenalen monatlichen Zinssatz – ich glaube, er liegt bei 3 oder 4 Prozent – Geld leihen.«
Das Prinzip dieser Geldgeber wird von Slaets bestätigt: »Fanchini kauft seine Lagerbestände über Investoren. Das gibt ihm einen größeren Handelsspielraum, und die Gelder sind dadurch leichter verfügbar.«

Tilipman – der Mann in Moskau

Nachdem die formelle Partnerschaft mit einem ihm befreundeten Wodkafabrikanten namens Leonid Barantschuk 1993 in die Brüche gegangen war, besaß Fanchini in Sachen Alkohol nun sein eigenes Zugpferd: Die Marke Kremljowskaja, die in Belgien in Lizenz ihrer Moskauer Firma hergestellt wurde, jener Beniteks, die in Wirklichkeit Tilipman leitete. Zu dieser Zeit stieß eine andere, der Justiz bestens bekannte Figur zum Umfeld Fanchinis und reihte sich in den Organisationsplan der Gesellschaft Kremljowskaja ein: Robert Gaspar, genannt »Rubik«. In New York wurde er zusammen mit einem Mann namens Gregori Slochewski wegen Mordes an einem gewissen Michael Bezner angeklagt, den man am 13. April 1988 erstochen auffand. Eine sehr verwirrende Geschichte.

Die Zeit der Schiffstransporte war damals schon vorüber. Fanchini lieferte jetzt über eine Filiale der belgischen Eisenbahngesellschaft per Bahn direkt nach Moskau in die Lager der Beniteks. Die Trading Unlimited war mittlerweile in Kremljowskaja Group umbenannt worden, die sich laut Statuten zwar in eine Import-Export-Firma verwandelt hatte, jedoch vornehmlich dem Handel mit Spirituosen diente. Gesellschaftskapital: 155 Millionen belgische Francs (ca. 7,3 Mio. DM).

Die solide Finanzdecke war jedoch reine Fassade: Zum einen, da sie auf einer Beteiligung an den russischen Filialen beruhte, deren Wert selbstverständlich unsicher war; aber vor allem deshalb, weil auch dieses Geschäft bereits ins Visier der russischen Politiker und des polizeilichen Sonderkommandos gegen Bandenkriminalität geraten war. Der Import von Alkohol nach Rußland – Fanchinis Zugpferd von Belgien aus wie das Ben-Aris von Berlin aus – war ein Geschäft, das sich nur schwer ohne die russische Mafia betreiben ließ. Aus einem einfachen Grund: Wenn 1 Liter Wodka den Hersteller 1 Dollar kostete, hoben der Importzoll (300 Prozent) und die Mehrwertsteuer (20 Prozent) den minimalen Verkaufspreis auf 4,20 Dollar an. Konnte man so importieren und gleichzeitig konkurrenzfähig bleiben? Ja, denn im Dezember 1993 änderte Boris Jelzin per Dekret die Spielregeln, indem er dem »Nationalen Sportfonds« das Recht zugestand, eigene Steuermarken für ein bestimmtes Alkoholkontingent zu drucken, und es zudem noch von der Mehrwertsteuer befreite. Dieses Recht, das den Importzoll ersetzte, kostete etwa 60 Cent pro Steuermarke. Der »Nationale Sportfonds« war allerdings von mafiosen Lobbys infiltriert, die den angegliederten Vereinigungen zwar die 60 Cent erstatteten, jedoch selbst die glücklichen Importeure aussuchten, die in den Genuß dieser Steuermarken – und damit der Steuervorteile – kamen. Fassen wir noch einmal zusammen: Der wirkliche Preis einer Flasche Wodka von 2,30 Dollar setzte sich zusammen aus 1,60 Dollar festen Kosten (Herstellung und Steuermarke) und 70 Cent Gewinn, den sich Importeure und Mafia teilten. Dieser Goldesel verschwand erst im Oktober 1995, als das Dekret – das den russischen Haushalt monatlich um 200 Millionen Dollar brachte – wieder außer Kraft gesetzt wurde. Die Rücknahme des Dekrets, mit der man eigentlich die mafiosen Praktiken eindämmen wollte, traf alle westlichen und vor allem die belgischen und polnischen Importeure, darunter auch die Kremljowskaja. Schon im Frühjahr 1996 regnete es bei der Antwerpener Gesellschaft Protestnoten.

In Moskau ist das Polizeikommando für Bandenkriminalität darüber hinaus bereit, über Fanchini Auskunft zu erteilen. Hatte Slaets vor seiner Zusammenarbeit mit diesem Mann jemals etwas über dessen amtlich bekundete Vergangenheit gehört? Slaets verneint dies. Aber wie steht es dann mit den beiden Containern in Riga?

Ja, die beiden Container in Riga. Der Fall ereignete sich im Juni 1995. Slaets arbeitete für Fanchini und die Beniteks. Sein Büro befand sich in Deurne, einem Vorort Antwerpens. Das Geschäft trug jedoch nicht mehr Slaets Namen, es gehörte zum Tom Trade International (TTI). Aber das Geschäftsprinzip der Kooperation blieb dasselbe: Die Beniteks, also Tilipman und Fanchini, bestellten bei der TTI, also bei Slaets, zwei Container mit Hi-Fi-Geräten der Marke Bang & Olufsen im Wert von 1,2 Millionen Dollar. Es handelte sich um achtzig High-End-Stereoanlagen (Beosystem 9000) zum Einkaufspreis von 30 000 Dollar das Stück. Gewöhnlich liefert Bang & Olufsen aus verständlichen Sicherheitsgründen nur auf dem Landweg in den Ostblock, in gepanzerten LKWs, die über Satellit geortet werden können.

Die Beniteks wünschte jedoch eine Lieferung per Schiff, via Aarhus (in Dänemark) und Riga nach Moskau. Nachdem die Ware an Bord des Containerschiffs »Eberstein« geladen war, änderte die Beniteks mitten im laufenden Geschäft die Lieferbedingungen. »Geliefert wird nicht mehr direkt nach Moskau, sondern durch unsere LKWs, die in Riga bereitstehen.« Dort wurde die Ware im Freihandelshafen von einem Mann namens Wadim Konoplew, der sich unter falschem Namen als Vertreter der Beniteks vorstell-

te, in Empfang genommen und verschwand auf Nimmerwiedersehen.
Diebstahl? Versicherungsbetrug? Die Beniteks, ihrer teuren Fracht beraubt, gab keine neue Bestellung auf. Die sieben Versicherungsgesellschaften, die den Handel abdeckten – darunter Les Mutuelles du Mans –, reichten bei der Staatsanwaltschaft Antwerpen Klage ein. Slaets, der für dieses Malheur mitverantwortlich zeichnete, mußte die Konsequenzen tragen. Er verlor seinen Posten und erkannte wenig später, worin die Besonderheiten seiner russischen Geschäftspartner bestanden. An dieser Stelle erinnern wir uns der »Bauernfängermethode«, die uns der Kommissar im LKA Berlin erläutert hatte: am Beispiel von Igor, dem Moskauer Mafioso, und Peter, dem belgischen Händler und »Opfer« der Mafia.
Bestätigte die Justiz diesen Verdacht? Die Schiffahrtskommission, die eine eigene Kammer beim Handelsgericht Antwerpen hat, kam zu unzweideutigen Schlußfolgerungen: »Wir haben keine zuverlässigen Beweise für die Identität des Auftraggebers [Wadim Konoplew], aber die zeitliche Abfolge der Ereignisse und eine Reihe kleinerer, zweitrangiger Details lenken unsere Ermittlungen in Richtung des Empfängers der Ware, der Beniteks in Moskau.«

Ganz offensichtlich war der Urheber dieser Betrugsaffäre in Moskau zu suchen. Welche Bekanntschaften besaß Fanchini in der russischen Hauptstadt? Und vor allem, wer waren seine Partner innerhalb der Mafia, die Brandwain um seine M&S-Filialen gebracht hatten? Wo befanden sich die zig Millionen Dollar, die von der M&S in westliche Banken gepumpt und auf der ganzen Welt nach einem Prinzip verteilt wurden, das nur Moskau rekonstruieren konnte? Ein Teil des Geldes wurde von der Polizei bis zu einer Firma in Brooklyn verfolgt, die der Nummer eins der russischen Mafia, Wjatscheslaw Iwankow, genannt »der Japaner«, gehörte. So tat die Kriminalabteilung des FBI ganz recht daran, die Organisation Rachmiel Brandwain zu einer der neun russischen

OK-Gruppen zu zählen, deren Sitz außerhalb der GUS liegt. Hier noch einmal ihre Analyse der M&S International:

»Es handelt sich hierbei um eine eurasische OK-Gruppe, die in Europa und auf der ganzen Welt tätig ist. Die Organisation [Rachmiel Brandwain] besteht aus zentralen Personen des internationalen organisierten Verbrechens. Dazu zählt auch jener *wor w sakonje,* dem die Rolle des Supervisors der gesamten eurasischen Organisierten Kriminalität in Deutschland nachgesagt wird und der als europäische Anlaufstelle für OK-Bosse fungiert. Die wichtigsten Personen dieser Gruppe sind Inhaber einer Scheinfirma [M&S], die insgeheim von Iwankow kontrolliert werden soll. Dieser nutzt die Gesellschaft und deren zahlreiche Tochterfirmen zur Geldwäsche. Der ehemalige Leibwächter [Boris Nayfeld] des inhaftierten ›Paten‹ der Organisazija [Marat Balagula] ist inoffiziell an dieser Gesellschaft beteiligt. Der ›Pate‹ der litauischen OK-Gruppe ›Vilnius-Brigade‹ ist der alleinige Vertreter der Gesellschaft in den baltischen Staaten.«

Tatsächlich diente die M&S Inturcentr dazu, die russische Mafia Brooklyns mit dem Geld der russischen Mafia Moskaus zu versorgen – gewissermaßen eine Umschichtung und zugleich eine Operation des »innersten Zirkels« der Mafia, ein Geschäft zwischen Paten auf höchstem Niveau krimineller Macht.

Kapitel 5

Moskau

Wie viele Banden teilen Moskau nun wirklich unter sich auf? Die Stadt zählt offiziell etwas mehr als neun Millionen Einwohner. Die Zahlen stammen allerdings aus dem Jahr 1988, also aus einer anderen Zeit, einer anderen Welt. Und Moskau zieht eine Unmenge Händler und Landbewohner an, die auf der Suche nach den billigen Angeboten für Verbrauchsgüter sind, welche man außerhalb der großen Hauptstadtboulevards kaum mehr bekommt. Wie viele Menschen eilen tatsächlich in den Mittagsstunden in die – mittlerweile privatisierten – Einkaufshäuser des Arbat-Viertels und der Marx-Straße? Zwölf Millionen oder achtzehn Millionen? Und wie viele benutzen tagtäglich die Untergrundbahn?

Dezember. Die Temperatur ist in der vergangenen Nacht auf 32 °C unter Null gesunken. Selbst die feinen Blutgefäße in der Nase scheinen mit jedem Einatmen zu gefrieren und erholen sich erst wieder, wenn die aufgewärmte Luft die Lungen wieder verläßt. Die wärmende Wirkung der Getreideschnäpse, die hinter den beschlagenen Schaufenstern der *kioski* lagern, ist für den Vorübergehenden höchstens zu erahnen, und er versucht sich den kargen Komfort dieser drei, bestenfalls vier Kubikmeter großen Buden vorzustellen. Manchmal werden sie von bis zu drei Händlern genutzt, die geduldig auf ihren Waren sitzen. Die Kälte schüttelt man aber erst dann wirklich ab, wenn man den Eingang der Metro erreicht und sich den Schnee von den Schuhen klopfen kann, der sich schnell in eine schwarze, schlammige Masse verwandelt hat. Heute muß man für eine Fahrkarte doppelt soviel wie gestern bezahlen. Und morgen wird der Preis erneut um 25 Prozent steigen. Trotzdem stehen die Moskauer brav Schlange vor den winzigen Schaltern mit ihren behelfsmäßigen Vorhängen. Sie haben die Hoffnung bereits aufgegeben, eines der kleinen, runden und mit einem »M« durchlöcherten Tickets zu ergattern. Und trotzdem drängeln sie nicht, sondern warten geduldig. Hat man die Kontrollschranken passiert, wird man schon vor der ersten Fahrtreppe von der Menge erfaßt und aufgesogen und nähert sich der ersten Stufe, ohne sie wirklich zu sehen. An der Treppe angelangt, wird einem förmlich der Boden unter den Füßen weggerissen. Doch die ganze Menge folgt diesem Strom und treibt einen weiter.

Dann kommt der lange, unendlich scheinende Abstieg zu den Gleisen. Bei keiner anderen U-Bahn der Welt liegen sie so tief unter der Erde wie hier. Zwei Ströme schwarzer und brauner Pelzmützen – grau oder beige sind selten – begegnen sich auf dem Weg nach unten oder oben und lassen die Menge noch dichter wirken. Wie lange diese »Abfahrt« doch ist! In einer Glosse über die Kältewelle der letzten vierundzwanzig Stunden – sieben Tote allein in einer Nacht – enthüllt die »Moscow News«, daß man einen echten Russen nur an den Ohrenklappen seiner Pelzmütze erkennen kann. Dieser würde sich nie dazu herablassen, die Ohrenklappen herabzulassen. Endlich am Bahnsteig angelangt, hat man wieder eine freiere Sicht und erkennt, daß diese U-Bahn, obwohl schon sechzig Jahre alt, mit ihrem Marmor, den Glasmalereien und Fresken eine der schönsten überhaupt ist.

Die Moskauer Metro bietet vor allem einen guten Einblick in die Stimmung der Moskauer Bevölkerung. Keine Drängeleien, keine Aggressionen und eine bemerkenswerte Sauberkeit. Die Disziplin geht so weit, daß sich ein betrunkener Fahrgast nicht auf den Bänken ausbreiten darf, es sei denn, er will sich den Vorhaltungen – nicht etwa eines Kontrolleurs, sondern der anderen Fahrgäste – aussetzen, die ihm, wenn nötig, sogar eine Ohrfeige verpassen und ihn auffordern, seine Würde zu wahren. Diese uns altmodisch anmutenden Gewohnheiten und der veraltete Dekor verraten das menschliche und materielle Potential eines Landes, das zur Zeit sicherlich enorme Umwälzungen erlebt, dessen Charme aber noch immer unwiderstehlich ist. Läse man lediglich die Meldungen der westlichen Nachrichtenagenturen, wüßte man um diesen Reichtum gar nicht.

Denn die gegenwärtigen Statistiken machen deutlich, wie ernst die Lage in der russischen Hauptstadt ist, und sei es nur im Gesundheitsbereich: In den ersten sechs Monaten des Jahres 1995 wurden 45 Todesfälle infolge von Diphtherie gezählt. Der Zustrom an Flüchtlingen und das Sinken der Lebensqualität trugen dazu bei, daß diese Krankheit sich 1994 mit einer fünfundvierzigmal höheren Todesrate entwickelte (0,047 Prozent) als in den achtziger Jahren: 4122 Moskauer erkrankten an ihr, 155 von ihnen starben.[1]

Aber jedermann weiß, daß das wirkliche Übel, an dem Moskau leidet, nicht von dem Gesetz der Natur bestimmt wird, sondern vom Gesetz des Verbrechens. Schon in den ersten Tagen des Jahres 1992 berichtete die Moskauer Nachrichtenagentur »Krim-Press« von einem Plan der Mafia, der vorsah, 50 bis 80 Prozent der zu privatisierenden Geschäfte, Warenhäuser, Hotels und Lagerhäuser unter die Kontrolle der lokalen Organisierten Kriminalität zu bringen.[2] Vierzig Monate später, im Juni 1995, zog der Vizeminister und Leiter der Abteilung für den Kampf gegen die Organisierte Kriminalität, Michail Jegorow, Bilanz über ein Jahr Kreuzzug gegen das Verbrechen – ein ganzes Jahr, nachdem Präsident Jelzin im Juni 1994 einer Erweiterung der polizeilichen Befugnisse gegenüber der Mafia zugestimmt hatte. Innerhalb eines Jahres wurden 12 500 kriminelle Banden ausgehoben, 11 000 Ermittlungen eingeleitet und 12 000 Personen verhaftet.[3] In der ehemaligen UdSSR sollen achthundert Paten geherrscht haben; offiziellen Angaben zufolge erzielte die Polizei eine Aufklärungsrate von 75 Prozent der begangenen Morde (was unglaubhaft ist).

Natürlich muß man bedenken, daß Moskau eine Zeitlang zwischen zwei Regimen schwankte und nur knapp einem Drama entging. Nach den Wirren der Jahre 1991/1992 sollte 1994 das Jahr der aktiven Mobilmachung gegen die Organisierte Kriminalität werden, was insbesondere eine Reform des vierunddreißig Jahre alten russischen Strafgesetzes zur Folge hatte: Die Strafmündigkeit wurde auf vierzehn Jahre herabgesetzt; betrügerischer Bankrott, Organhandel, Geldwäsche und Computerkriminalität nahm man endlich in das Strafgesetz auf. Auch einige Anachronismen wurden abgeschafft, etwa das Verbot, Brot zu kaufen, um damit Tiere zu füttern, oder die Gefängnisstrafe für das Ausüben von Karate. Die Duma fühlte sich von den Zahlen der Kriminalstatistiken endlich zum Handeln gezwungen: 3000 Tote durch Schußwaffengebrauch allein im Jahr 1993! Innerhalb von drei Jahren kamen der Armee 38 000 Gewehre und Revolver abhanden. Zwischen 1992 und 1994 stieg die Zahl der Morde von 0,15 Prozent auf 0,21 Prozent, die Korruptionsfälle erlebten sogar eine Steigerung von beinahe 50 Prozent in nur zwei Jahren. Heute fürchten sogar die Abgeordneten der Duma um ihr Leben: Der Parlamentarier Sergei Skorotschkin wechselt täglich sein Hotel, seitdem er kein Schutzgeld mehr bezahlt.[4] Allein 1994 wurden drei Abgeordnete ermordet ...

22 000 Banden

Im gleichen Jahr gab Michail Jegorow vor dem amerikanischen Senat einen langen Lagebericht ab[5]:
»1993 wurden 183 von unseren Männern ermordet, 800 verletzt. In diesem Jahr zählen wir schon 48 Tote und 120 Verletzte. Es handelt sich um eine äußerst schwierige Situation, die noch durch die Tatsache erschwert wird, daß in unserem Land 380 ethnische Gruppen operieren. Die größte Gefahr geht von den tschetschenischen, den aserbaidschanischen, armenischen und georgischen Gruppen aus. Auch die Chinesen sind eifrig dabei, sich zu organisieren, ebenso die Vietnamesen und die Zigeuner. [...] Jede sech-

ste Verbrecherbande besticht Beamte. In einigen Fällen dienen bis zu 50 Prozent der von diesen Gruppen erzielten Gewinne zur Bestechung von Regierungs- oder Verwaltungsbeamten.«
»[...] Der Kampf gegen das Verbrechen wurde 1992 mit einem Dekret des Präsidenten aufgenommen: Wir haben unsere Justiz um etwa 8000 Beamte aufgestockt. In dreizehn Regionen Rußlands wurde ein Netz zum Kampf gegen das organisierte Verbrechen eingerichtet. Wir verfügen über 78 Regionalbüros in 148 Städten, und mehr als 14 000 Polizeibeamte des Innenministeriums sind in diesen Städten stationiert. Eine äußerst mobile Eingreiftruppe, die in der Lage ist, Geiseln innerhalb kürzester Zeit zu befreien.«

Neben dieser gewalttätigen Kriminalität existiert noch eine andere Art des Verbrechens – noch heimtückischer, da oft nicht faßbar: die Wirtschaftskriminalität. Jegorow nannte im Mai 1994 die Zahl von 3270 organisierten Gruppen, die Geldwäsche betreiben und andere Wirtschaftsdelikte begehen. Allein der Wert der illegalen Ausfuhren, die dank der 9500 Ermittlungsakten im Bereich Außenhandel festgehalten wurden, betrug im Jahr 1993 über 100 Milliarden Rubel.
Vier Monate später gab der Vertreter der russischen Steuerpolizei, Generalmajor Alexandr Gromow, auf einer internationalen Konferenz zur russischen Kriminalität in Virginia eine detaillierte Aufzeichnung der mafiosen Aktivitäten in seinem Sektor bekannt: Devisenvergehen, gefälschte Obligationen, Aufbau eines Scheinfirmennetzes, insbesondere im Versicherungssektor, Einsickern von Banden in den legalen Handel durch Erpressung, Infiltration von Aufsichtsräten und Sicherheitsdiensten der Unternehmen durch Kriminelle sowie Mißbrauch der Computerdaten von Banken und Sparkassen.
»Analysiert man den Wirtschaftssektor, der von der Organisierten Kriminalität am meisten betroffen ist«, so Gromow weiter, »kann ich bestätigen, daß die traditionellen Geschäfte, in denen mit Bargeld bezahlt wird, an erster Stelle stehen. Die Einnahmen der Einzelhandelsläden werden von ihren Buchhaltern niedriger ange-

setzt, die Bücher werden gefälscht. Wir haben Beweise dafür, daß Unternehmen wie Kasinos, Bordelle, Massagesalons, Peep-Shows usw. zu 100 Prozent im Besitz von Kriminellen sind. [...] Aber am raffiniertesten von allen sind die Moskauer Banken. Dort werden alle Arten von Vergehen beobachtet. Anzuführen sind hier u. a. die All Russia Exchange Bank, die Kristall Bank und die First Investment Bank. Versuchen Sie sich einmal vorzustellen, wie es der Russinvestbank möglich war, ihre 4 Milliarden Rubel Schulden [...] in ausländische Devisen umzutauschen und sie dann ins Ausland zu transferieren!
Seit kurzem stellt der Immobilienmarkt eine neue Zielscheibe dar. Im Süden haben wir dreißig Banden ausgemacht, die sich auf Erpressung und Glücksspiel spezialisiert haben, und deren Gewinne durch Immobilienkäufe gewaschen werden. Tausende von ›Gesellschaften‹ investieren in solche Anschaffungen, in Rußland wie im Ausland – der Preis spielt dabei keine Rolle. Allein in Sankt Petersburg mußten zwanzig Makler eine Strafe in Höhe von 5,5 Milliarden Rubel zahlen. Das Prinzip ist folgendes: Der Verkauf wird von Maklern des grauen Marktes direkt mit dem Eigentümer in gegenseitigem Einvernehmen abgeschlossen. Ein Notar fertigt eine Kopie des offiziellen Kaufvertrags an. In diesem fällt der Verkaufswert natürlich sehr gering aus. Die eigentliche Basis des Geschäfts bildet in Wirklichkeit ein anderer, inoffizieller Vertrag mit einem wesentlich höheren Verkaufswert, der in bar beglichen wird. Das erklärt auch, warum in Moskau Wohnungen offiziell billiger sind als in Paris. Versuchen Sie aber nicht, in Moskau eine Eigentumswohnung zu erstehen, Sie werden arm dabei.«

Generalmajor Gromow fügte seinem Vortrag ein anschauliches Beispiel hinzu:

»Einige Geschäftsleute betreiben diese Geschäfte in Form von Tauschhandel, um Einnahmen zu verbergen, Steuern zu hinterziehen und Geld zu waschen. Das Prinzip ähnelt dem des betrügerischen Handels und besteht aus drei Elementen: einem Geschäftspartner in Rußland, einem im Ausland und einem ›Offshore‹, der sich in der Nähe befindet. Zum Beispiel wird Erdöl aus

Rußland gegen ›Snickers‹ exportiert. Das Erdöl verläßt Rußland in der gewünschten Menge und Qualität. Die ›Snickers‹ jedoch, vielleicht aufgrund der exzessiven Nachfrage im produzierenden Land, kommen nie in Rußland an. Das Geld fließt in Wirklichkeit an eine ›Offshore‹-Gesellschaft oder -Bank und löst sich in Luft auf. Der ausländische Partner könnte in so einem Fall auch dem russischen Partner Kosten für eine Marktanalyse in Rechnung stellen und diese Kosten dem Preis der ›Snickers‹ hinzufügen, um die ausländischen [Steuerbehörden] zu täuschen.«

Ohne Zweifel erfährt man immer mehr über die Netzwerke der russischen Mafia, aber die Zahlen sprechen für sich. Nach einer Aussage der Nummer zwei des russischen Innenministeriums, Igor Koschewnikow, im Mai 1996 vor dem amerikanischen Senat, gibt es in Rußland 22 000 aktive Banden, die 94 000 Mitglieder umfassen. Ein Sechstel von ihnen gehört überregionalen, ja sogar internationalen Organisationen an.

Selbstverständlich gibt es für die Macht der Organisierten Kriminalität, ihre Ausbreitung in alle Himmelsrichtungen und infolgedessen auch ihre Geldgier Erklärungen, wenn nicht sogar Entschuldigungen: In einem Gemeinschaftsartikel verschiedener amerikanischer Beobachter, der 1995 in der seriösen »Brookings Review« erschien, erfuhr der Leser, daß der hauptsächliche Gewinn, den Rußland – den Angaben zufolge – aus der Kriminalität zieht, auf der Anwendung einer Form ziviler Zwangsmittel beruht, die die Rolle eines Handelsgerichts spielen.

»Die Verträge, seien sie nun schriftlich, förmlich oder einfach mündliche Abkommen, stellen den Lebensquell der Marktwirtschaft dar. Ihre Effizienz zu unterbinden hieße, dem Markt das Wasser abzugraben. In Rußland besitzen Verträge zur Zeit aber nur wenig Gewicht. Die Nichteinhaltung eines Vertrages, vor allem die Nichtbezahlung der bestellten und gelieferten Ware, zieht keinerlei strafrechtliche Konsequenzen nach sich. Im letzten Sommer wurden 45 Prozent [der Verbindlichkeiten] der gesamten russischen Industrie nicht erfüllt. Die Einhaltung von Verträgen war in der ehemaligen sowjetischen Wirtschaft weniger problematisch. Wenn ein Staatsbetrieb mit einem anderen Staatsbetrieb einen Vertrag abschloß, verhandelte der Staat mit sich selbst. [...] Heute jedoch ist der russische Staat bei der staatlichen Kontrolle privater Verträge zurückhaltend oder gar nicht in der Lage, sie auszuüben. Angesichts dieser Sachlage besteht eine Möglichkeit, die Wirtschaftsabläufe zu regeln, darin, die Zwangsgewalt zu ›privatisieren‹. Das soll nicht heißen, daß die Mafia den einzigen Weg darstellt. Es handelt sich hierbei lediglich um eine private Lösung für Geschäftsleute, die ihre Transaktionen sichern müssen. [...] Leider werden [die anderen Lösungen] nicht immer zu vernünftigen Preisen angeboten, noch sind sie immer effektiv.«[6]

Wer hat in Moskau die Macht?

Welche Banden hatten Ende der achtziger Jahre in Moskau das Sagen? Zunächst einmal muß man zwischen den russischen und kaukasischen Banden (und hier den tschetschenischen) unterscheiden. Ihre Rivalität besteht in manchen Fällen schon seit 1988. Die Tschetschenen, die sich aus Russen, Inguschen, Georgiern – und Tschetschenen – zusammensetzen, gehorchen nur tschetschenischen Bandenführern und erkennen in der Regel die *wory w sakonje* nicht an. Sie haben eine führende Stellung im Automobilimport und auch im Autohandel eingenommen. An dessen Spitze soll sich ein Mafioso namens Nikolai, genannt »Ruslan«, befinden. Die Tschetschenen können vereinzelt auch in der Prostitution und im Drogenhandel zu finden sein. Ein harter Kern der Tschetschenen wird von einem gewissen Letschi angeführt, der für die wirtschaftliche Einflußnahme im Banken-, Immobilien- und Handelssektor zuständig ist. Eine andere tschetschenische Gruppe, die in der Hauptstadt operiert, trägt den Namen Ostankinskaja, nach dem Hotel Ostankino, in

dem seine Mitglieder zusammenkommen und das ihrem Boss gehören soll. Ihre wichtigsten Aktivitäten sind die Schutzgelderpressungen von LKWs an der Stadtgrenze Moskaus. Die dritte und letzte Gruppe ist die weiter oben genannte, im Automobilhandel tätige Gang, die bekanntermaßen von Ruslan geführt wird.
Die Amerikaner, die mit Vorliebe kriminalistische Theorien aufstellen, haben auch eine über die Tschetschenen verfaßt. Nach Ansicht des FBI beträgt ihre Stärke heute weltweit kaum mehr als 4000 bis 5000 Mann, die aber straff organisiert sind: Paten, Unterpaten, Zellen von fünfzig Chefs und, eine Stufe darunter, Zehnergruppen, die je einem dieser Chefs unterstehen. Dieses Netz bildet eine pyramidenförmige und streng hierarchisch aufgebaute Struktur. An der Spitze der Hierarchie wurden von der amerikanischen »Criminal Intelligence« fünf Paten geortet, davon vier in Moskau und einer in Grosny.
Zu diesen kaukasischen Mafiagruppen gehören außerdem noch die Aseris. Sie sind auf dem Drogenmarkt unschlagbar und arbeiten auf diesem Sektor – ein geopolitisches Paradox – mit den Armeniern zusammen.

Auf russischer Seite ist die Unterteilung zur Zeit nicht von den Deliktbereichen, sondern von den Stadtgebieten abhängig, in denen die mafiosen Geschäfte abgewickelt werden. An erster Stelle sind die Dolgoprudny[7] (nach einem Vorort im Norden Moskaus benannt) zu erwähnen, deren Organisationsweise bereits nach Deutschland und in die Vereinigten Staaten »exportiert« wurde. Sie bestehen vor allem aus Schlägern, sind sehr gut bewaffnet und begannen ihren Aufstieg mit Schutzgelderpressungen. Man findet sie zum Beispiel in Organisationen, die mit Autoreparaturen Geschäfte machen. Kommentar des FBI:
»Diese OK-Gruppe setzt sich aus Profiathleten, insbesondere Boxern und Ringern, sowie aus ehemaligen Polizeibeamten zusammen. Die Mitglieder dieser Gruppe sind der Öffentlichkeit durch die Massenmedien wohlbekannt und genießen eine gewisse Popularität. Sie legen ein ›zivilisiertes Verhalten‹ an den Tag und ge-

nießen den Ruf, von den anderen Gruppen der eurasischen Organisierten Kriminalität als Vermittler in Konfliktfällen akzeptiert zu werden.«
Die Ljuberzy (nach einem Vorort im Südosten Moskaus) entstanden aus nationalistisch orientierten Bewegungen von »Skinheads und Bodybuildern«. Sie dienen als Sprungbrett für andere Banden. Man erlernt dort Diebstahl, Erpressung und Mord auf Bestellung. Im Süden der Stadt überziehen sie die *kioski* und Märkte mit ihren Schutzgelderpressungen. Sie besitzen vor allem Verbindungen zu Kwantrischwili.
Die Solnzewo-Bande (nach einem Vorort im Moskauer Südwesten benannt) ist sehr mächtig und begann ihre Aktivitäten mit Spielautomaten und im Taxisektor. Auch sie ist im Autohandel stark präsent. Sie wird mit Leuten wie Kwantrischwili und Iwankow in Verbindung gebracht. Die Bande hat in Wien eine Art »Brückenkopf« angelegt und dort Restaurants, Geschäfte und Hotels im Griff. Zum anderen hat sie enorme Summen in die schönsten Gebäude der Altstadt investiert.[8] Wir möchten hier anmerken, daß die Orechowo-Bande, die früher von dem ermordeten Sergei Timofejew (genannt »Silwestr«) angeführt wurde, eine Abspaltung der Solnzewo-Bande ist.
Wichtigste Kampfgruppe gegen die Tschetschenen und die kaukasischen Banden ist die Taganka-Bande, zu der auch die Mafiagruppe Masutska gehört. (Wir werden noch auf sie zu sprechen kommen.) Die Masutska-Gruppe wird von einem gewissen »Petrik« geleitet, ist in Spielhallen aktiv und kontrolliert die chinesischen und vietnamesischen Banden. Der Taganka-Bande ist es gelungen, eine andere Bande, die Orechowos, auszustechen. Sie kontrolliert seitdem Kasinos im gesamten Moskauer Raum.
Die Goljanowo-Bande ist eine der ältesten und am besten bewaffneten Banden der Hauptstadt. Die Ismailowo-Bande befehdet sich bis aufs Blut mit den Tschetschenen, erkennt aber die traditionelle Hierarchie der *wory* nicht an und verkörpert die neue Mafiageneration. Sie wird von Anton Malewski angeführt, der in Tel Aviv lebt. Und schließlich sind da noch die Armenier, Spezialisten im

Drogenhandel, und die Inguschen, die Pelz- und Fellschmuggel betreiben.

Doch je nach Informationslage können die Gegebenheiten auch anders gedeutet werden. Unter Wahrung der Anonymität bezeugte ein Undercoveragent im Mai 1996 vor dem amerikanischen Senat, daß seiner Ansicht nach mittlerweile drei große Mafiafamilien existierten: »Die Organisation Ismailowskaja, die in Moskau ansässig und mehrere tausend Mann stark ist. Ihr Chef lebt in Moskau und in Israel. Die Gruppe verwendet militärähnliche Rangbezeichnungen und legt Wert auf eiserne Disziplin. Diese Organisation führt vor allem Auftragsmorde sowie Erpressungen aus und unterwandert legale Unternehmen.
Ferner die Organisation Solnzewskaja, ebenfalls in Moskau ansässig. Ihr Chef lebt in Rußland, in Mitteleuropa und in Israel. Die Gruppe führt Erpressungen und Fälschungen aus, unterwandert legale Unternehmen und betreibt Drogenhandel.
Die Organisation Podolskaja ist ebenfalls in Moskau ansässig. Ihr Chef lebt in Rußland: Erpressungen, Unterwanderung, Drogenhandel.
Und schließlich gibt es noch verschiedene Gruppen: die Balaschichin, Baumanskaja, die Tschetschenen, die Dagestani, die Dolgoprudnenskaja, Kasanskaja, Kunzewskaja, Kurganskaja, Masutkinskaja, Puschkinskaja, Taganskaja, Tambowskaja und Workuta.«

Wie man sieht, herrscht bezüglich der Kriminalanalysen keine Einigkeit.

Iwankow

Wie sollte man sich angesichts dieses Labyrinths von Banden effektiv organisieren? Effizienz war für Slawa und seine Partner das Wesentliche, der Grundgedanke, der ihn, kaum aus dem Gefängnis entlassen, dazu zwang, Moskau für immer den Rücken zu kehren, um sich zum Boss über die unbelehrbaren »Cousins« der russischen Mafia »aus Amerika« zu erklären. Aber selbst fern der russischen Hauptstadt blieb Slawa in Moskau ein Monument des organisierten Verbrechens. (Sein voller Name lautet Wjatscheslaw Kirillowitsch Iwankow, genannt »Japontschik«, der Japaner.) Er ist für die russische Mafiamythologie, was Michele Greco für die »Cosa Nostra« war: der »Papst«. Der »Japaner« wurde am 2. Januar 1949 in Moskau geboren und verdankt seinen Spitznamen seinen leicht geschrägten Augen. Sein breiter Schnurrbart allerdings straft jede mögliche japanische Abstammung Lügen. Dieser ehemalige Profiboxer, den seine engsten Freunde Slawa nannten, war in den siebziger Jahren ein kleiner Schläger im Dienste des Moskauer Gangsterbosses Gennadi Korkow (Spitzname »der Mongole«). Zu dieser Zeit wurde der junge Iwankow ein erstes Mal wegen Einbruchdiebstahls verhaftet und zu fünf Jahren ohne Bewährung verurteilt. Fünf Jahre, in denen er die *wory w sakonje* und das Gesetz der Organisierten Kriminalität kennenlernte. Er wurde zum *wory* gekrönt und in den verschworenen Kreis der wenigen hundert Bandenchefs aufgenommen, die die russische Mafia kontrollieren.

Welche Stellung besaß ein *wor* damals in Rußland? Nach Joseph Serio[9] soll es zur Stunde 387 *wory w sakonje* in Rußland geben, von denen etwa hundert im Gefängnis sitzen. Zu diesen zählt er noch 339 weitere *wory* hinzu, die sich in den anderen Republiken der ehemaligen UdSSR befinden, gelegentlich aber auch auf russischem Boden aktiv werden. Von ihnen sind 33,1 Prozent Russen, 31,6 Prozent Georgier, 8,2 Prozent Armenier und 5,2 Prozent Aserbaidschaner. Nach unserer Kenntnis war unter diesen *wory* nur ein einziger Tschetschene, der bei Auseinandersetzungen zwischen tschetschenischen und kaukasischen Gruppierungen erschossen wurde. Joseph Serio in seinem Bericht: »In den letzten drei Jahren wurden 35 weitere Verbrecher zu *wory* gekrönt, davon 16 in den ersten sechs Monaten des Jahres 1994 gegenüber 11 im Jahr 1993. Der ›Personalwechsel‹ läßt erahnen, daß der Zugang zu der Bruderschaft schwierig ist, daß sie sich aber trotz allem erneuert. So sind 85,6 Prozent der *wory* zwischen dreißig und vierzig Jahre alt, während nur drei *wory* im Alter zwischen sechzig und fünfundsechzig Jahren bekannt sind und man von einem einzigen weiß, der dreiundsiebzig ist. Hingegen sind mehrere *wory* zwischen zweiundzwanzig und fünfundzwanzig Jahren alt. Im Februar 1994 nahm das polizeiliche Sonderkommando gegen Bandenkriminalität einen georgischen *wor* fest, der 1972 geboren wurde. Die ›*wory*-Ideologie‹ verbreitet sich also weiter, besonders unter den jungen Verbrechern.«

Auch wenn der ursprüngliche Begriff des *wor* seit den fünfziger Jahren, insbesondere durch die georgischen Kriminellen, kompromittiert worden war, beugte sich Iwankow voller Eifer der Mafiatradition: Er kehrte seiner Familie, Frau und Kindern den Rücken und verweigerte jede ehrliche Arbeit. Nach seiner Entlassung aus dem Gefängnis ließ er sich scheiden und lehnte – vorübergehend – jede Verantwortung für seine Kinder ab. Von da an avancierte er zum rechten Arm Korkows. Möglicherweise nahm er 1979 an jener *s'chodka* in Kislowodsk teil, auf der die *wory w sakonje* beschlossen, zehn Prozent von den Einnahmen der Schwarzmarkthändler zu beanspruchen.

Jedenfalls geriet er im darauffolgenden Jahr wieder in die Fänge der Justiz. Man erhob Anklage gegen ihn wegen Diebstahls und Körperverletzung, zu der 1981 noch Erpressung kam. Die Folterung eines Antiquitätenhändlers kostete ihn sein Eigentum, es wurde vom Staat konfisziert. 1982 wurde er zu vierzehn Jahren Straflager verurteilt und saß seine Strafe im Lager von Tulun, vierhundert Kilometer von Irkutsk, ab, das für seine Härte bekannt ist. Er sollte erst im November 1995 wieder entlassen werden. Hier, in diesem Lager, entstand der Mythos Iwankows. Er verkörperte das ständige Aufbegehren gegen die Lagerordnung – ein echter *wor,* wie es sie noch zu Beginn der Stalin-Ära gab: keinerlei Zugeständnisse an die Staatsautorität. Rechnungsbegleichungen und Bestrafungen – sogar Todesstrafen – wurden innerhalb des Lagers vorgenommen. Der Journalist der russischen Tageszeitung »Sewodnja«, Fjodor Tjunin, berichtet, daß Iwankow mehr als ein Jahr in Isolationshaft verbracht habe. Aber auch über diese Periode seines Lebens gibt es kaum offizielle Verlautbarungen. Der Schriftsteller Robin Moore scheint sich seiner Person in Form einer Romanfigur angenommen zu haben, die Iwankow sehr ähnlich ist: Wjatschewslaw Jakowlew, eine düstere Gestalt seines Romans »The Moscow Connection«.

Seine Entlassung trug sich unter Umständen zu, die durchaus romanesk anmuten und beweisen, wie korrumpierbar das russische System war. Nachdem Iwankow noch keine acht Jahre seiner Haft abgesessen hatte, bildete sich sowohl in der Duma als auch in Justiz- oder Künstlerkreisen eine mächtige Lobby, die für seine vorzeitige Entlassung eintrat. Dazu gehörte auch der russische Sänger Jossif Kobson.

Diese unerwartete Unterstützung aus der Künstlerwelt ist einen kurzen Exkurs wert. Jossif Kobson ist nicht nur Künstler, er gehört auch dem engeren Umfeld Iwankows an. Das FBI hält ihn für einen der Bevollmächtigten von Marat Balagulas Handelsgesellschaft Liat Natalie. Die FBI-Beamten ordnen ihn zudem der Nähe des Kontaktmanns in Sierra Leone, Schabtai Kalmanowitsch, sowie der eines anderen Mafioso, Otari Kwantrischwili, zu, von dem noch ausführlich die Rede sein wird.

Kobson stand mit seiner Kampagne zur Rehabilitierung Iwankows nicht alleine da. 1990 richtete der russische Abgeordnete Swjatoslaw Fjodorow eine Anfrage an die Regierung, in der er die Freilassung des Banditen verlangte. Er zitierte interne Lagerberichte aus Tulun, in denen Iwankow »vorbildliches Verhalten« bescheinigt wurde. »Alles Fälschungen«, erklärt heute Generalmajor Alexandr Sirotkin vom russischen Sonderkommando für Bandenkriminalität. Er bestätigt indessen die Existenz von äußerst belastenden Berichten. Da die Regierung damals nicht auf die Anfrage reagierte, oblag es dem Vizepräsidenten des russischen Obersten Gerichtshofs, Anatoli Merkutschew, das Gericht, das Iwankow verurteilt hatte, um eine Strafmilderung zu ersuchen, was dieses ablehnte. Aus reiner Ratlosigkeit legte Merkutschew 1991 bei seinem eigenen Gericht Berufung ein und erhielt dieses Mal recht. Aus völlig unerklärlichen Gründen setzte der Oberste Gerichtshof am 25. Februar 1991 die Haftstrafe auf die bereits abgebüßte Strafe herab und ließ Iwankow auf Bewährung frei.

Iwankow kam nicht einmal der Verpflichtung nach, sich bei der Polizei zu melden. Er tauchte sofort unter und handelte sich ein neues Strafverfahren ein, worauf wiederum Haftbefehl gegen ihn erlassen wurde. Russischen Informationen zufolge hinderte ihn das nicht daran, an einem wichtigen Mafiagipfeltreffen im Dezember 1991 in Wedenzowo teilzunehmen. Um die Interessen der russischen Mafia in den Vereinigten Staaten stand es schlecht – zu viele »Muskeln«, zu wenig »Gehirne« –, und seit Januar tobte ein Krieg zwischen Elsons und Nayfelds Fraktionen. In Brooklyn belief sich die Zahl der Toten auf ein halbes Dutzend. Efim Laskin war erst vor kurzem ermordet worden, und in Berlin saß allen noch der Schock über die Schießerei im »Gianni« in den Gliedern. Iwankow wurde von den mehreren Dutzend Paten der Mafia, die sich in Wedenzowo versammelt hatten, mit einer heiklen Mission betraut. Er sollte in den Vereinigten Staaten die brachliegenden Gewinnmöglichkeiten der Mafia wieder ausbauen. Iwankow erweiterte diese Aufgabe noch um ein persönliches Anliegen: Er wollte die slawischen Banden vereinigen, um dem Machtzuwachs der kaukasischen und insbesondere der tschetschenischen Gruppen die Stirn zu bieten. Die Toten im »Gianni« waren das beste Beispiel für die Gefahr, die von dieser Rivalität ausging.

Die Globalisierung der russischen Mafia nahm so ihren Lauf. Iwankow erhielt den Auftrag, die kriminelle Maschinerie auf internationalem Niveau wieder in Schwung zu bringen. Er verließ Rußland in Richtung Deutschland, setzte sich kurz mit dem russischen Kriminellenmilieu außerhalb der GUS in Verbindung und reiste dann unter falschem Namen – wahrscheinlich im Laufe des Jahres 1992 – in die Vereinigten Staaten. »Im Januar 1993«, nach Aussage des FBI. »Unmöglich«, so die »Russen« aus Antwerpen. In der ersten Hälfte des Jahres 1992 sandte Iwankow seine Emissäre bereits aus den Vereinigten Staaten nach Europa. Iwankow wollte damals die M&S International für Import-Export-Geschäfte zwischen den Vereinigten Staaten und Rußland nutzen.[10] Seine Einreise in die Vereinigten Staaten über Deutschland erfolgte mit größter Wahrscheinlichkeit im März 1992.
Auf jeden Fall sorgte seine ungestörte Einreise für eine anhaltende Polemik zwischen Amerikanern und Russen. Die Russen behaupteten, sie hätten die Amerikaner vorgewarnt; die Amerikaner meinten, Iwankow hätte nur mit einem echten russischen Paß, der auf einen anderen Namen ausgestellt war, einreisen können. Es scheint zuzutreffen, daß er sich als Regisseur ausgab und so die amerikanischen Grenzbehörden hinters Licht führte. Aber die Nachricht, daß Iwankow auf dem Weg in die Vereinigten Staaten sei, verbreitete sich im russischen Milieu Antwerpens, lange bevor den Amerikanern die Gefahr, die von seiner Person ausging, bewußt wurde. Diese Nachricht wurde dem FBI von der belgischen Kriminalpolizei durch die amerikanische Botschaft in Brüssel übermittelt. Die Schuld für die ungehinderte Einreise Iwankows ist somit nicht nur auf einer Seite zu suchen.

»Seine Anwesenheit in den Vereinigten Staaten ist furchterregend«, befand der russische Generalmajor Alexandr Sirotkin; »dieser Mann wird in Amerika eine neue verbrecherische Ideologie einführen, die den charakteristischen Schandtaten der russischen Verbrecher den Nährboden bereitet.«
Die Amerikaner glaubten, ihn in Boston, Los Angeles und Van-

couver auszumachen, aber er wurde vor allem in Brooklyn und Manhattan aktiv. Die New Yorker Polizei ortete ihn in der Emmons Avenue an der Küste von Sheepshead Bay. Auch im »Rasputin«, dem Nachtclub der Brüder Silber, wurde er gesehen. Eine andere Tatsache ist jedoch viel bedeutsamer: Er war entschlossen, die Nachfolge Monja Elsons anzutreten, der seinerseits vor der Aggressivität Nayfelds kapituliert hatte. Der amerikanische Journalist Robert I. Friedman zitiert Mafiainformanten, denen zufolge Iwankow im September 1994 einen Champagnerempfang gab, um die Geschäftspartnerschaft mit dem »Rasputin« zu begießen. Sein letzter bekannter Unterschlupf war ein beliebter Club in Manhattan, der »Russian Samowar« in der 52nd East Street.
Auch in Brooklyn gründete er seine Scheinfirmen, darunter die berühmteste von allen, die Slawa Inc. Diese amerikanische Gesellschaft erhielt einen Teil des Geldes der Russen aus Antwerpen, das Geld der M&S. An der Spitze der Slawa Inc. fand die New Yorker Polizei einen bekannten russischen Sportler wieder, der früher in der Profimannschaft der New Jersey Devils gespielt hatte. Iwankow hatte ihm seinen Karrierewechsel anscheinend sehr schmackhaft gemacht.
Aber er brach nicht alle Brücken nach Moskau und zur GUS ab. Waleri Dlugatsch, genannt »der Globus«, ein *wor w sakonje* der neuen Generation, wurde Anfang April 1993 in Moskau erschossen. Er kam gerade aus Sibirien zurück, wo er verschiedene geheime Erdölgeschäfte tätigte. Aber wo hatte er sich davor aufgehalten? In den Vereinigten Staaten, er war dort mit Iwankow zusammengekommen.

Slawa hatte verschiedene russische Projekte fest im Griff. Mehr noch: Zeitungsmeldungen aus Moskau zufolge soll im Oktober 1993 ein geheimes Treffen zwischen Oberst Sergei Donzow, damals in Rußland für den Kampf gegen das organisierte Verbrechen zuständig, und den Paten der Hauptstadt stattgefunden haben. Auf die Frage, wie die Polizei den um sich greifenden Rechnungsbegleichungen innerhalb der Mafia ein Ende bereiten könnte, empfahlen letztere dem Oberst allen Ernstes, »den Japaner« wieder nach Rußland zu holen ...

Aber zur damaligen Zeit war es schon nicht mehr möglich, Iwankow wieder nach Moskau zurückzuholen. In einem vertraulichen Bericht, den das FBI ausschließlich Iwankow und der ihn umgebenden Mafiaorganisation widmete, zählten die Amerikaner nicht weniger als siebenundvierzig Gesellschaften in der ganzen Welt auf, die auf die eine oder andere Weise mit dem »Japaner« in Verbindung gebracht wurden. Die Filialen der genannten Gesellschaften waren da noch nicht einmal mit einbezogen. (Sie befinden sich in Budapest, Moskau, Los Angeles, Tel Aviv, Prag, New York, Wien, Chesnut Hill, Miami, im lettischen Jurmala, in Toronto, Düsseldorf, Odessa, Denver, Santa Monica, Wladiwostok, Antwerpen, Berlin, Atlantic City, Genf usw.) Nach diesem Bericht würde Iwankow selbst noch aus dem Gefängnis heraus sein Vermögen ohne größere Probleme verwalten können, und dies vor allem dank seiner Söhne Eduard und Gennadi Iwankow, die von Wien aus agieren. Sein unehelicher Sohn Wiktor Nikiforow, alias »Kalina«, hatte weniger Glück; er wurde kurz vor Iwankows Entlassung erschossen.

Kwantrischwili

Trotz des Erfolgs des »Japaners« im Ausland hatte Moskau Iwankow nicht vergessen. Wie sahen diese engen transatlantischen Verbindungen aus? James Kallstrom, stellvertretender Direktor des New Yorker FBI-Büros, bestätigt, daß Iwankow 1995 als Emissär der Moskauer Mafiagruppe Solnzewo in den Vereinigten Staaten war und daß sein vornehmliches Ziel darin bestand, Zellen der Solnzewo in Denver, Miami, Los Angeles und Boston zu gründen. Dies ist wahrscheinlich – und wir werden auch zeigen, warum –, geht aber sicher an der Realität vorbei. Denn als Iwankow aus Rußland floh, ließ er einen Nachfolger zurück, dessen Autorität über alle Streitigkeiten der Clans erhaben war und der bald zum »Paten aller Paten« der moskowitischen Mafia ernannt wurde: der Georgier Otari Witaljewitsch Kwantrischwili, genannt »Otarik«.

Otarik, der 1948 im georgischen Zestafoni geboren wurde, gehörte erstaunlicherweise keiner der georgischen oder kaukasischen Banden an. Er war wider Erwarten ein Mann der slawischen Gangs. Dieser Profi im klassischen Ringkampf zog nach Moskau, wo er im Polizeiclub »Dynamo« Karriere machen wollte. Bekannt ist ebenso, daß er sich als Falschspieler betätigte und es dabei zu wahren Meisterleistungen brachte. 1966 wurde er wegen gemeinschaftlicher Vergewaltigung von einem Moskauer Gericht zu einer Haftstrafe ohne Bewährung verurteilt, aus der er erst 1970, nach einem Aufenthalt in der psychiatrischen Klinik von Ljublino, entlassen wurde. Dort diagnostizierte man Schizophrenie. In den folgenden zwanzig Jahren arbeitete er sich an die Spitze einer der bekanntesten Banden der Hauptstadt, den Ljuberzys, hoch (deren Name sich von einem Vorort im Südwesten der Stadt ableitet). Die Mitglieder der Ljuberzys waren ihm ebenso treu ergeben, wie es die Solnzewos sein würden.

Kommen wir zu diesen Banden zurück. Das weiter oben angeführte Porträt der Mafiafamilien Moskaus ist umstritten und zudem ungenau, obwohl es in seinem Grundmuster wohl zutrifft. Dank seines Rufs als Sporttrainer gelang es Kwantrischwili, einen übergreifenden Einfluß in dieser versprengten kriminellen Landschaft aufzubauen. Als Trainer von »Dynamo Moskau« besaß er Kontakte zu hochrangigen Sportlern und Schlägern, von denen jeder einzelne den Zugang zu Banden wie den Ljuberzys, der Domodedowo (ein Viertel nahe dem gleichnamigen Flughafen im Süden Moskaus) oder den Athleten der Dolgoprudny bot.[11]
Er avancierte sogar zum Vorsitzenden der Sportlersozialstiftung,

der Lew-Jaschin-Stiftung, und kam zur selben Zeit mit Iwankow in Berührung – während dessen Gefängnisaufenthalts nahm er sich der beiden Kinder Iwankows, Eduard und Gennadi an –, aber auch mit Rafik Bagdasarian, dem berühmten Swo, der bis zu seinem Tod 1993 das Sinnbild eines Moskauer Paten verkörpert hatte. Er widersetzte sich jeder Form von sowjetischer Autorität und verbrachte daher vierunddreißig Jahre seines dreiundsechzigjährigen Lebens in kommunistischen Gefängnissen.

Diese Wesensverwandtschaft mit Swo zeigte sich unter anderem darin, daß Kwantrischwili nicht an Gewaltverbrechen interessiert war. Dazu die russischsprachige New Yorker Wochenzeitung »Courrier«: »Zahlreiche kriminelle Banden konnten sich dank der Empfehlungen Kwantrischwilis in Unternehmen einkaufen und so Schwarzgeld auf fiktive Konten verschieben oder in imaginäre Bauvorhaben investieren. Nach Angaben des Innenministeriums verfügte er über Strohmänner und Kasinos im Restaurant ›Havana‹ und den Hotels Intourist, Leningradskaja und Uniwersitetskaja.« Demnach verschob er beachtliche Geldmengen, die offensichtlich im Zusammenhang mit der reichen Lew-Jaschin-Stiftung gesehen werden müssen.

Lange Zeit kursierte in Moskau der geheime Mitschnitt eines Gesprächs zwischen dem Moskauer Polizeichef und Kwantrischwili. Ein Auszug dieses Dialogs, sofern man ihn auf die richtige Weise entschlüsselt, ist dabei von besonderem Interesse. Der Polizist befragt ihn zu dem Geld, das er von den Kriminellen zugunsten eines *obschtschak* oder als Beuteanteil der Mafia einzufordern scheint, und zu den »Schiedskomitees«, bei denen es sich wohl um die *na ljudi* oder Mafiatribunale handelt.

POLIZIST: »Sie tun viel Gutes. Die Frage ist nur, auf wessen Kosten?

KWANTRISCHWILI: »Ich tue lieber Gutes, anstatt mich mit Erdölexporten zu beschäftigen. Und, wenn Geld hereinkommt.«

»Woher?«

»Aus unterschiedlichen Quellen. Denn zuweilen muß man jemandem helfen. Ich tue solche Dinge schon seit langem. Ich nehme Geld durch Rennwetten ein. Ich kenne mich gut mit Pferden und

Menschen aus. Ich glaube nicht, daß das ein schweres Verbrechen ist. Ich mag schmutziges Geld nicht besonders. Ich ging zu den Leuten und bat sie, etwas Geld zu spenden. Wenn ich sie darum bat, dann deshalb, weil sie genug Geld besaßen. Zwischen zwanzig und dreißig Personen haben mir etwas gegeben. Sie legten dabei großen Eifer an den Tag. Mittlerweile muß ich nur zum Telefon greifen und darauf hinweisen, daß es doch unangenehm sei, vor ein Schiedskomitee zu gehen. Alles in allem sei es doch besser, sie würden das Geld ohne den lästigen Aufwand zahlen. So geben sie sich tatsächlich untereinander Geld.«

»Wozu brauchen Sie diese Schiedskomitees? Sie verleihen Ihnen das Bild eines gerechten Gottes.«

»Aus Achtung vor dieser Gesellschaft kann ich nicht gleichgültig bleiben. Wenn zwei Banditen mir in einem Schiedskomitee gegenüberstehen, bitte ich sie, sich zu versöhnen und in Frieden auseinanderzugehen. Ich muß keine Schweizer Banken bereichern – sie jedoch schon, da sie irgendwann das Weite suchen müssen. Denn um eine Million Gewinn zu erzielen, fügen sie dem Staat einen Schaden von hundert Millionen zu. Ich mag auch nicht, daß Leute umgebracht werden …«

Kwantrischwili, der dem russischen Präsidentenpalast sehr nahe stand, setzte auch riesige Summen durch Import und Export von Erdöl, aber auch von Zement, Aluminium, Eisen und Titan um. Im Dezember 1993 erreichte er einen dreijährigen Steuererlaß für seine Importgeschäfte, die ihn zur unumgänglichen Schlüsselfigur für jeden werden ließen, der in Moskau Fuß fassen wollte. Ein Trumpf, der vielleicht der Grund für seinen Niedergang bildete. Kwantrischwili war von der tiefgreifenden Unmoral des politischen Regimes, unter dem er lebte, überzeugt. Er fand sich damit ab, entwickelte aber einen ausgeprägten Zynismus. Zur Verdeutlichung ein weiterer kurzer Auszug aus dem Gespräch zwischen dem Polizeichef und Otarik:

»Man hat geschrieben, ich wäre ein Pate der Mafia gewesen. Der wahre Boß der Mafia war Wladimir Iljitsch Lenin. Er hat diesen kriminellen Staat geschaffen. Egal, welcher Staat aus diesem hervorgeht, ich muß ihm heute dienen.«

Rückblickend war der Einfluß Kwantrischwilis auf das Moskauer Verbrechermilieu so entscheidend, daß die Frage nach seiner kriminellen Adoptivfamilie nur mit einer Tautologie beantwortet werden kann: Es war ganz einfach die Organisation Kwantrischwili. Zu eben dieser Familie gehörten nach Ansicht der Amerikaner der Sänger Jossif Kobson sowie verschiedene russische Mafiosi in Toronto, einer davon war sogar der Neffe von Jewsej Agron, dem ersten Paten der *Organisazija*.

Neuer Eigentümer: die Mafia

Der Schatten Kwantrischwilis zeichnete sich noch nicht am Horizont ab, als Rachmiel Brandwain das erste Mal nach Moskau kam. Er beabsichtigte, dreißig bis vierzig Niederlassungen der M&S in der gesamten ehemaligen UdSSR aufzubauen. Doch es scheint, daß dies lediglich sein persönliches Ziel war – seine europäischen Partner teilten diesen Wunsch nicht. Fanchini machte sich gerade daran, den polnischen Markt abzugrasen, und nur Brandwain und Nayfeld versuchten ernsthaft, Rußland zu erschließen. Mike war bereit, sich auf die Geschäftspraktiken einzulassen, die Nayfeld ihm empfahl: Schutzgelderpressungen, einschlägige Bekanntschaften, Ausnutzen der Machtkämpfe innerhalb der Mafia. In Berlin und in Antwerpen war er ein König, bis nach Brooklyn war er bekannt, doch in den Straßen Moskaus war er noch ein Niemand. Aber er war bereit, sich mit jedem zu treffen, der ihm dienlich sein könnte.

Die Erfüllung seines Moskauer Traums schien in greifbare Nähe zu rücken, als zwei Kunden begannen, regelmäßig die Berliner Lagerräume zu besuchen: Oleg Tjagai und Georgi Sadow, beide im Import-Export tätig und im Autohandel fest etabliert, da Tjagai in den Zeiten des Kommunismus für Lada gearbeitet hatte. Er stand in ständigem Kontakt mit der wichtigsten Produktionsstätte, Togliatti, und spielte im Handel mit – steuerfrei – nach Rußland importierten Fahrzeugen via M&S International eine wichtige Rolle. Er war es auch, der Brandwain – und später auch dessen Partnern bei der etwas zwielichtigen Immobiliengesellschaft Comuele – vorschlug, eine Hotelbaustelle zu übernehmen, die an den Industriekomplex Togliatti angeschlossen war.

Tjagai, der seine äußerst gewagten Immobilienprojekte weiterverfolgte, verstand es, selbst die belgischen Banken, die M&S unterstützten, dazu zu überreden, sich nach Moskau zu begeben, um dort die erfolgversprechendsten Investitionsobjekte ausfindig zu machen. So kam es, daß leitende Manager der belgischen Bank CGER in verschiedenen Hotels – darunter auch im renommierten »National« an der Ecke Twerstraße und Manegen-Platz gegenüber dem Kreml – residierten und die Stadt nach zukunftsträchtigen Anlagemöglichkeiten absuchten – allerdings ohne das erhoffte Ergebnis.

Aber in den ersten Monaten des Jahres 1990 nahm die Partnerschaft zwischen Tjagai und Brandwain mit einem nach westlichem Muster ausgerichteten Warenhaus Formen an, die für damalige Verhältnisse eine Revolution darstellten. Es befand sich in der Wolchonkastraße, wenige hundert Meter von der Westmauer des Kremls und nur ein paar Schritte von der Leninbibliothek entfernt.

Große Schaufenster waren für ein Geschäft, das in einem ganz gewöhnlichen Wohnblock lag und zudem den Härten des russischen Winters ausgesetzt war, nicht angebracht. Lediglich kleine Fenster spendeten Licht und gewährten den Passanten einen begrenzten Einblick in die westliche Welt. Die Markenprodukte: Glenlivet Whisky, Ferrero Rocher, Sanyo-Geräte, Audio- und Videokassetten von TDK oder Philips. In der Wolchonka Nr. 9 fand man die beste Schokolade in ganz Moskau neben frischem russischem Kaviar (in Dollar zu bezahlen und halb so teuer wie im Duty-free-Shop des Scheremetjewo-Flughafens). Bedeutete das nicht die Erfüllung des Traums, den Mike in Berlin klar vor Augen gehabt hatte? Ausgemacht bei diesem Deal war eine Teilung der Gewinne, und zwar nicht etwa fifty-fifty, sondern siebzig zu dreißig zugunsten der Antwerpener. Um sich gegenüber den Herstellern abzusichern, mußten sich in Moskau sowohl Groß- als auch Einzelhandelsläden ausschließlich in den Händen der Europäer befinden. Eine finanzielle Gleichberechtigung konnte es daher nicht geben.

Die Zeit der Kompromisse

Trotz dieses Handicaps war der Erfolg vorprogrammiert. Neben den Niederlassungen in Vilnius, Krasnodar, Sankt Petersburg und Odessa, eröffneten sie allein in der russischen Hauptstadt sieben weitere Läden binnen eines Jahres: ein Modegeschäft namens »Rhétorique«, den Spirituosenladen »Drinks« in der Puscheznaja, eine Geschäftspassage auf dem Strastnoi-Boulevard, das »Grusinskaja« auf der Grusinskaja Bolschaja, ein Sportgeschäft auf der Twerskaja Jamskaja, einen weiteren kleinen Supermarkt in der Puschkinskaja und schließlich das »Twerskoi« auf dem gleichnamigen Boulevard.
1991 ging Tjagai sogar soweit, Brandwain die Eröffnung eines Nachtklubs im Zentrum Moskaus vorzuschlagen. Die beiden Partner, die mit solcher Art von Unternehmungen keinerlei Erfahrung besaßen, beabsichtigten, für die täglich anfallenden Geschäfte in der Diskothek lediglich eine dritte Person zu beteiligen (auf der Basis einer Gewinnverteilung von 40–40–20 Prozent); d. h., Brandwain und Tjagai würden aus dem Geschäft gleich große Profite ziehen, während sie dem Geschäftsführer nicht mehr als 20 Prozent zugestehen wollten. Gesagt, getan: Die beiden Geschäftspartner machten ein langes Gebäude im Südwesten der

Stadt, nicht weit vom berühmten Freibad Moskwa, aus, in dem die abgehärtetsten Moskauer der klirrenden Kälte des Winters trotzen. Hinter Tuborg- und Lucky-Strike-Reklamen wurde das Ostoschenka-Moskau, an der gleichnamigen Straße gelegen, von da an zum Szenetreffpunkt einer bestimmten Schicht. Für das gewöhnliche Publikum war es zwischen 20 Uhr und 5 Uhr geöffnet, für die Moskauer Polizisten dagegen, die sich dort entspannen wollten, wann immer sie es wünschten: M&S Inturcentr besaß für die Spürhunde des Innenministeriums schon immer großes Verständnis.

Der Start war vielversprechend; erst einige Monate nach der Eröffnung blies ihnen die erste, leichte Brise ins Gesicht. 1989 und 1990 besaß die Polizei in weiten Teilen Moskaus zwar noch die Oberhand. Doch der Machtzuwachs der Banden, die Gefahr, die von dem plötzlichen Durchbruch der Tschetschenen – zu Lasten der traditionellen russischen Gangs – ausging, sowie die zunehmende Gewalt auf den Straßen zwangen jedermann, sich auf eine Seite zu schlagen.
Brandwain setzte auf Nayfeld, seine Ikone, seinen Sicherheitsgaranten. Aber man konnte es nicht mehr nur bei Drohungen belassen. Es galt, eine regelrechte Verteidigungsarmee aufzustellen oder sich, in Kenntnis der Machtverhältnisse, mit einer Mafiafamilie zu verbünden. Georgi Sadow war als erster zur Stelle, um Brandwain seine Hilfe anzubieten; sein Bruder Leonid verfügte über eine einsatzbereite und einflußreiche Truppe. Nayfeld war sicher schon zu diesem Zeitpunkt auf dem laufenden, aber Brandwain will von all dem nichts gewußt haben: Leonid Sadow gehörte zum Iwankow-Clan. »Sadow gehörte zu meiner Familie«, sagte der »Japaner« Jahre später. Während Iwankows Abwesenheit war Leonid Sadow auch der rechte Arm Otari Kwantrischwilis, des Paten »mit horizontalen Verbindungen« zu Politik und Behörden, der in zahlreichen Mafiazirkeln und Sportstätten Einfluß besaß. Leonid Sadow gehörte zwar nicht zum erhabensten Kreis der Mafiosi, so doch zu einer bedeutenden Machtebene. Im Februar 1995 wurde

einer seiner georgischen Untergebenen, ein gewisser Mirab – obwohl selbst ein *wor w sakonje* – von dem »Japaner« dazu benutzt, einen in Paris geplanten, in Antwerpen jedoch vereitelten Entführungsversuch auszuführen. Sadow war keiner der *Top ten* der Hauptstadt, jedoch nicht mehr weit davon entfernt.
Brandwain hatte es schlecht getroffen. Oleg Tjagai und Georgi Sadow, die über Leonid Sadow versuchten, Iwankow für die M&S zu interessieren, waren sich der Folgen ihres Angebots durchaus bewußt. Der eigene Sohn Iwankows, Eduard, galt in Wien lange Zeit als Günstling der Lebensgefährtin Sadows. Und Oleg Tjagai lebte ein regelrechtes Doppelleben in New York und in Moskau. Er war direkt an einer von Iwankows Brooklyner Firmen beteiligt und blieb in Wien mit der Schwiegertochter des »Japaners« in Kontakt. (Nach seinem Tod im Juni 1994 wurde seine Leiche übrigens nicht in Europa, sondern in Brooklyn beigesetzt, denn hier waren seine mafiosen Wurzeln gewesen.) Brandwain kam die vorgeschlagene Lösung sehr willkommen. Ein Mann wie Sadow schien nicht nur der M&S und ihren Zukunftsperspektiven angemessen zu sein, die Gewinne der Operation blieben gewissermaßen auch »in der Familie«. Nayfeld stimmte zu. Kannte er die Hintergründe des Vorhabens? Auf jeden Fall hatte er sich zu diesem Zeitpunkt mit Iwankow noch nicht überworfen.
Es gab in der Tat nur einen einzigen Mann, der der Angelegenheit zumindest skeptisch gegenüberstand: Swo, der Armenier und »Diplomat« der Moskauer Mafia, jener unnachgiebige *wor,* den seine Abneigung gegen das sowjetische Regime dreißig Jahre seiner Freiheit gekostet hatte. Als Brandwain und Nayfeld ihre Wahl trafen, war Swo schon mit ihnen befreundet, beinahe ein Vertrauter, dem man bei den Touren durch die Restaurants der Hauptstadt oder auf den Zusammenkünften mit Nayfeld begegnete. Swo – das dürfen wir nicht vergessen – war einer der Drahtzieher des russischen Drogenschmuggels aus Asien, und »Beeba« Nayfeld benötigte ihn wahrscheinlich als Lieferanten von thailändischem Heroin für das russische Kriminellenmilieu in Bangkok.
Swo war der Ansicht, daß Brandwain einen Fehler machte: »Du

begehst eine große Dummheit. Du brauchst deine eigenen Leute!« Brandwain gab später zu, daß Swo recht gehabt hatte. Aber damals glaubte er, gestärkt durch die Unterstützung Nayfelds und in Unkenntnis über die bestehenden Machtverhältnisse, der Armenier wolle sich nur selbst einen Teil »des Kuchens« schnappen, indem er seine eigenen Leute zu plazieren versuchte. Außerdem stellte Kwantrischwili nicht nur einen Zugang zur Mafia, sondern auch zur Regierung dar.

»Ich hatte mehrere Treffen mit ihm«, gesteht Brandwain.[12] »Es waren normale Geschäftstreffen. Er wollte mir die Geschäftsführung von Läden [M&S-Firmen] vorschlagen. Zu dieser Zeit waren wir in Moskau so populär, daß ständig wichtige Leute vorbeikamen und uns Geschäfte anboten: die Diamantenhändler und der Vizepremierminister Wladimir Resin (der dritte Mann im Land nach Jelzin und Ruzkoi). Er hatte fünfhundert Leute unter sich, die im Immobiliensektor arbeiteten. Kwantrischwili besaß bestimmte Läden, und da er nun einmal ein enger Freund Leonid Sadows war ... Ja, Kwantrischwili hat mich einmal in eine Konzertvorstellung eingeladen. Ein prächtiges Schauspiel! Im Publikum saßen auf der einen Seite die offiziellen Vertreter der Moskauer Regierung, auf der anderen Seite sämtliche Gangsterbosse! Und man konnte mit ansehen, wie die Mitglieder beider Seiten sich gegenseitig umarmten. Rußland ist ein Land, in dem sich Beamte und Verbrecher umarmen, in dem eine Hand die andere wäscht. Da Kwantrischwili mit der Regierungsspitze in Verbindung stand, war es ihm möglich, im Stadtzentrum eine Reihe von Geschäften aufzubauen. Er war nicht sonderlich an unseren Geschäftspraktiken im Importhandel interessiert, er strebte eine Partnerschaft an. Daraus wurde aber letzten Endes nichts. Es gab Personal- und Vertragsprobleme. Aber er kam regelmäßig in unsere Läden und unterhielt sich mit den Sadows.«

Ganz offensichtlich zog Brandwain gegenüber der Gruppe um Sadow und Kwantrischwili den kürzeren, da beide von dem in Brooklyn weilenden Iwankow unterstützt wurden. Brandwain und Nayfeld waren Nachbarn im Antwerpener Vorort Egedem und begaben sich regelmäßig nach Moskau. Es verging nicht ein Monat, in dem sie nicht persönlich ihre Geschäfte im Osten überwachten. Kwantrischwili dagegen befand sich vor Ort, und zwar ständig.

Und so kam es, wie es kommen mußte: Im Januar 1993 ließ Brandwain verlauten, die russische Mafia habe seine Läden in ihre Gewalt gebracht.

»Es kam kein Geld mehr aus dem Osten, und ich spürte, daß meine Partner ärgerlich und unzufrieden waren. Also fuhr ich mit Nayfeld nach Moskau, bereit, über eine neue Basis von fünfzig zu fünfzig zu verhandeln. Aber als wir ankamen, lautete die Antwort: »Wir sind nicht mehr Inhaber der Läden.« Ich antwortete ihnen: »O ja, ich weiß, die Regierung besitzt sie, aber ...« Worauf sie antworteten: »Nein, es ist nicht so, wie Sie denken. Jetzt befehlen hier die Kriminellen. Und wenn Sie sich an jemand wenden wollen, dann an Leonid Sadow.« Die Unterredung mit Sadow verlief jedoch sehr kurz; er meinte, »sie hätten ihr Blut für diese Läden gegeben, die Mafia wäre von nun an Eigentümer des Unternehmens und ich solle schleunigst aus Moskau verschwinden und dem Himmel danken, daß ich noch am Leben sei«.

L'Oréal, Transworld

Wieder einmal sprachen alle äußeren Anzeichen für Brandwain – verloren in den letzten Jahren doch zahlreiche, auch namhafte, westliche Unternehmen im Handumdrehen die Kontrolle über ihre Filialen in Rußland. Ein aufschlußreiches Beispiel lieferte das französische Unternehmen L'Oréal. Als der Kosmetikproduzent 1989 in Rußland Fuß zu fassen suchte, drängte ihm der Staat einen Partner aus der lokalen Chemieindustrie auf: die Mosbitchim – ein autarkes Unternehmen mit achthundert Angestellten, ohne Zulieferbetriebe; ein Traum, der in die Gründung der Soréal mündete. Einer frankorussischen Privatgesellschaft mit staatlicher Beteiligung. Der Anfang war vielversprechend: Der Westen investierte 150 Millionen französische Francs (ca. 7,1 Millionen DM), um eine beeindruckende Produktpalette zu entwickeln: Plénitude, Elsève und das neue Parfum »Maroussia«. Aber im Mai 1994 verwandelte der Direktor der russischen Fabrik die Produktionsstätte in eine von seinen eigenen Ordnungskräften bewachte Festung und warf die Franzosen hinaus. Dann folgte ein juristischer Schachzug: Die Aktiengesellschaftssatzung der Soréal wurde für null und nichtig erklärt. Die Franzosen gerieten dadurch in eine Minderheitsposition, ein Erbe der sowjetischen Handelsgesetze der achtziger Jahre, die keine ausländische Aktienmehrheit zuließen. Als nächstes versuchte man, den russischen Partner Mosbitchim zu privatisieren – natürlich zugunsten der »russischen Arbeiter«. Damit sie in Rußland weiterhin fest im Sattel bleiben konnte, mußte die französische Firma von da an auf Verteilerfilialen zählen, die ihr zu hundert Prozent gehörten.

Noch heimtückischer ging man im Fall der Transworld vor[13], einer britischen Import-Export-Firma, die einem gewissen David Reuben gehört. Transworld investierte innerhalb von zwei Jahren etwa 300 Millionen Dollar, um 20 Prozent vom Kapital der Aluminiumproduktionsfirma in Krasnojarsk zu erhalten und so weiterhin deren Produktivität zu gewährleisten. (Die Aluminiumindustrie in Krasnojarsk bestand aus 30 000 Beschäftigten und einem jährlichen Produktionsvolumen von 740 000 Tonnen.) Aber im November 1994 wurde in der Hauptversammlung der rechtmäßige Repräsentant von Transworld unter dem Vorwand des Saales verwiesen, er habe das Unternehmen nicht mehr zu vertreten – sämtliche Anteile der Transworld wären aus dem Aktionärsregister gestrichen worden. Was war geschehen? Das Aktionärsregister ist in Rußland der einzige Beweis für getätigte Investitionen und die einzige Möglichkeit, Eigentumsverhältnisse festzustellen. Transworld, die 400 000 Aktien erstehen wollte, hatte sie durch einen ihrer Partner, einen gewissen Lew Tschernoi, und zehn weitere »Makler« aus Krasnojarsk aufkaufen lassen, die unter dem Namen eines einzigen Mannes, Juri Kolpakow, auftraten. Alles ging gut, bis die Transworld von ihrem Kontrollrecht über das Unternehmen Gebrauch machen wollte und feststellen mußte, daß das Aluminium weit unter Preis an die eigene Konkurrenz verkauft worden war. Kolpakow soll sich daraufhin mit den anderen »Maklern« verständigt haben, die er bei diesem Geschäftsabschluß der Transworld um sich versammelt hatte, und erhielt von jedem einen Brief. Der Inhalt des Briefes besagte im wesentlichen, daß der Kauf zu einem ungerechten Preis erfolgt sei. Als Gegenleistung für die Mehrheit ihrer Anteile überwies Kolpakow der britischen Firma einen Bruchteil des symbolischen Preises einer Aktie.

Das Ergebnis: Mit Ausnahme der drei Prozent, die Transworld über ihren treuen Partner Lew Tschernoi am Unternehmen in Krasnojarsk hielt, besaßen die Briten keinerlei Anteile mehr. Und vor allem fehlte ihnen ein Vertreter, der die Entwicklung der Produktionsstätte hätte kontrollieren können.

Dieser Fall löste einen solchen Skandal aus, daß sich am 2. Dezember 1994 der Vizepräsident des Staatskomitees für Eigentum, Alfred Koch, nach Krasnojarsk begab und sich im Namen der Regierung dafür einsetzte, jeder Partei wieder ihr volles Recht zukommen zu lassen. Im Jahr darauf wurden in Tel Aviv gleich drei

Auftragsmorde vereitelt, die alle, wie es scheint, mit dem Fall Transworld zusammenhingen.[14]

Im Unterschied zu den Fällen L'Oréal und Transworld, in denen die Auseinandersetzungen vor allem vor Gericht ausgefochten wurden, legte Brandwain sich bezüglich der M&S von Anfang an auf eine Art Guerillataktik fest. Er nutzte die Verbindungen zur Polizei »auf russische Weise«, setzte aber auch die vielen kleinen Mafiahebel in Bewegung, mit denen er mittlerweile vertraut war.

Slawa – der Strohmann des »Japaners«

Brandwains doppeltes Spiel – bei dem er seine Beziehungen zur Polizei und zur Mafia gleichzeitig nutzte – brachte ihm bei den westlichen Polizeibehörden einhellige und gründliche Mißbilligung ein. Der vermutliche, aber niemals nachgewiesene Goldhandel mit den Gebrüdern Din, das wachsende Interesse der Amerikaner für Nayfeld und dessen Machenschaften, Fanchinis wahrscheinliche Beteiligung an einem Einbruch in New Jersey und schließlich die Ausschweifungen der sowjetischen Generäle der Westgruppe – das alles hatte bei Interpol keinen guten Eindruck hinterlassen. Nur das russische Sonderkommando für Bandenkriminalität blieb Brandwain teilweise treu, was ihm angesichts der allseits bekannten Bestechlichkeit der MWD-Beamten jedoch keine große Hilfe war. Tatsache bleibt – und dies wurde durch die russische Polizei bestätigt –, daß von Mai 1993 bis (mindestens) Ende 1994 eine wirkliche Zusammenarbeit zwischen Brandwain und einem Fahnderpool der Moskauer Generaldirektion für Innere Angelegenheiten, Sektion Nordwest (G.U.W.D), bestand.
Im Frühjahr 1993 wurden sämtliche Läden, die Brandwain und Nayfeld in Moskau gegründet hatten, von der Mafia auf ein und

denselben Namen, OLTES, umbenannt – das neue Logo zeigte einen blauen Kreis mit gelben Streifen – und in den Gelben Seiten unter diesem Namen eingetragen. OLTES, von da an eine beinahe schon offizielle Geschäftsfiliale der russischen Banden Moskaus, bezog das Hauptquartier in der Grusinskaja Bolschaja Nr. 39, in der sich auch das Geschäft Grusinskaja der M&S befand – mitten im Nordwesten Moskaus in der Nähe des Belorussischen Bahnhofs, von dem aus die Züge in Richtung Westen abfahren. Dieses Viertel war seit jeher die Hochburg Kwantrischwilis – das Dynamo-Stadion ist nur einen Katzensprung entfernt – und außerdem ein strategischer Dreh- und Angelpunkt für Import und Export. Nach seiner Rückkehr aus Moskau wird Brandwain seinen Partnern, insbesondere der Immobiliengesellschaft Comuele, ohne Zweifel verkündet haben, daß M&S »von der russischen Mafia um ihr Eigentum gebracht wurde«, und beschuldigte vor allem die Brüder Sadow, Oleg Tjagai sowie den Generaldirektor der Moskauer Geschäfte, Sergei Tschudjakow. Offiziell verhielt er sich aber ruhig. Die Eintragungen in seinem Paß weisen im Gegenteil sogar darauf hin, daß er vom 16. bis 25. Februar erneut in Moskau weilte. Während dieses Aufenthalts verhandelte er tatsächlich mit der Mafia, obgleich er heute beteuert, sein Leben in Moskau sei schon seit dem Januar in Gefahr gewesen. Er brauchte nicht lange, um zu erraten, wer wirklich hinter Leonid Sadow steckte: Der »Japaner«, Iwankow persönlich, nahm von New York aus mehrmals Kontakt mit seinem Büro in Antwerpen auf. Iwankow war außer sich, so Brandwain, und schrie dessen Frau beim ersten Mal durch den Telefonhörer zu, es habe keinen Zweck, daß ihr Ehemann sich verstecke; er würde Brandwain sowieso ohne Mühe ausfindig machen. Zwei weitere Male sprach er mit Brandwain selbst und befahl ihm, seine russischen Geschäfte Sadow zu überlassen: »Sadow gehört zu meiner Familie!« soll Iwankow mehrmals wiederholt haben …

Worin bestand Brandwains Strategie? In die Moskauer Polizei hatte er nur wenig Vertrauen. Dafür sprechen verschiedene Gründe, die sowohl mit dem schlechten Zustand dieser Polizei als auch mit Brandwains Situation selbst zu tun hatten. Er mußte sich gegen eine mögliche Korruption der ortsansässigen Beamten durch die Banden des Stadtviertels absichern. Durch die Vermittlung einer russischen Freundin mit weitreichenden Verbindungen kam es zu einem vertraulichen Treffen mit einem der OK-Fahnder eines anderen Moskauer Bezirks, dem Bezirk Nordost. Und am 1. Mai 1993 – er blieb nur einen Tag in Moskau – traf er drei Fahnder der G.U.W.D. im Novotel nahe des Flughafens von Scheremetjewo, unter ihnen einen Polizisten namens Koldin und seinen Untergebenen Sarkisjan. Die beiden kannten den mafiosen Hintergrund, vor dem Brandwain sich bewegte, und hatten bald dessen Akteure ausfindig gemacht. War es Iwankow, der sie interessierte – er wurde wegen schweren Vergehens gegen die Bewährungsvorschriften gesucht –, oder Kwantrischwili? Koldin und Sarkisjan schlugen Brandwain einen Handel vor: Kein Wort über die Sache, und die Polizei würde ihm helfen. Andernfalls müßte er sich auf eine spätere »Bestrafung« gefaßt machen. Brandwain ging darauf ein.

Erst nach diesem Treffen beschwerten M&S International und seine Partner sich ganz offiziell darüber, von der russischen Mafia enteignet worden zu sein. Der Rest dieses polizeilich bekundeten Zwischenfalls wäre nahezu unglaubhaft, wenn ihn nicht einer der Beteiligten selbst, der Polizeibeamte Michail Sarkisjan, zweimal bestätigt hätte[15]: Auf Anweisung der Polizeibeamten kam Brandwain am 26. Juni erneut nach Moskau und traf sich mit seinen Gegnern im Zentrum der Stadt, in einem Zimmer des Hotels Pullmann.

Großer Auflauf, viele Bodyguards: Brandwain erzählte ihnen vom Untergang seines Unternehmens und seiner moralischen Verpflichtung, in den Westen wenigstens mit einem kleinen Sieg im Koffer zurückzukehren; schließlich sprach er die ihm drohende, vermeintliche Verfolgung durch die Justiz an. Und dafür gab es gute Gründe: Auf dem Papier hinterließ M&S in Europa ein Loch von 475,8 Millionen belgischen Francs (ca. 23,3 Millionen DM).

Brandwain verlor selbstverständlich kein Wort über das Mikrofon, das er bei sich trug, und über die Fahnder, die im Nebenzimmer mithörten. Das Ziel des Tricks: Brandwain wollte seinen offiziellen Rückzug aus der Kapitalbeteiligung der M&S gegen 1 bis 2 Millionen DM aushandeln, durfte aber auf keinen Fall die Blankovollmacht zur Überlassung der Anteile unterzeichnen, die man ihm vorlegte, sondern mußte ein Schreiben erhalten, in dem man ihm mitteilte, wie dieses Abtreten der Anteile schriftlich festgehalten werden sollte.
In den Tagen nach dieser erfolgreichen Operation – und ohne daß sie zuvor ihre Vorgesetzten, die ja selbst korrupt waren, davon in Kenntnis setzten – starteten Koldin und Sarkisjan eine Reihe von Durchsuchungen gegen die OLTES-Kette und nahmen am 12. Juli vier von Brandwain angezeigte Personen in Untersuchungshaft. Doch die Verhaftungen blieben ohne Folgen. Ohne schwerwiegende Indizien gegen den Verdächtigen durfte die Untersuchungshaft zu jener Zeit zweiundsiebzig Stunden nicht überschreiten.[16] Sofort nach ihrer Entlassung reisten Georgi Sadow und Oleg Tjagai für immer aus Rußland aus und fanden in Wien Unterschlupf. Tjagai starb dort an einem Herzanfall. Wien ist – wir erinnern uns – die Rückzugsbasis von Iwankows Sohn Eduard.
Den russischen Fahndern fiel jedoch die Buchhaltung der OLTES, alias M&S Inturcentr, in die Hände. Und die lieferte sehr aufschlußreiche Erkenntnisse. Diese Scheinfirma der russischen Banden diente dazu, in fünfzehn Länder (Schweiz, Luxemburg, Liechtenstein, Belgien, Vereinigte Staaten, Taiwan, Thailand, Singapur, Frankreich[17]...) enorme Devisensummen zu exportieren. Unter den Empfängern dieser Transaktionen befand sich insbesondere die Slawa Inc. in Brooklyn, die insgeheim von Iwankow geleitet wurde. Darüber hinaus entdeckten sie etliche, auf der Insel Jersey registrierte Offshore-Unternehmen, die in Luxemburg residierten (unter anderem die Gesellschaften Blenis Trading Ltd., für die Tjagai zeichnungsberechtigt war, sowie die Border Trading).

Räuber und Gendarm

Die ganze Komplexität des Falles Brandwain läßt sich anhand dieser beiden Firmen zusammenfassen. Die erste diente ohne Zweifel allein den Interessen Tjagais, Sadows und eines dritten, deutschen Partners. Aber die zweite wurde von Brandwain in voller Kenntnis der Sachlage gegründet, der manche Vermittlerkommissionen aus dem Handel mit den Ladas über sie laufen ließ.
Unter Polizeischutz wurde Brandwain ein weiteres Mal vom 31. Juli bis 5. August 1993 nach Moskau beordert. Man fragte ihn, ob er seine Unterschrift unter den Finanzpapieren und den Überweisungsaufträgen erkenne. Nein, sie waren natürlich gefälscht. Für die Russen begann nun eine langatmige Ermittlung, deren juristischer Ausgang bis zur Stunde noch ungewiß ist: In Moskau darf kein Urteil in Abwesenheit des Angeklagten gefällt werden. Da Österreich aber die Auslieferung Georgi Sadows ablehnte, lag der Fall erst einmal auf Eis. Liechtenstein verweigerte den Russen außerdem jegliche Amtshilfe, und die Amerikaner ließen sich erst lange bitten. Ein Rechtshilfeersuchen in Brooklyn wurde dadurch um acht Monate verzögert. Die russischen Fahnder besitzen in der Tat eigentümliche Methoden. So baten sie auf offiziellem Weg, in Antwerpen Ermittlungen durchführen zu können, und legten ein internationales Rechtshilfeersuchen vor, das die dortige Kriminalpolizei prüfte. Nachdem ihnen die Erlaubnis erteilt worden war – aufgrund des Mißtrauens der Antwerpener Behörde mit einiger Verspätung –, nahmen Koldin und Sarkisjan direkten Kontakt mit Brandwain auf, ohne sich zuvor mit ihren Kollegen in Verbindung zu setzen. Soweit uns bekannt ist, wohnten sie auch bei ihm, bevor sie schließlich ihre belgischen Kollegen benachrichtigten – ein flagranter Verstoß gegen jegliche Berufsgepflogenheit. Das warf natürlich ein schlechtes Licht auf die Seriosität ihrer Arbeit. Da die russischen Fahnder selbst zugaben, daß ein Teil ihrer Vorgesetzten korrupt war, warum sollten es dann nicht auch Koldin und Sar-

kisjan sein – fragte man sich in Westeuropa lange Zeit. Doch die vom FBI gesammelten Informationen beweisen, daß die beiden russischen Polizisten gute Gründe hatten, sich für die OLTES zu interessieren, deren Spur direkt zu Iwankow führte. Aber waren die Zweifel der westlichen Beamten nicht verständlich?

Mit Michail Sarkisjans Spur traf ich zum ersten Mal im Dezember 1994 in der Moskauer Polizeiverwaltung zusammen. Brandwain wollte im Fall der »Moskauer Geschäfte« seine Aufrichtigkeit unter Beweis stellen und gab mir eine Telefonnummer, unter der ich den Beamten erreichen könnte. Die Presseabteilung der »Petrowka Nr. 38« – der von einer geradezu mythischen Aura umgebene Sitz der Moskauer Polizei – ließ sich nicht dazu herab, mir ihre Pforten zu öffnen. Als ich aber das Kontrollhäuschen, das am Eingang des Hauptquartiers steht, passiert hatte, bekam ich durch einen versteckt angebrachten Hausapparat erstmals eine Antwort: »Gospodin Koldin?« Nein, aber Sarkisjan war am anderen Ende der Leitung.

Unser Gespräch fand nicht in der Petrowka, sondern in einem Gebäude am Stadtrand Moskaus, dem Hauptsitz des Moskauer Sonderkommandos für Bandenkriminalität, statt. Zehn Minuten nach dem kurzen Telefonat holte uns ein Lada vor dem Gebäude in der Petrowka ab und brachte uns unauffällig an einen Ort, der besser vor unliebsamen Blicken geschützt ist. Eine Eintragung ins Besucherverzeichnis, eine Reihe leerer Gänge mit aufgeweichten Böden und, im ersten Stock, ein Zimmer mit zwei Tresoren und drei Telefonen. Schließlich die Bitte, Platz zu nehmen und einen Instantkaffee zu trinken. (Dazu diente einer der beiden Tresore: ein Stahlschrank als Kaffeespender.)

Das Tonband lief. Sarkisjan hatte keine Angst, zu erzählen, was er wußte und ließ uns nur bei Namen von Mafiosi, die ranghöher als Leonid Sadow waren, das Tonband ausschalten. Er war über die Amerikaner verbittert. Aber er bestätigte alles: Die Unterredung im Hotel Pullmann (mit den Mikros), die Durchsuchungen, die Verhaftungen, die Straffreiheit für Georgi Sadow in Österreich, die Banküberweisungen. War Brandwain als Verräter bekannt? Sarkisjan hatte Unmengen Informationsmaterial über diesen Mann und seine Unternehmen gesichtet. Aber solange nicht das Gegenteil bewiesen war, stand für ihn fest, daß Brandwain buchstäblich »ausgenommen« worden war.

Ein neues Gespräch im April 1995. Stimmt es, daß Beträge nach Paris umgeleitet wurden?

»Ja, aber an eine Firma, deren Namen ich nicht nennen kann. Frankreich ist nicht das einzige betroffene Land, es sind mindestens fünfzehn Staaten.«

»Haben Sie eine Verbindung zur Slawa Inc. in Brooklyn entdeckt?«

»Ja, in Höhe von mehreren Millionen Dollar. Die Slawa Inc. gehört einer internationalen Mafiaorganisation. Sie wird sehr wohl von Iwankow kontrolliert, es besteht aber keine sichtbare Verbindung zwischen ihm und der Firma.«

»Wozu dient die OLTES wirklich?«

»Ein Zweck dieser Gesellschaft ist die Geldwäsche. Die Beträge fließen über Banken an Firmen, die als Drehscheibe dienen. An deren Spitze befinden sich unverdächtige Strohmänner, diese werden aber von der Mafia im Ausland kontrolliert. Das ist zum Beispiel bei der Blenis Trading Company Ltd. der Fall, die in Jersey eingetragen ist und ein Konto bei einer Luxemburger Bank besitzt. Tjagai ist hier unterschriftsberechtigt.«

»Wer leitet die OLTES jetzt?«

»Georgi Sadow besitzt über seinen Bruder Leonid weiterhin die Aufsicht über die OLTES. Die Firma ist unter Kontrolle der Masutska-Gruppe, mit einem gewissen Petrik als *awtoritet*. Sadow bleibt dank seiner Lebensgefährtin, die über einen österreichischen Paß verfügt und als Vermittlerin fungiert, weiterhin Inhaber des Geschäfts.«

»Wie steht es zur Zeit um den Fall OLTES?«

»Um den Fall abzuschließen, fehlt uns nur noch Georgi Sadow. Leider gibt es in Rußland kein Gesetz, das die Verurteilung eines

Angeklagten in dessen Abwesenheit erlaubt. Die Abgeordneten, die dieses Gesetz verabschieden sollen, scheuen davor zurück; viele werden dafür bezahlt. Das Ärgerliche, geradezu Skandalöse an der Sache ist aber das Verhalten der Österreicher. Nachdem die österreichische Polizei Georgi Sadow verhaftet hatte, wurde er Ende 1994 aufgrund eines Schreibens der Moskauer Staatsanwaltschaft wieder freigelassen. Das Dokument besagte, daß gegen ihn keine Anschuldigungen vorlägen, und wurde in Wirklichkeit »aus Versehen«, d. h. dank eines mit 100 000 Dollar bestochenen Beamten ausgestellt.
Seit einem Jahr bemühen wir uns um seine Auslieferung, ohne Erfolg. Man forderte von uns sogar ein entsprechendes Schreiben des Justizministeriums. Unser Konsul in Wien hatte ihnen jedoch schon erklärt, daß nach russischem Gesetz ein solches Dokument nur von der Staatsanwaltschaft ausgestellt werden kann. Die Behörden in Wien antworten uns jedesmal, daß sie dafür ja Verständnis hätten, erwarten aber nichtsdestotrotz ein Schreiben unseres Justizministers. Kurz, man will uns für dumm verkaufen. Meiner Meinung nach sind wir nicht das einzige Land, in dem der Lauf der Gerechtigkeit durch schmutziges Geld beeinträchtigt wird.
Was die OLTES anbetrifft, so wurde sie unter diesem Namen eingetragen, damit die Geschäfte weiterlaufen konnten; aus der ehemals geschlossenen Aktiengesellschaft wurde eine offene. Bevor wir die Aktivitäten der ersten einstellen konnten, waren schon sämtliche Gelder beiseite geschafft und tauchten danach in der zweiten wieder auf.«
»Und Riccardo Marian Fanchini, kennen Sie ihn?«
»Er soll in eine ganze Reihe dunkler Geschäfte verwickelt sein: Drogen und natürlich Wodka. Der Grund dafür liegt auf der Hand: Der astronomisch hohe Einfuhrzoll für Alkohol zwingt die Händler beim Import zum Betrug. Ansonsten lohnt sich das Geschäft nicht mehr. Fanchini besitzt außerdem direkte Verbindung zur ***, einer Firma, die ebenfalls von der Mafia abhängt.«

Ein mysteriöses Attentat

M&S International wurde also in eine großartige Geldwaschanlage zugunsten einer internationalen russischen Mafiaorganisation umgewandelt, die direkt der Kontrolle Iwankows unterstand. Die Opfer dieser Transaktion – läßt man Brandwain einmal außer acht – gehörten wie Fanchini selbst diesem zwielichtigen Milieu an.

Waren die Ermittlungen hiermit zu Ende? Das hieße ein neues Ereignis übergehen, das sich im Hauptquartier der OLTES ereignete: Ende 1994 wurde ein Bombenanschlag gegen die Fassade des Hauptgeschäfts in der Grusinskaja verübt. Der Auftraggeber dieser ohne wirkliche Folgen gebliebenen Tat? Für die Geschäftsführer der Gesellschaft gab es keinen Zweifel: Brandwain steckte dahinter. Sarkisjan sollte dies, wie wir noch sehen werden, allerdings bestreiten. Anfang März 1995 wurde der Antwerpener erneut von der G.U.W.D. vorgeladen. Aber das Klima in der Stadt hatte sich verändert, und seine Akte war noch umfangreicher geworden. Die Ermittler konnten nun nicht für die Sicherheit Brandwains garantieren. Er legte also nur kurz im VIP-Raum des Flughafens Scheremetjewo einen Stop ein, ohne wirklich einen Fuß in die Stadt zu setzen. Was wollten die Fahnder dieses Mal von ihm? Stimmproben, um sie mit Telefongesprächen zu vergleichen, die im Rahmen der Ermittlungen in Moskau aufgezeichnet worden waren.

»Wir hatten ihn nach Rußland gebeten, um mittels der Aufnahmen eine Expertise seiner Stimme zu erstellen«, bestätigte mir Sarkisjan. »Das sollte uns ermöglichen, die Stimmen auf den Aufnahmen seiner vorangegangenen Gespräche mit der Mafia zu identifizieren. Diese werden dann als Beweismittel vor Gericht dienen [in der russischen Justiz sind Tonbandaufzeichnungen als Beweismittel zulässig – Anm. d. Verf.]. Es scheint ausgeschlossen, daß Brandwain mit dem Anschlag auf die OLTES etwas zu tun hat: Er ist zu ›klein‹, um sich mit einem so starken Gegner anzulegen.

Übrigens war die Explosion, die um drei Uhr morgens erfolgte, nicht darauf angelegt, mehr als nur Sachschaden anzurichten. Es scheint, daß Sadows Bande dahintersteckt. Sie wollte damit den Eindruck erwecken, von einer wirklichen Mafia bedroht zu werden, hinter der Brandwain steht. Um den Behörden in Wien, die Georgi Sadow damals noch inhaftiert hatten, diese Nachricht zu übermitteln, verbreitete ein mir unbekannter Kollege meiner Behörde, der G.U.W.D, aus dem Bezirk Leninski [Vorort im Südwesten, in dem Iwankows Solnzewo-Bande aktiv ist], sie im Interpol-Netz. Es ist jedoch ein offenes Geheimnis, daß einige Beamte der G.U.W.D. großzügig von M&S Inturcentr (OLTES) bedacht wurden.«

Hatte Brandwain tatsächlich nichts mit diesem Anwachsen der Spannungen, dieser nunmehr spürbaren Gewalt zu tun? Wir sind gezwungen, der Annahme Sarkisjans zu folgen, wollen dem jedoch eine Information hinzufügen, die ihm vielleicht entgangen war, da sie nicht in Moskau, sondern in Paris eingeholt wurde.

Rendezvous in Paris

Zur Erläuterung: Brandwain hatte die Polizeikarte umsonst ausgespielt und war sich dessen voll bewußt. Mitte 1994 meldete die M&S Konkurs an, ohne auch nur einen Pfennig aus Rußland wiedergesehen zu haben, und es war nur zu offensichtlich, daß der Prozeß in Moskau niemals stattfände, da Georgi Sadow nicht so schnell ausgeliefert werden würde. Brandwain erinnerte sich also an seinen »Trumpf« Nayfeld, der ihm gute Dienste geleistet hatte. Gab es innerhalb der Moskauer Mafia nicht genügend Splittergruppen und Klüngel, um daraus Gewinn zu schlagen? Im Januar 1995 brachte er uns gegenüber seine Verbitterung zum Ausdruck: »Ich bin davon überzeugt, daß die anderen mir das niemals angetan hätten, wenn Swo noch am

Leben wäre.« Das war nicht nur der Verzweiflungsschrei eines von der Mafia verfolgten Geschäftsmannes, es war auch der eines Mannes, der mit dem Feuer gespielt und sich dabei gehörig verbrannt hatte.
In den letzten Gesprächen, die er uns gewährte, berichtete Brandwain übrigens ganz offen über gewisse Zugeständnisse. Nur um seine Interessen in Moskau zu verteidigen, hatte er 1990 den Schutz Leonid Sadows angenommen. Das war ein Fehler gewesen, ganz klar. Aber um sein Eigentum zurückzugewinnen, war er entschlossen, noch weiter zu gehen. Er ging mit Petrik, dem Chef der Masutska-Bande, und im Januar 1995 dann mit Anton Malewski, Chef der Ismailowo-Gruppe, Allianzen ein; und während wir diese Zeilen schreiben, verhandelt er bereits mit einer dritten Fraktion.
Alles scheint 1994 mit Petrik von der Masutska-Bande seinen Anfang genommen zu haben. Denn an wen konnte Brandwain sich schon wenden, stand doch hinter Leonid Sadow der »Japaner«? Swo war seit seiner Festnahme im Hotel Minsk und seiner Inhaftierung im Gefängnis von Lefortowo Ende Dezember 1992 außer Gefecht gesetzt. Sein Nachfolger, Haik Geworkjan, alias »Goga Jerewanski«, war von einem bezahlten Killer in der Garibaldistraße ziemlich schwer verletzt worden. Glaubt man der russischen Journalistin Larissa Kislinskaja, gingen aus dem Mafiabandenkrieg vom Frühjahr 1994 »die Bosse der Masutska-Gruppe – Petrow (genannt Petrik), Naum, Gera und Grek – als Sieger hervor. Ihr Einflußradius erstreckte sich über Spielhallen, Limousinenverleih und die Beherrschung der vietnamesischen und chinesischen Banden. Noch halten die russischen Mafiosi ihre asiatischen Kollegen unter Kontrolle, Experten der Organisierten Kriminalität schätzen jedoch, daß in Moskau bald ein unkontrollierbares Verbrecher-Chinatown entstehen wird.«
Brandwain trat also an einen der Sieger, Petrik, heran: »Ich versuchte, meine Geschäfte wieder zurückzubekommen«, erklärte er. »Und jedesmal schmierte Sadow die Leute, die ich dafür einsetzte. Das ist bei Petrik der Fall. Er sagte, er würde mir helfen. Aber er

hat sich an Sadow verkauft. Ich habe es entdeckt und ihn zum Teufel geschickt. Petrik ist sauer darüber, daß ich seinen Vertragsbruch und seine Bestechung durch Sadow entdeckt habe.«
Tatsächlich stürzte dies Sadow, den ehemaligen »Beschützer« Brandwains, selbst ins Verderben, indem er nach und nach verschiedene Mafiaclans am Kapital der OLTES beteiligte, die Brandwain ihm absichtlich in den Weg stellte. Seine erste Enttäuschung mit Petrik machte Brandwain im Januar 1995 mit dem Ismailowo-Clan wieder gut. An der Spitze dieser Bande stand Anton Malewski, den er im Januar 1995 in einem Pariser Hotel traf. Malewski , der in Tel Aviv lebte, verfügte über mehrere hundert Männer, die sich, sehr gut bewaffnet und hervorragend organisiert, im offenen Kampf mit den Tschetschenen befinden und die nicht davor zurückschrecken, gegen die bestehende Ordnung, selbst die der *wory w sakonje,* zu rebellieren. Dieser Bande wird die Ermordung Waleri Dlugatschs, einem Partner Iwankows, genannt »der Globus«, zugeschrieben, der wenige Tage nach einem Treffen mit dem »Japaner« in den Vereinigten Staaten ermordet wurde. Und es waren sicherlich auch die Ismailowos, die dessen Nachfolger, Wjatscheslaw Wanner, genannt »Baron«, ausschalteten.
Malewski, den die russischen Behörden seit 1993 mit internationalem Haftbefehl suchen, gehört zu einer Clique, die Iwankow diametral gegenübersteht. Er soll unabhängiger Kokainlieferant der Aseri-Gruppe in Moskau gewesen sein, woraufhin Iwankow ihn »zum Abschuß« freigegeben haben soll. Das würde auch das israelische Exil Malewskis erklären, der nach Angaben der Amerikaner unter dem Schutz Schabtai Kalmanowitschs steht.
Im Januar 1995 brachte Brandwain nach mehrwöchigen Vorbereitungen[18] im Zimmer eines Pariser Hotels eine illustre Gesellschaft zusammen: seinen Feind Leonid Sadow, der in Begleitung eines seiner Vertrauten, eines gewissen »Mirab«, gekommen war – seines Zeichens georgischer *wor*, den man im Februar 1995 in Belgien verhaftete und an Frankreich auslieferte; dann den Paten der Ismailowo-Gruppe, Anton Malewski, der sich in Paris anscheinend frei bewegen konnte, und schließlich Bruno Goldberger, der

neben zehn weiteren Posten als Direktor der Immobiliengesellschaft Comuele fungierte – einer europäisch ausgerichteten Gesellschaft, die in ihren besten Zeiten über 7 Milliarden belgische Francs (ca. 343 Millionen DM) Eigenkapital verfügte. Ihr gehören im europäischen Viertel von Brüssel 70 000 Quadratmeter vermietbare Fläche, und sie hatte a priori keinen Grund, sich mit der Führungsspitze der Mafia konfrontiert zu sehen.

Das Ziel der Operation: Gestärkt durch die momentane Unterstützung Malewskis, von dem man nicht weiß, was Brandwain ihm versprochen hatte, versuchte letzterer, von Sadow die Rückgabe (zumindest) des Grusinskaja – Mafia contra Mafia – zu erlangen, und kündigte seinem Partner Goldberger, ebenfalls ein Gesellschafter der M&S, aber vor allem ausgebildeter Jurist, an, sie würden sich mit einem »Anwalt« der russischen Mafia in Paris treffen. Daher auch Goldbergers merkwürdig anmutende Anwesenheit vor einem improvisierten *na ljudi.*

»Ich kam in das Zimmer«, erinnert sich Bruno Goldberger, »und mir wurden Personen mit ihren Vornamen vorgestellt, die ich nicht kannte. Es befand sich kein ›Anwalt‹ unter ihnen, der meine Anwesenheit gerechtfertigt hätte. Während des Gesprächs habe ich vielleicht zehnmal das Zimmer verlassen und wieder betreten. Brandwain dolmetschte mir das Gespräch, aber ich habe nicht verstanden, worum es ging. Und wir haben nichts erreicht.«[19]

Aus gutem Grund: Malewski erlag ebenfalls dem Charme Sadows, der ihm gegen eine »gütliche Einigung« 25 Prozent der Anteile von OLTES überließ; es sollte keinen Krieg zwischen den Banden geben.

Doch das Spiel ist noch nicht zu Ende, es ist seit einigen Monaten nur zäher und verbissener geworden. Zum Verständnis des Lesers hier noch ein Zitat Brandwains:

»Ich muß Ihnen noch etwas sagen«, fügte Brandwain bei unserem Gespräch Anfang 1996 hinzu. »Im Dezember [1995] habe ich einen echten Freund getroffen. Er lebt nicht in Rußland, hat aber eine einflußreiche Position. Wir haben uns gemeinsam erneut mit

Sadow in Paris getroffen, der zugab, meine Geschäfte ›unter Kriminellen‹ aufgeteilt zu haben. Und wir werden im Januar [1996] ein weiteres Treffen haben. Ich werde ihm aber keine Ruhe lassen. Wenn ich die Atombombe einsetzen könnte, würde ich das tun. Sadow ist nun ein Puffer zwischen mir und allen Moskauer Banden. Ich habe ihm gesagt: ›Ich werde dir jedesmal eine andere Gruppe schicken. Und sie, nicht ich, werden dir den Bauch aufschneiden.‹«

Kapitel 6

Vilnius

Auch wenn die M&S Inturcentr sich den Hegemonieansprüchen der lokalen Mafia unter fragwürdigen Umständen beugen mußte und diese den Antwerpenern ihren offenbar bittersten finanziellen Rückschlag zufügte, so blieb diese Niederlage letztlich doch eher eine Privatangelegenheit. Unter dem wachsamen Auge der Polizei kamen die konkurrierenden Banken und Mafiaclans allmählich wieder zur Ruhe. Doch was von diesem Abenteuer publik wurde, war kaum mehr als der Inhalt der Protokolle, die sich in den Moskauer Behörden stapelten.
Im Gegensatz dazu sollte jedoch ein viel weitreichenderes Problem das »Unternehmen« dauerhaft ins Wanken bringen. Es nahm seinen Anfang im Norden, in den baltischen Staaten, und brachte die Verquickung von M&S und Mafia an die Öffentlichkeit.
Hier, in Vilnius, gibt es keine Schlangen vor den Zollkontrollen, oder nur ganz selten. Man betritt sozusagen revolutionären Boden. Revolutionen sind ein fester Bestandteil des baltischen Erbes, und die Litauer verstanden es, ihre wiedererlangte Unabhängigkeit tatkräftig zu nutzen. Freiheit und Wirtschaftlichkeit sind die Gesetze des neuen Marktes. Für den (nicht registrierten) Taxifahrer, der die großen Ringstraßen entlangrast, hat die Sprache des Nachrichtensenders CNN das Russische als Zweitsprache schon verdrängt. Und das sei erst der Anfang, wie er uns gesteht. Er wolle nämlich gerne noch Französisch und Italienisch dazulernen. Aber wenn man mit einer der ältesten indogermanischen Sprachen groß geworden ist, sind diese beiden Sprachen wahrhafte Zungenbrecher.

In der »Universität«, oder besser gesagt, dem Pädagogischen Institut im Zverynas-Viertel hat die Sprachrevolution schon Einzug gehalten: Die Vorliebe der jungen Generation gilt den »westkompatiblen« Sprachen – und hier vor allem dem Englischen und Deutschen –, während Russisch allmählich zu veralten scheint.
Der Bruch zwischen den Beamtengenerationen ist in dieser Hinsicht sehr aufschlußreich. Wie es sich gehört, werden auf den Computern des Wirtschaftsministeriums am Gedimino Prospektas Dateien und Handelsbezeichnungen weiterhin auf russisch und litauisch geführt. Aber ein drittes, englisches Verzeichnis ist dazugekommen und hat sich klammheimlich vor die Konkurrenz aus dem Osten gedrängt. Wenn die russische Bezeichnung auch manchmal fehlt, die westliche ist immer zur Hand.
Auch der Gedimino Prospektas hat sich verändert. Unter der Augustsonne verwandelt sich die Prachtstraße in die Paradeallee der Nation, eine Flaniermeile, einen Ort des Tausch- und Schwarzhandels. Das Kino in Vilnius spielt »Leonas«, die russische Fassung von Luc Bessons Film »Léon, der Profi«. Und für zwei Litas ist »Im Rausch der Tiefe« für alle jungen Stadtbewohner ein Muß – auch wenn der Film durch einen defekten Projektor einiges von seiner Attraktivität einbüßt. Dieses Kino ist an sich schon ein Symbol: Die Eintrittskarte in der Hand, gerät man unversehens in eine Halle, deren Ausmaße sie eigentlich als Haupthalle des Kinos ausweisen. Man findet sich aber inmitten einer Textilabteilung wieder, die einem Warenhaus Ehre machen würde. Wie aber um alles in der Welt konnte ich den Eingang in den Filmsaal verfehlen? Ich habe ihn gar nicht verfehlt. Ich konnte nur nicht wissen, daß das neue Litauen jeden Quadratmeter freier Fläche zur Ausweitung des Einzelhandels nutzt. Auch die Eingangshalle des Kinos hat sich in einen kleinen Supermarkt verwandelt. Und Sie müssen erst die Regalreihen mit den angebotenen Hosen passieren, bevor Sie die Filmhallen erreichen.
Alles ist im Wandel, alles bewegt sich. Vergeblich werden Sie ein Adreßbuch oder ein Telefonverzeichnis länger als ein Jahr verwenden können. Innerhalb eines Jahres haben sämtliche Ministerien

sowohl ihre Bezeichnungen als auch ihre Adressen geändert. Umstrukturierungen und Beförderungen sind an der Tagesordnung. Ein Zeichen der Zeit: »Vilnius in your pocket«, einer der Reiseführer, der in anderen Staaten der ehemaligen UdSSR Schule machte und der Stolz der litauischen Touristik war, rühmt sich, immer aktuell zu sein – für die baltischen Staaten ein wahres editorisches Phänomen. Doch selbst ihm gelingt es trotz vierteljährlicher Überarbeitung nicht, die Liste der Restaurants oder die Aufzählung bedeutender Ereignisse – wie Gründung und Einstellen nationaler Zeitungen und die Eröffnung von Galerien und Museen – auf dem neuesten Stand zu halten.
Die Tageszeitungen dienen mehr denn je als Zeitspiegel. Das haben auch die Gründer der »Respublika« geahnt, als sie die Tageszeitung in den Wirren der Unabhängigkeitsbewegung ins Leben riefen. »Respublika« (aktuelle Auflage: etwa 80 000 Exemplare) ist weder vom Format noch vom Umfang her eine große Zeitung. Und allein ihre Existenz ist in einem Staat, der derartige Umwälzungen erfahren hat, schon bemerkenswert. Doch am Morgen des 12. Oktober 1993 sollte sich für diese Zeitung eine Tragödie ereignen.

Der Mord an Lingys

12. Oktober, 8.45 Uhr

Vytas Lingys, zweiunddreißig Jahre alt, gelocktes Haar und Brillenträger, schickte sich eben an, das Haus zu verlassen. Da es kühl war und regnete, hatte er sich einen praktischen, aber vor allem bequemen Wollpullover mit Indiomotiv übergezogen, der zu dem stellvertretenden Direktor der »Respublika«, der vor allem als Journalist vor Ort arbeitete, gut paßte. Als Redakteur mit dem Ressort Kriminalität betraut, hatte er seit Januar 1993 eine Reihe von Artikeln über das organisierte

Verbrechen in Litauen veröffentlicht und zuweilen mit scharfen Worten die vermutete Einflußnahme der »Paten« auf den Handel kritisiert. Scharfe Worte? Auch wenn die Meinungsverschiedenheiten in den folgenden Tagen der Trauer verhaltener ausgetragen wurden, waren in der Redaktion einige Verantwortliche der Ansicht, Lingys' Recherchen seien eher nicht stichhaltig genug gewesen. Sie hätten lediglich einzelne Handelsunternehmen beschuldigt, anstatt die wirklichen Drahtzieher einer wahrscheinlichen Mafiaorganisation, die mitten in der Hauptstadt aktiv ist, beim Namen zu nennen. Rytis Taraila war einer von diesen Kritikern. Er fand, daß die Dinge in der Zeitung weder korrekt noch ausführlich genug erörtert wurden. Er, der die »Respublika« mitbegründet hatte, verließ diese kurz darauf und rief »Diena«, eine landesweit angesehene Tageszeitung, ins Leben.

Aber als Vytas an diesem Morgen seine Ehefrau Laima verließ, war er sicherlich der Meinung, die aktuellen Ereignisse würden ihn, wider alle Kritik, darin bestätigen, seinen eingeschlagenen Weg weiterzuverfolgen.

Dann hörte seine Frau ein dumpfes Geräusch. Erst ein Jahr später wagte sie, ihre Erinnerungen an diesen Morgen in der Öffentlichkeit zu schildern. Sie lief aus dem Haus und sah ihren Ehemann in einer Blutlache liegen: »Ich habe mich neben ihn gekniet, seine Hände genommen und sofort gefühlt, daß er nicht nur verletzt war.« Drei Kugeln hatten Vytas Lingys aus nächster Nähe in den Kopf getroffen. Für die Ermittler war es ein bezahlter Mord, den sie seinen Artikeln in der »Respublika« zuschrieben.

Vytas wurde zu einem Mythos. Und das um so mehr, als seinem Mord weitere Mafiamorde an Journalisten im Osten folgten. Ein Jahr später, am 17. Oktober 1994, wurde Dimitri Cholodow, ein siebenundzwanzigjähriger Journalist der russischen Tageszeitung »Moskowski Komsomolez« von einer Kofferbombe zerfetzt. Dimitri war für seine Reportagen über die Korruption in der Armee bekannt. Am 24. des gleichen Monats wurde in der tadschikischen Hauptstadt Duschanbe der dreißigjährige Journalist Chamidjon

Chakimow durch einen Kopfschuß ermordet. Er war Herausgeber einer usbekischen Zeitschrift. Und am 1. März 1995 fiel der Generaldirektor des neuen öffentlichen russischen Fernsehens, Wladislaw Listjew, in Moskau auf der Treppe zu seiner Wohnung einigen Schüssen zum Opfer. Doch das waren nur Vorboten eines nahenden Gewitters.

Zwei Jahre später, nachdem man die Mörder von Lingys je nach Urteil verhaftet, verurteilt oder sogar hingerichtet hatte, waren sich die Verantwortlichen der Polizei für Bandenkriminalität in einem Punkt einig: Lingys wurde wegen seiner Artikel ermordet. Aber welche spektakuläre Offenbarung hatte er denn gemacht? Auf den ersten Blick ist es nicht sicher, ob er überhaupt etwas Wesentliches aufdeckte. Ebensogut kann eine angeordnete Strafmaßnahme innerhalb der Mafiahierarchie falsch übermittelt worden sein und sich in das Urteil »Todesstrafe« verwandelt haben – wie vor kurzem in einigen anderen westeuropäischen Ländern geschehen. Denn selbst wenn man ihre strategisch äußerst bedrängte Lage berücksichtigt, ist nicht ersichtlich, welchen Nutzen die Organisierte Kriminalität Litauens aus einem Mord ziehen könnte, der das Land für zwei Jahre in Aufregung versetzen sollte. Und daß der Mord Wellen schlagen würde, war abzusehen.
Die Kommentatoren Ed Stoddard und Karlis Freibergs vom »Baltic Observer« lagen mit ihrer Prophezeiung, einen Tag nach dem Anschlag, ganz richtig: »Die Schüsse des brutalen Mordes an Vytas Lingys können nach hinten losgehen, ebenso wie die Bombenattentate auf zwei italienische Richter, die dann die (italienische) Mafia selbst hochgehen ließen.«[1]
Die Schüsse von Vilnius gingen tatsächlich »nach hinten« los. Erklärte nicht der Chef der Polizeiabteilung für Bandenkriminalität, Juozas Rinkavicius, daß der Journalistenmord selbst den Präsidenten Algirdas Brazauskas in Rage versetzt habe?

Die Brigade

Wenn die Bewohner von Vilnius es nicht schon zuvor bei einem alltäglichen Geschäftsstreit oder einem leichten Verkehrsunfall gehört hatten, sollten sie nun ein Wort entdecken, das der gewöhnliche Litauer eher als Beleidigung denn als Bedrohung auffaßt: Brigade. Gleichgültig, ob dieses Wort tatsächlich eine bestimmte Rangordnung von Verbrechern widerspiegelt oder nicht, die Organisierte Kriminalität in der Hauptstadt wird von jedermann als Vilnius-Brigade bezeichnet.

Was weiß man über diese Organisation? Für den Staatsanwalt Antanas Klimavicius basiert die Brigade auf einer sternförmigen Struktur[2]: Ein Kern von vier bis sechs Personen befehligt eine Reihe von »Zellen«, die untereinander keinen Kontakt haben. Die Mitglieder des Kerns müssen sich die Hände niemals selbst schmutzig machen, und die Maßregelung einer aufbegehrenden Zelle wird einfach dadurch gewährleistet, daß der Kern eine andere, loyalere Gruppe mit der Bestrafung beauftragt. Da letztere die Gesamtstruktur der Brigade gar nicht kennt, kann sie die Bestrafung oder Ermordung eines »verbrüderten Soldaten« ausführen, ohne auch nur zu ahnen, daß es sich dabei um eine interne Abrechnung handeln könnte. Für sie ist es nichts weiter als ein Auftragsmord, ein Geschäftsstreit.

Natürlich kommt den litauischen Behörden diese Vorstellung von der Brigade entgegen, da sie den zentralistischen Charakter des Kerns unterstreicht und die Organisierte Kriminalität der Hauptstadt somit als eine fragile Struktur hingestellt werden kann, der man lediglich den Kopf abschlagen müsse.

Das FBI ist hingegen anderer Auffassung. Die Behörde stimmt der Analyse einer sternförmigen Struktur zu (nach Ansicht der Amerikaner besteht der Kern aus acht bis zehn Personen): sie kommt aber zu dem Schluß, daß diese Verbrecher auch international organisiert sind.

»Die Vilnius-Brigade ist an Erpressungen, Geldwäsche und an Waffenschiebereien beteiligt – manchmal auch unter Mithilfe hoher Regierungsbeamter. Gleich ihren im Ausland stationierten ›Residenten‹ scheinen die Chefs der Brigade ihre Ausbildung im Rahmen krimineller Geschäfte im Westen erhalten zu haben. Nach dieser Ausbildung werden sie in den Osten zurückbeordert, entweder um einer Anklage zu entgehen oder um ihren Aktionsradius zu erweitern. Dabei kommt ihnen das derzeitige wirtschaftliche Chaos in den ehemaligen Sowjetrepubliken zugute. Mit den Einnahmen aus Schutzgelderpressungen erstehen die Mitglieder dieser Gruppe im Zuge des Privatisierungsprogramms Anteile an legalen Wirtschaftsunternehmen.
Im Jahre 1992 ließen der ›Pate‹ und seine Geschäftspartner zwanzig Handelsgesellschaften eintragen, von denen ein Großteil lediglich der Geldwäsche dienen sollte. Zwei Mitglieder der OK-Gruppe waren in den achtziger Jahren direkt in den massiven Krankenversicherungsbetrug an der Westküste der Vereinigten Staaten verwickelt. Der Ein-Milliarden-Dollar-Betrug zielte auf das staatliche Krankenversorgungsprogramm für Alte und Behinderte (Medicare) ab und führte dazu, daß die privaten Krankenversicherungen in Kalifornien ihre Beitragsforderungen erhöhen mußten. Die Mitglieder der Vilnius-Brigade sind ebenso bekannt für Diebstahlsdelikte, Schmuggel und illegalen Goldhandel, wie für Drogenschmuggel, Bombenattentate, Erpressungen und Mord.«[3]
Unserer Kenntnis nach ist diese Zusammenfassung in allen Punkten zutreffend. Aber die Behörden in Vilnius müßten dies vor Gericht erst noch beweisen, wohl wissend, daß das Strafrecht der noch jungen Demokratie eine äußerst harte Prüfung zu bestehen hat.

Die Spur Kaplan

Am Tag nach dem Mord führte die erste Spur der Ermittler zu einer Hausdurchsuchung beim ehemaligen Direktor der Spionageabwehr, Henrikas Margenis. Im Auftrag des litauischen Staates sollte Margenis zusammen mit einem in Vilnius geborenen und seit einigen Monaten wieder in Litauen lebenden Israeli namens David Kaplan den Verkauf von Kalaschnikows zu 175 Dollar das Stück in die Wege geleitet haben. Dieses Geschäft war kurz zuvor von der »Respublika« ausführlich dargestellt worden, da sie damals in David Kaplan einen der Paten der Brigade sah. Das stellte sich später jedoch als unwahr heraus. Den Presseberichten zufolge hatten Kaplan und sein Partner Chaim Ben-Ari die Waffen in Polen gekauft und dann in Litauen verkauft. Im Laufe der Transaktion soll sich jedoch bei der litauischen Staatsbank ein Betrag von etwa 100 000 Dollar in Luft aufgelöst haben. Außerdem soll ein Teil der Waffen in das litauische Verbrechermilieu abgeflossen sein. (Aber auch hier handelt es sich um unbestätigte Pressemeldungen.)

Verständlicherweise wurde bei Kaplan eine Hausdurchsuchung vorgenommen, und er kam zusammen mit seiner Lebensgefährtin schon am Tag nach dem Mord in Untersuchungshaft. Drei Tage später mußte die Polizei beide wieder laufen lassen. Kaplan gab zwar zu, Mitglieder der Brigade zu kennen, aber war er auch selbst Komplize? Oder war er nur zur gleichen Zeit wie die Mitglieder der Brigade, die sein Alter hatten (damals etwa dreißig Jahre), in den Straßen von Vilnius aufgewachsen?

Die Spur Kaplan führte ganz offensichtlich in eine Sackgasse. Erst am 6. Dezember 1993 gab der Vorsitzende des Justizausschusses im Parlament, Egidijus Bickauskas, weitere Verhaftungen im Fall Lingys bekannt. Diesmal lag die Polizei richtig: Igor Achremow, achtundzwanzig, ein in Vilnius lebender Russe, wurde wegen vorsätzlichen Mordes angeklagt. Achremow drohten acht bis zehn Jahre Zuchthaus, ja sogar die Todesstrafe, denn in Litauen ist sie immer noch Bestandteil des Strafgesetzes. Vor den Ereignissen des Jahres 1991 gab es in Litauen keine Henker; die Verurteilten wurden zur Hinrichtung nach Minsk, ins benachbarte Weißrußland, gebracht. Aber seit der Unabhängigkeit des Landes wird die Todesstrafe in der Hauptstadt vollstreckt: durch Genickschuß.

Doch für die »Respublika« war Achremow nicht der einzige Täter. Auf der ersten Seite veröffentlichte die Zeitung bald die Porträts derer, die sie als mutmaßliche Komplizen Achremows ansah, und stellte sie an den Pranger: Boris Bobitschenko, alias »Slon« (der Elefant); Eduard Bogdziulis, genannt »Bede«; Wjatscheslaw Slawizki, genannt »Slowenia«; Tadeuzs Wasiliwski, genannt »Gibbon«, und einen gewissen Boris Dekanidse, einunddreißig, alias »Borja«, der die ganze Sache mit seinem Leben bezahlen sollte. Denn Achremow gestand zwar den Mord an Vytas Lingys, arbeitete aber mit der Polizei zusammen und stellte Dekanidse als wahren Anstifter, als den eigentlichen Auftraggeber des Mordanschlags hin. Das hatte gesellschaftliche Konsequenzen: Mit Dekanidse geriet eine angesehene Familie der Hauptstadt ins Visier. Sein Vater, Georgi, war für seine Geschäfte in der Stadt und im Import-Export bekannt, seine Mutter, Tamara, für ihren eleganten Laden auf dem rechten Ufer der Neris, im Zvejai-Viertel.

Aber Boris hatte zwei Gesichter: Der Sohn reicher Eltern hatte einen Teil seiner Jugend – zumindest das Jahr 1988 – in Brooklyn verbracht. Offiziell war er dort Taxifahrer, inoffiziell aber der Leibwächter eines Mafioso gewesen. Hatte er im russischsprachigen Milieu von Brighton Beach mit Leuten wie Boris Nayfeld zu tun gehabt? Unsere Frage ist nicht aus der Luft gegriffen, denn die Justiz war davon überzeugt, auch wenn Staatsanwalt Antanas Klimavicius dafür keine Beweise, Daten oder Zusammenkünfte vorweisen konnte. Er hatte auch noch eine andere These: Boris Dekanidse mußte aus den Vereinigten Staaten fliehen, weil er in betrügerische Mineralölgeschäfte verwickelt war. Die amerikanischen Ermittler hatten ihm das allerdings noch nicht nachzuweisen vermocht, das FBI wußte aber Bescheid. Sein Exil hatte sich für ihn gelohnt: Der »Baltic Observer« weist darauf hin, daß er 1993 mit einem 100 000-Dollar-Mercedes herumfuhr. Ein gewöhnlicher Litauer mit einem Durchschnittslohn hätte zum damaligen Zeitpunkt 167 Jahre dafür arbeiten müssen …

Ein menschlicher Schutzschild

Gegen Boris Dekanidse wurde am 13. Dezember 1993 die gleiche Anklage erhoben wie gegen Achremow. Ihm warf man aber zudem noch die Gründung einer kriminellen Vereinigung vor und bezeichnete ihn offiziell als eines der vier bis sechs Mitglieder des Kerns der Brigade, jenes Hydrakopfes, den es abzuschlagen galt. Es ging für ihn um Leben oder Tod. War er aufgrund seines Verhaltens nicht schon Anfang 1993 aus Litauen verbannt und damit staatenlos geworden? Am 5. November wurde er im lettischen Badeort Jurmala in der Wohnung des ehemaligen russischen Innenministers Boris Pugo verhaftet. Pugo war einer der Anführer des fehlgeschlagenen Moskauer Putsches vom August 1991 und beging später Selbstmord. Dekanidse wurde in das Lukiskiu-Gefängnis in Vilnius gebracht. Er sollte es nicht mehr lebend verlassen.
Die Tatwaffe wurde bald gefunden: Am 23. Dezember fischte man eine Luftpistole aus dem Neris, eine 1992 in Italien hergestellte Miami. Sie war so umgebaut, daß man mit ihr sechs echte Patronen abfeuern konnte. In Litauen sind diese Waffen weit verbreitet, sie sind billig und werden von der Mafia gern für Hinrichtungen verwendet. Bei einer späteren Durchsuchung wurde ein Lager mit Dutzenden dieser ebenfalls umgebauten Waffen sichergestellt. Es stellte sich heraus, daß die Mörder zum Zeitpunkt der Tötung von Lingys sogar im Besitz einer Makarow 9 Millimeter, der einstmals berühmten »MPi« der Sowjets, waren. Doch hatten sie sie nicht

zum Einsatz gebracht, wohl aus Angst, man könnte dadurch ihren Waffenlieferanten zu schnell auf die Schliche kommen.

Schon im Juli waren die Ermittlungen abgeschlossen, und der Fall wurde an den Obersten Gerichtshof weiterverwiesen, vor dem am 5. Oktober vier Beschuldigte auf der Anklagebank saßen: Dekanidse und Achremow sowie Wjatscheslaw Slawizki und Boris Bobitschenko, seine beiden Kumpane, die ihre Beteiligung an dem Mord vom 12. Oktober eingestanden hatten.
Gerüchten zufolge mußte der Vater des Angeklagten, Inhaber des prunkvollen Hotels Vilnius im Zentrum der Stadt, dieses verkaufen, um die Verteidigungskosten seines Sohnes bezahlen zu können. Boris Dekanidses Mondgesicht, seine glatten schwarzen Haare, sein dunkler Anzug und seine grelle Krawatte verliehen ihm ein Aussehen, das sich von den härteren Zügen Achremows deutlich unterschied. Das galt auch für seine Strategie: Er war der einzige, der auf nicht schuldig plädierte. Aber die Maschinerie war schon ins Rollen geraten: Achremow erzählte, wie der »Pate der Vilnius-Brigade«, Boris Dekanidse, Anfang Oktober – am 2. des Monats, um genau zu sein – ihm ein Foto des Reporters gezeigt und zudem die Adresse des Opfers und einige nützliche Informationen wie Nummer, Farbe und Marke von Lingys Auto gegeben hatte.
Am nächsten Tag soll Dekanidse ihm zwei Waffen ausgehändigt haben: Achremow hatte den Befehl erhalten, den Journalisten zu töten. Wußten seine Komplizen davon? Allem Anschein nach hatte der »Elefant« keine Kenntnis von dem Vertrag. Die Rolle Slowenias ist nicht ganz geklärt. Wie auch immer, der Gerichtshof setzte auf Achremow.

Der Vorhang fiel am 10. November: Todesstrafe für Dekanidse, lebenslänglich für Achremow, dreizehn und vierzehn Jahre für Slon und Slowenia. Dekanidses Vater sank auf die Knie und verbarg sein tränenüberströmtes Gesicht in den Händen.
Doch das Gerichtsverfahren sollte damit noch nicht zu Ende sein.

Schon die Vorankündigung der Urteile – der Generalstaatsanwalt hatte schon Ende Oktober für Dekanidse die Todesstrafe und für Achremow lebenslänglich gefordert – versetzte das Land in eine spannungsgeladene Atmosphäre. Am 6. November wurde eine Eisenbahnbrücke, die im Südwesten der Hauptstadt über den Bruzole führt, Ziel eines Anschlags. 80 Meter Gleise wurden zerstört und die Verbindung zwischen Vilnius und Klaipeda unterbrochen. Da kein Bekennerschreiben vorlag, rechnete man den Anschlag der Mafia zu, man nahm an, sie wolle so auf den Gerichtshof Druck ausüben. Es sollte nicht bei diesem Zwischenfall bleiben. Am Tag vor der Urteilsverkündung wurden dem deutschen Umweltministerium Informationen über einen bevorstehenden Terroranschlag auf das Atomkraftwerk Ignalina zugespielt. Ignalina liegt im Nordosten Litauens und versorgt das Land mit Strom; doch speist es auch Litauens Gerüchteküche. In einer Zeit, in der man das sowjetische Erbe zu ordnen versucht, besitzt es eine wichtige versorgungstechnische wie politische Funktion. Am Tag nach der Verurteilung ließen die »Respublika« und bald darauf auch die britische Presse durchblicken, daß diese neue Einschüchterung von Dekanidses Vater ausgehe, der damit drohe, das Atomkraftwerk in die Luft zu sprengen, sollte sein Sohn nicht begnadigt werden.
Wenn Staatsanwalt Paulauskas diese Geschichte auch nicht von vornherein als unsinnig abtun wollte, so bezeichnete er sie doch als »sehr befremdlich«. Aber das ganze Land schaute so gebannt auf den Fall Lingys, daß Ignalina vorsichtshalber abgeschaltet wurde. Die Regierung ließ Boris Dekanidse nach Ignalina schaffen, wo er so lange blieb, bis die Anlage durchsucht und Entwarnung gegeben worden war. Ein zum Tode Verurteilter fungierte als menschliches Schutzschild. Man muß zugeben, daß dies eine außergewöhnliche Geschichte ist.
Boris Dekanidse wurde am Morgen des 12. Juli 1995 im Alter von dreiunddreißig Jahren durch Genickschuß hingerichtet. Die Exekution erfolgte im Lukiskiu-Gefängnis, wo Achremow zweifelsohne die Schüsse hörte, die eigentlich für ihn bestimmt waren. Die

Leiche wurde der Familie nicht sofort übergeben, da man in der Hauptstadt Zwischenfälle bei der Beerdigung fürchtete. Mittlerweile ruht sie aber auf einem Friedhof in Zverina. Das Viertel liegt auf einem Hügel, den eine Schleife des Neris umfließt. Hier befinden sich auch die letzten alten Holzhäuser der Hauptstadt, die ehemaligen Treffpunkte der Künstler und – das Hauptquartier der Polizeiabteilung für Bandenkriminalität.

M + S Vilnius

War mit diesem Gerichtsurteil alles aufgeklärt? Steckte hinter dem Fall Lingys mehr, als die zwei Zeilen lange Würdigung glauben macht, die täglich unter dem Impressum seiner Zeitung abgedruckt wird?
Kommen wir zur ersten Schlußfolgerung der Ermittler zurück, die sie in den ersten Stunden nach Lingys Mord zogen. Der Journalist wurde wegen der von ihm veröffentlichten Artikel erschossen. Für Juozas Rinkavicius, den Direktor der litauischen OK-Abteilung steht fest: »Vytas Lingys wurde wegen der finanziellen Verluste erschossen, die seine Reportagen der M&S International zufügten.«[4]
M&S International? Ja, Lingys stach mit seinen berühmten Artikeln mitten ins Fleisch von M&S und ihren Filialen – eine der wenigen Firmen in Vilnius, die sich rühmen konnten, kein Schutzgeld zahlen zu müssen. Aber was konnte der litauische Journalist herausgefunden haben, das für dieses Antwerpener Unternehmen so kompromittierend war?
Vielleicht nichts Bestimmtes oder nichts, was man direkt gegen die Firma verwenden konnte. Bis zum heutigen Tag ist gegen keinen der leitenden Manager von M&S International oder der litauischen Gesellschaft M + S Vilnius, die Brandwain in Vilnius gründen ließ, wegen des Mordes an dem Journalisten ermittelt worden. Die Artikel in der »Respublika« können sehr wohl intime Geheim-

nisse des Handelsunternehmens und der Organisierten Kriminalität in der Hauptstadt gelüftet und ebenso auf die Tatsache hingewiesen haben, daß zwischen M + S Vilnius und der Brigade frappierende Ähnlichkeiten bestanden.

Werfen wir einen Blick auf das wirtschaftliche Leben Litauens im Jahr 1991: Der fehlgeschlagene Putsch in Moskau ebnete den Weg dafür, daß Rußland die Unabhängigkeit der baltischen Staaten anerkannte. Am 17. September traten sie den Vereinten Nationen bei. Litauen mußte sich dem Westen öffnen und erließ bereits im Dezember 1990 ein Gesetz über ausländische Investitionen auf seinem Staatsgebiet. Schon Mitte 1991 fand der Wille, sich im internationalen Handel zu integrieren, eine breitere politische Unterstützung und begünstigte die Entstehung von Joint-ventures. Im September 1994 waren es bereits über 4000, mit einem Investitionsrahmen von 465 Millionen Litas (ca. 480 Millionen DM)[5]. Als bevorzugte Partner erwiesen sich Großbritannien, Deutschland, die Vereinigten Staaten, Rußland, Österreich und Polen. Gleichzeitig startete das Land eine Privatisierungskampagne, die Unternehmen aller staatlichen Wirtschaftszweige umfaßte: den staatlichen Polymerproduzenten in Kirtimu, die Hotels Lietuva, Neris, Altuva sowie weitere Hotels und die Nahrungsmittelunternehmen Pienas und Vilnius Pienas (Molkereiprodukte). Hinzu kam, daß sich Litauen wie alle andere Staaten, die sich aus der GUS herauslösten und das streng monostrukturelle Wirtschaftssystem aufgaben, seine Wirtschaft diversifizieren mußte. Diese Umwandlung brachte bestimmte Konsumbedürfnisse mit sich; rasch war eine neue Klasse von Wohlhabenden entstanden, die Mühe hatten, sich mit westlichen Luxusgütern einzudecken, die es trotz der Kaufkraft der litauischen Bevölkerung in den Geschäften von Vilnius nicht gab. In Moskau hatte die M&S schon einmal vor den gleichen Problemen gestanden. Der Erfolg in der russischen Hauptstadt war der Beweis dafür, daß man wußte, wie man die Leute zufriedenstellen konnte. Die Organisierte Kriminalität interessierte sich hingegen für zwei Phänomene, die damit in Verbindung stehen: Auf der einen Seite wollte sie die Privatisierungen mit aller Macht beeinflussen und bestimmte Zuschläge erhalten, indem sie künstlich die Kaufangebote monopolisierte und die Konkurrenz entmutigte. Ihre andere große Domäne in diesen Zeiten des »New Deal« war die Schlichtung von Geschäftsstreitigkeiten durch Einschüchterung – wenn notwendig durch Gewalt. Es handelte sich im großen und ganzen um den Markt, den in Moskau die Tschetschenen beanspruchen.

Dies sind nur die groben Züge. Wie sah das aber in der Praxis aus? Durch die Reportagen in der »Respublika« kam die Identität einiger vermutlicher Paten ans Tageslicht. Die erste Figur war ein kleiner, korpulenter litauischer Geschäftsmann mit graubraunem Bart, Siegelring am linken Daumen und rechten Ringfinger, der gerne grelle Anzüge und Krawatten trug. Er wirkte kultiviert, doch widersprechen alle Zeugenaussagen diesem Bild eines gemütlichen Familienvaters.[6] Es handelte sich um keinen anderen als Georgi Dekanidse, der am Tag der Verurteilung seines Sohnes die Tränen nicht hatte zurückhalten können. Er war in ganz Vilnius bekannt. Seinen schwarzen Borsalino und seinen weißen Schal hatte jeder Einwohner der Hauptstadt schon einmal gesehen, und sei es nur auf der ersten Seite der Tageszeitungen. Georgi Dekanidse ist jüdisch-georgischer Abstammung. Er hat sanfte Augen, seine Gesundheit ist angeschlagen, und seine Arme sind so lang, wie sein Oberkörper breit ist. Er kommt aus Tbilisi, der Hauptstadt Georgiens. In einem Interview mit der »Süddeutschen Zeitung« gab er zu, in Rußland eingesperrt gewesen zu sein – als Regimekritiker, wie er sagt …

Ist der Vater von Boris Dekanidse ein Pate der Mafia? Juozas Rinkavicius, Leiter der Polizeiabteilung für Bandenkriminalität sagte uns dazu nichts Konkretes. Rinkavicius, trotz seines Alters immer in Topform, wurde in Amerika ausgebildet, wie die auf seinem Schreibtisch verstreuten Handbücher der DEA beweisen. Aus dieser Zeit stammt seine Angewohnheit, seinen Kaugummi bis zum Gehtnichtmehr zu kauen. Namen von Paten wollte er keine nennen. Als wir drei Namen aufzählten, siebte er zwei aus: »Die sind nur mit der Mafia ›verbunden‹, keine Entscheidungsträger.« Ein Name blieb somit übrig: Georgi Dekanidse. Ferner erklärte Rinkavicius, daß es in Vilnius, anders als in Kaunas, keines Gremiums bedürfe, in dem die verschiedenen Mafiafamilien vertreten sind. Auf gut deutsch: Es gibt nur einen Boß, einen Paten, auch wenn diese Bezeichnung nicht ganz zutreffen mag.

Bis in den Sommer 1995 sorgte Georgi Dekanidse dafür, daß er leicht erreichbar war. Und zwar aus gutem Grund: Es ging um das Leben seines Sohnes. Er suchte Unterstützung in den Medien, wo immer er sie finden konnte. Sein Hauptquartier befand sich zu dieser Zeit auf dem Gedimino Prospektas, im Erdgeschoß des Hotels Vilnius. Als uns eine Journalistin von »Newsweek« über ihr Gespräch mit Dekanidse im Dezember 1994 berichtete, bei dem sie seinen persönlichen Leibwächter kennengelernt hatte – einen Hünen, dem man zutraute, ein ganzes Möbelhaus kurz und klein zu schlagen –, hatte sie nur noch ein Bild vor Augen: das der berühmten »Jaws«, des Eisengebisses, das durch die James-Bond-Filme berühmt wurde.

Aber bleiben wir bei der Sache. Das Hotel ist heute verkauft und wird zur Zeit renoviert. Wie reich war Dekanidse senior 1995 wirklich? Offiziell stand der erfolgreiche Import-Export-Geschäftsmann an der Spitze eines im Juli 1990 gegründeten deutsch-litauischen Joint-venture namens Union Service[7]. Sein Name scheint nicht in den Geschäftsunterlagen der Gesellschaft auf. Und doch befindet sich sein Büro in Metalo Gatve, im Industriegebiet von Kirtimai, nahe dem Flughafen. Von Ilona, seiner Privatsekretärin, erfuhren wir lediglich, daß Dekanidse einen Herzanfall gehabt habe. Er empfange zur Zeit keine Journalisten. Unter den Mitbegründern der Union Service sind zwei Namen, die man im Gedächtnis behalten sollte: Juozas Gudaitis und ein gewisser »A. Aizenstatas« – Alex Aizenshtat –, dem wir in den litauischen und internationalen Geschäftsstrukturen der M&S wiederbegegnen sollten.

Allianzen

Die eigentliche Geschichte der M&S in Litauen begann im Winter 1991/92. Von Georgi Dekanidse war damals noch nicht die Rede. Zu dieser Zeit entstanden nationale Handelsstrukturen im Land, und internationale Firmen eröffneten ihre Repräsentanzen. M&S International wurde in den baltischen Staaten und in Kaliningrad von drei Bevollmächtigten vertreten: Jossif Litwak, Michael Kaplan und Alex Aizenstatas.[8] Das litauische Ministerium seinerseits erteilte nur Michael Kaplan eine Vollmacht. Das ist vielleicht von Bedeutung, behauptet doch die Criminal Investigation Division des FBI hinsichtlich der Organisation Rachmiel Brandwain: »Der ›Pate‹ der litauischen OK-Gruppe ›Vilnius-Brigade‹ ist der alleinige Vertreter der Gesellschaft in den baltischen Staaten.«

Brandwain konnte es wohl noch nicht wissen, aber die Wahl des Trios – Litwak, Kaplan, Aizenstatas – sollte sich als katastrophal erweisen. Jossif Litwak war ihm von Boris Nayfeld vorgestellt worden, mit dem dieser befreundet war. Angeblich hatten sie sich in Deutschland zu den Glanzzeiten Efim Laskins kennengelernt. Brandwain merkte schon nach kurzer Zeit, daß Litwak nur über beschränkte geistige Kapazitäten verfügte und daß er Verbindungen zur Organisierten Kriminalität besaß. (Das FBI hat diese Vermutung mittlerweile bestätigt.) Aizenstatas und Kaplan wurden ihm wiederum von Litwak vorgestellt – die Freunde eines Freundes ...

Michael Kaplan ist der Vater des bereits erwähnten David Kaplan, der in den ersten Tagen nach dem Mord an Lingys verhaftet wurde. Michael Kaplan ist israelischer Staatsbürger und gab vor, sich in Ramat-Gan, einer Vorstadt Tel Avivs, niedergelassen zu haben. In Wirklichkeit pendelte er zwischen Israel und Vilnius hin und her. Brandwain bezeichnete ihn als seinen Manager in Litauen, als den Mann, mit dem er zusammenarbeitete – obwohl er unterstrich, daß offiziell nicht Michael, sondern dessen Sohn David, ein

»Freund der Brigade« und Sammler automatischer Waffen, Mitbegründer und Partner der M&S sei.
Das Unternehmen der M&S in Litauen wurde in das Register der – ausschließlich – litauischen Gesellschaften eingetragen. Die Statuten der »M + S Vilnius« waren in etwa mit der einer Aktiengesellschaft vergleichbar.[9] In der Hauptstadt wurde sie vor allem durch ihr Logo, den Panther, und durch die Handelsmarke »Pantera« bekannt. Von dieser Kleiderkollektion sieht man auch heute noch das eine oder andere Stück in den Straßen von Vilnius. Die »Respublika« bezeichnete Pantera als »den jüdischen Panther«. M + S Vilnius wurde am 4. Dezember 1991 von David Kaplan und Juozas Gudaitis als Manager gegründet und betrieb Geschäfte aller Art: Discount, Import-Export, Verlagswesen, Druck, Werbung sowie Wirtschafts- und Finanzberatung.
Die M + S fiel in Vilnius durch ihre Dynamik auf. Nicht nur ein einziges, nein, gleich mehrere Geschäfte fanden sich unter diesem Label zusammen und entdeckten für sich die Geheimnisse des Franchising. »M + S Pantera« prangte auf den großen Boulevards wie dem Ukmerges Gatve oder dem Gedimino Prospektas. Aber auch außerhalb der Hauptstadt, in Jonava, war die Marke zu finden. Doch in Anbetracht der Entwicklung des Landes konnte die von M + S ausgefüllte Marktlücke (Luxusartikel gegen harte Devisen) keine langfristigen Gewinne abwerfen. Für den litauischen Durchschnittsbürger war sie vielmehr das Konsumparadies schlechthin, sie stand für den grausamen, aber ach so ersehnten Westen. Näherte man sich dem Flughafen, war es eben diese riesige Reklame von M + S, die von keinem unbemerkt blieb und sich für lange Zeit ins Gedächtnis einprägte.
Und wer M + S trug, konnte sicher sein, von allen bewundert zu werden. Die neue Oberschicht kleidete sich in M + S, besser gesagt, sie kaufte die Kollektion ihres Spezialgeschäfts »Elegancia«. Selbst das Hotel Vilnius bestellte M + S. Ja, auch das Hotel Vilnius. Denn Michael Kaplan kannte Boris Dekanidse. Sie gehörten der gleichen Generation, der gleichen wohlhabenden Mittelklasse an. Aber Michael Kaplan behauptete, Dekanidse sei für ihn ein

Kunde wie alle anderen gewesen. »Ein ganz gewöhnlicher Kunde.«

Das war ganz offenkundig falsch. Michael Kaplan machte keinen Hehl daraus, daß M + S von einer Großhandelsimportfirma namens Apranga beliefert wurde. Sie diente im übrigen auch als free-tax-Zwischenstation für die von M&S International (Antwerpen) exportierten und nach Litauen eingeführten Konsumartikel. Die Apranga befand sich etwa fünfzehn Kilometer außerhalb des Stadtzentrums, in einem Industriegebiet, das ausschließlich als Lager für die gewöhnlichen Verbrauchsgüter diente und in dem kein fremder Besucher sich zurechtfinden würde. Die genaue Adresse lautete: Kirtimu Gatve, Lager 51. In diesem Lager liefen äußerst interessante Fäden zusammen.
Natürlich sind die Gründungsurkunden der Apranga, die trotz eines steten Wechsels von Anlegern nie veröffentlicht wurden, nicht sehr aufschlußreich. Dutzende, sogar Hunderte von Kleinaktionären teilten sich zehntausend Anteile, die nach und nach von ebenso zahlreichen wie anonymen Investmentfonds aufgekauft wurden: Sardas, Zarda, Investicijos Fondas. Aber für die Staatsanwaltschaft wie für Interpol – wie wir noch sehen werden, gehen deren Analysen in einigen Punkten auseinander – stand ohne Zweifel Boris Dekanidse hinter der Apranga. Die Apranga hatte außerdem in den Wirren um den Zusammenbruch der M + S – das Unternehmen gab an, es müsse Konkurs anmelden[10] – ein Ersatzverteilernetz aufgebaut, dessen Niederlassungen man in Kaunas, Palanga oder Vilnius fand. Diese Umstrukturierung der Firma wird als möglicher Beweis für Verbindungen zwischen den beiden Unternehmen angesehen.
Zwischen der M&S International und Apranga einerseits, Apranga und M + S Vilnius andererseits sowie Dekanidse und Kaplan bestand also über Jahre hinweg ein komplementäres Verhältnis; und Antwerpen hatte über diese Allianzen die Oberaufsicht.

Wer ist der wahre Dieb?

Doch das war nicht alles. Offensichtlich handelte es sich hierbei um ein Versteckspiel. Wir haben bereits Juozas Gudaitis erwähnt. Der Manager von M + S sollte in dem Prozeß gegen Dekanidse eine merkwürdige Rolle spielen. Um die Kampagne der »Respublika« gegen Dekanidse zu untergraben, behauptete er, ein Verantwortlicher der Zeitung habe vor einigen Jahren in einem M + S-Geschäft einen vermeintlichen Bekleidungsdiebstahl begangen. Der Mann wollte nicht bezahlen, so Gudaitis, und verließ das Geschäft mit einem »Geschenk«, wie er es ausgedrückt habe. Kurz: Die Journalisten waren die eigentlichen Mafiosi! Gudaitis sah in diesem Zwischenfall eine Erklärung für den künftigen Haß der »Respublika« auf die M + S Pantera und versuchte damit, die Nachforschungen der Tageszeitung zu diskreditieren.
Die Staatsanwaltschaft konnte über diese wirklich sehr merkwürdige Geschichte nur noch lächeln. Nach Aussage von Gudaitis war es am Ende Boris Dekanidse, der die Rechnung des Journalisten beglich. Der Beschuldigte war kein anderer als Rytis Taraila, heute ein renommierter Journalist, der in Wahrheit zur besagten Zeit sein ganzes Gewicht eingesetzt hatte, um eine Veröffentlichung der Artikel von Vytas Lingys in der »Respublika« zu verhindern, denn seiner Meinung nach waren diese unzureichend recherchiert.
Gudaitis stellte sich zum Zeitpunkt des Prozesses als ein Mann mit einer reinen Weste dar, der bereits nicht mehr für die M + S arbeitete. Man mußte ihn daran erinnern, daß er nicht nur Verbindungen zur Familie Dekanidse (über die Firma Union Service) hatte, sondern auch noch Präsident eines deutsch-litauischen Joint-venture namens Gadeta war. Dieses Unternehmen hat dieselbe Adresse wie die Apranga. Gadeta, ein Schuhgroßhandel, der mit einem deutschen Hersteller zusammenarbeitete, verstand sich übrigens als ausdrückliches Pendant zur Kleiderkollektion der Apranga.

M + S, Apranga, Gadeta usw. waren zusammengenommen nur die sichtbare und »saubere« Spitze des Eisbergs: Handelsgesellschaften, Firmensitze, Bevollmächtigte. Die Verbündeten waren bekannt, man mußte nur noch die Verbrecher unter ihnen ausfindig machen. Die Gerichtsdossiers über die Ereignisse wären eine zusätzliche Betrachtung wert. Aber kommen wir zur Brigade zurück.

Neben anderen Aktivitäten beherrschte die Vilnius-Brigade den Schmuggel mit illegal importiertem oder sogar in Litauen destilliertem Alkohol, der später mit falschen Zollpapieren versehen wurde; ferner Schmuggel von Zigaretten, Video- und Hi-Fi-Geräten usw. Die Wodkamarke Royal Spirit wurde eines der wichtigsten Produkte, beim Zigarettenschmuggel rangierten an erster Stelle Marlboro, Philip Morris und L&M. 1993 kamen die Papiere, die den illegalen Handel deckten – und wohl gefälscht waren – aus Antwerpen. Dafür gab es eine einfache Erklärung: Allein in den ersten neun Monaten des Jahres 1994 wurden über Antwerpen 14 000 Container Philip-Morris-Zigaretten in das kleine Belgien importiert – viereinhalbmal mehr als nach ganz Deutschland. Doch die für den Inlandskonsum bestimmten Zigaretten importiert Belgien gewöhnlich gar nicht per Schiff, sondern auf dem Landweg. Und selbst wenn ein gigantischer Betrug dahintersteckt, der allein schon durch die Zahlen sichtbar wird – Antwerpen ist in jeder Hinsicht der wichtigste europäische Umschlagplatz für amerikanische Zigaretten. Aber für diese Verbindung der Brigade nach Antwerpen scheint es auch eine weiterreichende Erklärung zu geben: den Firmensitz der M&S International. Vytas Lingys, der sich von Januar bis Oktober 1993 mit den Scheingeschäften der Brigade beschäftigte, mußte unweigerlich auf diese Adresse stoßen.

Freundschaften, die man nicht leugnen kann

Narbuto Gatve. Wir waren in den vierten Stock eines wenig einladenden Gebäudes aus gelben Ziegelsteinen gestiegen, das von außen kaum auffällt. Die Einbürgerungs- und die Immigrationsbehörde befinden sich in den unteren Etagen. Wir mußten eine Empfangshalle passieren, in der sich eine Vielzahl von Menschen im Labyrinth der Verwaltung zurechtzufinden versuchte. Man bemühte sich hier um eine Genehmigung, dort um eine Einzahlungsbescheinigung. Das vierte Stockwerk wirkte dagegen wie verlassen, beinahe unbewohnt. Hier liegen das Hauptquartier der Polizeibehörde für Bandenkriminalität, das Drogendezernat und das nationale Büro von Interpol.

Einige Schritte von Rinkavicius' Büro entfernt, kramte ein junger, kleingewachsener Mann mit hellen, leicht rötlichen Haaren in einem Stapel von Fernschreiben, Berichten und Analysen. Es war Richardas Pocius, der stellvertretende Direktor von Interpol-Vilnius.

»Einen Kaffee?« Wir nahmen dankend an. Es dauerte nicht lange, bis er auf M&S International zu sprechen kam. In Litauen ist die Akte schon seit Jahren anhängig und zieht sich in alle Richtungen. Nur ein einziges Element taucht in diesem undurchdringlichen Nebel nicht auf: Drogenhandel. M&S ist in Litauen nicht im Drogengeschäft aktiv. Sigitas Kamarauskas, Kommissar im Drogendezernat, hatte dafür auch eine indirekte Erklärung parat:

»Im Drogenanbau herrschen in Litauen fast die gleichen Verhältnisse wie in Polen. Unsere dringlichsten Probleme sind der Anbau von Mohn, der Konsum von Mohnstroh und das spritzbare Derivat, das sogenannte ›Kompott‹, eine Verbindung aus Mohnstroh und Verdünnungssubstanzen. Der Preis ist abhängig von der Jahreszeit und davon, ob man es in der Stadt oder auf dem Land kauft. Für 8 bis 20 Litas, d. h. 2 bis 5 Dollar, kaufen die Drogenkonsumenten – sie sind im Durchschnitt zwischen vierundzwanzig und fünfunddreißig Jahre alt – die vergleichbare Menge eines Bierglases voll Mohnstroh. Aus dieser Menge gewinnen sie 20 bis 30 Milliliter Konzentrat. Das können sie sich dann spritzen. Es gibt kaum oder nur wenige Hinweise auf Kokaingenuß, und Cannabis wird nur in geringen Mengen geraucht. Der Großteil des Marktes wird also durch eigene Herstellung – ja sogar Eigenanbau – gedeckt und entzieht sich so jeder organisierten Kriminalität. Eine Ausnahme bildet der Transport der Drogen von den Anbaufeldern in die Zentren.«

Richardas Pocius kam wieder auf die M&S International zu sprechen:
»In Litauen entdeckten wir Alkohol, Zigaretten, Elektrogeräte usw., die mit falschen Zollpapieren versehen waren. Vor zwei Jahren wurde der Großteil dieser Dokumente noch in Belgien ausgestellt, heute kommen sie vor allem aus Deutschland und Polen. 1993 haben wir uns daher mit einem internationalen Rechtshilfeersuchen an die Behörden in Antwerpen gewandt, um Informationen über die tatsächliche Existenz bestimmter belgischer Handelsgesellschaften und deren Geschäftszweck zu erhalten. Gab es in Belgien wirklich Scheinfirmen? Oder hatten wir Dokumente mit rein fiktiven Angaben vor uns liegen? Wir sind auf solche Firmen gestoßen.«
Zurückhaltend, wie es bei internationalen Rechtshilfeersuchen immer der Fall ist, bestätigte man in Antwerpen, daß litauische Beamte gekommen seien und sich für die M&S interessiert hätten. Aber nicht nur im Zusammenhang mit betrügerischen Finanzgeschäften: Das internationale Rechtshilfeersuchen wurde von dem belgischen Kriminalbeamten bearbeitet, der mit den Gewaltverbrechen betraut war.
1995 kamen die wertvollsten Hinweise jedoch vor allem aus Deutschland.
»Von dort erhalten wir jetzt die meisten Informationen«, so Pocius. »Und dort verstecken sich auch die Mitglieder der Brigade. Sie ha-

ben in Deutschland mehrere Firmen gegründet und sind auf den Handel mit Edelmetallen, auf Alkohol- oder Zigarettenschmuggel sowie auf Prostitution spezialisiert. Prostitution ist für uns ein rotes Tuch. Bei der Erhebung von notwendigen Beweisen stoßen wir immer auf enorme Schwierigkeiten.«

Diese Hinweise hatten ein Nachspiel: Nach der üblichen Beschattung und nachdem man ihm einen ungewöhnlichen Hinterhalt gelegt hatte, wurde Anfang Mai 1995 der vierunddreißigjährige Igor Tjomkin in einem Düsseldorfer Bodybuildingstudio verhaftet. Die deutschen Behörden stellten ihn als mutmaßlichen Chef der Brigadekiller hin. Er war im Besitz eines gefälschten griechischen Ausweises. Nachdem der Polizeipräsident der Stadt sich davon überzeugt hatte, daß Tjomkin keine Waffe bei sich trug, ließ er ihn durch ein beeindruckendes Aufgebot an Sicherheitskräften festnehmen. Man muß hinzufügen, daß sowohl Tjomkin als auch Boris Dekanidse dem ultraharten Kern der Brigade zugerechnet wurden. Nach der Meinung von Pocius hat Tjomkin eine Zeitlang versucht, in Geschäfte mit Scheinfirmen einzusteigen, aber ohne großen Erfolg. Er wurde schon seit jener Verhaftungswelle gesucht, bei der auch Dekanidse, Achremow, Slawizki und Bobitschenko ins Netz gegangen waren. Tjomkin wird beschuldigt, dem »Vertragsabschluß« zwischen Dekanidse und Achremow über Lingys Ermordung beigewohnt zu haben.

Die Verhaftung Tjomkins, der von einem Informanten verraten wurde[11], erfolgte zu einem wichtigen Zeitpunkt: am 4. Mai. Boris Dekanidse, dessen Todesurteil noch nicht vollstreckt worden war, wartete immer noch auf eine mögliche Begnadigung durch den Präsidenten, und die Gerüchteküche brodelte. Solange keine Gegenüberstellung von Tjomkin und Dekanidse auf litauischem Boden erfolgt war, bestand die Möglichkeit, daß die Todesstrafe umgewandelt würde. Man mußte also die Auslieferung und die Lösung der ethischen Probleme abwarten, die die deutschen Behörden bedrückten: die mögliche Vollstreckung eines Todesurteils gegen Tjomkin nach dessen Auslieferung und Verurteilung. Dekanidse wurde dann kein Aufschub gewährt. Gintaras

Jaisaitis, Staatsanwalt im Distrikt Vilnius und Experte für Organisierte Kriminalität, reiste am 6. Juni nach Düsseldorf und verhörte einen Verbrecher, dessen Bericht ihn nicht von der Notwendigkeit einer Gegenüberstellung überzeugte. Nach seiner Rückkehr nach Vilnius zog er in aller Öffentlichkeit seine Folgerungen und schloß jede Rücknahme des Todesurteils gegen Dekanidse aus.

Aus dem Munde von Richardas Pocius klang die Geschichte Tjomkins ungemein interessant. Wo befand sich Tjomkin während seiner Flucht, die sechzehn Monate dauern sollte? Interpol sieht ihn in der Nähe von Jossif Litwak, der neben Michael Kaplan und Alex Aizenstatas als Bevollmächtigter von M&S im Baltikum galt. Aber das FBI rechnete ihn dem kriminellen Umfeld von Wjatscheslaw Iwankow zu. Die Verbindung zwischen Tjomkin und Litwak wurde uns von der litauischen Staatsanwaltschaft nur teilweise bestätigt. Aber Pocius fuhr fort:
»Kennen Sie die Firma Vitexim? Sie weist auf eine direkte Verbindung zwischen Litwak und Boris Dekanidse hin.« Schließlich fügte er hinzu, daß mir diese Akte weiterhelfen könnte ...
Wie sich herausstellte, war der Tip gut, auch wenn sich die Recherche nach den Unterlagen etwas mühselig gestaltete. Die Vitexim war ein litauisch-deutsch-polnisches Joint-venture mit einem Kapital von 1 Million Litas (ca. 400 000 DM).[12] Unter ihren Gesellschaftern fand sich ein deutsches Unternehmen in Düsseldorf, dessen Name allein alles sagte: Litwak und Dekanidse GmbH. Jossif Litwak war ihr Vertreter in der Vitexim und einziges deutsches Mitglied in einem ansonsten rein litauischen Verwaltungsrat. Keine Spur eines polnischen Vertreters, obwohl auch in Polen ein Schlüssel zum Geheimnis der M&S zu suchen war. Seit einiger Zeit erhielt Interpol-Vilnius ständig Anfragen seitens der polnischen Sicherheitskräfte. Im Rahmen von Ermittlungen über die Organisierte Kriminalität auf ihrem Staatsgebiet interessiert sie sich für eine Gesellschaft polnischen Rechts namens M&S Investment, die mit Hehlerei von gestohlenen Fahrzeugen in Verbindung gebracht

wurde. Litwak–Dekanidse, zwischen dem Kopf der Brigade und M&S International gab es also eine Verbindung.

Diese Welt ist wahrlich klein. Weitere Überraschungen sollten folgen. Aber sie wurden von einem Staatsanwalt aufgedeckt, der von Anfang an mit diesem Fall betraut war.

Zusammenkunft in Riga

Rinktines Gatve ist eine lange Straße im Norden von Vilnius, eine Allee mit Häusern, die sich in weitläufigen englischen Gärten verstecken. Es ist ein ruhiger Ort, dem seine Fußballfelder und seine Schwimmbäder etwas von einem Universitätscampus verleihen. Ein Rasen, wie man ihn vor Universitätsgebäuden findet, und die Aneinanderreihung von rechteckigen, großzügigen Gebäuden vervollständigen dieses Bild. Dennoch befinden sich hier die Büros von Staatsanwalt Antanas Klimavicius. Er ist jener litauische Justizbeamte, der von Anfang an damit beauftragt war, den Fall Dekanidse zu enträtseln. Antanas Klimavicius trug einen gediegenen Anzug und eine unauffällige Brille; er ist ein Meister der nuancierten Rede. Er war eloquent, aber gleichzeitig vorsichtig. Infolgedessen erwies er sich bei Punkten, die eigentlich vieler Hintergrundinformationen bedurft hätten, als sehr zurückhaltend. Keine Analyse oder Zusammenfassung – zumindest keine, die er einem Journalisten mitteilen wollte. Nur knappe Antworten, die stark voneinander abwichen und dem ganzen einen unzusammenhängenden Charakter verliehen. Dennoch waren einige seiner Aussagen von Bedeutung:

»Gibt es zwischen dem Mitbegründer der M + S, David Kaplan, und der Vilnius-Brigade eine Verbindung?«
»Aufgrund der Informationen, die uns vorliegen, sind wir der Mei-

nung, daß David Kaplan ein Mitglied der Brigade ist. Aber während des Prozesses wurde er lediglich als ein ›Freund von Boris Dekanidse‹ und einiger anderer Männer bezeichnet.«

»Hatte Tjomkin von seinem Versteck in Düsseldorf aus Kontakt zu Litwak [von der M&S International]?«

»Ich kenne die Einzelheiten nicht. Man vermutet, daß sie manchmal zusammen ausgingen, aber wir haben keine Beweise.«

»Wer genau ist Jossif Litwak? Spielt er im Fall Dekanidse eine große Rolle?«

»Litwak und Boris Dekanidse sind Inhaber einer Gesellschaft. Sie machen (oder machten) mit allem Geschäfte. Vielleicht auch illegale. Zumindest können sie keine Verträge vorweisen, die legale Geschäfte belegen.«

»Wer sind tatsächlich die Paten der Vilnius-Brigade? Ist es Georgi Dekanidse allein, oder gibt es da noch andere Personen wie David Kaplan?«

»Georgi ist nicht [zur Zeit; das Interview fand am 15. August 1995 statt – Anm. d. Verf.] Mitglied der Brigade. Augenblicklich ist er nicht der Pate. Die Brigade ist nicht mehr das, was sie war. Vor zwei Jahren pflegte die Brigade noch zu sagen, daß ›die Stadt ihr gehöre‹, und alle hatten Angst vor ihr. Jetzt kann sie das nicht mehr von sich behaupten. Darüber würde jedermann nur noch lachen.«

»Georgi Dekanidse war also niemals der Pate?«

»Darauf gebe ich keine Antwort.«

»Und Boris, war er einer der Paten?«

»Er war einer der Anführer.«

»Ein Anführer oder der Anführer?«

»Boris war der einzige Anführer. Seine rechte Hand, Tjomkin, unternahm nichts ohne seinen Chef. Er handelte nicht unabhängig.«

»Wurde Lingys wegen seiner Artikel über die Firmen der Vilnius-Brigade ermordet?«

»Wegen der Brigade, das ist bewiesen, aber auch wegen einer anderen Sache, die noch nicht vollständig ermittelt ist. Boris Dekanidse hat den Mord organisiert, die Idee stammte jedoch von jemand anderem. [...] Das letzte Interview mit Georgi Dekanidse

ist der Beweis. Er wußte, daß es nicht die (alleinige) Idee seines Sohnes war.«
»Lebt dieser andere in Litauen?«
»Nein, aber er lebte hier.«
»Gab es jemals Kontakte zwischen Boris Dekanidse und Paten aus Brooklyn wie Nayfeld oder Iwankow?«
»Es gab Kontakte. Es gab Informationen darüber, Unterlagen. Aber wir können das weder beweisen, noch ausschließen.«
»Erinnern Sie sich daran, wie man Boris Dekanidse in der Villa des Putschisten Boris Pugo, der später Selbstmord beging, ausfindig machte?«
»Boris Dekanidse fuhr nach Jurmala, weil es für ihn keine Möglichkeit gab, ein Visum zu erhalten. Das war der wichtigste Grund.«
»War er allein? Es gibt Gerüchte, daß Tjomkin oder Brandwain ihn begleitet haben sollen.«
»In jenem Sommer haben sich tatsächlich mehrere Personen im Juli [Juli 1993] an der baltischen Küste getroffen, in einem Hotel in Riga. Darunter waren Rachmiel Brandwain, Alex Aizenstatas, Michael und David Kaplan sowie Georgi und Boris Dekanidse. Wir wissen aber nicht, worüber sie redeten.«

Die Akte Smuschkewitsch

Hier wurden nur die wichtigsten Ausschnitte der Unterredung wiedergegeben. Klimavicius deutete demnach die Existenz eines Kopfes außerhalb Litauens an, ohne dabei zu präzisieren, ob man in Antwerpen, Monaco, Brooklyn oder Moskau nach ihm suchen sollte. Wir sind übrigens der gleichen Ansicht. Hinter der Sache steckt demnach weit mehr als nur das einfache litauische Verbrechermilieu. Boris Dekanidse wird dazu jedoch nichts mehr sagen können, und seine amerikanischen Freunde haben keinen Grund, es an seiner Stelle zu tun. Bei unserem Gespräch in Antwerpen gab Rachmiel Brandwain auf die Frage nach direkten Verbindungen zu Boris Dekanidse zu, ihn in Litauen getroffen zu haben: »Aber wir haben nie über Mord gesprochen. Er war der Freund meiner Partner, die vielleicht ebenfalls seine Geschäftspartner waren. Ich glaube nicht, daß meine Partner in den Mord verwickelt sind.«

Auf Nachfrage fügte er hinzu:

»Nur Boris Dekanidse war da. Seinen Vater habe ich nie kennengelernt. Von den beiden Kaplans war keiner anwesend. Einige meiner Partner und ich waren auf dem Weg nach Tallinn, wegen Geschäften im Metallsektor. Wir haben gegen ein Uhr morgens in einem Hotel angehalten. Boris war da. Er tanzte die ganze Zeit. Mädchen waren da. Gegen acht Uhr sind wir dann weitergefahren.«[13]

Was Boris Nayfeld angeht, so kannte er Boris Dekanidse lange bevor die M&S in Litauen Geschäfte machte. Den litauischen Justizbehörden ist diese Tatsache allerdings nicht bekannt. Bei einem Saufgelage in einem Berliner Nachtclub hatte Boris Dekanidse Nayfelds Bruder Benjamin niedergestreckt. Das Federgewicht aus Vilnius schlug den Bären aus Weißrußland zu Boden. Nach diesem Schlagabtausch schlossen Dekanidse und die Brüder Nayfeld Freundschaft. Als Nayfeld Brandwain die Zusammenarbeit mit seinem Freund Litwak vorschlug – auch er war ein Freund Dekanidses –, wußte er ganz sicher, was er tat.

Ein weiteres Indiz für diese internationalen Verästelungen wurde im Herbst 1994 von der Journalistin des »Newsweek«, Dorinda Elliot, entdeckt: David Kaplan, »Brigadier« und Mitbegründer von M + S Vilnius, soll Kontakt zur russischen Mafia in Kalifornien besitzen. Das stimmt. Im vorliegenden Fall zählten zwei Brüder litauischer Abstammung aus Israel zu seinem Bekanntenkreis: Dawid und Michail Smuschkewitsch, beide in Los Angeles lebend. Dawid Smuschkewitsch wurde 1987 wegen eines ersten Krankenversicherungsbetrugs verurteilt, auf Bewährung freigelassen und flüchtete darauf nach Amsterdam. Dort wurde er erneut inhaftiert. Man lieferte ihn aus und klagte ihn in einem Anklagejury-Verfahren in Los Angeles im Oktober 1990 wegen Veruntreuung von Behandlungsgeldern erneut an. Michail Smuschkewitsch war bei seiner Verurteilung, die zusammen mit der seines Bruders erfolgte, vierundvierzig Jahre alt; er ist das, was man im allgemeinen einen »klugen Kopf« nennt. Der in Moskau ausgebildete Wissenschaftler war in der Raketenforschung tätig und wurde bei seiner Ankunft in New York im April 1981 als Flüchtling geführt, auch wenn ihm die sowjetische Botschaft sechs Monate später einen sowjetischen Paß ausstellte – als ob das selbstverständlich wäre. Ein reisender Flüchtling, sozusagen. Das »Opfer« der Moskauer Regierung begab sich regelmäßig in die Sowjetunion, was, wie es scheint, ohne die Erlaubnis des KGB nicht möglich gewesen wäre. Und Michails Weste war nicht reiner als die seines Bruders – die amerikanische Justiz brachte ihn mit der Erpressung eines Landsmannes in Saint Louis in Verbindung.

Die neue Akte aus dem Jahr 1990 schlug jedoch alles bisher Dagewesene und hätte den Beschuldigten theoretisch mehr als 1500 Jahre Gefängnis eingebracht. Die Brüder Smuschkewitsch hatten zusammen mit ihren Frauen und acht Komplizen, darunter einem Arzt namens Bogitsch Jowowitsch, ein Telefonmarketing aufgebaut, mit dem sie kalifornische Patienten »gratis« in ihre Wanderkliniken lockten. Hatte sich ein Patient eingefunden, ließen sie ihn ein Formular unterschreiben, mit dem er der Klinik für eine bestimmte medizinische Behandlung seine Versicherungspolice überließ. Die Rechnung für die erbrachten Leistungen – »von einem Mediziner verordnet« – wurde der Versicherung vorgelegt[14], die nur noch zu zahlen hatte. Die einzelnen Beträge waren zwar nie höher als 8000 Dollar, der geschätzte Gesamtumsatz dieses Betrugs belief sich jedoch auf insgesamt etwa 1 Milliarde Dollar (50 Millionen davon wurden direkt vom Staat und den Versicherungen gezahlt). Dies bezeugte zudem die Macht der russischen Organisierten Kriminalität an der amerikanischen Westküste, der man gerade einmal den eher simplen Trick zur Hinterziehung der Mineralölsteuer zugetraut hatte.

An den notwendigen Mitteln fehlte es nicht. Michail Smuschkewitsch, der sich als Urheber der Sache entpuppte, war bei seiner Verhaftung im Besitz von drei Pässen: Neben dem sowjetischen Paß vom Oktober 1981 besaß er einen mexikanischen und einen israelischen Paß, die 1988 beziehungsweise 1990 ausgestellt worden waren. Im September 1994, am Ende des Prozesses, wurde er als Hauptschuldiger bezeichnet und dementsprechend verurteilt. Die Beziehungen David Kaplans zu den Verantwortlichen des Medicare-Betrugsfalles erklären auch jenen kurzen Abschnitt eines bereits zitierten FBI-Dokuments. Die Behörde vertritt bezüglich der Brigade folgende Ansicht: »Zwei Mitglieder der OK-Gruppe waren in den achtziger Jahren direkt in den massiven Krankenversicherungsbetrug an der Westküste der Vereinigten Staaten verwickelt. Der Ein-Milliarden-Dollar-Betrug zielte auf das staatliche Krankenversorgungsprogramm für Alte und Behinderte, Medicare, ab und führte zu Beitragserhöhungen für private Krankenversicherungen in Kalifornien.«

Michael Kaplan leugnete die Freundschaft mit den Smuschkewitschs nicht, er hatte sogar eine Erklärung dafür: »Die beiden sind so alt wie mein Sohn David, sie kommen aus Vilnius. Sie kennen sich, wir kennen uns. Als Michail Smuschkewitsch Anfang der Neunziger nach Litauen zurückkehrte, haben wir uns auch getroffen.«

Eine harmlose, aber unwahrscheinliche Erklärung. Schon zum Zeitpunkt seiner Rückkehr nach Vilnius wurde Michail Smuschkewitsch von einigen Kriminalisten als eine der drei großen Figuren der *Organisazija* in den Vereinigten Staaten (ranggleich mit Marat Balagula) betrachtet. Das ist sicherlich übertrieben. Aber eine Verbindung zu Smuschkewitsch konnte zu diesem Zeitpunkt nicht gewöhnlicher Natur sein. Wenn man das gleiche Alter, die gleiche Herkunft und das gleiche Profil besitzt, weiß man sehr genau, mit wem man es zu tun hat. Kaplan konnte übrigens mit dem gleichen kühlen, geschäftlichen Ton zugeben, daß er Boris Nayfeld in Vilnius »über den Weg gelaufen« sei. Dieser kam – wie Brandwain

und Goldberger – nach Litauen, um mögliche Immobilienobjekte auszukundschaften.
Noch unglaublicher: Brandwain gestand, Igor Tjomkin getroffen zu haben – ein Killer und ein Händler am gleichen Tisch. Und solche Eingeständnisse wurden mit der größten Dreistigkeit ausposaunt, da jedermann wußte, daß ihm nichts nachgewiesen werden konnte, solange er kein Geständnis abgelegt hatte oder auf frischer Tat ertappt worden war. So entstanden nach und nach maßgeschneiderte Aussagen: Wenn Michael Kaplan seine Anteile an M + S Vilnius abgeben mußte und heute in Israel lebt, dann deshalb, so behauptet er, weil er das Opfer einer Verschwörung von Rinkavicius und Lingys wurde – der Chef der Polizeibehörde für Bandenkriminalität und der Journalist vereint »gegen den ehrlichen und aufrichtigen Geschäftsmann«.

Der Brigade letzte Atemzüge

Nur eines ist sicher: Staatsanwalt Klimavicius hatte sich in mindestens einem Punkt geirrt. Die Brigade hatte sich weder mit dem Tod von Boris Dekanidse noch mit der Verhaftung Tjomkins aufgelöst. Am 25. Juli 1995 um 23.36 Uhr zerrissen zwei Explosionen die Stille auf dem Ciurlionio Gatve im Zentrum der Stadt, nahe dem Observatorium der Universität. Die erste Bombe beschädigte ein geparktes Fahrzeug, unmittelbar danach zerstörte die zweite Bombe nur wenige Meter davon entfernt die Fenster, Büros, Inneneinrichtung, Akten und die Computer der amerikanischen Entwicklungshilfebehörde USAID. Der Schaden war beträchtlich, jedoch nicht irreparabel, und es gab keine Verletzten. Das Motiv dafür wurde noch nicht gefunden.
Fünf Tage zuvor hatte sich jedoch auf dem Akmenu Gatve eine andere Explosion ereignet. Sie schien Vitas Tomkus, dem Chefre-

dakteur der »Respublika«, sowie Laima Lingiene, der Witwe von Vytas Lingys, gegolten zu haben. Beide blieben jedoch unverletzt.

Für die Ermittler war die Explosion vom 25. Juli durchaus erklärlich: Der beschädigte Mercedes gehörte dem Chefredakteur der »Diena« und ehemaligen Mitbegründer der »Respublika«, Rytis Taraila – dem Mann, der laut Aussage des M + S-Personals »Kleidung gestohlen« haben soll. Aber die Bombe vor dem Büro der USAID war nicht etwa gegen amerikanische Interessen gerichtet – dafür gibt es in ganz Litauen keinen einzigen Präzedenzfall –, sie galt der Wohnung Tarailas, die sich im ersten Stock befindet. Am Abend des 25. Juli standen die Polizisten also einem Chefredakteur im Schlafanzug gegenüber, der angibt, keine Drohung erhalten zu haben. An Agatha Christie angelehnt, sprach der »Baltic Observer« von den »zehn kleinen Verlegern« und unterstrich damit, daß es sich um einen regelrechten Angriff auf die Hauptakteure der Berichterstattung im Fall Dekanidse handeln könnte.
Was denkt Taraila, dem der Anschlag galt und der im Fall M&S selbst angegriffen wurde, heute über den Fall Lingys? Der ehemalige Mitarbeiter der »Respublika« steht der Zeitung, die er selbst mit ins Leben gerufen hat, mittlerweile skeptisch gegenüber. Sein kräftiges schwarzes Haar, sein Schnurrbart und die Zigarette im Mundwinkel verleihen diesem ehemaligen Apparatschik eine Statur, die den siebenundsechzig Journalisten und hundert Angestellten der »Diena« Respekt einflößen muß. Nicht ohne Stolz legte uns dieser Mann auf dem Schreibtisch die besten Ausgaben seiner neuen Tageszeitung vor, die sich seit dem August 1994 erfreulich entwickelt.
Sein Kommentar zu dem Attentat vom 25. Juli:
»Ich glaube nicht, daß es mit dem Mord an Vytas Lingys zusammenhängt. Die Brigade? Das Wort ist mittlerweile so gebräuchlich, so abgenutzt. Welche Bedeutung hat es noch? Möglich, daß sie immer noch aktiv ist. Aber wer steckt dahinter? Über die Explosion gibt es verschiedene Thesen. Zwei davon kommen in Frage: In letzter Zeit – das ist die zweite Spur – wollte man meinem eigenen

oder dem Ansehen der »Diena« schaden. Aber ich werde Ihnen keine Informationen geben. Die behalte ich für die Polizei.«
Seine Position zu dem Prozeß gegen die Mörder Lingys ist differenziert: Boris Dekanidse war sehr wohl einer der Drahtzieher der Organisierten Kriminalität in Vilnius, das bestreitet er nicht. Aber um gegen das organisierte Verbrechen erfolgreich zu kämpfen, ist ein Staat verpflichtet, eine einwandfreie Beweislage vorzuweisen. Er muß präzise auswählen und dort zuschlagen, wo es am meisten schmerzt. Taraila stellt jedoch fest – ebenso wie andere ausländische Berichterstatter, die dem Prozeß folgten –, daß die litauischen Justizbehörden vor allem den Wünschen der Öffentlichkeit nachkommen wollten. Auf keinen Fall darf man einen Mann aufgrund der Aussage eines einzelnen ins Gefängnis stecken.
Wie es um die M&S selbst bestellt ist? Taraila nimmt ein Blatt Papier und skizziert darauf die Aufspaltung der ehemaligen Sowjetunion. Schließlich weist er darauf hin, wie dringend notwendig es für Litauen war, sich auf einer internationalen Basis wirtschaftlich neu zu organisieren.
»Das ist die M&S. Ihre Geschäftsführer waren an unserer Wirtschaft interessiert und kannten sich in Litauen aus. Sie wählten den besten Angriffswinkel, den Import-Export aus, und kamen zum richtigen Zeitpunkt, gleich zu Anfang. Bezüglich der Verbindungen zwischen M&S und der Brigade muß man sich die Gesetze der damaligen Zeit, die der Privatisierung [der staatlichen Unternehmen], vergegenwärtigen. Die M&S brauchte die Vilnius-Brigade in Wirklichkeit gar nicht. Aber als die Privatisierung begann, entspann sich ein harter Konkurrenzkampf. Ein Beispiel: Sie rivalisieren mit jemandem um ein Objekt und haben einen Verbündeten in der Brigade, der an Sie herantritt und sagt: ›Sie wollen doch keine Probleme haben, oder? Sie verdienen gut, kaufen dieses Geschäft, und eines Tages kann es plötzlich in die Luft fliegen?‹ Sicher werden Sie sein Angebot ausschlagen. Der Mann der Brigade begibt sich jedoch zum ersten Mann und hält ihm den gleichen Vortrag. Schließlich gibt dieser nach. Und am Ende hat die Brigade das eigentliche Sagen.

Wenn die Firma M&S Verbindungen zur Brigade besaß, dann auf der Chefebene. M&S hatte zum Beispiel keine direkte Beziehung zum Schwarzmarkt oder zu den Schutzgelderpressern, die die Bevölkerung in Angst und Schrecken versetzten. Diese Kontakte sind sehr schwer nachzuweisen. Selbst dem Gerichtshof ist es nicht gelungen, sie zu rekonstruieren. Ich glaube auch nicht, daß Boris Dekanidse der Pate der Brigade war. Ich glaube, er war sehr gebildet, sensibel, klug. Diese Männer der Brigade hingegen sind meines Erachtens nach primitive Menschen, Bestien. Da ist kein Platz für einen intelligenten Kopf.
Georgi Dekanidse? Für unsere Zeitungen ist er ein ehrenwerter Mann. Zu ehrenwert ... Es gibt zwei Möglichkeiten, einem großen Mann zu Bedeutung zu verhelfen: Entweder hebt man ihn in den Himmel oder man verteufelt ihn. Ich will dieses Spiel nicht mitspielen.«

Verlassen wir Litauen wieder und geben wir Brandwain das letzte Wort, denn die folgenden Sätze besitzen einen tieferen Sinn:
»Boris Dekanidse war in Litauen ein einflußreicher Mann. Das kann ich Ihnen sagen. Er war ein wirklicher Anführer. Aber er verhielt sich gegenüber seinen Partnern sehr korrekt. Er war immer auf meiner Seite und noch korrekter als Nayfeld. Für mich ist das so: Wenn ich in Rom bin, dann habe ich mich wie ein Römer zu verhalten, in Athen wie ein Athener. Ich weiß nichts über Georgi. Ist das wesentlich? Sicher war er wichtig. Unter den Banden. Wie der Japaner unter den anderen *wory w sakonje*.«[15]
Zwei Jahre nach dem Mord an Vytas Lingys und nachdem man die ungeheure Macht der Brigade enthüllt hatte, teilten Staatsanwaltschaft, Ermittler und Journalisten den gleichen dunklen Zweifel: Das Todesurteil gegen Dekanidse war kein Justizirrtum. Es bestand sehr wohl eine Verbindung zwischen der Brigade und der M&S – auch wenn in diesem Punkt unterschiedliche Meinungen existieren. Aber der »Kopf« dieses wirtschaftskriminellen Molochs saß im Ausland und machte sich nicht mit irgendwelchen Gewaltverbrechen die Finger schmutzig. Der Ruf von M&S trug durch

einen bezahlten Mord, zudem noch gegen einen Journalisten, einen – wenn auch nicht gravierenden – Schaden davon. Der Fall rief so viel Empörung hervor, daß er, über das Interpol-Netz verbreitet, keine westliche Polizeibehörde gleichgültig ließ.
Und am wenigsten die Vereinigten Staaten: Lingys wurde im Oktober 1993 erschossen, zu einem Zeitpunkt, an dem sich die Fahnder der DEA anschickten, zwei Jahre Ermittlungen zu einem Fall von Drogenhandel abzuschließen, und zudem alles taten, um Boris Nayfeld endgültig außer Gefecht zu setzen. Erinnern Sie sich noch an jenes Abkommen zwischen Russen und Italoamerikanern, in dem es um die Verteilung des Heroins in New York ging und das nach dem Mord an dem Diamantenhändler Wjatscheslaw Ljubarski entdeckt wurde? Die DEA war letzten Endes Nayfeld auf der Spur, und Washington konnte nicht untätig bleiben. Antwerpen und Wiesbaden wurden bei den Ermittlungen um Mithilfe gebeten, und jedesmal ergaben sich daraus unerwartete Erkenntnisse.
M&S ist in mehreren westlichen Ländern zu einem dringlichen Fall geworden, und die Gesellschaft steht im übrigen kurz vor dem Konkurs. Der Mord an Lingys – das waren, wie es die Kommentatoren des »Baltic Observer« voraussahen, drei Kugeln zuviel.
Ein anderer Fall beschäftigte die Antwerpener Behörden zur gleichen Zeit. Am 21. Februar 1993 machte die russische Polizei in der Nähe von Sankt Petersburg den größten Fang ihrer Geschichte: Ihr fiel mehr als eine Tonne kolumbianisches Kokain, in Cornedbeefdosen versteckt, in die Hände. Mit einer Verhaftungswelle rund um den Erdball sollte sich der Knoten der Ermittlungen im Oktober 1993 lösen – zur gleichen Zeit, als Lingys ermordet wurde. Brandwain, Fanchini und Konsorten kamen erneut in Verruf, während sich die Bedeutung der israelischen Kriminalität in ihrer vollen Tragweite offenbarte.

Kapitel 7

Tel Aviv

Die mythische Aura, die Israel zu Zeiten Ben Gurions umgeben hatte, war schon nach kurzer Zeit verblaßt. Nachdem auch hier Prostituierte und Diebe Einzug gehalten hatten, wurde der hebräische Staat allmählich ein Land wie jedes andere. Tel Aviv entwickelte sich zu einer Wirtschaftsmetropole, wie man sie in jedem anderen Land der Welt finden kann. Ben Yehuda und Dizengoff haben ihre Namen sicherlich nur unfreiwillig den Geschäfts- und Touristenmeilen geliehen, die sich in nichts von denen westlicher Stadtzentren unterscheiden. Und der britische Feldmarschall Allenby hatte noch weniger Glück, da eine große Ausfallstraße im Süden der Stadt nach ihm benannt wurde. Die Politiker Israels mußten zu ihrem Erschrecken bald feststellen, daß sie zum offenen Drogenumschlagplatz im Gelobten Land geworden war. So wie einst die Drogenszene Zürichs rund um den Bahnhof Letten beheimatet war, gab es nun die Allenby in Tel Aviv.

Israel konnte sich zumindest damit brüsten, daß die Kriminalität in seinen Städten sehr niedrig war. Zur Zeit der israelisch-arabischen Konflikte patrouillierten die Polizisten Jerusalems mit Maschinenpistolen durch die Via Dolorosa oder den Suk David Haschalschelet, bis auch der letzte Tourist gegangen und das letzte Glas Tee geleert war. Jedermann konnte sich davon überzeugen, daß vom Ölberg bis Ramat Eschkol kein einziger Verbrecher in der dunklen Nacht auf der Lauer lag. Nur aus politischen Gründen konnte man attackiert werden. Jerusalem wurde also zu Recht als »auserwählte« Stadt bezeichnet, die vor allem eine Stadt des

Glaubens sein wollte, und in der man Taschendiebe, gleich welcher Glaubensrichtung, einhellig verurteilte.
Doch Tel Aviv wurde nicht die gleiche Gnade zuteil. War Jerusalem die Hauptstadt der Heiligen Schrift und der meisten Religionen, die aus ihr hervorgegangen waren, so hatte Tel Aviv lediglich Geschäftsbücher vorzuweisen. Anstelle von drei Jahrtausenden jüdischer Kultur gibt es seit gut hundert Jahren Handel, der die Geschichte des Landes zwar wesentlich prägte, aber der Glanz der Religionen fehlte. Das historische Tel Aviv muß man im Labyrinth der Straßen Jaffas, am Uhrenturm, an der großen Moschee und am alten Hafen suchen. Vielleicht sucht man es aber auch schon vergebens, da der Strom der Touristen ebenso beeindruckend wie verheerend ist. Nur allzuleicht vergißt man dabei, daß Jaffa nicht Tel Aviv ist, daß es nur die vorderasiatische Wurzel, die uralte Nabelschnur ist, an der man festhält und die daran erinnert, was vor dem Zionismus war. Und was wird nach dem Zionismus aus Tel Aviv werden? Denn – und hier erinnern wir wieder an Ben Gurion – die Prostituierten und Diebe gehören heute fest zum Straßenbild der Wirtschaftsmetropole, und die Kriminalität tritt offen zutage. Der große Traum von 1948 ist einer allzu menschlichen Wirklichkeit gewichen, in der Rechnungen blutig beglichen werden …

Ein Bandenkrieg?

Ein deutliches Zeichen für diese »underworld«, die die Hauptstadt der israelischen Küste durchzieht, ist der Bandenkrieg, den sich die lokalen Mafiachefs seit 1993 liefern. Ein Bandenkrieg? Wir wollen das Wort nicht leichtfertig gebrauchen. Reuben Schapira, Gerichtsjournalist der Tageszeitung »Ha'aretz«, weigert sich, drei Jahre blutiger Abrechnungen auf ein einzelnes Problem, ein gemeinsames Motiv zu reduzieren,

mit dem sich die vielen Morde und Mordversuche in der Stadt erklären ließen. Der Komplexität dieser Auseinandersetzungen ist schwer beizukommen. Der Drogenkonsum unter den israelischen Kriminellen hat nach Ansicht unseres Kollegen jede Mafiahierarchie zunichte gemacht; Gewalt und Schußwaffengebrauch sind bei der geringsten Unstimmigkeit an der Tagesordnung. Keine Rangfolge, keine Bindung zwischen Paten und Soldaten konnten auf Dauer dem moralischen und physischen Verfall standhalten, der mit dem verstärkten Konsum harter Drogen einhergeht.
Das Ergebnis: Einerseits beschränken sich die Banden an der israelischen Küste auf rasch vorbereitete Operationen, die keine aufwendige Logistik voraussetzen und von kleinerem Umfang sind. Jeder Coup bleibt eine einmalige Angelegenheit, da es keinen vertrauenswürdigen Unterbau gibt – die Bande ist sozusagen »heroinlöslich«. Auf der anderen Seite bietet die typische Gewaltbereitschaft der drogenabhängigen Verbrecher einen hervorragenden Einblick in bestimmte Bereiche des Innenlebens der Mafia. Für Schapira wäre es folglich ein Fehler, die Jahre 1993 und 1995 nur unter dem Blickwinkel der blutigen Abrechnungen zu betrachten, da es zuvor schon andere, vielleicht weniger spektakuläre Morde gegeben hatte. Auch wenn der Großteil der Mafiamorde mit einem bestimmten Kriminalitätsbereich – der Kontrolle über Spielkasinos – zusammenhing, so ist nicht erwiesen, daß es sich hier um eine Kette von Vergeltungsmorden handelte.

Die Mordserie ist dennoch vielsagend. Am 24. Februar 1993 wurde der Bandenchef Jecheskel Aslan im Alter von dreiundvierzig Jahren von einem maskierten Killer erschossen. Zusammen mit seiner jungen Freundin verließ er eben ein Restaurant in der Hahaschmoniamstraße und wollte in seinen Wagen steigen. Aslan besaß zahlreiche Restaurants und Nachtclubs in Israel, mehrere Spielkasinos in Osteuropa und ein Restaurant in Belgien. Ende der siebziger Jahre war er einer der elf Mafiabosse des Landes – das geht zumindest aus einem vertraulichen Bericht der israelischen Polizei hervor, den die »Ha'aretz« veröffentlichte. In New York

wurde er 1971 und erneut 1979 wegen Drogenhandels eingesperrt. 1982 wurde er das erste Mal Ziel eines Attentats, doch obwohl von sieben Kugeln verwundet, überlebte er. Seither verfügte er zu seinem persönlichen Schutz über eigenes Wachpersonal und Wachhunde. Die ausgehenden achtziger Jahre waren für ihn eine besonders verhängnisvolle Zeit, da ein ehemaliger Geschäftspartner vor der israelischen Justiz gegen ihn aussagte. Anfang der neunziger Jahre konnte dadurch ein geplantes Attentat gegen einen anderen Zeugen verhindert werden, der den Schutz der amerikanischen Staatsanwaltschaft genießt: Joseph Graziani. Das Attentat soll von Aslan zusammen mit zwei weiteren israelischen Mafiosi aus Los Angeles geplant worden sein. Noch wenige Wochen vor seiner Ermordung hatte Aslan mehrere Tage in Untersuchungshaft gesessen. Der Grund: In einem Vorort von Tel Aviv hatte in einem Nachtclub, an dem er insgeheim beteiligt gewesen sein soll, eine LSD-Party stattgefunden.
Der Mord vom 24. Februar war ein gesellschaftliches Ereignis. Etwa tausend Trauergäste gaben dem Paten Aslan auf dem Friedhof von Kirjat Schaul das letzte Geleit. In seinem Geburtsort Hatikva, einem Vorort Tel Avis, blockierten Freunde des Opfers sogar so lange eine Straße, bis die Stadtbusse sie zu der Beerdigung brachten.
Indessen blieb auch die Polizei nicht tatenlos, und schon kurze Zeit nach dem Mord kam es zur ersten Festnahme: Ze'ev Rosenstein, neununddreißig, aus Holon[1], einem Vorort Tel Avivs, stammend, war einer der Verbrecher, die Aslan zu seinen Konkurrenten zählte – »neben tausend anderen«. Er wurde nicht wirklich verdächtigt, Aslan selbst erschossen zu haben. Die Polizei sah, daß ein Profikiller am Werk gewesen war, »der vielleicht aus dem Ausland kam«, berief sich aber auf vertrauliche Informationen, die Rosenstein mit dem Mord an Aslan in Verbindung brachten. Dennoch ließ man ihn schon Ende März wieder frei.
In den folgenden Monaten sollte der Nebel um die Ermittlungen noch dichter werden. Am Abend des 10. August 1994, kurz vor Mitternacht, trat ein etwa fünfzigjähriger Mann vor sein Restau-

rant an der Kreuzung Ibn-Givrol- und Dizengoffstraße, um etwas frische Luft zu schnappen. »Amnon Bahaschian?« fragte eine Stimme. Der Angesprochene blickte in das Gesicht eines sonnengebräunten, großen, schlanken Mannes. Er war zwischen zwanzig und dreißig Jahre alt, trug eine Baseballkappe und eine Sonnenbrille. Noch bevor Bahaschian antworten konnte, zog der andere eine kleinkalibrige Waffe und jagte ihm aus nächster Nähe drei Kugeln in den Kopf.

Ein Soldat, der die Dizengoffstraße entlangkam, eilte dem Opfer zu Hilfe. Zu spät. Der Mörder flüchtete zu Fuß bis zu einem Fahrzeug, in dem einige Straßen weiter ein Komplize auf ihn wartete. Der Wagen wurde später im Stadtzentrum Tel Avivs gefunden, zusammen mit den Kleidern, einer Sonnenbrille und einer schwarzen Baseballkappe.

Der Mord an Bahaschian trug nicht gerade dazu bei, die Hintergründe der Ermordung Aslans aufzuklären. Bahaschian war ein führender Kopf der israelischen Mafia gewesen und auch in den Vereinigten Staaten bestens bekannt. Dort lag gegen ihn ein Haftbefehl wegen versuchten Mordes vor. Ende der achtziger Jahre entging er seiner Verurteilung nur mit knapper Not durch seine Flucht nach Israel, wo er aber schon nach kurzer Zeit wegen der bereits erwähnten Zeugenaussagen von Joseph Graziani verhaftet wurde. Ein von der Justiz »bekehrter« Zeuge gab zu Protokoll, daß Bahaschian und Aslan Graziani ermorden lassen wollten. Andernfalls hätte Graziani wohl gegen Bahaschian ausgesagt. Aslan und Bahaschian gehörten also den gleichen Kreisen an und sollten die gleichen Ermittlungsbeamten mit ihrem Fall beschäftigen.

Der Alperon-Clan

Am 14. Januar 1995 wurde unter dem Auto von Mosche Alperon eine Bombe plaziert. Mosche alias »Mussa« war zweiundvierzig Jahre alt und gehörte dem Umfeld des organisierten Verbrechens an. Der ehemalige Profiboxer konnte danach nie mehr einen Fuß in den Ring setzen, denn er verlor bei dem Anschlag ein Bein. Die verstärkte Karosserie des Fahrzeugs hatte glücklicherweise einen Großteil der Explosion abgefangen. Ohne sie würde Alperons Name jetzt neben vielen anderen die Gedenktafeln der Justizgeschichte schmükken.

Der Name Alperon schlug auf beiden Seiten des Mittelmeers wie eine Granate ein. Er rief eine Familiensaga in Erinnerung, die es wert ist, erzählt zu werden. Sein Vater hieß Chaim, kam aus Ägypten und ließ sich 1949 in dem Dorf Givat Schmuel nieder. Mehrere seiner sieben Söhne, zu denen man noch die fünf Töchter zählen muß, haben ein Vorstrafenregister. Hierin blieb Mosche Alperon – neben Jakov, Nissim und Zalman – der Familientradition treu. Ihre Spezialität: Erpressung und Schuldeneintreibung. Ihr Hauptquartier befindet sich nahe der größten Diamantenbörse Israels in Ramat Gan, einem Vorort Tel Avivs. Diese Börse ist ein strategisch günstiger Ort. Sie war schon mit dem Antwerpener Diamantengeschäft verbunden, als der Großteil des Handels noch über den Badeort Netanya an der Nordküste lief. Später wurde auch sie vom aufstrebenden Wirtschaftsstandort Tel Aviv angezogen. Das Unternehmen der Alperons – die Business Management and Promotion Ltd. – diente vor allem als Vorwand, um »zahlungsunwillige« Kunden nach allen Regeln der Kunst einschüchtern zu können. Der »Kopf« der Familie, Jakov, sitzt mittlerweile wegen Erpressung im Gefängnis. Zu seinen Glanzzeiten wurden die Kunden in einen kargen Warteraum gebeten, dessen einziger Wandschmuck aus Zeitungsausschnitten über die begangenen Untaten der Familie bestand.

Danach empfing Jakov sie standesgemäß in seinem Büro und bat sie in aller Freundlichkeit, ihren Verpflichtungen nachzukommen.
Die englischsprachige Tageszeitung »The Jerusalem Post« berichtete von einem Buchhalter, der keinerlei Erfahrungen mit derlei Praktiken besaß und der sich gegenüber den ostentativ an der Wand des Wartezimmers angebrachten »Hinweisen« wenig aufgeschlossen zeigte. Er wurde in eine Orangenplantage außerhalb Tel Avivs gebracht, dort an den Füßen aufgehängt und als Punchingball benutzt. Bei dieser »Nachhilfestunde« verlor er ein Auge.
Diese »Schuldeneintreibungen«, die in Jakovs Augen ein völlig legales Geschäft darstellen, brachten ihm bereits viereinhalb Jahre Gefängnis ein. Einer seiner gewalttätigsten Brüder, Nissim, sitzt wegen Erpressung und Verstoß gegen das Betäubungsmittelgesetz gerade eine Strafe von achteinhalb Jahren ab. Zalman wurde ebenfalls wegen Erpressung verhaftet und zu gut zweieinhalb Jahren Haftstrafe verurteilt.
Aslan, Bahaschian, Alperon. Es wurden langsam immer mehr. Die jeweiligen Motive blieben jedoch weiterhin im dunkeln, sofern es nicht um Kompetenzgerangel in Sachen Kasinos geht. Die Polizei von Tel Aviv beschloß daher, auf Informationsfang zu gehen, und durchsuchte das illegale Spielkasino eines Konkurrenten: Gad »Schatz« Plum. Plum kam 1994 nach Israel, nach einem Umweg über Deutschland, wo er dreizehn Jahre wegen Mordes eingesessen hatte. Er hatte die israelischen Behörden natürlich getäuscht, als er Besserung gelobte. Die Fahnder konnten ihn bald wegen eines zweifelhaften Waffenkaufs belangen. Aber es gab nicht den geringsten Hinweis einer Spur in der Mordsache Mosche Alperon. Alle Welt hatte Angst vor Gad Plum und seinen brutalen Methoden, selbst die hartgesottensten Verbrecher. Er machte sein Geld mit Glücksspiel, Kasinos, der Erpressung von Bordellbesitzern und hatte daher ebensoviel Feinde wie Erfolg. Einziger Trost für die Ermittler: Sie hatten mit diesem »eisenharten« Burschen wenigstens noch am Ende seines Lebens Tuchfühlung. Damals ahnte

allerdings noch niemand, daß sein Ende nahte. Am 31. Oktober 1995 wurde Gad Plum auf der Terrasse eines Cafés im Zentrum Tel Avivs von drei Kugeln in die Brust getroffen. Der Mörder, keine zwanzig Jahre alt, hatte ihn aus nächster Nähe erschossen und war dann auf ein Motorrad gesprungen, mit dem ein Komplize ein Stück weiter entfernt wartete. Die Flucht durch die belebte Allenbystraße war äußerst erfolgreich – den Ermittlern ist es bis heute nicht gelungen, sie zu rekonstruieren …

Russische oder israelische Mafia?

Nachspiel: An der Beerdigung von Jecheskel Aslan nahmen tausend Menschen teil, Gad Plum sollten gerade einmal fünfzig Menschen das letzte Geleit geben. Dennoch gehörte er derselben Generation von Mafiosi an, die mit Glücksspiel, Geldwäsche und Drogenhandel ihr Geld verdienten. Aber er – und das ist nur zu verständlich – wurde von allen verachtet.

Ganz Tel Aviv ist sich darüber im klaren, daß eine bestimmte Schicht der Mafia ausradiert werden soll. Aber von wem?

Seit Juni 1995 wird in Israel viel über die russische Mafia geredet – selbst die Regierungsmitglieder werden dessen nicht müde –, und diese Hypothese wurde auch wieder anläßlich des Mordes an Plum hervorgeholt. Zu der Zeit, als man die mutmaßlichen Mörder Aslans entlarvte und vor Gericht stellte, wies allerdings nur ein einziges Element der Ermittlungen in diese Richtung. Von Anfang an waren die Beamten in diesem Fall der Ansicht, daß Ze'ev Rosenstein als Auftraggeber des Mordes fungierte. Rosenstein wurde jedoch mangels Beweisen nie wirklich behelligt. Vor Gericht mußte sich ein anderer Mann georgischer Abstammung dafür verantworten: Reuben Adjaschwili, genannt »Banjo«. Es gab keine weiteren Indizien. Ende der Ermittlungen.

Erwiesen ist lediglich, daß eine höchst angespannte Gegnerschaft zwischen einer eurasischen und der lokalen Organisierten Kriminalität besteht. Daß diese zudem von allen Seiten geschürt wird, zeigt, in welch übertriebenem Maße die israelische Öffentlichkeit die russische Mafia als Bedrohung wahrnimmt. Denn es ist immer noch die israelische Verbrecherwelt und niemand sonst, die das Sagen hat.

Aber ist die Sache wirklich so einfach? Worum geht es eigentlich? Wenn wir auch einen Eindruck über die Bedeutung des lokalen israelischen Verbrechertums erhalten haben, so sind wir bisher noch nicht auf die neue Generation der eurasischen Verbrecher eingegangen. Tatsächlich scheint eine russische Mafia die israelischen Kriminellen zu überrollen, ihnen keine Ruhe zu lassen und ihnen Marktanteile vor der Nase wegzuschnappen. Zum Beispiel den Markt der in internationalen Hotels an der Küste sehr geschätzten »Escort girls«. Einer der aufmerksamsten Beobachter der russischen Mafia, Joseph Serio, schrieb dazu im September 1993:

»Die Anzahl der Massagesalons, von denen die Hälfte von russischen Einwanderern kontrolliert wird, stieg zwischen 1989 und 1991 von dreißig auf hundertzwanzig. Was die israelische Polizei am meisten beunruhigt, ist nicht die Prostitution an sich, sondern ihre wachsende Kontrolle durch die russische Mafia. Sie hat in Tel Aviv und Haifa einen festen Platz eingenommen, besitzt ›ihren‹ Schwarzmarkt, ›ihre‹ Schutzgelderpresser und stellt ihr eigenes Falschgeld her. (Nach Angaben einiger russischer Beamter werden die 100-Dollar-Noten in Rußland gedruckt und in Israel in Umlauf gebracht; andere offizielle russische Quellen behaupten, das in der ehemaligen UdSSR kursierende Falschgeld werde in Israel hergestellt.) In Netanya, wo 40 Prozent der Bevölkerung russische Immigranten sind, wird der Großteil der Geschäftsleute gezwungen, für den ihnen gewährten ›Schutz‹ zu bezahlen. Im November wurden zwei Supermärkte mit Plastiksprengstoff in die Luft gejagt, da ihre Inhaber die Zusammenarbeit verweigerten.«[2]

Alles verhält sich in der Tat so, als ob die Eurasier den bestehenden lokalen Verhältnissen lediglich die für sie charakteristischen Kriminalitätsformen mit ihren eigenen Gewaltmethoden und ihren eigenen Finanzierungsmustern hinzufügen würden. Man hat eher den Eindruck eines Nebeneinanderexistierens als eines Gegensatzes. Ein indirekter Beweis hierfür ist ein Beispiel, das der russischen Mafia in Israel auf der ganzen Welt Schlagzeilen einbrachte. Es handelte sich um den Doppelmord an der siebenundsechzigjährigen Sofia Moschajaw und ihrem zwanzig Jahre alten Enkelsohn Siblei. Der Mord ereignete sich am 11. Mai 1995 in einer Wohnung in Ramat Aviv. Die beiden enthaupteten Leichen wurden erst einige Tage später gefunden, aber ihr beklagenswerter Zustand erzählt eine traurige Geschichte – die eines entfernten Cousins von Siblei, Oleg Jakobow, einunddreißig, der seit seiner Auswanderung aus der UdSSR zwei Jahre zuvor im Süden Tel Avivs, in Raschon Le Zion, lebte. Die Polizei ist der Ansicht, daß Oleg von der Mafia angeheuert wurde, um einen der Söhne Sofias und Vater Sibleis einzuschüchtern: Dimitri Moschajaw.

Oleg bewahrte Stillschweigen und stritt sogar den Mord ab. Doch die Ermittler wußten genug, um Vermutungen über den wahren Sachverhalt anzustellen: Am 11. Mai besuchte Oleg tatsächlich die alte Frau und tötete sie durch einen Kopfschuß. Die Leiche rollte er in einen Teppich und versteckte sie in der Wohnung. Kurz darauf kam ihr Enkel Siblei vorbei, traf aber nur seinen Cousin am Tatort an. Man begrüßte sich, umarmte sich und unterhielt sich stundenlang – Siblei ahnte nichts von dem Drama, das sich vor kurzem in der Wohnung abgespielt hatte.

Erst als Siblei die Leiche seiner Großmutter entdeckte, wurde er für Oleg gefährlich. Daher entledigte sich dieser des ungebetenen Zeugen. Diesmal wickelte er die Leiche in ein Laken. Schließlich enthauptete er beide Leichen und ließ die Köpfe verschwinden. (Sicherlich wollte er damit die Identifizierung hinauszögern; es wurde aber auch die Theorie geäußert, er habe die beiden Köpfe per Post nach Rußland geschickt.) Oleg verschwand aus der Wohnung und überließ es anderen Familienmitgliedern, das Massaker erst Tage später, am 17. Mai, zu entdecken. Er verhielt sich so, daß kein Verdacht auf ihn fallen konnte, und nahm sogar an der Beerdigung seiner Opfer teil. Erst einige Wochen später wurde er verhaftet.

Dieses Verbrechen ist trotz seiner Niederträchtigkeit und Medienwirksamkeit kein Gradmesser für die Bedrohung, die von einer russischen Mafia in Israel ausgeht. Zunächst einmal ist anzumerken, daß das russische Verbrechertum dort zwar schon seit langem, aber nur im Rahmen von Ermittlungstheorien auftaucht. Der Vater des Opfers und das eigentliche Ziel der Operation, Dimitri Maschajaw, kam zwar eigens nach Israel, um die Leichen zu identifizieren, stritt jedoch, wie zu erwarten war, ab, für die eurasische Organisierte Kriminalität in den GUS-Staaten als Geldwäscher gearbeitet zu haben. Ebenso stritt er ab, von Erpressern bedrängt worden zu sein. Im übrigen ist die Enthauptung einer Leiche – zur Erschwerung von Ermittlungen – keine von der russischen Mafia häufig angewandte Methode. Die Sache hätte anders ausgesehen, wenn die Ermittler und Journalisten über abgeschnittene Fingerkuppen berichtet hätten. (Dadurch ist jede Identifizierung durch Fingerabdrücke ausgeschlossen.) So berührt dieser »Präzedenzfall«, der dazu dienen sollte, eine zutiefst bedrohliche Verbrechenswelle aufzuzeigen, mehr das Herz als den Verstand – es sei denn, der Ausgang des Prozesses fördert aussagekräftigere Schlußfolgerungen zutage.

Das Schreckgespenst

Es gibt nämlich zwei störende Details in diesen Überlegungen. Das erste ist zugleich demographischer, sozialer und wirtschaftlicher Natur und berührt die riesige Einwanderungswelle aus Eurasien, die Israel seit 1989 überschwemmt und die manchmal schon zu rassistischen und fremdenfeindlichen Ressentiments führt. Das zweite betrifft die Tatsache, daß das Einsickern der russischen Mafia in Israel schwer zu belegen ist. Günstigenfalls fehlt es den Medien lediglich an Bildern oder Beispielen; schlimmstenfalls erkennen sie nicht einmal die Stichhaltigkeit der Elemente, durch die bedeutende Informationen gekennzeichnet sind.

Kommen wir zur russischen Einwanderungswelle zurück. Die Schriftstellerin Naomi Shepherd hat das Debakel dieses Emigrantenstroms, der Israel seit 1989 heimsucht, hervorragend beschrieben.[3] 1995 war von 700 000 russisch-jüdischen Einwanderern innerhalb von fünf Jahren die Rede, das sind mehr als zwölf Prozent der israelischen Gesamtbevölkerung. Die offizielle Einwohnerzahl Israels zu Beginn dieser Welle betrug 4,4 Millionen Einwohner. Der russische Einwanderungsstrom der neunziger Jahre ist demnach bei weitem der größte seit dem Unabhängigkeitskrieg. Die zuvor vorgenommenen Schätzungen wurden von den Politikern viel zu niedrig angesetzt. Sicherlich lag das daran, daß sich die russischen Einwanderer – 150 000 in zwanzig Jahren – bislang mühelos in Israel integriert hatten. Es handelte sich zumeist um qualifizierte Arbeitskräfte. Sie besaßen zwar die Angewohnheit, die ersten sechs Monate ihres Aufenthalts auf Kosten der staatlich gewährten Unterstützungen zu leben, schufen sich danach aber gewöhnlich sehr erfolgreiche Existenzen. Das politische Prinzip Israels, diese Einwanderer bei einer langfristigen Ansiedlung mit einem Gratisdarlehen zu unterstützen, war also an sich vernünftig. Ließ es sich aber auch auf eine zweite Welle anwenden? Das anzunehmen war ein fundamentaler Fehler: Die *refusniks* aus den Jahren vor 1989 waren praktizierende Juden gewesen, sie kamen nach Israel, um dort ungehindert ihre Religion ausüben zu können. Wenn sie keine Zionisten waren, so waren sie ihrem religiösen Glauben immerhin tief verbunden. Sie verließen ein säkularisiertes System, um in ein religiöses Paradies einzukehren, das zudem noch in einem Wirtschaftsaufschwung begriffen war. Die späteren Emigranten hatten mit diesen nichts

mehr gemeinsam. Sie brachen nicht nach Israel auf, sie flohen aus den GUS-Staaten. Obwohl auch sie qualifiziert waren, fanden sie ein Land vor, dessen Wirtschaft nicht mehr vom Wachstumsrausch geprägt war. (Es gibt in Israel beispielsweise nur zwei Eisenbahnlinien und nur wenige Stellen für Bergbauingenieure.)
In diesem Zusammenhang wird die russische Mafia daher gern als Schreckgespenst genannt. In der Knesset geht der für die Alija (die Heimkehr ins Gelobte Land) zuständige Ausschuß schon so weit, von einer spezifischen Kriminalität zu sprechen, die mit der russischen Einwanderung einhergehe. Der Vorsitzende des Ausschusses, der Abgeordnete Emmanuel Zissman, erinnerte an eine vom »Heimkehrgesetz« vorgesehene, aber bisher rein theoretische Möglichkeit: Ein Einwanderungsgesuch kann abgewiesen werden, wenn gegen die betreffende Person ein Strafverfahren vorliegt. Um die Debatte zu entschärfen, mußten Anfang 1995 erst mehrere Experten darauf hinweisen, daß in den israelischen Kriminalstatistiken der Anteil russischer Immigranten unter dem nationalen Durchschnitt liegt.

Das zweite Detail, das es zu korrigieren gilt, ist sowohl formaler wie inhaltlicher Art. Seinem Wesen nach vermag das Fernsehen auf lange Sicht nur visuelle Informationen zu vermitteln, ebenso wie die Printmedien ihre Tätigkeit langfristig nur auf begrifflich faßbaren Informationen aufbauen können. Daher ist es auf die Präsentation der nackten Tatsachen beschränkt, die ohne rechten Zusammenhang vorgebracht werden und schnell wieder in Vergessenheit geraten. Die russische Mafia hat Israel aber nicht etwa zum Standort ausgewählt, um dort Gewaltverbrechen zu verüben. Ganz im Gegenteil: Für sie ist dieser Staat eine Art »Schutzhafen«, ein Ort der Zusammenkünfte und der Erholung. Zudem bietet der Finanzplatz Israel exzellente Möglichkeiten zur Geldwäsche. Und gerade hier liegt das große Problem für die Medien. Informationen über Geldwaschaktionen sind nicht nur schwer zugänglich, sondern auch oft sehr abstrakt. Eine Veranschaulichung der Aussagen von Politikern oder Polizeibeamten zum Thema russische Mafia in Israel ist dadurch nur schwer möglich.

Weihnachten in Israel

Faktisch mangelt es nicht an offiziellen Stellungnahmen von israelischer Seite. Vor Herbst 1994 verband man mit der russischen Mafia allerdings kaum mehr als ein kleines Netz von Massagesalons im Großraum Tel Aviv. Ein erstes greifbares Zeichen für die Veränderung der offiziellen Sichtweise wurde erst am 2. November 1994 auf einer Pressekonferenz des israelischen Polizeiministers Mosche Schahal und seines ukrainischen Kollegen, Oberstleutnant Wladimir Radtschenko, erkennbar. Am Ende einer Arbeitstagung über die verstärkte Zusammenarbeit ihrer Polizeibehörden behaupteten die beiden Politiker nicht nur, daß die ukrainischen Banden mit der israelischen Verbrecherwelt zusammenarbeiteten, sondern daß in Tel Aviv sogar ein Gipfeltreffen, ein gemeinsamer »Konvent« der Kriminellen, abgehalten worden sei.
Schahal, der auch in Neapel an der UNO-Ministerkonferenz zum Kampf gegen die Organisierte Kriminalität teilgenommen hatte, ging noch weiter. In einem Interview des israelischen Rundfunks verkündete er, in den nächsten Tagen werde ein erneutes Treffen der russischen Mafia in einem der Fünfsternehotels Tel Avivs stattfinden. Dieses Mal allerdings wolle man die Kriminellen nicht aus den Augen lassen.

Es steht dahin, ob das Vorgehen des Ministers von großem, polizeitaktischem Geschick zeugte. Denn am 13. Februar, nachdem das Thema russische Mafia die Gemüter der Knesset bereits zur Genüge bewegt und das Parlament die Verurteilung einer ganzen Gemeinschaft beklagt hatte, äußerte sich Mosche Schahal erneut dazu. Das zweite Treffen habe gar nicht stattgefunden, »nachdem das Vorhaben öffentlich bekannt geworden war«, ließ er in einer ziemlich verworrenen Nachricht bekanntgeben. Noch am gleichen Tag mußte Schahal allerdings eingestehen, daß a priori kein Gesetz ein solches Treffen verhindern könne. Polizeiinformationen und Öffentlichkeit lassen sich nur schwer miteinander vereinbaren – Schahal erbrachte dafür den indirekten Beweis. Sein erzwungenes Eingeständnis war gleichzeitig der Beginn einer lang anhaltenden Funkstille ...

Nach Meinung Tom Sawickis von der »Jerusalem Post« hat dieses zweite Treffen sehr wohl stattgefunden. Und zwar am 25. Dezember, in einem Luxushotel am Strand von Tel Aviv. Sechs Mafiosi nahmen daran teil. Im übrigen war es nicht der zweite, sondern bereits der dritte Gipfel seiner Art, wie unser Kollege enthüllte.[4] Ein erstes Treffen, das sowohl den Geschäften als auch der Erholung diente, wurde im Sommer 1993 im Tel Aviv Hilton abgehalten.

Im Mai meldete sich Schahal wieder zu Wort, um dieses Mal »die Kontrolle [der russischen Mafia] über wichtige israelische Firmen« anzuprangern. Nach Informationen der israelischen Polizei beabsichtigten die osteuropäischen Mafiosi sogar, 1996 die Wahlkampagnen einiger Kandidaten zu finanzieren. Die Tageszeitung »Ma'ariv« mischte sich ein und sah sogar im russischen Schwarzgeld, das ins Land strömt, eine Erklärung für die außergewöhnlichen Devisenreserven der israelischen Zentralbank. Diese Schlußfolgerung wurde von der Bank of Israel jedoch umgehend zurückgewiesen. Für sie waren die Reserven einzig und allein auf die Anreize des Finanzplatzes Israel zurückzuführen, der aufgrund der hohen Kapitalzinsen für ausländische Anleger so attraktiv sei.

Wie dem auch sei, es sollte einer der Beamten von Schahals Behörde sein, der das Thema in den ersten Stunden des Juni 1995 aufgriff und dessen Äußerungen die Medien nach dem Doppelmord von Ramat Aviv begierig aufnahmen. Der Chef der nationalen Polizeibehörde, Generalinspekteur Assaf Hefetz, kündigte die Gründung einer nationalen Arbeitsgruppe zum Kampf gegen das internationale organisierte Verbrechen an. Man darf diese Entscheidung natürlich nicht ausschließlich in Zusammenhang mit der russischen Kriminalität sehen. Aber Assaf Hefetz brach am Tag nach dieser Ankündigung zu einer zweiwöchigen Arbeitsreise nach Rußland, Ungarn und in die Ukraine auf. Die Zeitungen berichteten weiterhin, daß sich bei der Polizei von Tel Aviv seit einem Monat eine Sonderkommission mit dem Thema der russischen Kriminalität beschäftigte und daß in Moskau zwei israelische Kontaktbeamte eingesetzt worden seien. In dieser nationalen Arbeitsgruppe wurde die Krönung des jüngsten Vorgehens gegen das russische Verbrechertum gesehen. Das ist sicherlich nicht falsch, stellt aber zweifelsohne eine vereinfachte Sicht der Dinge dar.

Der eigentliche Alarmschrei erfolgte jedoch erst bei der Rückkehr von Hefetz. Am 28. Juni berief er direkt nach seiner Landung auf dem Flughafen Ben Gurion eine Pressekonferenz ein, die für eine Sensation sorgte. Seinen Aussagen gemäß versucht die russische Mafia ganz Israel zu unterwandern, von der Wirtschaft bis hin zur Politik. Von 30 Milliarden Dollar, die die ehemalige UdSSR in den letzten Jahren im Auftrag der Mafia verlassen haben, seien 4 Milliarden in Israel gewaschen worden. Die Bemühungen der Polizei allein seien nicht ausreichend, man müsse in einer konzertierten Aktion auch die Steuer- und Zollbehörden mobilisieren.
Dem Beispiel der beiden enthaupteten Leichen von Ramat Aviv folgend, gingen die von Hefetz genannten Zahlen durch die gesamte Presse. 4 Milliarden Dollar – eine unglaubliche Summe.

Das Heimkehrgesetz

Was immer an der Meldung wahr gewesen sein mag, sie war genau das, was dem israelischen Staat fehlte, um seinen Devisenstrom endlich besser in den Griff zu bekommen. Wir erinnern nur daran, daß die israelischen Grenzen paradoxen politischen Gegebenheiten unterliegen: Zur arabischen Seite hin werden sie strengstens bewacht, zur anderen Seite hin sind sie weit offen, zumindest für »Heimkehrer nach Israel«. Den besten Beweis liefert ein Vergleich zwischen dem Landweg Amman–Jerusalem und der Flugverbindung Paris–Tel Aviv. Von der syrischen Hauptstadt aus gibt es nur eine Möglichkeit, die König-Hussein-Brücke nach Israel zu passieren, und auch das erst, nachdem man die in die Wüste gegrabenen Unterstände mit ihren sämtlich auf Israel gerichteten Granatwerfern passiert hat: den Bus der jordanischen Gesellschaft JEDD, an dessen Endstation in Israel jeder Koffer gründlichst durchsucht wird. Reist man hingegen mit dem Direktflug der Air France Paris–Tel Aviv, wird bei der Ankunft lediglich das Handgepäck überprüft. Dieses Ungleichgewicht begünstigt auch jüdische Einwanderungskandidaten. Egal wie hoch der Devisenbetrag ist, den sie nach Israel einführen wollen, sie müssen darüber keine Rechenschaft ablegen. In westlichen Ländern wird einem das nur noch äußerst selten erlaubt. Diese Besonderheit ist ein so fester Bestandteil der israelischen Sitten, daß man sich immer noch sehr gut an das Beispiel Meyer Lanskys erinnert. Dem Schatzhalter der amerikanischen Mafia wurde 1972 das Recht auf die »Heimkehr« verweigert – ein einmaliges Ereignis. Die Regel bedurfte einer Ausnahme. Lansky war diese Ausnahme, es blieb dabei.

Um den so selbstverständlichen Charakter des »Heimkehrgesetzes«, oder besser, seine automatische Anwendung, zu verändern, bedurfte es einer Art Elektroschocktherapie. Hefetz machte sie möglich. Was die russische Kriminalität anbelangte, so machten die skandalösen Äußerungen von Minister Schahal komplizierten sprachlichen Wendungen Platz, die die Ausgrenzung einer ganzen Bevölkerungsschicht aus der Gesellschaft verhinderten. Dem Beispiel des New Yorker FBI-Sprechers Joe Valiquette gemäß, der noch drei Jahre zuvor jegliche ethnischen Kriterien unberücksichtigt gelassen hatte, vermieden die israelischen Polizeisprecher fortan die Vokabel »russische Kriminalität«. Wenn das Bemühen um »political correctness« auch eher zweifelhaft ist – sie kommt oft einer zumindest teilweisen Verschleierung der Wahrheit gleich –, gab es für diese vorsichtigere Ausdrucksweise eine objektive Rechtfertigung. Wir sagten bereits, daß die »russische« und die »israelische« Kriminalität nebeneinander existieren, ohne sich aneinander zu reiben. Tatsächlich ist die Situation aber viel komplizierter: Die erste stellt eine Erweiterung der zweiten dar. In einem Konglomerat von Mafiaorganisationen, in dem bis zu sechs unterschiedliche Nationen und drei Religionszugehörigkeiten vertreten sind, ist es Analytikern oftmals unmöglich, auch bei einer aufmerksamen Betrachtung der Indizien, Fälle eindeutig zuzuordnen.

Hierzu ein einfaches und noch nicht lange zurückliegendes Beispiel, das in Israel Berühmtheit erlangte: der Fall Bak–Ben-Ascher. Die israelische Presse enthüllte im März 1995 die Festnahme von zwei Privatdetektiven, Jakov Bak und Amir Ben-Ascher in Tel Aviv. Letzterer hatte sich bereits in einem Abhörskandal gegen die israelische Presse hervorgetan. Bak und Ben-Ascher wurden dieses Mal verdächtigt, im Auftrag der russischen Mafia einen bezahlten Killer angeheuert und diesen in Israel mit der Ermordung von drei »zahlungsunwilligen« Kunden eurasischer Herkunft beauftragt zu haben.[5] Einer von ihnen ist uns schon bekannt. Es handelt sich um keinen anderen als Anton Malewski, der in Tel Aviv lebt, aber Anführer der Moskauer Ismailowo-Bande ist. Brandwain hatte ihn im Fall der M&S Inturcentr um Hilfe gebeten. Der von den beiden Detektiven angeheuerte Killer »kippte« jedoch und arbeitete mit der Justiz zusammen, worauf Bak und Ben-Ascher ohne große Schwierigkeiten gefaßt wurden.

Uns interessiert an diesem Fall, wer die beiden Privatdetektive – beide ehemalige israelische Polizisten – beauftragte. Ben-Ascher besaß sogar Verbindungen zum Nachrichtendienst der Polizei. Der Auftraggeber war ebenfalls ein ehemaliger Polizist, der 1991 wegen unterschiedlicher Verbrechen aus Israel floh. Er soll sich als Schuldeneintreiber für die russische Mafia betätigt haben. Verschiedene israelische Quellen – unter anderem die »Ha'aretz« – ließen durchblicken, daß über diesem israelischen Expolizisten Männer mit Verbindungen zur russischen Regierung und mit großen Ambitionen auf dem Aluminiumweltmarkt stünden. Man müsse in dieser letzten Etage nach den Auftraggebern des Mordes suchen. In diesem Zusammenhang wurde auch wieder das Geschäft der bereits bekannten Firma Transworld erwähnt, durch das dem Briten David Reuben 300 Millionen Dollar im Phantomkapital der Aluminiumfabrik von Krasnojarsk verlorengegangen waren. Die Ermittlungen ergaben, daß jeder Mord mit 100 000 Dollar entlohnt werden sollte. Alle Vorbereitungstreffen zu diesen Attentaten hatten in der Schweiz und in Großbritannien stattgefunden.

Angesichts eines solchen Falls ist die vorsichtige Ausdrucksweise der Polizei nur verständlich. Ist dieser Fall der israelischen oder der russischen Mafia zuzuordnen? Stößt nicht jede Zuordnung bald an ihre Grenzen? Erinnern wir uns an Jewsej Agron, den ersten russischen Paten Brooklyns. Das russische Drama in Israel besteht nicht so sehr darin, daß sein Staatsgebiet besonders stark unter der Präsenz der eurasischen Kriminalität zu leiden hätte, sondern darin, daß die russischen Verbrecher den jüdischen Glauben als Vorwand gewählt hatten, um die UdSSR Breschnews verlassen zu können. Und da die plötzlich im Westen untergetauchten Verbrecher nicht wußten, wohin, schlossen sie sich natürlich instinktiv der Gemeinschaft der echten russischen Juden an. Diese Feststellung ist von entscheidender Bedeutung und erklärt auch zum Großteil, warum der Durchbruch der russischen Mafia außerhalb der GUS-Staaten vor allem in Regionen erfolgte, in denen sich jüdische Einwanderer niederließen (Brooklyn, Antwerpen, Vilnius, Odessa usw.) – zum großen Bedauern der dortigen Glaubensgemeinschaften. Sie erklärt auch, daß die internationale Ausdehnung der russischen Mafia deshalb so spektakulär verlief, weil sie die Einwanderungsstrukturen nutzte und mißbrauchte. Die gleichen Sichtweisen und nationalen Erwägungen tauchen wieder auf, wenn man versucht, einen der bedeutendsten Drogenfälle seit der »Gründung des Staates«[6] auszugraben und in einem neuen Licht zu sehen. Er allein rechtfertigt unseren Umweg über Tel Aviv: Die Akte »Acapulco«, in der sich russische, israelische und Antwerpener Beteiligungen vermischen. In diesem Fall begegnen uns auch wieder die Namen der M&S-Gründer: Brandwain, Fanchini, Kriworuschko.

»Klein-Frankreich« in Israel

Natanya. Dreißig Kilometer nördlich von Tel Aviv verkommt die ehemalige israelische Diamantenstadt aufgrund der sagenhaften Entwicklung der benachbarten Wirtschaftsmetropole langsam zum Provinznest. Doch können sich die 120 000 Einwohner Natanyas mit einer glorreichen Vergangenheit trösten. Denn an dieser Stelle planten die Visionäre eines künftigen hebräischen Staates schon kurz nach dem Ersten Weltkrieg – und zeitweise sogar unter Aufsicht der britischen Behörden – die Errichtung einer Agrargenossenschaft. Sie sollte den Namen des amerikanischen Menschenfreunds und Zionisten Nathan Strauss (»Nathan-Ya«) tragen. 1929 war der Traum Wirklichkeit geworden: Wo heute Natanya steht, wurde eine Plantage für Zitrusfrüchte gegründet. Noch wichtiger: Hier landeten zwischen 1934 und 1939 unzählige Boote und setzten ihre Passagiere (60–800 pro Boot) ab, die sich an der damals noch illegalen Kolonialisierung Palästinas beteiligten. Die Diamantenindustrie, eine der tragenden Stützen zur Deckung der Kriegskosten, erlebte über die dreißiger Jahre hinaus eine außergewöhnliche Konjunktur. Nicht, daß dieser Industriezweig in Natanya von Anfang an so bedeutsam gewesen wäre; ursprünglich wurde der Diamantenhandel vor allem in der Umgebung der Stadt Petah Tiqvah, am nordwestlichen Rand Tel Avivs, betrieben. Aber der lokale politische Wille – günstige Steuern, Kredite usw. –, gepaart mit der hohen Nachfrage wegen des Krieges, begünstigte die wachsende Bedeutung Natanyas. Die Besetzung Antwerpens, Welthauptstadt der Diamantenschleifer, durch die Deutschen, zwang die Investoren, sich von der belgischen Stadt abzuwenden und Israel den Vorzug zu geben. Zudem brachten die Mobilmachung und die besonderen Bedingungen im Krieg Hunderte von Angestellten der Landwirtschaft dazu, sich einen Platz in der Diamantenindustrie zu suchen. Dieser Aufschwung verebbte erst mit dem Ende des Krieges, was durch die Neuverteilung der Märkte und besonders die Entwicklung der in Tel Aviv ansässigen Finanzdienstleistungsbetriebe zu erklären ist. Wer wollte sich in Zeiten des Friedens und des Wachstums noch in Natanya, fernab von allen Finanzmärkten, niederlassen, um einen Beruf im Diamant- und Edelmetallgewerbe auszuüben?

Heute hat die Stadt nur noch ein einziges Diamantenzentrum – an der Küste. Es ist aber nicht mehr als ein Schaufenster für die europäischen Touristen. Diamanten werden jetzt vor allem in Ramat Gan, vor den Toren Tel Avivs, gehandelt. Der Ha'atzmut-Platz verwandelte sich in ein Erholungszentrum, das mehr schlecht als recht auf die Touristikindustrie eingestellt ist. Im November halten sich vor allem ältere Ehepaare in der Stadt auf, die die jodhaltige Meeresluft genießen und in der rotgepflasterten Fußgängerzone, den menschenleeren Esplanaden und Spielfeldern sowie den beständig wandernden Dünen herumspazieren. Man glaubt sich unweigerlich an einen verlassenen Ort irgendwo an der Küste des Ärmelkanals versetzt. Um so mehr, da sich zu dem geschäftigen Treiben und dem Lärm der Straße ein Zauber besonderer Art gesellt, ein Erbe aus dem letzten Jahrhundert: die französische Sprache. Natanya weist in der Tat von allen Städten Israels die meisten französischsprachigen Zeitungen – und Rentner auf. Ein wahrer Brückenkopf der frankophonen Kultur. Doch auch viele »Israelis« des Antwerpener Diamantenviertels kommen aus Natanya.

Daher war es kein allzu erstaunliches Ereignis, daß eine Spezialeinheit der Polizei Tel Avivs am 1. September 1992 in eine Wohnung des Badeorts eindrang und dort einen zweiundzwanzigjährigen Mörder vorfand: Levi Ben-David. Levi hatte zusammen mit einem anderen, etwa gleichaltrigen Mann namens Guy »Gibi« Gogjaschwili am 31. Mai 1992 in Antwerpen einen Doppelmord an zwei Juwelieren begangen. Seine Opfer, der Israeli Josef Jakobi und seine belgische Geschäftspartnerin Danielle Himmler, wurden in den Geschäftsräumen ihrer Firma »Yodani«, in der Pelikaansstraat Nr. 104, erschossen aufgefunden. Wenige Tage nach dem Mord, am 15. Juni, reisten Levi Ben-David und seine holländische Freundin unter falschem Namen nach Israel. Acht Tage später wurde der mutmaßliche Komplize Guy »Gibi« Gogjaschwili im Tel Aviver Büro der belgischen Fluggesellschaft SABENA verhaftet, als er gerade einen Rückflug nach Brüssel buchen wollte.
Levi Ben-David und Gibi Gogjaschwili wurden beide in Israel zu lebenslänglicher Haft verurteilt. Damit saß zum ersten Mal ein israelischer Clan aus Natanya, der in Antwerpen ansässig ist, öffentlich auf der Anklagebank: der Clan Ben-David. Handelt es sich um einen israelischen oder um einen russischen Clan? Wir stehen wieder vor dem bereits angesprochenen Problem. Der Patriarch, Benjamin Ben-David, wurde am 22. Dezember 1941 im georgischen Oni, einem Ort im Vorgebirge des Großen Kaukasus, geboren. Sein richtiger Name lautet Bino Dawidaschwili. 1965 heiratete er die Georgierin Ciala Riginaschwili, wanderte nach Natanya aus und erhielt die israelische Staatsbürgerschaft. Erst sehr viel später, 1988, nachdem er eine Familie gegründet hatte, siedelte

er nach Antwerpen über und brachte dort seine drei Söhne im eigenen Geschäft unter. David, Schelomo und Levi wurden 1967, 1969 und 1970 geboren.

650 Kilogramm Kokain

Vater Ben-David, der gelernte Bäcker – zumindest gab er das bei seiner Einreise nach Europa an –, ließ sich also im April 1988 in Antwerpen als Diamantenhändler nieder und gründete zusammen mit seinen Söhnen Schelomo und Levi die Genossenschaft Ben-David Jewellery Center. Zu diesem Zeitpunkt lernte Levi seine späteren Opfer kennen, da sich die Firma des ermordeten Josef Jakobi und die Firma der Ben-Davids im gleichen Haus befanden. Die Ben-Davids schienen sich mehr der georgischen als der israelischen Kultur verbunden zu fühlen, denn nach den Eskapaden des jüngsten Sohnes zogen sie Anfang 1995 ins russische Viertel Antwerpens, an den Falconplein, und eröffneten dort ein neues Geschäft, das die Initialen des Vaters trug, die BBD.

In Wirklichkeit interessierten sich die Justizbehörden nicht wegen des von Levi begangenen Doppelmordes für die Ben-Davids, sondern wegen einer ganz anderen Sache. Hatte Levi Kontakt zum eurasischen Milieu? Daran besteht kein Zweifel. Der Vater kannte Rachmiel Brandwain und hat mit ihm mindestens ein Goldgeschäft ausgehandelt. Ben-David wollte damals einen Vorrat an 14-Karat-Goldketten veräußern. Dabei bat er Rachmiel Brandwain um Hilfe. So weit, so gut.
Das blieb aber nur eine Nebensache. Das eigentliche Geschäft fand am 24. März 1992 am Kai 869 in Antwerpen statt. Aus dem Schiffsbauch des unter deutscher Flagge fahrenden Frachters »German-Senator« wurden 18 Tonnen japanische Fernsehgeräte

und Kühlschränke gelöscht, die in Cristobal, Panama, geladen worden waren. Doch die Kühlschränke dienten als Versteck für 650 Kilogramm kolumbianisches Kokain, das in 600 braunen Plastiktüten verpackt und mit der Aufschrift »Roma 14« oder »Roma P« versehen war. Die Ladung sollte von Belgien direkt nach Tel Aviv gebracht werden. Und in der Tat entdeckten Gendarmerie und belgische Zollbeamte in einem Lager des Freihandelshafens das Kokain. Ein »historischer« Fang, schrieb man damals. Zu Recht. In Belgien hatte man noch nie soviel Stoff auf einmal gesehen, auch wenn sich in den letzten Monaten die Beschlagnahmungen kleinerer Mengen (unter 100 Kilogramm) häuften und die belgische Küste der niederländischen in dieser Hinsicht den Rang ablief.

Die Zollbehörden hegten bald die Vermutung, daß der eigentliche Empfänger gar nicht in Tel Aviv saß; sie verkündeten einige Zeit später, er sei in Antwerpen zu suchen. Der besagte Container wurde von einer Firma verzollt, deren Geschäftssitz wiederum einer dritten Firma gehörte. Und letztere war von einem gewissen David Ben-David gegründet worden.

Für eine Strafverfolgung reichte das natürlich noch nicht aus. Erst eineinhalb Jahre – und einige Beschlagnahmungen – später deckte ein Mann die Hintergründe der ganzen Operation auf.

Dieser Mann hieß Juval Schemesch. Er stammte aus Petah Tiqvah bei Tel Aviv, lebte in Kolumbien und war dort an einem Drogenschmuggelring beteiligt, der auf der ganzen Welt aktiv ist. Im September 1993 wurde er in Israel verhaftet, als er gerade aus den Niederlanden zurückkam. Schemesch hielt mit seinen Aussagen nicht zurück, da ihm die israelische Justiz dafür ein mildes Urteil in Aussicht stellte.[7] Der Kopf des Drogenrings war demnach Jakob Korakin, ein »gläubiger« Jude, der die *kippa* trug und im Diamantenviertel Antwerpens ein angesehener Mann war. Korakin wurden Verbindungen zum israelischen Alperon-Clan nachgesagt – den »Schuldeneintreibern« aus Ramat Gan. Die Büros der Handelsgesellschaften, von denen aus er die Operation plante, befanden sich in einem der ehrwürdigsten Gebäude der Antwerpener Diaman-

tenindustrie, dem Antwerpsche Diamantkring in der Hoveniersstraat, einer der vier Diamantenbörsen der Stadt.
Die Firmen, die an diesem Geschäft beteiligt waren, hießen Gefen und Top 1 und hatten im sechsten Stock des Diamantkring ihren Sitz. Sie gehörten Aharon Wiener, ebenfalls ein Diamantenhändler. Zu seinem Unglück entdeckten belgische Beamte in Panama tatsächlich die Kontaktnummer der Gefen auf den Frachtpapieren der erwähnten Fernsehgeräte und Kühlschränke. Wiener galt als Finanzier, der in dieser Sache mit einem anderen Kontaktmann zusammenarbeitete. Der saß im Nachbargebäude des Diamantkring und leitete das Reisebüro Forever Ohad. Sein Name: Bustnai Cohen aus Natanya, israelischer Abstammung und seit 1989 in Belgien ansässig.

Verräterische Flugtickets

Cohens Devisengeschäfte mit englischen Pfund und holländischen Gulden ließen die Kriminalpolizei auf andere Finanzgeschäfte aufmerksam werden. Er besaß »zwielichtige« Verbindungen zu Wiener. Die Sekretärin von Cohen berichtete in ihrer Zeugenaussage von Geldkoffern, die in Wieners Büro hinterlegt worden seien.
Aber welche Verbindung bestand zwischen dem Duo Cohen-Wiener und Korakin? Das war den Ermittlern zu Beginn der Untersuchung nicht ganz klar. Bustnai Cohen entschloß sich, als erster auszusagen. Er konnte schlecht leugnen, Korakin in seiner Wohnung in der Straße La Plantin en Moretuslei beherbergt zu haben. Die Telefongespräche, die Korakin von dieser Zweitwohnung aus führte, wurden abgehört. Die Rechnungen der Flugtickets, die das Reisebüro an Korakins Adresse schickte, brachten die Ermittler weiter: Korakins und Ben-Davids Tickets tauchten zusammen auf ein und derselben Rechnung vom Dezember 1991

auf – also zu dem Zeitpunkt, als die Vorbereitungen für den Kokaintransport vom März 1992 im Gange waren. Und in Korakins Reisebüro wurde auf seine Rechnung am 28. Oktober 1992 ein Flugticket auf den Namen Scheller J. ausgestellt – zu dem Zeitpunkt, als eine andere wichtige Ladung, dieses Mal nach Rußland, vorbereitet wurde. Die Fahnder glauben, daß der Hin- und Rückflug Düsseldorf–Amsterdam für Juval Schemesch bestimmt war. Am nächsten Tag wurde ein weiterer Hin- und Rückflug Amsterdam–Tel Aviv auf den Namen Osborne Foster Anderson ausgestellt. Wer war Foster Anderson?
Es handelte sich ganz einfach um einen falschen Namen Korakins, zu dem er auch einen gefälschten Paß besaß. Diese Flüge von Schemesch und Korakin zwischen Bogotá und Tel Aviv ließen bei den Ermittlern die Vermutung wach werden, die beiden Männer hätten sich heimlich in Amsterdam getroffen, wo weitere Komplizen des Schmuggelrings lebten.

Und Aharon Wiener? Er war zu Beginn nicht gerade sehr gesprächig und gestand seine finanzielle Beteiligung erst sehr spät ein. Aber als er sich im Januar 1994 dazu bereit erklärte, erzählte er ohne Umschweife von Korakins Geldproblemen, die ihm die Beschlagnahmung im März 1992 verursacht hatte. Nach Aussage der belgischen Fahnder waren die 650 Kilogramm Kokain über 200 Millionen Dollar wert. Wiener hatte durch diese unerwartete Beschlagnahmung eine weniger gravierende Einbuße erlitten: 2,5 Millionen Dollar. Das entsprach dem »Loch«, das die Beschlagnahmung in der geheimen Buchhaltung Korakins hinterlassen hatte, und war die Summe, die dieser seinen kolumbianischen Lieferanten zahlen mußte, wenn er nicht deren Zorn auf sich ziehen wollte. Man verliert nicht ungestraft eine Lieferung solchen Ausmaßes! Und Korakin würde in seiner Notlage Wieners Kasse plündern, um sich aus der Affäre zu ziehen.
Das erklärt, warum Wiener Korakin so plötzlich hochgehen ließ. Er hatte mit seinem ehemaligen Partner noch »ein Hühnchen zu rupfen«, das 2,5 Millionen Dollar wert war.

Von da an suchte Wiener seinen Geschäftspartner in ganz Europa – und hatte ihn schließlich eines Tages am Telefon. Er erklärte ihm, daß er das Geld wiederhaben müsse, da es einer Reihe von Diamantenhändlern gehöre, die ansonsten klagen könnten. Indirekt gestand Korakin den Diebstahl ein, da er Wiener vorschlug, die Diamantenhändler um einen Aufschub der Rückzahlungsfrist zu bitten. »Korakin hat mir bei dieser Aktion etwa 2,5 Millionen Dollar gestohlen und mich zudem noch gezwungen, einen Schuldschein zu unterzeichnen«, so Wiener heute. Welchen Groll Wiener auch gegen Korakin hegen mag, es ist klar, daß letzterer den Verlust der 650 Kilogramm Kokain ausgleichen mußte.
Das finanzielle Fiasko Korakins hatte nach Ansicht der Antwerpener Ermittler direkte Folgen: Er änderte seine Transportroute. Über die vorherige besaß die Justiz nur spärliche Informationen. Die Brüder Schelomo und David Ben-David wurden Anfang 1995, ziemlich spät also, wegen dieser Sache in Antwerpen verhaftet (wie seinerzeit Wiener und Cohen). Aber die Brüder Ben-David wurden kurz darauf wieder auf freien Fuß gesetzt. Die für die Auslieferung zuständige Kammer erkannte die Beweise der israelischen Justiz nicht an.[8]

Vyborg – eine Tonne Kokain in Cornedbeefdosen

Die Vorsicht gebot Korakin, seine Strategie zu ändern. Das tat er auch, indem er den Hafen Antwerpen als Umschlagplatz aufgab. Nicht aber Antwerpen selbst! Er wählte eine andere Transportmethode sowie einen anderen Transporteur, ebenfalls eurasischer Abstammung. Und er wollte eine ganz andere Kokainroute nutzen: die große Schleife über Rußland und die nordeuropäischen Häfen. Seit Anfang der neunziger Jahre erlebt die finnisch-russische Grenze einen sagenhaften

Aufschwung. Ende der fünfziger Jahre waren einige Grenzübergänge nur in den Sommermonaten passierbar, und diese Posten waren sogar noch bis vor wenigen Monaten nachts geschlossen.[9] Heute ist die Grenze Tag und Nacht geöffnet und bietet so neue Möglichkeiten für den Drogenschmuggel.
Korakin sollte jedoch wieder Pech haben: Am 21. Februar 1993 beschlagnahmte die russische Polizei in der Grenzstadt Vyborg eine Ladung Cornedbeef der Marke Blony, die in Wirklichkeit 1092 Kilogramm kolumbianisches Kokain enthielt. Ein historischer Fund, und dies in vielerlei Hinsicht: Die ganze Welt erfuhr so vom Einstieg Rußlands in das internationale Drogengeschäft. Sicher gibt es auch hier Drogenabhängige – zumindest nimmt man dies an –, von größerer Bedeutung aber sind die kriminellen Joint-ventures, die man hinter dieser Annäherung von Kolumbianern und Russen vermutet. Die Wahrheit ist jedoch weitaus komplexer: Ebenso wie bei den in Antwerpen sichergestellten 650 Kilogramm wurde das Geschäft von einem israelisch-russischen Joint-venture durchgeführt.
Korakins Dealernetz im Mittelmeerraum wurde nämlich von Juval Schemesch zusammen mit einem in Bogotá lebenden Israeli versorgt. Elias Cohen[10] ist mit einer Kolumbianerin verheiratet und besaß Kontakte zu einem Clan, der mit dem Cali-Kartell zusammenarbeitete. Endabnehmer des Kokains war eine Gruppe israelischer Dealer, die in den Niederlanden lebten.[11] Die in Vyborg beschlagnahmte Ladung wurde in Kolumbien von der MV »Nedlloyd Clement« geladen und von dort nach Göteborg, Schweden, transportiert. Ein kleineres Schiff, die MS »Bore Sea«, nahm das Kokain in Göteborg an Bord und brachte den Container über den finnischen Meerbusen nach Kotka in Finnland. Von dort aus lieferte ein russischer Lkw ihn an eine Gesellschaft, die von dem Joint-venture (verschiedene Firmen in Moskau und Sankt Petersburg waren an ihm beteiligt) gegründet worden war. Ein Antwerpener Fuhrunternehmer, der mit dem eurasischen Milieu zusammenarbeitete, übernahm die Ladung und brachte sie schließlich zu ihren Endabnehmern in den Niederlanden.

Auch diesmal konnte ein Großteil der Route nur aufgrund der Aussagen von Juval Schemesch rekonstruiert werden. Er war im September 1993 wegen dieses Falls verhaftet worden; logischerweise betrafen seine ersten Aussagen vor den israelischen Behörden diese Angelegenheit.[12] Schon im Juli hatte die Festnahme einiger israelischer Geschäftspartner in Rußland die Aufmerksamkeit der Israelis geweckt. Die israelischen Behörden ließen nicht mehr locker: Am 21. September 1993 wurden die gemeinschaftlichen Ermittlungen von Russen, Kolumbianern und Europäern – Codename »Acapulco« – mit der Verhaftung von drei Männern in Tel Aviv und eines Mannes in Kolumbien gekrönt, darunter Juval Schemesch und Elias Cohen (in Kolumbien).

Am Ende dieser Woche wurden zwei weitere mutmaßliche Komplizen in Tel Aviv in Gewahrsam genommen. Beide kamen aus Natanya, einer von ihnen hieß Oscar Donat.[13] Ein glücklicher Zufall: Bevor die Familie Donat nach Antwerpen zog, wo sie nun lebt, wohnte sie nur fünfhundert Meter von Bustnai Cohen entfernt, »dem Mann mit den Flugtickets«. Vor allem aber vertrat Oscar Donat ein Antwerpener Transportunternehmen (die bankrott gegangene Holding DTI), das die israelischen und schließlich die belgischen Fahnder der Beteiligung an dem Drogenschmuggel verdächtigten. Donats Sohn, Gregori Swi Donat, aus Sankt Petersburg stammend, war übrigens über die JT Communications Services, eine Gesellschaft belgischen Rechts, ganz offiziell Geschäftspartner von Juval Schemesch. Ihre Büros befanden sich im Firmensitz der DTI.[14] Die Gründung dieser Gesellschaft erfolgte im Juli 1992, als Korakin seine finanziellen Verluste aus der Beschlagnahmung im März wettmachen mußte. Schemesch trat erst zwei Tage nach seiner Verhaftung von seinen Posten in der Firma zurück. JT stand für die Initialen eines gemeinsamen Partners, Josef Traum, der in Moskau und Savyon, einem Vorort Tel Avivs, lebte. Auch hier stellt sich wieder die Frage, ob man von einer russischen oder israelischen Spur sprechen soll.

Schemesch ließ Korakin »hochgehen«. Er wurde Mitte Oktober 1993 verhaftet. Die Polizisten des Drogendezernats Tel Aviv überraschten ihn in seiner Jerusalemer Wohnung. Ihm war also nur eine kurze Ruhepause vergönnt gewesen. Von der Polizei Tel Avivs erfuhr man voller Staunen, daß die eine Tonne Kokain in Vyborg und die 650 Kilogramm in Antwerpen zwar außergewöhnliche Beschlagnahmungen, aber keineswegs Einzelfälle gewesen seien. Korakin soll noch weitere Schmuggelaktionen organisiert haben: fünf Lieferungen à 25 Kilogramm von Kolumbien in die Niederlande, 50 Kilogramm von Kolumbien nach Belgien auf einem Bananenfrachter im Jahr 1992 und etwa 300 Kilogramm von Panama nach Belgien im Jahr 1991. Diese Lieferung könnte mit dem Fund von 273 Kilogramm Kokain auf dem Brüsseler Flughafen Zaventem zusammenhängen, die Anfang März 1991 in einer Ladung Trockenfisch gefunden wurden.

Kaum eine Woche danach wurde auch der niederländische Geldwäscherring aufgedeckt. In einer Gemeinschaftsarbeit von Israelis, Belgiern und Niederländern – Codename »Goldenes Kalb« – wurden einunddreißig Verdächtige festgenommen und zahlreiche Bankkonten in den drei Ländern eingefroren. Die Fahnder konfiszierten in den Niederlanden beinahe 2,5 Millionen Gulden und in Israel mehr als 1,8 Millionen Dollar auf Konten der Hapoalim-Bank. Das »Epizentrum« dieser Aktion war bei der Familie Eini zu suchen. Sie stammt aus Rehovot – dem Geburtsort des früheren israelischen Staatspräsidenten Chaim Weizman, 20 Kilometer von Tel Aviv entfernt –, lebte aber seit zwanzig Jahren in Amsterdam, wo sie Wechselstuben, Pizzerien und Restaurants betrieb. Der niederländischen Justiz gelang es schließlich, den Knoten zu lösen, dessen Fäden zu verschiedenen Drogengeschäften mit Amphetaminen, Heroin oder Haschisch, aber auch zu der Beschlagnahmung der 650 Kilogramm vom März 1992 führten. Ein Zeuge beschuldigte die Familie Eini, auch an diesem Deal beteiligt gewesen zu sein. Im Juni 1994 wurden die Brüder Ami und Menasche Eini zu zwei Jahren Gefängnis verurteilt. Der Patriarch, Naji Eini, erhielt neun Monate und der Neffe, Zion Eini, eineinhalb Jahre.

Am Ende saßen alle Beteiligten des Schmuggels zusammen auf der Anklagebank.

Nach seinen Schlußfolgerungen zu dieser Aktion gefragt, erklärte J.* M.*, ein hoher deutscher Sicherheitsbeamter: »Die Hypothese, derzufolge die internationalen [kriminellen] Organisationen seit einiger Zeit den Drogenschmuggel gemeinsam betreiben und nach der die Kokainkartelle den Stoff nun über Osteuropa einführen, ist bestätigt worden. Doch ist es der Polizei bereits möglich, ihr Vorgehen auf internationaler Ebene zu koordinieren und mit den Behörden anderer Länder, Rußland einbezogen, auf effiziente Weise zusammenzuarbeiten.« Der Fall Vyborg ist wichtig und bleibt für das Verständnis der Entwicklung der Schmuggelrouten ein historischer Wegweiser.

M&S International kehrt zurück

So haben weniger als zwei Jahre nach der Beschlagnahmung von Vyborg alle Länder, die an den Operationen »Goldenes Kalb« und »Acapulco« beteiligt waren, Gerechtigkeit walten lassen – mit Ausnahme Belgiens. Korakin, Schemesch, Cohen und die vier Einis wurden alle in ihren Heimatländern verurteilt. Der »größte Drogendealer seit Bestehen des Staates Israel«, Korakin, wird das Gefängnis erst wieder als alter Mann verlassen. Doch warum wurde keiner der Antwerpener Beteiligten verurteilt? Neben den Verfahrensproblemen, die die Verbindung zwischen Belgien und Israel störten, gibt es mehrere Erklärungen. Diese geben noch mehr Aufschluß über die Hintergründe des Schmuggels. Außerdem unterstreichen sie nachdrücklich die Verflechtung von israelischen und russischen Clans.

Die erste Erklärung gab uns ein Antwerpener Informant aus dem russischen Milieu. Seine Version: Die Anklage stützte sich vor allem auf Schemesch. Der wird aber noch in diesem Jahrhundert das Gefängnis wieder verlassen, da er nur zu sieben Jahren Haft verurteilt wurde. Er muß also an seine Zukunft denken. In seinen Augen ist Korakin aus dem Rennen, er hat demnach kein Interesse mehr an ihm. Indes hat er einem der Antwerpener Transportunternehmer beachtliche Summen geliehen, mit denen dieser in Moskau ein Mobiltelefonnetz aufbauen kann. Das ist eine von Schemeschs Zukunftsaussichten. Er muß also diese Person decken.
Inwieweit ist diese These glaubhaft? Auf der einen Seite stimmt sie mit unseren Informationen überein, auf der anderen Seite hat unser Informant diese Erklärung wohl nur aus einer »ersten« Quelle erhalten können: von einem Mann namens »Gingi« (hebräisch: der Rothaarige), einem typischen Vertreter des israelisch-russischen Verbrechertums. Gingi wurde später von der Polizei wegen einer anderen Sache verhaftet, seine mögliche Aussage zu diesem Fall liegt jedoch nicht vor.
Die zweite Erklärung ist eher ergänzender Natur, und ihre Behauptungen wurden nachgeprüft: Das Transportnetz war nicht das einzige, was die belgischen Behörden in diesem Fall beunruhigte. Hier kommen wir wieder zur Akte M&S International zurück. Wußte Rachmiel Brandwain von diesen Geschäften? Immerhin begegnete er Korakin, sah in ihm einen »gläubigen« Juden, vertraute ihm. Aber das war noch nicht alles: Korakin, der zweifelsohne Kontakte zum Alperon-Clan besaß, betätigte sich ebenso wie die Brüder in Ramat Gan als Schuldeneintreiber. Und dies tat er auch für Brandwain: »Ich hatte einmal mit ihm [Korakin] Kontakt«, gibt Brandwain zu. »In Israel schuldete mir jemand Geld – 100 000 Dollar. Er [Korakin] versprach mir, eine Lösung zu finden. Und er hielt sein Versprechen!«[15] Die besagte Angelegenheit war äußerst aufschlußreich: Die 100 000 Dollar entsprachen dem Wert einer nach Israel geschmuggelten Ladung mit Videogeräten. Der säumige Schuldner war ein Israeli georgischer Abstammung.

Brandwain und Korakin hatten zumindest in diesem Fall sehr eng zusammengearbeitet.
Aber es sollte noch besser kommen: Brandwain erklärt, daß Korakin in der Zeit des Kokainschmuggels mit zwei seiner Bekannten – und insbesondere Nayfeld – in einer Villa in Schilde mindestens eine Besprechung abhielt. Kam Brandwain, der sich am gleichen Tag dort aufhielt, nur zufällig vorbei? Er »war in der Sauna«, behauptet er, und habe an dieser Besprechung nicht teilgenommen. Aber diese Aussage ist unwahrscheinlich. Vor allem, da die israelische Polizei damals ein Telefongespräch Korakins von Antwerpen nach Israel auffing und abhörte. In diesem Gespräch sprach Korakin über die Finanzierung eines Drogendeals und erwähnte dabei auch den Namen Brandwains.

Dieser »Zufall« kann schwerwiegende Folgen haben: Die israelische Polizei eröffnete uns die Existenz dieser Aufzeichnung erst in den ersten Monaten des Jahres 1995. Aber die Information blieb rein informell und bedurfte der offiziellen Bestätigung durch die einzige Person, die frei über sie verfügen kann – d. h., die sie vor einem Journalisten aussprechen kann. In diesem Fall war es der Chef der Nachrichtenabteilung der israelischen Polizei, Hezi Leder. Als unser Kollege Mark Dennis, Jerusalem-Korrespondent des »Newsweek« von der Existenz dieser Aufzeichnung erfuhr, erhielt er Ende Sommer 1995 von Leder so etwas wie eine Bestätigung und veröffentlichte Auszüge aus dessen Erklärung: »[Brandwain] ist Teil des Drogenschmuggelrings von Lateinamerika nach Europa und Israel. Er ist kein Dealer, sondern ein Finanzier […] und fungiert als Schaltstelle zwischen der Finanzierung der Operation in Lateinamerika und dem Ertrag [aus den Verkaufseinnahmen] der [europäischen] Dealer.«[16]
In Antwerpen schlug diese Information wie eine Bombe ein. Brandwain beauftragte umgehend seinen Geschäftsanwalt in Tel Aviv, von Leder eine schriftliche Bestätigung über den Inhalt des Interviews zu erlangen, und wollte entweder das amerikanische Nachrichtenmagazin oder den israelischen Offizier auf Schadens-

ersatz verklagen. Hezi Leder wurde dadurch zwar nicht dazu gezwungen, seine Behauptungen zurückzunehmen, er verschloß sich aber weiteren Gesprächen zu diesem Thema. Unsere wiederholten Bemühungen im August 1995 blieben ohne Erfolg: »Zu heikel«, so Leder.

Eine dritte These, die von außerhalb kommt, bekräftigt die Behauptungen der israelischen Polizei. Es handelt sich um die These der amerikanischen Drug Enforcement Administration (DEA). 1993, als sich die Agenten der DEA in diesem Fall noch sehr bedeckt gaben, erstellten sie einen Untersuchungsbericht, der bis zur Stunde noch vertraulich ist und sich vor allem mit der Beschlagnahmung des Kokains in Antwerpen und dem Zwischenstopp eines Frachtschiffs in Panama befaßt, das 18 Tonnen Fernsehgeräte an Bord hatte. Dieser Bericht zeichnet die Transportroute nach und nennt den Namen der Gesellschaft Judi SA in Panama City, die den Transport durchgeführt haben soll. Vor allem aber tauchen in ihm fünf Namen auf, die in den Schmuggel verwickelt sein sollen. Die letzten drei Namen auf der Liste sind die der Gründungsmitglieder von M&S International.
Die Amerikaner haben aus diesen Informationen vorläufige Schlußfolgerungen gezogen, da sie im gleichen Rahmen eine andere Begebenheit erwähnen, die sich lange vor der Beschlagnahmung in Antwerpen ereignete. Im Juli 1991 wurden Brandwain, Fanchini und Nayfeld an der deutsch-belgischen Grenze in ihrem Rolls-Royce Corniche der M&S International kontrolliert. Eine unbedeutende Begebenheit – die Brandwain zudem frei heraus bestätigt. Sie zeigt aber auf der einen Seite die offenkundige Zuverlässigkeit der DEA-Informationen und andererseits das starke Interesse der Amerikaner an den Russen in Antwerpen (und das schon seit 1991).

So wurden die Namen des M&S-Teams wieder einmal in Zusammenhang mit einem international bedeutsamen Kriminalfall genannt. Ein weiteres Mal richtete sich das Interesse der amerikanischen, belgischen, israelischen, niederländischen, deutschen und russischen Polizei auf ein und dieselbe Import-Export-Firma im Diamantenviertel Antwerpens – zu Recht oder Unrecht. Man sprach nicht mehr von einem Journalistenmord, aber die Beschuldigungen blieben schwerwiegend. War die M&S in Drogengeschäfte verwickelt? In der Tat haben die Amerikaner die Abreise Boris Nayfelds nach Europa sehr wohl zur Kenntnis genommen und ihn auch danach nicht aus den Augen verloren. In den ersten Tagen des Januar 1994 würden sie wieder an Beebas Tür klopfen.

Kapitel 8

Manhattan

Hatte Brooklyn überhaupt eine Chance, die Aufmerksamkeit des in Manhattan ansässigen FBI auf sich zu ziehen? Es liegt im Schatten des Finanzviertels der Wall Street, wird von dem geschäftigen Lärm Chinatowns übertönt und wirkt eher etwas farblos. Wenn Detective Daniel Mackey aus Brighton Beach noch vor ein paar Jahren an das FBI dachte, mußte er jedesmal verbittert feststellen, daß er in den Augen der Bundespolizisten lange Zeit nur ein kleiner Beamter des örtlichen Kommissariats war. Ein Cop, wie man hier sagt; kompetent, aber eben nicht zum Hause Hoover gehörig. Das FBI war nur bedingt an polizeilicher Zusammenarbeit interessiert und schottete sich nach außen hin ab, so daß selbst die Beamten der DEA nur schwer Zugang fanden.

Die Wende, die die Ereignisse Anfang der neunziger Jahre in seinem Viertel Brighton Beach nahmen, paßte dem Senior Detective von Brooklyn überhaupt nicht: zu viele Tote, Intrigen, Schmuggelfälle. Eine Herausforderung, die für die Schultern eines »gewöhnlichen« Cops zu groß war. Früher oder später mußte man sich nach Manhattan wenden, die Justizbeamten alarmieren, das FBI für die Sache interessieren – vielleicht stieß man ja auf jemanden, der nicht so verschlossen war.

1994, nach zwei Jahren harter Arbeit, kam Daniel Mackey zu dem Schluß, daß das Manöver alles in allem recht erfolgreich verlaufen war. Auch wenn das FBI eine Institution blieb, an die man nur schwer herankam, hatte er in den Büros auf der 10th Avenue doch zwei Bundespolizisten der DEA New York für seine Geschichte zu interessieren vermocht: Louis »Luo« Cardinale und Joseph »Joe« Massimi. Und das hatte seine Gründe: In New York konnte man mittlerweile Drogen aller Art zu allen möglichen Preisen von allen möglichen Leuten und in jeder Qualität kaufen. Nicht nur mit Kokain wurde gehandelt; Ende 1993 waren die New Yorker eher von der Diversifizierung der Drogen beunruhigt, darunter auch Heroin, das nun in schnupfbarer Form vorlag und wieder kräftig auf den Markt drängte.[1] Das »dope«, das hier »smack«, »boy«, »shmeck«, »scag« oder ganz einfach »P« heißt, wurde für 50 Cents (oder weniger) das Milligramm verkauft. Der Durchschnittspreis für ein »piece« lag demnach bei ca. 10 Dollar. In East Harlem und in der Lower East Side, den beiden am stärksten betroffenen Stadtteilen, konnten Junkies sogar »bundles« – zehn »pieces« zu je 10 Dollar – unter den vielsagenden Namen »Killer Machine«, »Knock out« oder »5 Star« erstehen.

Das Aufkommen von Labels – Red Tape, 9 1/2, Amadeus usw. – war der sichtbare Beweis für einen geschlossenen Markt, der es verstand, seine Kunden zu halten. Die Heroindealer oder »Hawkers«[2] setzten auf Markennamen, die – wie es sich gehörte – auf den Plastiksäckchen abgedruckt waren. Dieser Drogenmarkt, der vor allem Heroin vertrieb, war traditionell das Revier der »Cosa Nostra«.

Aber die DEA-Beamten Cardinale und Massimi begannen aufgrund der Beobachtungen Mackeys zu begreifen, daß sich ein russischer Heroinmonolith herausbildete, der die westliche Auffassung des Drogenhandels revolutionieren sollte. Die Eurasier hielten ganz offensichtlich den Schlüssel für eine Handelsbrücke zwischen den Chinesen und Myanmar (Burma) sowie den Händlern von Little Italy oder Queens in der Hand! Die Russen waren in der Lage, wie die Italoamerikaner der »Cosa Nostra« im Kreis der »Großen« mitzuspielen. Sie bedienten sich »integrierter« Schaltkreise, in denen ein und dieselbe Person den gesamten Prozeß des Heroinschmuggels kontrollierte – eine überraschende Neuerung.

Und aus eben diesem Grund sorgten die Russen in den Vereinigten Staaten für Unruhe. Wenn sie auch keine wesentlich neuen Deliktmuster innerhalb der Organisierten Kriminalität an den Tag legten, so besaßen sie doch die einzigartige Fähigkeit, die Grenzen des Vorstellbaren zu verschieben. Der simpelste Betrug, das einfachste Vergehen nahmen bei ihnen ungeahnte Dimensionen an. Ein kurzes Beispiel: Ein einfacher Detective der Staatspolizei von Oregon hatte in Portland das rekonstruiert, was im russischen kriminellen Netzwerk unter »Autodiebstahl« zu verstehen war. Sein Schema führte siebenundzwanzig Phasen auf. Für diese Diebstähle mußten ständig zwei unterschiedliche Fahrzeuge »vertauscht« werden.

Die Erklärung ist einfach: Die Autodiebe benötigen dafür drei Fahrzeuge gleichen Modells, gleicher Marke und etwa gleichen Baujahres. Nehmen wir einmal an, ein rotes, ein gelbes und ein blaues Auto. Ein Karosseriebauer ersteht bei der Versteigerung einer Versicherungsgesellschaft die Karosserie eines roten Autos, die er an einen seiner Kunden, Komplize Nr. 1, verkauft. Ein Komplize Nr. 2 macht zur selben Zeit ein gelbes Auto gleichen Typs ausfindig und beauftragt einen Komplizen Nr. 3, seines Zeichens Profiautoknacker, dieses zu stehlen. Der Besitzer des gelben Fahrzeugs zeigt den Diebstahl ordnungsgemäß an, während Nr. 2 und Nr. 3 das gestohlene Fahrzeug vollständig »ausnehmen« und die zur Identifizierung notwendigen Merkmale bei Bedarf entfernen. Die Karosserie des gelben Fahrzeugs wird irgendwo abgestellt, nach einiger Zeit von der Polizei entdeckt, und die Suchanzeige wird aus der Kartei gestrichen. Die Komplizen Nr. 2 und Nr. 3 verkaufen daraufhin die Einzelteile des gelben Fahrzeugs an den Besitzer der roten Karosserie, Komplizen Nr. 1, der daraus wieder ein Auto zaubert. Dieses lackiert er orange und überläßt es einem Komplizen Nr. 4, der das Fahrzeug wiederum an einen ganz gewöhnlichen Kunden verkauft oder – eine Variante – es ganz legal auf seinen Namen anmeldet, um dann einen Diebstahl zu organisieren und die Versicherungsprämie zu kassieren.

Aber kommen wir zurück zur gelben Karosserie, die von der Po-

lizei gefunden und aus der Kartei gestohlener Fahrzeuge gestrichen wurde. Sie wird von der Versicherungsgesellschaft des echten Besitzers aufgekauft und dann wieder an Karosseriebauer versteigert. Der Käufer wird von einem Komplizen Nr. 5 aufgesucht, der auf der Suche nach genau diesem Karosserietyp war. Zuvor hat er Komplizen Nr. 1 gebeten, in der Stadt ein Auto gleichen Typs für ihn ausfindig zu machen – ein blaues. Bald darauf wird dieses Fahrzeug von dem Profiautoknacker gestohlen (immer noch Komplize Nr. 3). Die beiden nehmen das blaue Fahrzeug auseinander und verkaufen die Einzelteile an Komplizen Nr. 5. Die blaue Karosserie wird irgendwo abgestellt, während in der Werkstatt des Komplizen Nr. 5 langsam ein neues Auto zusammenwächst – ein grünes.
Zum Abschluß unseres farbenfrohen Exempels nehmen wir einmal an, daß die Fahnder die gelben und blauen Fahrzeuge aus den Augen verloren haben und auf dem Markt nun orangefarbene und grüne aufspüren. Die blaue Karosserie befindet sich im gleichen Stadium wie anfangs die rote: Das Spiel kann von vorne beginnen.

Der Kampf gegen die Russen

Die neue und vielschichtige Gefahr, die die massive Beteiligung der Russen an traditionellen Betrugsdelikten und kriminellen Handlungen mit sich brachte, wurde frühzeitig erkannt. Diese Erkenntnis riß die Bundesbehörden an der Ostküste der Vereinigten Staaten – und vor allem in New York – aus ihrer vormals gepflegten Lethargie. Spezialisten aus allen Bereichen wurden auf dieses »sowjetische« Projekt angesetzt. Seit dem medienträchtigen Mord an den Ljubarskis waren erst wenige Monate vergangen. Aus diesem Fall erwuchs das Projekt einer Sonderkommission, in der die Polizeibehörden aus den einzelnen Bundesstaaten an einem Tisch saßen. Die Kommission sollte sowohl der Informationsbeschaffung dienen als auch die Kriminellen vor Gericht bringen. Eine Mischung aus Geheimdienst und Strafverfolgungsbehörde, die gemeinsam die neue »russische Front« ins Visier nahm.

Diese Sonderkommission für New York und seine Umgebung trug den Namen »Gemeinschaftsprojekt der drei Bundesstaaten [zum Kampf] gegen die Organisierte Kriminalität sowjetischer Immigranten«. Unter der Führung der Organized Crime Task Force des Staates New York (OCTF) vereinte sie die Ermittlungsausschüsse der Staaten New York und New Jersey sowie die Kriminalkommission des Staates Pennsylvania. Von ihrem Hauptquartier in White Plains (New Jersey) aus konnten die Ermittler der OCTF auch die Polizeibehörden von New York (NYPD), Boston, Philadelphia und Los Angeles, fünf FBI-Büros, das New Yorker Büro des amerikanischen Geheimdienstes, die Post Office Inspectors [Post Office Inspectors – Bundesbehörde, die für Vergehen gegen die Postgesetze zuständig ist], die DEA, die Zollbehörden, die kalifornische Gerichtsverwaltung, die israelische Nationalpolizei und die Innenministerien Rußlands, Weißrußlands und der Ukraine für ihr Projekt gewinnen! Der Wunsch nach Zusammenarbeit war so stark gewachsen, daß sie sogar einen Beamten der weißrussischen Polizei als Berater einstellten.

Die Initiative war im übrigen kein Einzelfall: Weiter im Süden, in Florida, wurde die »Operation Odessa« durchgeführt. Hier hatten sich DEA, FBI, verschiedene Staatsanwaltschaften, die Drogenkontrollbehörde NDIB, Beamte der Einwanderungsbehörde, das ATF, die Zollbehörden, die Finanzbehörde IRS, der »Drogen«-Geheimdienst NDIC, der diplomatische Sicherheitsdienst (ein Zweig des Außenministeriums), das deutsche Bundeskriminalamt, die kanadische Polizei, das russische Innenministerium, die Staatspolizei Floridas und die Polizeibehörden von Broward und Miami (Miami Beach und Miami-Stadt) zusammengefunden, um drei verschiedenen Gruppen der eurasischen Organisierten Kriminalität im Südwesten der Vereinigten Staaten das Handwerk zu le-

gen. Auf dem Logo dieser Polizeitruppe sah man eine Windrose über einem Adler mit ausgebreiteten Schwingen stehen, vor dem der Schriftzug *wory w sakonje* prangte.
Es war keine leichte Arbeit: Jede Woche füllten die Beteiligten die Akten der drei OK-Gruppen mit neuen belastenden Fakten. Man hatte sie »Odessa«, »441« und »Poinciana« getauft. Schon die Verschiedenheit der Gruppen zeigte ganz deutlich die Schwierigkeit der Aufgabe.
Die Gruppe »Odessa« operierte vor allem im Großraum Miami und deckte das ganze Spektrum der gewöhnlichen Kriminalität ab, vom Diebstahl über Steuerhinterziehung bis hin zu Drogenhandel und Erpressung. Gezielte Erkundigungen über seine Untergebenen und ihre Einschüchterung ermöglichten es dem traditionell orientierten Chef der Gruppe, eine starke, pyramidenförmige Struktur aufrechtzuerhalten. An ihrer Spitze stand lediglich ein harter Kern aus vier bis sechs Personen. Der Chef traf alle Entscheidungen allein; er ließ sich lediglich von der Person beraten, die den Coup vorgeschlagen hatte. Um die Bande zu »knacken«, mußten die Fahnder unter den gelegentlichen Gehilfen der Gruppe Informanten anheuern.
Die Aufgabe der Gruppe »441« lag einzig und allein in der Geldwäsche für das russische Verbrechermilieu von New York. Sie bestand aus sechs bis zehn Personen, die alle der gleichen Familie angehörten und sich die Phasen des Entscheidungsprozesses untereinander aufteilten. Eine Unterwanderung der Gruppe war daher völlig ausgeschlossen. Der Einfluß außerhalb ihrer kriminellen Klientel war gering, aber die Polizei wußte, daß sie erst spät ins Geschäft eingestiegen war – ohne die Gewaltverbrechen wäre man auf diese Gruppe kaum aufmerksam geworden – und daher ein Einschleusen von V-Männern nicht in Frage kam. Wollte man an Informationen herankommen, mußte man Mikros installieren.
Die »Poinciana«-Gruppe betrieb sowohl Geldwäsche als auch Hehlerei von russischen Antiquitäten und Kunstgegenständen. Auch diese Organisation besaß eine familiäre Struktur, der Ent-

scheidungsprozeß beschränkte sich hier aber auf drei oder fünf Familienmitglieder.

Das authentische Beispiel Miamis zeigt, wie komplex die Ansätze sind, die zudem noch einen zerstörerischen Nebeneffekt in sich bergen. Alle diese Strukturen versetzten die Ermittler in Alarmbereitschaft, lähmten sie aber gleichzeitig. Die Vereinigten Staaten haben eine geradezu krankhafte Angst vor der russischen Mafia. Die traditionellen Prioritäten müssen revidiert werden. Ein einfaches Beispiel: In den Handbüchern des FBI zur Organisierten Kriminalität aus dem Jahr 1991 ist von der »Cosa Nostra«, den Chinesen, den Mexikanern, den Kolumbianern, den »Bikers« oder den Banden der Westküste die Rede. Aber 1995 änderte sich die Reihenfolge und lautet jetzt: Eurasier, Italiener, Asiaten, Nigerianer, Kolumbianer, Mexikaner.
Dieser Wandel der Mentalitäten ist natürlich auch für einige Entgleisungen verantwortlich. So sagte ein Experte der Organisierten Kriminalität, der in der amerikanischen Hauptstadt sehr bekannt ist, über einen anderen Experten, der in Washington Bericht erstattete: »Er ist ein enger und alter Freund, der mit der Wahrheit wohl etwas locker umgeht. Aber er kann die öffentliche Meinung wachrütteln wie kein anderer.«

Die Banden in den Vereinigten Staaten

Als Mackey und die beiden DEA-Agenten zusammentrafen, sah das FBI – das noch drei Jahre zuvor nichts von den Russen wissen wollte – dieses Phänomen bereits mit anderen Augen. In einem vertraulichen Bericht aus dem Jahr 1995 faßten die Bundespolizisten den Durchbruch der eurasischen Kriminalität auf amerikanischem Staatsgebiet folgendermaßen zusammen:

»Die ›Organisation‹ der derzeit aktiven eurasischen OK-Gruppen und der kriminellen Scheinfirmen, die in den Vereinigten Staaten bekannt sind, unterscheidet sich von der anderer traditioneller OK-Gruppen. Sie besitzen keine einheitliche Hierarchie wie die Familien der ›Cosa Nostra‹ und die chinesischen Triaden. Einige dieser Gruppen sind kriminelle Vereinigungen, denen eine Führungsperson vorsteht. Andere Gruppen der eurasischen Organisierten Kriminalität sind lediglich Zusammenschlüsse von Verbrechern gleicher Ethnien. Wiederum andere konzentrieren sich auf einen bestimmten Deliktbereich und versuchen diesen zu monopolisieren. Viele dieser Gruppen haben den Willen zur Zusammenarbeit mit anderen (nichteurasischen OK-Gruppen) gezeigt [...].

Die hier beschriebenen eurasischen Gruppen der Organisierten Kriminalität stellen eine potentielle und zugleich bedeutende Bedrohung für die internationale Gemeinschaft dar:

Organisazija. Die Organisazija, eine eurasische kriminelle Organisation mit Hauptsitz in Brighton Beach, umfaßt verschiedene kriminelle Fraktionen: russische, ukrainische, armenische und georgische. Sie wurde in der Vergangenheit von einflußreichen eurasischen Verbrechern kontrolliert. Seit der Inhaftierung eines ihrer Paten im Jahr 1990 [Marat Balagula] scheint kein geeigneter Nachfolger dessen Posten eingenommen zu haben. Es ist jedoch zu beachten, daß Wjatscheslaw Iwankow sich vor kurzem in diesem Stadtteil niedergelassen hat. Mitglieder der Organisation werden in Europa und in Eurasien gemeldet. Sie sind in Erpressungen, Mord, Steuerhinterziehung, Kreditkartenmißbrauch, Diebstahl, und, in geringerem Umfang, in Drogengeschäfte verwickelt.

Die ›Benzin‹-Schmuggler. Das FBI hat diese hochspezialisierte russisch-eurasische Gruppe aufgespürt, die den Markt des sogenannten ›Schmuggel‹-Kraftstoffs, vor allem im Nordosten der Vereinigten Staaten kontrolliert. Diese Geschäfte, die in den achtziger Jahren unter Mitwirkung der ›Cosa Nostra‹ begannen, haben zahlenmäßig zugenommen und werden räumlich ständig ausgedehnt. Die Betrügereien kosten die amerikanische Regierung Millionen an Steuereinnahmen und führen zu einer starken Benachteiligung der legalen Unternehmen. Die kanadischen Behörden berichten, daß Firmen der eurasischen Kriminalität in Kanada den Markt des ›Schmuggel‹-Kraftstoffs fast völlig in der Hand haben.

Die russische Gruppe der Westküste. Eine russische OK-Gruppe an der Westküste. Sie besteht aus einer lockeren Vereinigung von zehn bis zwanzig Einwanderern sowie Russen mit befristeten Aufenthaltsgenehmigungen, die vor allem in San Francisco aktiv sind. Ihre Mitglieder haben bei verschiedenen Banken in der südlichen San Francisco Bay Konten eröffnet und transferieren über diese große Geldsummen auf Konten in Deutschland, Rußland, New York, Finnland, Singapur und den Cayman-Inseln. Da die Mitglieder dieser Gruppe scheinbar vor allem legale Geschäfte betreiben, erlauben die Nachforschungen nur einen beschränkten, manchmal sogar überhaupt keinen Einblick in ihre wirklichen Geschäfte. Sie benutzen oft eine persönliche Anschrift als Firmenadresse oder als ›Deckmantel‹ im Touristiksektor oder im Im- und Export-Geschäft. Man vermutet, daß die Gelder, die der KPdSU beim Zusammenbruch der Sowjetunion verlorengingen, mit diesen Transaktionen zusammenhängen.

Die russisch-armenische Mafia. Die sogenannte russisch-armenische Mafia hat ihren Hauptsitz in New York, ist aber auch in der großen russisch-armenischen Gemeinde Kaliforniens sehr aktiv. Sie scheint ein lockerer Zusammenschluß kleinerer krimineller Gruppen zu sein. Die russisch-armenische Gruppe ist in verschiedene kriminelle Aktivitäten verwickelt, von denen die bedeutendste und lukrativste der ›Schmuggel‹ von Kraftstoff ist. Eine jüngere Untersuchung des FBI [Operation ›Red Daisy‹, vgl. Kapitel 1 und Epilog] schreibt ihnen Schutzgelderpressung, Kreditkartenfälschung und eine gewisse Rolle in der Verteilung von Drogen sowie weitere Delikte zu.

Die Russen. Hier handelt es sich um eine kriminelle Organisation, die von der Polizei Vancouvers ›Die Russen‹ getauft wurde. Sie ist vor allem in Vancouver und British-Columbia (Kanada) aktiv, besitzt aber auch wichtige Verbindungen zu (kriminellen) Elementen in Los Angeles und San Francisco sowie in den Republiken der ehemaligen Sowjetunion. Die Organisation hat eine feste Position innerhalb des Milieus und ist in Geldwäsche, Waffenhandel, Erpressungen, Auftragsmorde und internationale Prostitution verwickelt.«

Sozial-»V-Männer«

Das New Yorker Büro der DEA befindet sich in der 10th Avenue, am äußersten Westrand des sicheren Teils von Manhattan – dort, wo die Gebäude breiter werden und sich die Industrieviertel am Hudson River ankündigen. Mackeys Besuch fand also gerade zur richtigen Zeit statt – vielleicht war er seiner Zeit sogar ein klein wenig voraus ... Um unterscheiden zu können, wer von dem Dutzend Zivilpolizisten, die die Eingangshalle füllen, zu einem Auftrag unterwegs ist oder wer gerade zurückkommt, muß man schon ziemlich gerissen sein. Die Eingangshalle der DEA New York beginnt schon auf der Straße. Wegen des Drogenproblems hat man in Amerika – und vor allem in New York – auf den Straßen ein Präsenz- und Kontrollsystem geschaffen, das in anderen Ländern seinesgleichen sucht.

Da die Aktionen der DEA geheim sind, bedienen wir uns eines anderen Beispiels. In Upper-Manhattan, weit hinter dem Central Park, sitzt in einem Souterrain eine einfache Überwachungseinheit, die sich »Street Studies Unit« nennt. Sie wurde von der amerikanischen Bundesverwaltung ins Leben gerufen und ist keiner Polizeibehörde gegenüber Rechenschaft schuldig. Ehemalige Junkies sind in ihrem Auftrag in der Drogenszene der Stadt unterwegs, um Art und Umfang des Drogenmarkts auf den Straßen, in den besetzten Häusern oder in den »drug houses« zu beobachten. So sieht man zum Beispiel auf dem belebten Times Square einen nach außen eher unbeteiligt wirkenden Mann, der in seinen Taschen nach Smarties kramt; eines verschwindet in der Hosentasche, eines im Mund, eines in der linken Jackentasche, alles völlig unauffällig und harmlos. Aber am Ende des Tages gibt der Exjunkie seinen Bericht ab: Eine bestimmte Menge Smarties in der Revolvertasche seiner Hose zeigt die Menge der gedealten »Blunts« an (das sind Zigarren, die mit Marihuana gefüllt sind und in Wodka oder Bier getaucht werden). Die Zahl der Smarties in der linken Westentasche zeigt die Crack-Verkäufe an usw. Dank dieser Fleißarbeit läßt sich der Handel auf der Straße bemessen, aber auch der tägliche Preisspiegel aktualisieren, lassen sich neue Ausdrücke im Vokabular der Drogenabhängigen verfolgen, neue Bewegungen, neue Moden erkennen. Eine Kugelschreiberkappe wird hier zum Gradmesser für Ketamin oder »Super K«, ein Anästhetikum, das die Wirkung von Ecstasy erhöht und geschnupft wird. Die »Street Studies Unit« übermittelt diese Nachrichten an die betreffenden Stellen, tilgt dabei aber alle personenbezogenen Hinweise, die die Strafverfolgung eines Dealers nach sich ziehen könnten. Man will hier auf keinen Fall Polizeiarbeit leisten, eher soziologische Studien betreiben. Die Exjunkies würden andernfalls auch ihr Leben aufs Spiel setzen. Sie sind in der Tat so etwas wie Sozial-»V-Männer«.

Diese Zurückhaltung kennt allerdings eine Grenze: medizinische Notfälle. Im Winter 1992 tauchte auf dem New Yorker Heroinmarkt die synthetische Droge Fentanyl auf, die tausendmal stärker als herkömmliches Heroin wirkt. An einem einzigen Wochenende starben zwanzig Junkies, 250 Notfälle wurden eingeliefert. Die Krankenhäuser waren am Rande ihrer Kapazitäten. Hier trat die »Street Studies Unit« auf den Plan. Sie ließ ihre »Heroin«-Beziehungen im hispanischen, schwarzen oder wasp-Milieu, in Harlem ebenso wie in den teuren Lofts im Süden der Stadt spielen. Ihre Helfer identifizierten das Label – die Droge wurde unter den Namen Goodfellas oder Tango und Cash (eine Anspielung auf einen Film über Polizistenmörder) verkauft – und versuchten das Produkt aus dem Verkehr zu ziehen, bevor es noch mehr Spritzen füllte.

Schnee auf meinem Bildschirm

Die »Street Studies Unit« ist also nicht mit einem Drogendezernat gleichzusetzen. Unter einem anderen Blickwinkel, dem der Strafverfolgung, setzt die DEA aber ähnliche Methoden ein, die ihren Mitarbeitern sowohl einen seriösen als auch nonkonformistischen Anstrich verleihen. Cowboys ohne Hut, sozusagen. Ein Image, das die großen Brüder vom FBI vor Neid erblassen läßt.

Versuchen wir uns die Zusammenarbeit der drei Männer vorzustellen. Was sie vereint, sind ihr Berufsethos und eine exzellente Kenntnis der örtlichen Gegebenheiten. Äußerlich unterscheiden sie sich – Cardinale ist der blonde Wikinger, Massimi ein Mischling und Mackeys Teint geht leicht ins Rötliche –, menschlich sind sie sich jedoch sehr ähnlich. Ihr Hauptmerkmal ist ihre Offenheit für die Meinung des anderen. Schon nach sehr kurzer Zeit setzten die DEA und die Brooklyner Polizei einen New Yorker Dealer namens David Podlog, alias »Dima«, fest und hoben seinen Dealerring aus. Fünfzehn Personen wurden angeklagt, sieben von ihnen – darunter auch Podlog – des Drogenhandels für schuldig befunden und im April 1993 zu unterschiedlich langen Haftstrafen verurteilt. Der Deal umfaßte die Einfuhr und die Verteilung von 10 bis 30 Kilogramm Heroin. Die Haftstrafe für den Anführer – Podlog – fiel dementsprechend hoch aus, er erhielt siebenundzwanzig Jahre ohne Bewährung.[3]

Der Fall Podlog stützte sich fast ausschließlich auf Telefonaufzeichnungen. Das Gericht zog sie jedoch nie heran – ein strategischer Schachzug. Die Anklage setzte dagegen auf die Zeugenaussagen und herkömmlichen Beweismittel und hob die Aufzeichnungen für eventuelle spätere Verfahren auf. Denn der Inhalt der Zeugenaussagen belastete neben David Podlog, der nur den New Yorker Raum abdeckte, noch andere Personen. So geht aus den Aufzeichnungen hervor, daß ein gewisser Alexandr Mojsif, genannt »Sascha«, am 14. und am 23. März zwei kurze Reisen nach Warschau antrat, um von dort 2 Kilogramm Heroin abzuholen. Die waren mit Klebeband um seinen Bauch und seine Beine befestigt. Podlog nahm die Ware am John-F.-Kennedy-Airport in Queens entgegen. Am Ende des gleichen Monats schlug ihm ein Unbekannter namens »Sjama« eine weitere Reise nach Polen vor, mit dem gleichen Zweck.

In den Augen der DEA waren das alles noch kleine Fische. Aber am 2. April 1993 beging ein russischer Bote einen monströsen Fehler. Zwar verriet er damit der westlichen Welt keine neue Schmuggelroute, jedoch die neuen Methoden, mit denen der Stoff transportiert wurde. Der Pechvogel hieß Alexandr Michailow. Zu seiner Tarnung hatte er sich von all dem inspirieren lassen, was er im russischen Milieu von Brighton Beach an Tips aufschnappen konnte. Zuerst meldete er den amerikanischen Behörden den Verlust seiner Papiere. Dieser war natürlich vorgetäuscht, brachte ihn aber in den Besitz von zwei Pässen. Dann stieg er in ein Flugzeug nach Kopenhagen. Den dänischen Zollbeamten erklärte er, er wolle gerne zwei Wochen Ferien im Land von Hans Christian Andersen verbringen. Von hier startete die eigentliche Aktion: Er flog nach Bangkok weiter, wo er das Heroin kaufte. Warum dieser Umweg über Kopenhagen? Er wußte, daß bei seiner Rückkehr nach New York ein amerikanischer Zollbeamter den aus Dänemark kommenden Reisenden nicht behelligen würde. Das Land steht nicht auf der Liste der »drogenverdächtigen« Staaten. Wiese sein Paß aber einen thailändischen Stempel auf, müßte er sich einer genauen Kontrolle unterziehen. Als er in Bangkok aus dem Flugzeug stieg, legte er daher den thailändischen Zollbeamten nicht seinen regulären, sondern den verloren gemeldeten Paß vor. Da es für die Thailänder keine Möglichkeit gibt, dessen Gültigkeit vor Ort zu überprüfen, konnte Michailow ungehindert die Kontrolle passieren.

Im russischen Milieu der Hauptstadt kaufte er das Heroin sowie einen neuen Fernseher der Marke Samsung. Der Rest ist mittlerweile zur Legende geworden. In seinem Hotelzimmer schraubte er die Abdeckplatte des Gerätes auf, sägte vorsichtig das schwarz-

lackierte Ende der Bildschirmröhre ab und versteckte dort den Stoff – bis zu 3,5 Kilogramm passen dort hinein. Anschließend klebte er das abgesägte Ende wieder an, ließ die Schnittspuren unter einem neuen Anstrich verschwinden, schraubte das ganze wieder zusammen und steckte den Fernseher in seine Verpackung zurück. So unglaubwürdig das auch scheinen mag, ans Netz angeschlossen, funktionierte der heroingefüllte Fernseher – auf dem Bildschirm war allerdings nur Schnee zu sehen. Aber wen wundert's.
Er mußte nur noch über Kopenhagen nach New York zurückkehren. (Den Fernseher nahm er selbstverständlich mit.) Aber Michailow ist des öfteren etwas zerstreut, und als er in Kopenhagen umstieg, zeigte er den Dänen nicht den »verlorenen« und in Thailand abgestempelten, sondern den regulären Paß vor. Die Folge: Vernehmungen, Durchsuchungen, Spürhunde. Doch die Bemühungen der Zollbeamten blieben vergebens, bis einer von ihnen den Karton mit dem Fernseher anhob und von dessen Gewicht überrascht war. Dies bedeutete das Ende der Geschichte und den Beginn einer »Karriere«. Michailows Fernseher wurde so berühmt, daß er Monate später sogar in einem Jahresbericht des Kooperationsrates der Zollbehörden auftauchte, neben brasilianischen Kokainfischen und nigerianischen Cannabisbalken.

Sie haben alles durchschaut

Vor allem aber war Alexandr Michailow der amerikanischen Polizei kein Unbekannter. War da nicht auch seine Stimme auf den Aufzeichnungen von Podlogs Gesprächen vom 9. Dezember 1991 zu hören? Michailow erzählte Podlog damals etwas von einer »möglichen Transaktion«. Und genau einen Monat später, am 9. Januar 1992, erhielt Podlog einen anderen Anruf, in dem man ihm die Lieferung von Proben durch einen uns bereits bekannten russischen Verbrecher vorschlug: Schalwa Ukleba, alias »Swer«. Der Mann, der mit »Dima« Podlog dieses Gespräch führte, war ein gewisser Boris Nayfeld, auch »Beeba« genannt ... Boris Nayfeld, der sich zu dieser Zeit unter dem Deckmantel der M&S International in Europa versteckt hielt! Mit dem Einzelgänger Michailow flog zwar die Route über Dänemark auf, es existierte aber eine andere, ähnliche Route von Polen aus – im großen Maßstab.
Der Schmuggelring, den die Fahnder entdeckten, war bis dato unbekannt gewesen: Boris Nayfeld und seine Partner bestellten malaiische Fernsehgeräte mit dem Ziel Singapur. Dorthin wurde das thailändische Heroin geliefert, das für die »Füllung« bestimmter Geräte vorgesehen war. Bevor man sie in den Containern, die Elektrogeräte enthielten, versteckte, wurden deren Gerätenummern notiert; die Fracht ging dann per Schiff in Richtung Danzig auf Reise. In Warschau wurde sie in ein Lager gebracht, das »einem Antwerpener Komplizen« Nayfelds und dessen »polnischem Freund« Mirek gehörte, jenem Mirek, der gemeinsam mit Marianaschwili in die Vereinigten Staaten reisen sollte. Wie wir wissen, kam diese Reise nie zustande. Im Klartext: Die Import-Export-Geschäfte der M&S International dienten als Deckmantel für Transaktionen, deren Kenntnis man Brandwain nicht nachweisen kann. M&S überließ die »regulären« Käufe von asiatischen Fernsehgeräten einem Makler in Japan, der keinen direkten Kontakt nach Antwerpen hatte.

In Warschau wurden die mit Heroin gefüllten Fernsehgeräte aussortiert und auseinandergebaut. Das Heroin mußte also nur noch weiterverarbeitet und dann von »Mulis« nach New York gebracht werden. Die großen Mengen machten aber einen »Magen- und Darmschmuggel« unmöglich. Dafür hätte ein Bote Dutzende dieser mit einem Kondom überzogenen Heroinsäckchen schlucken müssen. Der letzte Teil der Heroinlieferung wurde also in Portionen zu 2 oder 3 Kilogramm auf die Boten verteilt und um deren Bauch und auf die Rückseite ihrer Oberschenkel geklebt. Die Boten – Russen oder Ukrainer aus New York –, die allesamt noch keine Probleme mit den amerikanischen Einwanderungsbehörden gehabt hatten, machten einen Familienbesuch in Polen geltend. Dort begaben sie sich in ein Warschauer Hotel, wo sie in den nächsten beiden Tagen angerufen und mit Heroin beladen wurden und danach den Rückflug zum John-F.-Kennedy-Airport antraten. In jedem Flugzeug saßen drei bis fünf Boten der gleichen Organisation.

Polen war für die amerikanischen Zollbeamten zur damaligen Zeit ein ebenso unverdächtiges Land wie Dänemark. Und Podlog hatte keine Mühe, das Heroin nach der Landung in Queens in Empfang zu nehmen – Nayfeld kontrollierte die Sache von Antwerpen aus.

Es existierten auch andere Varianten: Das thailändische Heroin konnte anstatt in Polen in Belgien oder Israel landen. Von Israel wurde es oft in kleineren Mengen nach Kanada gebracht und dann über die Landesgrenze nach Amerika geschmuggelt. Lief das Heroin über Belgien, wurde es manchmal per Post weitergeschickt. Oft verließ es Brüssel aber per Flugzeug. Wie im Falle der polnischen Route wurde es von den »Mulis« nach New York, Boston oder Chicago transportiert.

Nachdem die amerikanischen Justizbehörden das Schema durchschaut hatten – in seinen Grundzügen seit 1992 durch die Mitschnitte von Podlogs Telefongesprächen, endgültig dann nach der Verhaftung Michailows im April 1993 –, richteten sich ihre Ermitt-

lungen natürlich gegen neue Verdächtige:[4] Alexandr Michailow ging ebenso ins Netz wie Simon Elischakow, genannt »Sejoma« oder »Lamara«. Seine Stimme war auf den Telefongesprächen mit Podlog zu hören – im Januar 1992 sprach er ihm gegenüber von »Zucker«. Auch Schalwa Uklebas Stunde hatte geschlagen. »Swer«, auch »Schaliko« genannt, stand Nayfeld bekanntlich näher als Elson. Ein Umstand, der Efim Laskins Schicksal jäh besiegelte.
Vor allem aber war es für die Justiz an der Zeit, den Machenschaften Nayfelds ein Ende zu bereiten. Von ihm wußte das FBI lediglich, daß er die Vereinigten Staaten verlassen hatte, um irgendwo auf der Welt eine Gesellschaft mit dem Namen Goliat International zu gründen[5] ...

Ihn ausfindig zu machen war leichter gesagt als getan. Seine beiden ehelichen Söhne und seine Ehefrau, Valentina Nayfeld, lebten auf Staten Island – am Ende der Nevada Avenue, einer kleinen, gepflegten und vornehmen Straße im Zentrum der Insel, die sich zwischen den bewaldeten Hügeln des High Rock nach oben schlängelt und vor dem Eingang zum Naturschutzgebiet endet. Hier hatte Nayfeld 1988 eine Luxusvilla im Landhausstil inmitten eines Parks entdeckt. Da er von 1982 bis 1987 Sozialhilfe bezog und seine Frau Valentina sich Tag und Nacht als Krankenschwester im Coney-Island- und im Maimonide-Hospital abrackerte, sollte es Nayfeld schwerfallen, die Herkunft der 500 000 Dollar zu erklären, mit denen er im April 1988 dieses Haus bezahlt hatte. Er selbst lebte jedenfalls seit 1990 nicht mehr dort.
Die amerikanische Justiz verfolgte diese Spur etwa zwei Jahre lang. Im Laufe der Monate entdeckten die Ermittlungsbeamten, daß Nayfeld nun in der Rue Ferdinand Verbiest in Egedem (Antwerpen) lebte und über mehrere Telefonanschlüsse auf seinen Namen verfügte. Auch hatte er in Europa eine neue Familie gegründet: Angela, seine Geliebte, die Tengis Marianaschwili kurz vor seiner Ermordung beherbergt hatte, und ihren gemeinsamen, unehelichen Sohn.
Die Verurteilung Podlogs im Jahre 1993 beunruhigte die Justiz –

auch wenn das Strafmaß zu diesem Zeitpunkt noch nicht bekannt war. Was, wenn dieses Beispiel Nayfeld dazu veranlassen sollte, nie mehr einen Fuß in die Vereinigten Staaten zu setzen? Schließlich hatte er sich ja auf der anderen Seite des Atlantiks eine neue Existenz aufgebaut. Die Beamten setzten alle Hebel in Bewegung. Vor allem interessierten sie sich für das Ablaufdatum seiner Aufenthaltserlaubnis für die Vereinigten Staaten.
Im Januar 1994 bot sich dann eine gute Möglichkeit, Nayfeld dingfest zu machen: Er reservierte von Brüssel aus einen Hin- und Rückflug New York-Newark, Miami, New York-JFK, London, Brüssel. London war dabei nur eine technisch bedingte Zwischenlandung. In den Vereinigten Staaten plante er fünf Tage Aufenthalt ein, vom 5. bis zum 10. Januar, davon aber nur einen einzigen in New York. Die Justizbehörden hatten keine große Wahl. Montag, der 10. Januar, kam als einziger Tag für seine Verhaftung in Frage. Und so sollte es dann auch sein. An diesem Tag wurde Nayfeld beobachtet, wie er das Familienhaus in der Nevada Avenue verließ, und auf dem Weg zum John-F.-Kennedy-Airport wurde er verhaftet. Die Staatsanwaltschaft sprach von einem wahren Glücksfall.

Nayfeld vor seinen Richtern

Bundesstaatsanwältin Mary Jo White hatte bereits 1993 die erste Anklageschrift gegen Nayfeld, Michailow und Konsorten verfaßt.[6] Dieses Mal klagte sie Nayfeld auf der Basis des RICO-Acts wegen Beteiligung an einer kriminellen Vereinigung, wegen Drogenhandels zwischen Januar 1989 und Januar 1994 sowie wegen des Mordversuchs gegen Monja Elson im Januar 1992 an. Sie ging zudem bis in das Jahr 1979 zurück, um ihn der Erpressung zu bezichtigen, und rollte so seine ganze westliche Mafiakarriere auf. Nayfeld wurde zu einem »Fall«. Sein Name wurde nach und nach in der Öffentlichkeit bekannt und

füllte die Spalten des »US News and World Report« bis hin zur »Jerusalem Post«. Er verkörperte das Konzept der russischen Mafia. Er wurde unausweichlich zum »Big Boss«.
Welche Strafe drohte Nayfeld für all seine Vergehen? Anfang März 1994 bekam man einen genaueren Eindruck. Nayfelds Anwälte, die das Ausmaß der gegen ihren Klienten zusammengetragenen Vorwürfe allem Anschein nach nicht richtig eingeschätzt hatten, beantragten seine Freilassung gegen Kaution, denn der Fall Nayfeld beschränkte sich zur Stunde auf einen kleinen Diebstahl, den er 1980 im Distrikt Nassau begangen hatte. Wegen dieses Diebstahls war er verhaftet und kurz darauf auf Bewährung freigelassen worden. Aber dieses Mal hatte der Richter anders entschieden und den Antrag der Verteidiger zurückgewiesen. An jenem Freitag gingen die Anwälte vor der Richterin Barbara Lee siegesgewiß in Berufung. Sie unterbreiteten ein letztes Kautionsangebot, das den Vertreter der Staatsanwaltschaft, Douglas B. Maynard, zu mehr Entschlossenheit zwang. Die Verteidiger schlugen als Kaution das Haus der Familie auf Staten Island sowie das Haus eines befreundeten Paares vor. Und sie verfügten über eine Liste von elf Personen[7], die alles dafür geben wollten, damit Nayfeld freikäme. Seine Frau Valentina und seine beiden Söhne schlugen unter anderem vor, den Justizbehörden ihre Pässe auszuhändigen.
Maynard sorgte in der Verhandlung für Verlegenheit, als er diesem rührenden Bild einen schweren Schlag versetzte. Zuallererst enthüllte er Nayfelds Scheinheiligkeit: zwei Häuser, zwei Frauen, zwei Familien. Seine eigene Frau hatte den Ermittlungsrichtern eingestanden[8], daß sie für die letzten drei Jahre keine amerikanische Adresse ihres Ehemannes angeben könne. Hatte er keinen Paß mehr? Die Justiz wußte, daß er über mindestens drei Pässe verfügte, von denen er zumindest einen nie zurückgegeben hatte. Den hatte er nach der Verlustmeldung seiner Papiere im Februar 1993 bei der Botschaft der Vereinigten Staaten in Brüssel erhalten. Maynard berichtete auch, auf welche Weise Michailow diese Pässe einsetzte.

War die Luxusvilla auf Staten Island wirklich eine Garantie? Sie ist auf den Namen von Nayfelds Frau eingetragen. Einer Frau, die, so Maynard, zwar nicht unter Anklage stand, bei einer bestimmten Gelegenheit aber Podlogs Geld an Nayfeld übergeben hatte. Sollte sie später dafür zur Rechenschaft gezogen werden, könnte sie ebenfalls eines Tages Lust verspüren, die Vereinigten Staaten ohne Schuldgefühle zu verlassen. Und was das mögliche Strafmaß betraf, so konnte es Nayfeld nur zur Flucht ermutigen. »Mister Nayfeld droht – ebenso wie Mister Podlog – eine Mindeststrafe von zehn Jahren ohne Bewährung«, so Maynard. »Tatsächlich ist unsere Schätzung der möglichen Strafforderungen weitaus höher angesetzt und liegt bei achtzehn bis zwanzig Jahren. Es handelt sich schließlich um einen Heroinhandel von 10 bis 30 Kilogramm. [...] Aus den Telefonaufzeichnungen geht ziemlich deutlich hervor, daß Nayfeld der Drahtzieher ist, daß er Podlog Anweisungen erteilte, daß er folglich der eigentliche Kopf der Sache ist und über Podlog steht.« Maynard unterschätzte dabei sogar die wahre Tragweite der Anschuldigungen, denn Podlog wurde schließlich zu siebenundzwanzig Jahren verurteilt. Logischerweise mußte die Strafe, die Nayfeld drohte, noch höher ausfallen.

Das war aber nicht das einzige Ziel der Gerichtsverhandlung vom 11. März. Es sollte auch ausführlich von M&S International, ihrem Chef Brandwain und der Rolle Nayfelds in diesem Unternehmen die Rede sein. Maynard hierzu: »Wir vertreten in diesem Prozeß die Ansicht, daß die genannte Gesellschaft, M&S International, von Nayfeld und anderen dazu benutzt wurde, den Heroinhandel zu organisieren und zu tarnen. Es ist insbesondere erwiesen, daß sie Elektrogeräte als Transportmittel und Versteck benutzten. [...]«
Als die Verteidiger aufgefordert wurden zu erklären, durch welchen glücklichen Umstand Nayfeld zu den 500 000 Dollar gekommen sei, wo er doch noch ein Jahr zuvor Sozialhilfe bezogen hatte, sprach sein Anwalt Schoen von Kommissionen; diese seien Nayfeld von der M&S ausgezahlt worden: »Wenn die Geschäfte

erfolgreich abgeschlossen waren, erhielt Mister Nayfeld eine Kommission. Ein Teil des Geldes, mit dem das Haus auf Staten Island bezahlt wurde, stammt aus diesen Kommissionen. Es gibt noch zwei weitere Quellen: Zum einen hat Mister Nayfelds Bruder ein Haus verkauft und ihnen das Geld aus dem Verkauf überlassen. Die andere Quelle ist ein Kredit, den Nayfeld von der M&S erhielt. In Verbindung mit einigen anderen Geschäften konnte Mister Nayfeld anscheinend einen Vorschuß aushandeln, den er dann zum Kauf dieses Hauses verwendete.«
Die Vorsitzende Barbara Lee: »Vorschüsse auf zukünftige Kommissionen?«
Anwalt Schoen: »Das ist meine Sicht der Dinge, Euer Ehren. [...]«

Diese ungeschickte Erklärung konnte die Richterin nicht überzeugen; dies gab sie sofort zu verstehen: »Dieser Mann ist also von einem Sozialhilfeempfänger in die Position eines Import-Export-›Zwischenhändlers‹ aufgestiegen – ohne irgendeine weitere Ausbildung – und verfügt von einem Tag auf den anderen über ein 500 000-Dollar-Haus! Das entspricht nicht gerade dem typischen Werdegang eines Einwanderers aus der ehemaligen Sowjetunion.«
Für den Vertreter der Staatsanwaltschaft, Douglas Maynard, stammte das Geld schlicht und ergreifend aus den Delikten, die Nayfeld vor Gericht gebracht hatten. Da die Verteidigung so sehr auf dem Haus als Kaution beharrte, mußte die Justiz eine genaue Erklärung über dessen Finanzierung fordern.
Ein weiterer Aspekt unterstrich diese Forderung – er sollte aber vor Gericht gar nicht zur Sprache kommen. Die Version der »Vorschüsse auf Kommissionen« ist kaum plausibel: M&S International nahm ihre Geschäfte erst im Januar 1990 auf, also mehr als zwanzig Monate nach dem Kauf des Hauses auf Staten Island. Brandwain wies in unseren Gesprächen jede Möglichkeit eines Kommissionsvorschusses zurück. Er hatte Nayfeld 1987 tatsächlich Geld geliehen, aber nicht genug, um davon den Teil eines Hauses zu bezahlen. Brandwain war damals gerade erst

aus dem Gefängnis gekommen und stand finanziell selbst nicht gut da.

Nach Polen für 12 000 Dollar

Mit dem Ende der eineinhalbstündigen Verhandlung schlossen sich nicht nur die Gefängnistore endgültig hinter Nayfeld, der Fall verschwand an diesem 11. März 1994 auch gleichzeitig hinter einer Mauer aus Schweigen. Es gab zu viele Unbekannte, die mit der M&S und ihren Partnern verbunden waren. Vor allem aber konnte man Nayfeld nicht verurteilen, ohne gleichzeitig seinen Rivalen Monja Elson vor Gericht zu bringen. Beide Akten standen in enger Verbindung zueinander. Elson schien zwar ein wahrscheinlicher Kandidat für die Justiz zu sein, er war aber 1994 immer noch auf freiem Fuß.
Anfang 1995 wurde in Europa erstmals das Gerücht laut, Nayfeld habe geredet. Er habe sein Fähnchen in den Wind gehängt, um nicht allein auf der Anklagebank sitzen zu müssen. Damit käme er auch in den Genuß des amerikanischen »Zeugenschutzprogramms«. Zu dieser Zeit war das zum Leidwesen der ausländischen Polizeibehörden noch nicht nachprüfbar. Wie aber konnte das russische Verbrechermilieu in Europa davon Wind bekommen haben? Ein Ermittlungsbeamter gab uns einen Tip: »Sie dürfen nicht vergessen, daß Nayfelds Bruder Benjamin frei ist.«

In den New Yorker Büros der DEA klärten uns »Joe« Massimi und Lou Cardinale persönlich über die noch fehlenden Einzelheiten der Geschichte auf:
»Die Händler schickten die ›Mulis‹ von New York nach Warschau. In der Regel handelte es sich um Russen oder Polen, die da noch ein paar Verwandte hatten, aber amerikanische Staatsbürger waren und über amerikanische Pässe verfügten. Die Boten kamen

hauptsächlich aus Brighton Beach oder, was seltener der Fall war, aus Queens. An ihrem Körper waren mit Klebeband je nach Statur 1,5 bis 2,5 Kilogramm Heroin befestigt. Die Prämie für jeden ›Muli‹ betrug 2000 Dollar für Flug und Spesen, plus 10 000 Dollar Belohnung.
In New York existierten zwei Verteilermärkte nebeneinander: Auf der einen Seite diktierte Nayfeld von Belgien aus per Telefon die Liste der Personen, die mit der Heroinlieferung versorgt werden sollten. Zum anderen suchte sich Podlog seine eigenen Absatzmärkte. Unter seinen Kunden befand sich vor allem eine Reihe sizilianischer Dealer.«

Eine außergewöhnliche Mischung:
»Die Italiener führen ihr Heroin normalerweise selbst ein, und zwar schon seit so langer Zeit, daß sie über ihr eigenes Verteilernetz verfügen. Obwohl die Russen ein oder zwei internationale Schmuggelrouten beherrschen und Verbindungen im Ausland besitzen, haben sie niemanden, der das Zeug auf der Straße verkauft. Darin besteht ihr Problem. Die Italiener halten hier das Monopol.«
»Soll das heißen, daß zwischen Nayfeld und einer italoamerikanischen Familie ein Abkommen bestand?«
»Nein, das lief hier nicht so ab wie bei den betrügerischen Mineralölgeschäften. Sie ergänzten sich, es gab aber keine Verteilung der Gewinne. Die Russen nutzten das Verkaufsnetz der Italiener. Sie hatten gar keine andere Wahl.«
»Als dieser Deal ablief, fand Tengis Marianaschwili bei Nayfeld Unterschlupf. War er in diesen Heroinschmuggel verwickelt?«
»Nach den Telefongesprächen, die hier in New York mitgeschnitten wurden, war er in den Kokainschmuggel verwickelt. Was den Heroinschmuggel betrifft, so haben wir lediglich einen Verdacht.«
»Nach der offiziellen These der amerikanischen Justiz wurde die Antwerpener Gesellschaft M&S, für die Nayfeld arbeitete, für den Heroinschmuggel ›genutzt‹. Was wußte sie über den Schmuggel?«
»M&S betrieb legale Geschäfte, aber bestimmte Personen nutzten

sie für ihre illegalen Geschäfte. Wir sind uns über Brandwains Rolle in dieser Sache nicht sicher. Wußte er, was da vor sich ging und schaute er absichtlich weg? Was wir sicher wissen: Nayfeld betrieb während seiner Zeit bei M&S den Schmuggel mit den Fernsehgeräten, während M&S Geschäfte mit elektronischen Geräten machte. Darin liegt die Verquickung der M&S.«

»In Europa existieren eine ganze Reihe von Gesellschaften, die mit Nayfeld und Konsorten zusammenhängen. Man kann sich nur schwer vorstellen, daß diese nicht als Scheinfirmen benutzt wurden.«

»Wir haben entdeckt, daß sie ihre Gesellschaften nicht nur zum Zwecke der Geldwäsche gründen. Sie versuchen sich in jedem Handelssektor, ob legal, illegal oder halblegal, ob es sich um Steuerhinterziehung oder Heroinschmuggel handelt. Sie betrieben zum Beispiel einen Zigarettenschmuggel, der die Deutschen förmlich ›niedermachte‹. Man lieferte die Zigaretten an die russischen Truppen in Polen, die sie dann im Ausland [auf dem deutschen Markt] verkauften. Die Steuerpapiere wurden natürlich der Regierung zur Erstattung vorgelegt – nur zahlten sie diese Steuern natürlich nicht.«

»Maynard ortete Nayfeld in Antwerpen, Moskau, Vilnius, Minsk. Wo lebte er nach Ansicht der DEA wirklich?«

»Er kam ein- oder zweimal im Jahr für eine oder zwei Wochen in die Vereinigten Staaten. Den Rest der Zeit lebte er in Antwerpen. Von dort aus machte er Geschäfte in Moskau usw. Antwerpen war sein wirklicher Unterschlupf, darüber besteht kein Zweifel. Uns liegen die Übersetzungen der Telefongespräche in beide Richtungen vor – von Podlog zu Nayfeld und umgekehrt. Aber meistens rief Antwerpen an. Seine Präsenz auf amerikanischem Boden war kaum noch notwendig. Manchmal kam er auf dem Rückweg von Aruba vorbei, wie Ende 1992, als das ganze Team von M&S seine Ferien dort verbrachte.«[9]

Aruba 1992. Unter der Dezembersonne verbrachten Brandwain, Fanchini, Nayfeld und Slaets gemeinsam die letzten

»großen Ferien« der M&S. Seither fiel ein Schatten über Nayfeld, und die Sonnenfinsternis breitete sich weiter aus, von Moskau bis nach Brooklyn. Andere Köpfe des russischen Mobs sollten bald fallen.

Kapitel 9

Die Köpfe rollen

Nach einer ungenannten Quelle der »New York Times« sollte der Prozeß gegen Boris Nayfeld ursprünglich im Oktober 1994 stattfinden. 1995 wird er von der DEA für den Mai desselben Jahres angekündigt. Aber im April 1995 läßt das Gericht am St. Andrews Plaza verlauten, daß zur Zeit keine endgültige Eintragung in den Gerichtskalender erfolgen könne. Mehr als drei Jahre nach »Beebas« Verhaftung steht nun endgültig fest, daß dieser Prozeß niemals stattfinden wird.
Aus einem guten Grund: Da weitere Verbrechen und Straftaten folgen sollten, wurde Nayfeld zu einer wertvollen Informationsquelle – die Aktenordner der Ermittler quollen über vor Zeugenaussagen und Verhaftungen. In Mackeys Büro – der sich zuvor noch beschwert hatte, aus den Russen in Brighton Beach wäre nichts herauszuholen – tauchten plötzlich weitaus kooperativere Gestalten auf. Es schien, als müßte eine ganze Generation des russischen Mobs den Gang zum Schafott antreten.

Moskau, April 1994

Auch auf der anderen Seite des Erdballs sollten sich die Ereignisse überschlagen. Am 5. April wird der georgische Pate Otari Kwantrischwili erschossen. Umringt von Leibwächtern, hatte er gerade eines seiner Lieblingsbadehäu-

ser im Nordosten Moskaus, die »Roten Quellen« in Krasnopresnenski, verlassen. Der Weg vom Ausgang bis zu seinem Wagen ist kurz – zwölf Sekunden, so sagt man. Zeit genug für einen Profikiller. Der feuert vom Dachboden eines benachbarten Gebäudes drei Kugeln Kaliber 5.60 ab. Kwantrischwili wird sofort ins Botkin-Krankenhaus gebracht, das in den nächsten Stunden durch das ständige Kommen und Gehen der treuen Leibwächter Otariks völlig aus den Fugen gerät. Voller Verzweiflung verwandeln sie das Krankenhaus in ihr Krisenhauptquartier und müssen sogar mittels Polizeigewalt aus dem Gebäude entfernt werden.
Die Patronenhülsen und die Tatwaffe, ein deutsches Präzisionsgewehr unbekannter Herkunft, werden zwar gefunden, liefern aber keine weiteren Aufschlüsse.
Drei Tage später, am 8. April, wird Otari Kwantrischwili auf dem Wagankowskoje-Friedhof neben seinem Bruder Amiran beerdigt. Tausend Menschen sind bei der Beerdigung anwesend. Ein Geleitzug von Boxern, schwarzen Sonnenbrillen, kahlrasierten Köpfen, schweren Goldkettchen, Mercedes- und Schiguli-Limousinen. »Sie« haben ihm alles zu verdanken. Der monatliche Durchschnittslohn eines Arbeiters in Moskau beträgt 60 Dollar, ein ehemaliger Athlet und Leibwächter Otaris verdient 500 Dollar im Monat. Einige Beobachter regen sich umsonst darüber auf, daß die Gräber der Kwantrischwilis direkt neben dem des Kultsängers Wladimir Wyssozki liegen. Aber eine Ruhestätte in den Alleen des Wagankowskoje ist unter Moskauer Mafiosi der letzte Schrei.
Schließlich war Kwantrischwili Teil des russischen Machtapparats. Noch zwei Monate vor seinem Tod wurde er von Präsident Jelzin höchstpersönlich für seine Tätigkeit an der Spitze der Lew-Jaschin-Stiftung ausgezeichnet. Plante er nicht sogar, eine eigene Partei zu gründen? Man ist also nicht allzu überrascht, daß der Berater des Präsidenten in Sportangelegenheiten am Todestag ein Grußwort an den Toten schicken läßt.[1]
Otarik, der nun neben anderen Verbrechern wie »Baron« oder »Globus« im ewigen Frieden ruht, nahm die meisten Geheimnisse

um die Geschäfte der M&S mit ins Grab. Wer aber hatte Interesse an seinem Tod?
Verschiedene Erklärungen wurden hierzu angeboten. Die einfachste spricht von einer klassischen Auseinandersetzung zwischen russischer und kaukasischer Mafia. Kwantrischwilis Bruder Amiran wurde im August 1993 in den Büros einer Handelsgesellschaft, der Wolodei, erschossen. Ein wahres Blutbad: Vier Körper waren von Maschinenpistolen zerfetzt worden, ein fünfter von einer Handgranate. Die Polizei kannte die Namen der fünf mutmaßlichen Killer – Tschetschenen –, die zuvor von der Direktion der Wolodei engagiert worden waren, um die Gesellschaft vor Schutzgelderpressern zu schützen. In der letzten Zeit sollen aber einige dieser Verdächtigen ermordet worden sein.
Außerdem wurde ein Vertrauter Otariks, Sergei Kruglow, der seit einigen Monaten verschwunden war, im Januar mit Gewichten an den Füßen aus der Jauza gefischt, einem Nebenfluß der Moskwa. Seltsame Zufälle: Vor seinem Verschwinden hatte sich Kruglow über den Machtzuwachs der Tschetschenen beschwert und Schutz gefordert. Kwantrischwili hatte sich seinerseits gegen einen Vorschlag aus dem Mafiamilieu gewandt, dem zufolge ein Teil der Einnahmen für den Waffenkauf und die Einrichtung von Trainingshallen verwendet werden sollte, um besser gegen die Tschetschenen gewappnet zu sein.

Da zur gleichen Zeit weitere Morde an Georgiern verübt wurden, liegt der Gedanke nahe, daß sich die blutige Offensive nicht allein gegen die Person Kwantrischwilis richtete. Ein Woche nach dem Mord an Otarik wird der georgische Pate Awtandil Ziklaidse zusammen mit seiner Frau im Bett ermordet. Am 6. April 1994 glaubt die Polizei, einen Teil des Rätsels gelöst zu haben. Nach einer Schießerei, die drei Polizisten das Leben kostet, wird der Profikiller Alexandr Slonik festgenommen, früher diente er als Scharfschütze in einer Spezialeinheit der Roten Armee. Slonik gibt den Mord an vier Mafiapaten zu, darunter auch Otari Kwantrischwili , hüllt sich aber bezüglich der wirklichen Auftraggeber in Schweigen …

Zwei Thesen stehen sich gegenüber. Nach der ersten ist der Mord an Kwantrischwili Teil einer großangelegten »Säuberungskampagne«. Hinter dieser Kampagne soll eine Gruppe stehen, die den Gerüchten nach »Weißer Pfeil« genannt wird und vom Innenministerium und der Gegenspionage gegründet wurde. Daraus hätte sich eine »unkonventionelle Kampfeinheit« – so lautet ihr genauer Name – innerhalb der Moskauer Polizei gebildet, die vom KGB unterstützt wird und äußerst durchschlagende Methoden anwendet. Der ehemalige Chef der Moskauer Kriminalpolizei hat im übrigen einige Details bestätigt, die dieses Gerücht bekräftigen.[2]
Die andere These ist mehr wirtschaftlicher Art und betrifft einzig Kwantrischwilis Person. Am Tag nach dem Mord erinnert die Tageszeitung »Novaja Eschednewnaja Gaseta« an den Präsidentenerlaß von 1993, mit dem Boris Jelzin die Russische Tennisakademie und den Nationalen Sportfonds für drei Jahre von dem Importzoll auf Alkohol befreit und ihnen zudem Exportquoten für Zement, Eisen, Titan und Aluminium zugesteht. Beide, die Akademie und der Nationale Sportfonds, waren an der Gründung eines »Sportzentrums« beteiligt – einer Kommanditgesellschaft mit begrenzter Gesellschafterzahl. Und diese Gesellschaft, an der Kwantrischwili wiederum über die Lew-Jaschin-Stiftung beteiligt war, wird von der Himmelsgabe des Präsidenten profitieren. Tausende von Tonnen an Zement und Aluminium, Tausende von Tonnen an Mineralien aus den Staatsreserven stehen für den Export bereit! Die Steuerbefreiung ließ diese Gesellschaft außerdem zur anerkannten Anlaufstelle – Kommission inklusive – für jeden Geschäftsmann werden, der zollfrei nach Rußland exportieren wollte.
Kwantrischwili war also ein sehr gefragter Mann und fügte Konkurrenten, die sich nicht seinem Gesetz beugen wollten, schwere Verluste zu. Haben diese Konkurrenten ihn eiskalt ermorden lassen? Das behauptet zumindest die zweite These, die vor allem von den Beamten in Berlin sehr ernst genommen wird.
Die Macht und das Geld (der russische Staat verlor dadurch monatlich 200 Millionen Dollar) sollten den Nachfolgern Kwantrischwilis kein Glück bringen. Nachdem er sich an die Spitze des Na-

tionalfonds gesetzt hatte, wurde auch Boris Fjodorow im Mai 1996 wegen Kokainbesitzes verhaftet. Nach Ansicht der russischen Kommentatoren war eine großangelegte Säuberungsaktion im Gange.

Was wurde aus den Geschäften der OLTES, vormals M&S Inturcentr, nach dem Tod Kwantrischwilis (Georgi Sadow war ja immer noch in Österreich)? Erinnern wir uns an die Worte Sarkisjans: Diese Geschäfte blieben im Schoß der Mafia und füllten weiterhin die Kassen des Mobs.

»Die Gesellschaft wird zur Zeit von der Masutska-Gruppe kontrolliert«, hatte uns der Beamte des Innenministeriums damals bestätigt.

– Hat der Mob für Otari Kwantrischwili einen Nachfolger gefunden?

– Der Pate aller Paten wurde nicht wirklich ersetzt. Es scheint, als würden auf den Treffen der Bandenchefs wichtige Entscheidungen getroffen. Wjatscheslaw Iwankow soll die Rolle der moralischen Autorität übernommen haben.[3]

Dieses Interview mit Sarkisjan fand im April 1995 statt. Er wußte noch nicht, daß auch Iwankows Freiheit vom Ende bedroht war. Die Meinung des FBI:

»Die M&S wird von Iwankow kontrolliert. Sie ist die Muttergesellschaft verschiedener anderer Wirtschaftsgebilde, und ihre Partner besitzen Kontakte zur American Eagle, der Border Trading und der Capital Management. [...] Eine der Filialen der M&S International ist eine Gesellschaft namens OLTES, die vorher unter dem Namen M&S Inturcentr bekannt war. Einige der engsten Verbündeten Iwankows führen ihre Geschäfte.«

Fano (Italien), März 1995

Kehren wir an den Beginn unserer Geschichte zurück. Warum hatte Nayfeld Anfang der achtziger Jahre Brooklyn Hals über Kopf verlassen und Europa als endgültige Basis für seine Geschäfte gewählt? Weil ein moldawischer Verbrecher namens Monja Elson, alias »Kischinjowski«, ihre Rivalität auf die Spitze getrieben hatte und den lästigen Rivalen Nayfeld zu diesem Zeitpunkt mittels Autobombe loswerden wollte. Aber Elson hatte kein Glück. Der benutzte Sprengstoff konnte seine Wirkung nicht voll entfalten, da an diesem Tag die Außentemperatur zu niedrig war. Nayfelds Auto parkte vor einer Schule. Für die Kinder, die sich in dem Gebäude befanden, war dies ein glücklicher Zufall.

Wie wir wissen, zahlte ihm Nayfeld dies mit barer Münze zurück. Ein halbgeglücktes Attentat am 6. November 1992 in Los Angeles brachte Elson eine genähte Hand und den Spitznamen »Narbe« ein. Der nächste Mordanschlag auf ihn und seine Frau im Juli 1993 überzeugte Elson davon, daß ihm eine Luftveränderung sicherlich gut bekäme. Man nahm an, daß er nach der Ermordung seines Leibwächters Sapiwakmine im September nach Israel geflohen wäre. In Wirklichkeit hielt er sich aber an einem anderen Ort auf. 1992 ist er zwar für einige Zeit in Israel gemeldet, findet aber schließlich in Italien Zuflucht, einem Land das ihm wohlbekannt ist. Elson hatte hier schon einige Zeit verbracht, bevor er das erste Mal in die Vereinigten Staaten ging. Monja läßt sich an der Adria nieder, in Fano, einer kleinen Stadt bei Ancona. Auf seiner Flucht wird er von einem der einflußreichsten russischen Paten Budapests unterstützt.

Seines Luxusschlittens beraubt, mietet er vor Ort einen prachtvollen braunen Bentley, der in dem kleinen Badeort jedermann auffällt. Offiziell ist er im Import-Export-Geschäft zwischen Rußland und Italien tätig: Schuhe, Inneneinrichtungen, Weine und Spirituosen. Für Savoldelli Pedrocchi, Staatsanwalt von Pesa-

ro, betreibt Elson Geldwäsche in Verbindung mit verschiedenen Drogenringen, darunter auch einem amerikanisch-thailändischen, der dem Nayfelds in allen Punkten gleicht.
Aber seine Tage sind gezählt: Die Amerikaner sind ihm auf der Spur und suchen ihn unter anderem wegen Erpressung, Drogenhandel, Mord, Angriff auf Leib und Leben, Nötigung. Wie im Fall Nayfeld ist es auch hier Richterin Mary Jo White, die Elson den Mordversuch an Nayfeld, den Mordversuch an Wjatscheslaw Ljubarski im Oktober 1991, den Doppelmord an den Ljubarskis im Januar 1992 und schließlich den Mord an Alexandr Slepinin im Juni 1992 vorwirft. Eine weitere Anklage lautet auf Schutzgelderpressung gegen vier Personen zwischen Ende 1991 und April 1992.
Mit internationalem Haftbefehl und unter Mithilfe der amerikanischen Sicherheitskräfte nimmt ihn die italienische Polizei am 8. März 1995 fest. Er ist gerade im Begriff, aus seiner Wohnung auszuziehen. Die italienischen Beamten finden dort etwa 100 Millionen Lire in verschiedenen Währungen und zahlreiche Schmucksachen aus Gold vor. Seine Frau wollte ihm kurz darauf nachfolgen. Offenbar hatte sich Elson Frankreich als neue Wahlheimat ausgesucht.

Seine Auslieferung findet aber nicht im selben Jahr statt, zu viele Verfahrensprobleme haben sich angehäuft. Monja Elson fürchtet eine Rückkehr in die Vereinigten Staaten mehr als alles andere. Er ist davon überzeugt, daß er dort umgebracht wird – auch wenn Nayfeld im Gefängnis sitzt.
Die Ermittlungen machen ebenfalls Fortschritte. Die Polizei von Brighton Beach verfügt nun erstmals über Zeugenaussagen aus dem Innern des eurasischen Mobs. Sie entdeckt, daß mindestens zwei der drei Opfer Elsons, nämlich Wjatscheslaw Ljubarski und Alexandr Slepinin, geheime Teilhaber des Restaurants »Rasputin« waren. Der Fall Slepinin ist mittlerweile vollständig aufgeklärt. Slepinin wurde von Nayfeld angeheuert, um Elson zu ermorden. Der hatte ihn aber vorsorglich aus dem Weg räumen lassen. Die Aus-

sagen zu diesem Fall sind an sich verläßlich und geben genaue Auskunft über die Zahl der Mörder und ihrer Vorgehensweise bei der Hinrichtung. Slepinin wurde von einer Kugel in die Leber getötet. Der Schuß war so ausgeführt worden, daß er eines langsamen und qualvollen Todes starb.[4] Die Hintergründe des Mordfalls Ljubarski sind hingegen noch unklar. Die Aussagen sprechen von Drohungen, die Elson gegenüber Ljubarski ausgestoßen hat. Es ging um finanzielle Streitigkeiten im Zusammenhang mit einem Drogengeschäft.

Der Mythos Elsons bricht bald zusammen. Er wird als ein gewalttätiger Mann beschrieben, der regelmäßig Drogen nahm und jederzeit bereit war zu töten. Nicht etwa aus einem bestimmten Interesse heraus, sondern weil er eine Aura der Angst und des Respekts um sich herum verbreiten wollte. In diesem Rahmen war Nayfeld ein »Opfer« wie alle anderen, ein Gegner, den Elson mißachtete und dem er das Leben schwermachen wollte. Da er nicht das Format eines echten Anführers besaß, nutzten seine ehemaligen Komplizen die Gelegenheit, um sich von ihm loszusagen und vor den Justizbehörden ohne große Skrupel gegen ihn auszusagen.

Brooklyn, Juni 1995

Donnerstag, 8. Juni 1995, 7.04 Uhr morgens. Ein Polizist klopft an die Eingangstür einer Wohnung in Brooklyn. Sofort erscheint eine Waffe, und ein äußerst schlechtgelaunter Mann präsentiert sich den Fahndern. Es ist Wjatscheslaw Iwankow. Nach Hinweisen der berittenen kanadischen Polizei wird »der Japaner« in der Wohnung seiner Freundin überrascht. Die Beamten gehören der Spezialeinheit »C24« zur Bekämpfung der russischen Organisierten Kriminalität an, die erst vor einem Jahr ins Leben gerufen wurde. Einer der ersten Jour-

nalisten, die über das Ereignis berichten, ist der New Yorker Korrespondent der russischen Nachrichtenagentur TASS, Alexei Agurejew. Gerade mal drei Zeilen umfaßt seine knappe Nachricht, Vorspiel eines Mediengewitters, dessen Grollen von New York bis nach Moskau zu hören ist. Die Bundespolizisten reißen Iwankow buchstäblich aus den Armen seiner Geliebten und halten ihn in Schach. Er schreit, spuckt auf die Objektive der anwesenden Fotografen, schäumt vor Wut und führt sich auf »wie ein russischer Bär«, so ein Augenzeuge.
Er wird dem Gericht vorgeführt, das ihn bis zur Verhandlung am nächsten Mittwoch in Untersuchungshaft steckt. Die Abnahme der Fingerabdrücke erweist sich als schwierig – man muß ihm mit Gewalt jeden Finger einzeln öffnen.
Auch Iwankow hat es schließlich erwischt. Warum aber an diesem Tag, an diesem Ort, wo ihn das FBI doch schon zuvor wiederholt in Brooklyn zusammen mit Autoritäten des russischen Milieus beobachtet hatte?

Der mit dem Fall beauftragte FBI-Agent Les Mac Nulty stützte sich auf einen Erpressungsversuch, der im November 1994 bekannt wurde. Iwankows Bande[5] hatte es damals auf eine New Yorker Investmentberatungsfirma, die Summit International, und deren Geschäftsführer Alexandr Wolkow und Wladimir Woloschin abgesehen. Eine Tarnfirma Iwankows forderte von ihnen 1,6 Millionen Dollar. Das Racket ging über das Maß simpler Drohungen hinaus: Der Vater Woloschins wurde Ende April 1995 in einer Moskauer Metrostation zu Tode geprügelt ... Die Forderungen der Bande erhöhten sich. Anstatt 1,6 Millionen forderte Iwankow nun 3,54 Millionen Dollar. Im Laufe der Ermittlungen wurde die Spur der Bande jedoch immer deutlicher und führte zu einem Restaurant in Fairview (New Jersey), dem »Troika«, sowie zu den Handelsgesellschaften, die im Stockwerk über diesem Restaurant saßen. Die Telefonnummer, die von Iwankow benutzt wurde, um Kontakt mit seinen Komplizen aufzunehmen, gehörte zu einem Unternehmen namens VHM Trading. Die Einnahmen aus der

Erpressung wurden auf das Konto der Wire Service Cie. bei der First Fidelity Bank eingezahlt. Beide Gesellschaften firmierten unter der Adresse des Restaurants auf dem Bergen Boulevard Nr. 378.
Am 25. Mai begeht Iwankows Bande allerdings einen fatalen Fehler. Die Geschäftsführer der Summit International, Wolkow und Woloschin, werden aus der Hotelbar des New Yorker Hiltons gekidnappt und in das Haus auf dem Bergen Boulevard gebracht. Dort setzt einer der Gangster auf einem Computer eine Art »Erpressungsvertrag« auf, in dem sie sich zu Teilzahlungen bereit erklären. Am 5. Juni gibt Iwankow den beiden Opfern per Fax eine Reihe von Anweisungen zur Zahlungsweise. Unter anderem sollte die erste Zahlung über 150 000 Dollar auf ein Konto der Wire Service Cie. erfolgen. Es war also höchste Zeit.

Die Anklage wegen Erpressung konnte Wjatscheslaw Iwankow und seinen Komplizen zwanzig Jahre Gefängnis einbringen. Man kann sich allerdings leicht vorstellen, daß innerhalb dieses Zeitraums noch weitere Anklagen gegen ihn erhoben würden. Am 8. Juli 1996, nach sechswöchiger Verhandlung, werden Iwankow und seine beiden Komplizen Waleri Nowak und Sergei Ilgner in Brooklyn von den Geschworenen der Erpressung für schuldig befunden. Einem vierten Komparsen, Wladimir Topko, wird lediglich die Mitwirkung an der Vorbereitung einer Erpressung zur Last gelegt.
Dem Schuldspruch folgt die Verurteilung. Nach einer ungewöhnlich langen Beratungspause des Gerichts wird das Urteil schließlich am 29. Januar 1997 bekanntgegeben: neun Jahre und sieben Monate für Iwankow, sechs Jahre für Ilgner, vier Jahre und drei Monate für Nowak und viereinhalb Jahre für Topko … Die Organisation Iwankow ist ihres Kopfes beraubt. Die *Organisazija* an der Ostküste der Vereinigten Staaten, die sich seit 1992 von Japontschik unterjochen ließ, ist schwer getroffen.

Letztes Medienereignis im Zusammenhang mit der Verhaftung

Iwankows: Ein Star des russischen Chansons steht nun ganz allein da, seiner besten Freunde beraubt. Der bekannte Sänger Jossif Kobson, der 1991 bereits die vorzeitige Freilassung Iwankows unterstützt hat und im April 1994 den Tod Otariks beweint. Ende Juni 1995 teilt das amerikanische Außenministerium mit, daß dem Sänger ein Einreisevisum verweigert wird. Obwohl er die ihm nachgesagten Verbindungen zur russischen Mafia abstreitet, gibt das Außenministerium nicht nach und erläutert seinen Entschluß: »Wir haben triftige Gründe anzunehmen, daß er gegen die amerikanischen Gesetze verstoßen hat.«[6]

Am 3. Januar 1996 wird dem Star auf dem David-Ben-Gurion-Flughafen von Tel Aviv ein ähnlicher Empfang bereitet: Dem »russischen Frank Sinatra« wird sechs Stunden lang die Einreise auf israelisches Territorium verweigert. Die Situation entspannt sich erst nach Intervention des russischen Botschafters in Jerusalem.

Beide Taktlosigkeiten haben den gleichen Hintergrund: In den Augen des FBI war Kobson bis 1990 Vizepräsident einer Gesellschaft, die Otari Kwantrischwili gehörte. Er verließ diese Gesellschaft sofort nach Bekanntwerden ihrer Kontakte zur Organisierten Kriminalität. Kobson war aber auch Präsident einer anderen Gesellschaft, die wiederum Marat Balagula gehörte. Für das FBI reicht das aus, um in Kobson eine der zehn bis fünfzehn Personen zu sehen, die den harten Kern der Organisation Iwankow bilden.

Newark (New Jersey), Oktober 1995

Mit dem Schuldbekenntnis von George Doddy aus Cherry Hill (New Jersey) – der dreizehnte und letzte Angeklagte der Operation »Red Daisy« – enden am 17. Oktober über zehn Jahre Ermittlungen der Finanzbehörde IRS zu den betrügerischen Mineralölgeschäften der russischen Banden. Neben ihm werden weitere Personen inhaftiert: Anthony »Fat Tony«

Morelli, Joseph »Joey Benz« Maritato, Edward Dougherty, Wiktor Silber, Mela Rubinow, Arkadi Seifer, »Little« Igor Roisman, Jakob und Wjatscheslaw »Sol« Dobrer. Richter Faith S. Hochberg wirft ihnen nicht weniger als siebenundvierzig Straftaten vor. Doddy riskiert nur fünf Jahre Gefängnis (ein Freispruch kommt nicht in Frage), aber Morelli und Roisman müssen für Jahrzehnte hinter Gitter und mehrere Millionen Dollar Geldstrafe zahlen. Man kann diesen Fall nicht zu den Akten legen, ohne folgendes klarzustellen: Die Gerichtsakten der Operation »Red Daisy« bestätigen die Existenz geheimer Absprachen zwischen der italienischen und der russischen Mafia. Die italoamerikanischen Familien New Yorks, die sogenannten »Big Five« (Gambino, Lucchese, Genovese, Colombo und Bonanno), besitzen alle die gleiche hierarchische Struktur: Der Boß verkörpert das Gehirn der Familie und wird von einem Underboss und einem Berater oder Consigliere sekundiert. Diese mafiose Dreieinigkeit befehligt eine Reihe von Hauptleuten, Capo, Skipper oder Caporegima genannt, denen wiederum eine oder mehrere Einheiten unterstehen, die sich aus den sogenannten Soldati zusammensetzen. Diese »Soldaten« haben das Mafiagelübde abgelegt, können aber auf »Verbündete« zurückgreifen, die – streng genommen – keine Mafiosi sind, da sie nicht den Bluteid geleistet haben.

Bei diesem Betrugsgeschäft war die »Cosa Nostra« lediglich an der Einnahme der Schutzsteuer interessiert. Nach Ansicht der amerikanischen Staatsanwaltschaft besaß »Fat Tony« für den Gambino-Clan als Caporegima die Oberaufsicht über die Beteiligungen der »Cosa Nostra« an den Geschäften der russischen Banden. Die Überwachung der Mineralölgeschäfte oblag hingegen »Joey Benz«, einem Verbündeten eines der Soldaten »Fat Tonys«. Die Einnahmen aus diesem Geschäft flossen nicht etwa an »Benz«, sondern an Edward Dougherty. Er war das erste Glied in der Kette, das nicht mehr zur »Cosa Nostra« gehörte. Damit die Zahlungen auch rechtzeitig eingingen, griff Dougherty auf die »Muskeln« von John Brogna, genannt »Big John«, zurück.[7]

Wiktor Silber, der Kopf der russischen Geschäftsstruktur, hatte vor allem Kontakt mit »Joey Benz«, direkte Treffen zwischen »Wowa« und »Fat Tony« blieben die Ausnahme. So zum Beispiel im Bellevue-Hospital, am Tag nach dem Mordanschlag auf »Wowa«.

Manhattan, Dezember 1995

Wie wir wissen, steht Nayfelds Prozeß immer noch aus. Im Oktober 1995 fand in Brüssel das zweite Treffen zur Polizeikooperation im Kampf gegen den russischen Mob statt. Lou Cardinale, einer der beiden New Yorker DEA-Beamten, die Nayfeld zu Fall brachten, schlug seinen europäischen Kollegen vor, dessen Zeugenaussagen für ihre Ermittlungen zu nutzen. Boris Nayfeld packte nun schon seit einigen Monaten aus, als Gegenleistung zu der relativen Milde der amerikanischen Justizbehörden. Das Ergebnis dieser Zusammenarbeit wird ebenso bedeutsam sein wie seinerzeit die Aussagen des italienischen Mafiabosses Tommaso Buscetta. Dessen Aussagen erlaubten zum ersten Mal einen Einblick in das Innenleben der sizilianischen Mafia. Auf jeden Fall ist Nayfeld eine der Schlüsselfiguren der russischen Mafia, die sich den Behörden preisgibt.

Im Dezember 1995 wird Nayfeld zum ersten Mal von europäischen Beamten einen halben Tag lang verhört. Er gibt den ausländischen Ermittlern jedoch keinen einzigen Hinweis, der sie weiterbringen könnte – schließlich finanziert nicht er seinen Rechtsanwalt, sondern seine Komplizen, zumindest diejenigen unter ihnen, die noch auf freiem Fuß sind. Außerdem muß er seine Frau in Europa schützen.

Brandwain wird am 25. Dezember 1995 in London von Vertretern des ständigen Untersuchungsunterausschusses des amerikanischen Senats angesprochen. Washington wünscht die Geschichte dieses Buches aus seinem Munde zu hören und will ihm weitere Fragen stellen. Wie sieht seiner Ansicht nach die tatsächliche Struktur der russischen Mafia aus? Wer sind heute ihre führenden Figuren? Wer sind Brandwain und Fanchini? Warum M&S? Wo befindet sich das Geld der slawischen Banden?

Monaco, Mai 1996

Die Yacht gehört zu den schönsten im Hafen. Sie ist eine der Attraktionen dieses schamlosen Luxusspektakels, das die Liebhaber der Formel 1 jedes Jahr nach Monaco zieht. Und die haben sich auch heute wieder um die monegassische Rennstrecke versammelt.

Während der Testfahrten und der Endrunde dient die »Kremlin Princess« als VIP-Salon und empfängt nicht nur die Mäzene der Formel 1, sondern auch den von allen umworbenen Rennstall Total-Jordan-Peugeot. Denn seit zwei Jahren gehört zu den wichtigsten Sponsoren der beiden Piloten Rubens Barrichello und Martin Brundle ein obskurer deutscher Industrieller und Liebhaber von Luxusyachten: Riccardo Marian Fanchini. Er widmet sich ganz dem Export von »belgischem« Wodka nach Moskau. Fanchini ist mittlerweile »Mister Kremljowskaja«, nach dem Namen seiner Wodkamarke, und überschwemmt die Werbeflächen der Rennstrecken mit dem Logo seines Unternehmens. So erfolgreich, daß Belgien hinter Polen auf der Weltrangliste der Wodkaexporteure in Richtung Moskau mittlerweile den zweiten Platz einnimmt. Der Rennstall Jordan verdankt ihm zehn Prozent seines Gesamtbudgets[8], über 10 Millionen französische Francs (etwa 3 Millionen DM). Dazu muß man allerdings auch die Kosten für die Werbeflächen entlang der Rennstrecke rechnen.

Zur Erinnerung: Den Einbruch in Brooklyn – wo er unter dem Namen Jerzy Bank zusammen mit seinem heutigen Partner Jakow

Tilipman verhaftet wurde – und das monegassische Prunkgelage trennen nicht einmal zehn Jahre. Dazwischen liegen aber M&S International, die gestohlenen Container in Riga und viel Geld aus zweifelhaften Kanälen. Das Duo zieht sich hervorragend aus der Affäre! Haben die Russen nun endgültig die »saubere«, legale Wirtschaft erobert, ihr Vermögen legalisiert und die Zweifel ihrer neuen Partner ausgelöscht?

Ganz sicher ist das nicht. Einige hundert Kilometer entfernt schaltet ein Kriminalbeamter und passionierter Formel-1-Fan seinen Fernseher aus und zieht die beiseite gelegte Akte wieder zu sich heran. Er brütet gerade über einem Fall von Geldwäsche. Fanchini, Tilipman ... Ihre Tage sind gezählt: Die ersten Hinweise tauchen bereits in der belgischen Presse auf und die Formel 1 kann darüber nicht mehr hinwegsehen. Eine Reihe von Wechseln ist längst überfällig – die Kremljowskaja Group steht mit beinahe 700 Millionen belgischen Francs (ca. 35 Millionen DM) kurz vor dem Ruin.
In den Stunden nach dem Grand Prix von Monaco 96 wird Peugeot diskret auf tatsächlich existierende Verbindungen der Mafia zur Kremljowskaja-Gruppe aufmerksam gemacht. Selbst der CIA kennt zu diesem Zeitpunkt die wahre Identität Fanchinis. Dieser könnte dem Image des französischen Automobilherstellers schwer schaden. In Paris beschließen Peugeot SA, Peugeot Sport und Jordan Grand Prix Ltd. in einer Krisensitzung, den Sponsoringvertrag zwischen dem Rennstall Total-Jordan-Peugeot und der Kremljowskaja Group fristlos zu kündigen.
Das ist der Anfang vom Ende: Wenige Tage zuvor feierte Fanchini seine Hochzeit am Comer See. Unter seinen Gästen befand sich auch der vom BKA gesuchte Pavel Kuna, den die italienische Kriminalpolizei inmitten der Feierlichkeiten verhaftete. Aber am Tag nach dem Rennen in Monaco verliert Fanchini auch seine geschäftliche Reputation: Die Wechsel wurden nicht eingelöst und sind mittlerweile zu Protest gegangen. Sechs Monate später, am 6. November 1996, meldet die Kremljowskaja-Gruppe Konkurs an ...

Damit aber noch nicht genug: In Antwerpen wird 1996 ein Verfahren wegen Geldwäsche gegen Fanchini eingeleitet. Allerdings kann er sich weiterhin frei bewegen ... bis er am 12. März 1997 zu einer Routinebefragung vorgeladen wird und das Gerichtsgebäude danach nicht mehr verläßt. Er wird wegen betrügerischen Bankrotts angeklagt und verhaftet – für den polnischen Einwanderer hat dieser Bescheid äußerst unangenehme Folgen: Die belgischen, deutschen, italienischen, russischen und amerikanischen Behörden interessieren sich viel zu sehr für diesen Mann, als daß man ihn bald wieder auf freien Fuß setzen würde.

Fanchini, Nayfeld und Elson sind hinter Gittern, Iwankow ist verurteilt und Kwantrischwili ermordet. Was bleibt von dieser furchterregenden »russischen« Mafia, wie sie uns Brandwain beschrieben hat, also noch übrig? Ist sie nicht durch den starken Druck der Polizei dem Untergang geweiht? Bei dieser Schlußfolgerung läßt man außer acht, daß die eurasische Organisierte Kriminalität – einzelnen Schicksalen zum Trotz – in der Lage ist, sich immer wieder zu regenerieren und loszuschlagen, da sie sich aus sehr jungen und profitgierigen Verbrechern zusammensetzt. Kaum hatte Iwankow das Haupt gesenkt, organisierte sich bereits wieder ein neuer Zweig der russischen Mafia um die Achse Moskau-Wien-Tel Aviv, dem das FBI weltweite Bedeutung beimißt: Der Kopf der Solnzewo-Bande, Sergei Michailow, schickte sich an, eine nun internationale Herrschaft anzutreten. Wenn man ihm nur die Zeit dazu ließe ...

Kapitel 10

Genf

Der neue Hoffnungsträger der Mafia, der diesem Durcheinander entsprang, hatte seine Position noch nicht eingenommen, da wurde er schon für tot gehalten – zumindest auf dem Papier! Am 21. August 1996 berichtete die israelische Presse die merkwürdige Geschichte von Sergei Michailow und Wiktor Awerin, jenem mafiosen Zweigespann, das an der Spitze der Moskauer Solnzewo-Bande stand. Nach dieser etwas verwirrenden Meldung wußte man nicht mehr, welchen von beiden man eigentlich für tot hielt. Die Leiche Awerins wurde demzufolge bereits Anfang des Jahres in einem israelischen Hotel aufgefunden und ordnungsgemäß identifiziert. Über Michailows Schicksal bestand noch weniger Klarheit: Er soll bei einer Schießerei zwischen rivalisierenden Banden erschossen worden sein. Es gab jedoch keine Leiche zu dem Mord. Die Tageszeitung »Ma'ariv« gilt zwar als seriöses Blatt, Nachforschungen in den folgenden Wochen zeigten aber, daß sich der Journalist seiner Sache nicht hundertprozentig sicher war. Es gab keine Hinweise darauf, daß die beiden Mafiosi bei einem Unfall ums Leben gekommen waren. Beide erfreuten sich bester Gesundheit und sollten dies auch unter Beweis stellen.

Welche Rolle spielen Awerin und Michailow nun in dieser Geschichte? Für Kommandant Sedow, den Chef der neunten Abteilung der Moskauer Antigang (Regionaldirektion zur Bekämpfung der Organisierten Kriminalität), sind Sergei Anatoljewitsch Michailow, genannt »Mikas« (geb. am 7. Februar 1958), und Wiktor Sergejewitsch Awerin, genannt »Awera der Ältere«

(geb. am 31. Mai 1957), die »Koordinatoren der Mannschaftsaktivitäten« einer der mächtigsten Mafiabanden der russischen Hauptstadt, der Solnzewo-Bande – auch Solnzewski oder Solnzewskaja genannt. Sie benennt sich nach dem gleichnamigen Stadtteil Moskaus, in dem sie entstanden ist. Die Karriere dieser beiden Männer begann unscheinbar. »Mikas«, der eigentliche Kopf, machte zuerst in Ringerkreisen von sich reden. Erst Ende der achtziger Jahre stießen die Brüder Awerin – Wiktor und der jüngere Alexandr – zu ihm und gründeten diese Bande, deren Arm mittlerweile bis in die Vereinigten Staaten, die Schweiz, nach Belgien, Österreich, Israel, Deutschland und in viele andere Staaten reicht. Sie wurden dabei von Jewgeni Lustarnow, Gennadi Schapowalow , Michail Kudin, Dschamal Chatschidse und jenem Sergei Timofejew, genannt »Silwestr«, unterstützt, der 1994 ermordet wurde.

Im Dezember 1996 legte Kommandant Sedow folgenden Bericht vor:
»Im Dezember 1989 kontrollierte diese Gruppe über zwanzig Handelsgesellschaften in Moskau und Umgebung (d. h., sie konfiszierte einen Teil der Geschäftsgewinne). Darunter befanden sich Restaurants (›Sowetski‹, ›Pokrowka‹, ›Turist‹, ›Kometa‹, ›Aist‹, ›Nil‹, ›Jaktor‹), das Hotel ›Dagornyss‹ und die Bank ›Partner‹. Zur Zeit zählt diese kriminelle Vereinigung etwa achthundert aktive Mitglieder, die sich in zehn bis zwölf ›Mannschaften‹ aufteilen, die von ›Autoritäten‹ angeführt werden. Jede ›Mannschaft‹ kontrolliert eine bestimmte Anzahl von Gesellschaften, Unternehmen und Banken im Moskauer Raum. Gleichzeitig verfügt die Bande über eine gemeinsame Kasse (*obschtschak*), in die alle ›Mannschaften‹ einen Teil ihrer Einnahmen einzahlen. Bei Streitigkeiten mit anderen Banden beteiligen sich die Mitglieder mehrerer ›Mannschaften‹ an den Auseinandersetzungen.
Michailow und Awerin koordinieren die Aktivitäten dieser Mannschaften. Sie spielen eine Schlichterrolle bei Streitigkeiten und verwalten die gemeinsame Kasse. Durch den Kauf von Immobilien

in Westeuropa, die Gründung von Briefkastenfirmen und Offshore-Gesellschaften ›waschen‹ Michailow, Awerin, Tamm und Skrylew das schmutzige Geld, das sie in Rußland durch Erpressung, Waffen- oder Drogenhandel einnehmen.«

Aus diesem Bericht geht auch hervor, daß Mikas, der seine Karriere in Moskau begann, seit 1993 in Österreich, Tschechien und Ungarn lebt: Die Moskauer Solnzewo-Bande entwickelte sehr schnell den Ehrgeiz, im Westen Fuß zu fassen und dort eine Reihe ihrer illegalen Geschäfte (Geldwäsche, Waffen- und Drogenhandel) auszubauen. So lautet zumindest die von der russischen Antigang formulierte Anklage. Mikas will sich den Fängen des Moskauer Justizapparats entziehen, der sich seiner Meinung nach gegen ihn verschworen hat: Michailow wurde vom Stadtteilgericht Solnzewo wegen »gemeinschaftlich begangenen vorsätzlichen Raubes« und »offensichtlich falscher Anschuldigungen sowie Falschaussage im Rahmen einer schwerwiegenden Anklage« zu drei Jahren Haft mit Bewährung verurteilt. Weiterhin wurden im Dezember 1989 Michailow, die Brüder Awerin, Lustarnow und Sergei »Silwestr« Timofejew wegen Erpressung und Autodiebstahls verhaftet. Opfer war der Präsident der Genossenschaft »Fond« namens Rosenbaum. Ende 1993 werden sie erneut verhaftet. Dieses Mal stehen sie unter Verdacht, die Ermordung des Direktors des Moskauer Spielcasinos »Valérie«, Wlassow, organisiert zu haben. Die Antigang berichtet dazu: »Eine Verurteilung war nicht möglich, da die Opfer und die Zeugen unter den Drohungen der Angeklagten ihre Aussagen zurückgezogen haben.«

Der Schutz der Familie ist heilig

In der Tat ist das Klima innerhalb der Moskauer Mafia zu heiß geworden, und die damit verbundenen polizeilichen Nachforschungen haben für Michailow und Awerin ein bedrohliches Ausmaß angenommen. Aus diesem Grund haben sie es vorgezogen, die Stadt zu verlassen. Wien soll danach lange Zeit ihre Operationsbasis gewesen sein, obwohl die jüngsten Ermittlungsergebnisse diese These nur teilweise bestätigen. Was Michailow tatsächlich braucht, ist Bewegungsspielraum. Von einem geregelten Leben kann man wohl kaum sprechen.

Dafür kommen zwei Erklärungen in Frage: Erstens ist Michailow Familienvater. Mit seiner Frau Ljudmilla Michailowa hat er zwei Töchter, Wera und Alexandra, die eine gesicherte Erziehung und eine ruhige Umgebung benötigen. Außerdem gibt es angenehmere Orte als Moskau, um seinen Reichtum ungestört zu genießen. Geld zu haben ist ein Sache, es zu genießen eine andere.
Zweitens zwingen ihn die Vielzahl seiner kriminellen Aktivitäten und der Druck der Polizei dazu, seinen Unterschlupf oft zu wechseln. Er besitzt für diesen Zweck einen russischen Paß, aber ebenso einen israelischen – der ihm noch viel Ärger mit den Gerichten einbringen wird – und als langjähriger Konsul Costa Ricas auch einen Paß dieses Landes. Nach Aussagen eines ehemaligen Vertrauten ist er zudem im Besitz belgischer und portugiesischer Papiere. Uns lagen in der Tat Kopien eines gefälschten Passes und eines gefälschten Führerscheins vor, die beide im März bzw. im Juli 1995 in Antwerpen auf seinen Namen ausgestellt worden waren. Zwischen dem Bedürfnis nach einem geregelten Familienleben und den kriminellen und geschäftlichen Sachzwängen klafft also eine große Lücke.

Anfang 1995 hat Michailow sich folgendermaßen organisiert: Der Familiensitz befindet sich in der Schweiz, am Genfer See, seine Geschäfte führt er von Belgien, den Vereinigten Staaten und Israel aus. Um ihn ausfindig zu machen, muß man sich schon etwas einfallen lassen. Und wenn die Presse ihn weiterhin für tot hält, um so besser …

Es bedarf eines ersten Schrittes. Am 12. April 1995 gründet Michailow in Antwerpen die Gesellschaft MAB International, deren Initialen den Ermittlern lange Zeit Kopfzerbrechen bereiten: M für Michailow, A für Awerin, B für ...?
B steht für Birschtein. Dieser Mann ist an der Züricher Firma Seabeco beteiligt, soll die Regierung Kirgistans zu Fall gebracht und dem ehemaligen KGB-Oberst Leonid Weselowski dabei geholfen haben, das Geld der KPdSU in den Westen zu schleusen. Wenn es einen Menschen gibt, der die Gunst der Stunde des zusammenbrechenden sowjetischen Reiches zu nutzen wußte, dann Boris Birschtein. Die Schweizer Ermittler brauchten lange Zeit, um diese dunkle Allianz aufzudecken, aber die Zeugenaussagen bestätigen es: Birschtein half Michailow, sich in Antwerpen niederzulassen, so ein belgischer Zeuge; Birschtein und Michailow besitzen gemeinsame Interessen, weiß ein Schweizer Zeuge zu berichten. Das Geheimnis des »B« ist damit gelüftet: Die offizielle Rolle, die der Vater von Birschteins Schwiegersohn, Jewsej Schnaider, in der MAB International spielt, bekräftigt diese Hypothese.
Zwischen seinen Aufenthalten in Kanada und der Schweiz lebte Birschtein eine Zeitlang in Belgien. Er ist in belgischem Recht bestens bewandert und verfügt in diesem Land über eine geschäftliche Infrastruktur, die dem Moskauer Mafioso bei Bedarf zur Seite stehen kann. So z. B. die Seabeco Belgium und die World Wide Aviation Consulting, um nur die wichtigsten zu nennen. Aber es gibt noch weitere, die vor allem von der Tochter und dem Schwiegersohn Boris Birschteins geleitet werden.
Seit Mitte 1995 verfügt Michailow auch über seine erste belgische Firma und nimmt Kontakt mit ehemaligen Schweizer Verwaltungsbeamten auf, um ohne großes Aufsehen für sich und seine

Familie eine Aufenthaltsgenehmigung im Kanton Waadt (Lausanne) auszuhandeln. Zur Erinnerung: In dieser Zeit wird Iwankow unter Mithilfe der berittenen kanadischen Polizei vom FBI verhaftet. Für Michailow ist das eher eine schlechte Nachricht, haben die amerikanischen Kriminalisten doch immer wieder bestätigt, daß Iwankow den Interessen der Solnzewo-Bande zuarbeitete. Andererseits werden die Karten neu gemischt, und für Michailow steht dadurch das Tor zur Spitze offen. Ohne großen Medienrummel ist er zu einem der weltweit wichtigsten Männer des russischen Mobs geworden. Man kann also davon ausgehen, daß er seine Absicht, sich in der Gegend von Lausanne niederzulassen, mit größter Vorsicht und Professionalität angehen wird.
Er wendet sich daher vertrauensvoll an einen Waadtländer, der über jeden Verdacht erhaben ist: François Tharin. Dieser leitete bis 1992 die Ausländerbehörde des Kantons Waadt. Nach dem Ausscheiden aus seinem Amt stellte Tharin seine Erfahrungen in den Dienst all jener, die sie bezahlen konnten, und eröffnete ein Beratungsbüro, das sich auf Aufenthaltsgenehmigungen spezialisierte.
Wenn Tharin über Michailow spricht, ist dieser für ihn ein Kunde wie jeder andere ... Anfang Oktober 1996 allerdings, als wir ihn in Lausanne treffen und ihn über die mafiose Vergangenheit seines Kunden aufklären[1], erkennt Tharin, daß er dreißig Jahre im Dienst der Öffentlichkeit nicht so einfach beiseite schieben kann, und zeigt sich unseren Fragen gegenüber aufgeschlossen: Wenige Tage zuvor, am 20. und 21. September 1996, wurden Michailow und Awerin, beide wohlauf, von der belgischen Kriminalpolizei in einem großen Brüsseler Hotel geortet. Bei diesem Kurzaufenthalt, der hauptsächlich geschäftlichen Interessen diente, wurden bedeutende Finanzprojekte in Belgien besprochen. Genug, um den Belgiern das Blut in den Adern gefrieren zu lassen und Tharin zum Reden zu bewegen: Ja, Michailow sollte tatsächlich mittels der Plamosa Management & Finance in Morges seine Aufenthaltsgenehmigung erhalten. Schließlich kam er mit einer Geschäftsidee in den Kanton, wollte Arbeitsplätze schaffen. Michailow stand vor allem

mit einer Waadtländer Gesellschaft in Verhandlung, die auf den Bau von Pipelines spezialisiert war.
Hatte Michailow seine Vergangenheit gegenüber Tharin nie erwähnt? »Im Rahmen meiner Beratungstätigkeit mußte ich ihn natürlich fragen, ob gegen ihn etwas vorläge«, erklärt uns Tharin. »Er hat mir geantwortet: ›Nein, aber ich habe natürlich Feinde.‹«

Mikas von der Schweizer Polizei verhaftet!

Als Tharin zugibt, daß er für Michailow gearbeitet hat, haben die Schweizer Sicherheitsbehörden in Genf und Lausanne Mikas und seine Frau bereits ausgemacht. Ein Beamter aus Lausanne reiste Ende September sogar nach Moldawien, um dort mehr über ihn in Erfahrung zu bringen. Die Villa im Waadtland, die den Michailows offiziell als Familiensitz dient, wurde ebenfalls ausfindig gemacht. Sie liegt in Borex, im Chemin des Tourniaux Nr. 12. Ein unauffälliges Haus am Rande von Äckern mit Blick auf den Genfer See. Nur ein blauer Rolls-Royce, in Belgien auf die MAB International zugelassen, verrät die Anwesenheit des russischen Mafiapaten. Alles scheint unter Kontrolle. Und dennoch, die Überraschung steht noch aus ...
Am 15. Oktober 1996, um 21.35 Uhr, kaum drei Wochen nach der Reise Michailows und Awerins nach Brüssel und nur wenige Tage nach unserem Gespräch mit François Tharin, verhaften die Schweizer Behörden Michailow bei seiner Rückkehr aus Wien auf dem Genfer Flughafen. Er wird nicht sofort unter Anklage gestellt. Man unterzieht ihn einer in der Eidgenossenschaft üblichen gerichtlichen Kontrolle und bittet ihn sozusagen um »Mithilfe« bei der behördlichen Überprüfung. Noch wird der »Investor, Mafioso und Anwärter auf eine Aufenthaltsgenehmigung« nicht bedrängt; noch ist nicht die Rede von Hausdurchsuchung, sondern von ei-

nem »Hausbesuch« – ein feiner Unterschied. Die Schweizer Behörden legen einige Zeitungsartikel vor, verlangen von Michailow Angaben über seine Einkünfte, kurzum, sie geben vor, ihn besser kennenlernen zu wollen. Die ausländischen Polizeibehörden zeigen sich hingegen besorgt: Wie konnte die kleine Schweiz völlig unvorbereitet die Überprüfung eines derart großen Fisches entscheiden?

Der Genfer Untersuchungsrichter Georges Zecchin weiß aber ganz genau, was er will. Am 17. Oktober klagt er Michailow offiziell wegen zweier typischer Vergehen gegen die Schweizer Aufenthaltsbestimmungen für Ausländer an. Vor allem wirft er ihm »Geldwäsche« und die Zugehörigkeit zu einer kriminellen Vereinigung vor ... Ab dem 22. Oktober hüllt sich Michailow in Schweigen, und für den Richter beginnt eine der langwierigsten Untersuchungen seiner Amtszeit: Die Behörden in Rußland, Israel, Belgien, den Vereinigten Staaten, Österreich, Luxemburg und weiteren Ländern werden um Mitarbeit gebeten ...
Michailow ist den Behörden in vielen Ländern kein Unbekannter: In Frankreich liegt gegen ihn ein Einreiseverbot des Innenministeriums vom 20. Dezember 1995 vor; Tschechien darf er ab 1995 für den Zeitraum von zehn Jahren überhaupt nicht mehr betreten. Eine Überraschung: Die russischen Behörden erklären Anfang November in einem ersten Schreiben, daß gegen Michailow keine Ermittlungen geführt würden. Das Dokument ist aber höchst suspekt. Anfang Dezember weist die Moskauer Antigang dieses Schreiben implizit zurück und kündigt eine dicke Akte »Mikas« an. Die Israelis reisen sogar eigens in die Schweiz, um den Mafioso selbst zu verhören, dessen »jüdische Glaubenszugehörigkeit« alles andere als glaubhaft erscheint.
Welche Ergebnisse fördern nun die Nachforschungen der Schweizer Ermittler zutage? Rußland liefert eine stichhaltige Kriminalakte, deren Inhalt ausreicht, Michailow nach seinen Gerichtsverhandlungen in Untersuchungshaft zu behalten. Sein Fall wird lange Zeit nach einem besonderen juristischen Verfahren ausgesetzt,

das der Verteidigung jegliche Einsicht in die Akten untersagt. Da das Geheimnis der Nachforschungen dem Anstürmen von Michailows Verteidigern standhält, üben diese nun Druck auf den Autor dieses Buches und seine Zeitung aus. Die Brüsseler Tageszeitung »Le Soir« soll demzufolge einen Artikel veröffentlichen, dessen Inhalt den Ermittlungen der Genfer Untersuchungsbehörden zuwiderläuft.[2] Selbstverständlich ohne Erfolg.
Das Vorgehen der Verteidiger hat einen guten Grund: Wenn Michailow auch aufgrund einiger Zeitungsberichte am 15. Oktober 1996 festgenommen werden konnte, so bezieht die Justiz ihre Informationen längst nicht mehr nur aus den Zeitungen. Sie hat zu dieser Zeit bereits genügend »harte« Informationen zusammengetragen, die die Anklage gegen Michailow untermauern.
Richter Zecchin befragte in Miami beispielsweise einen oder mehrere Leibwächter der Solnzewo-Bande. Diese berichten von verschiedenen Morden, die von der Gruppe begangen wurden. Darunter auch der bereits erwähnte Mord an Wladislaw Listjew, der mit der versuchten Schutzgelderpressung einer russischsprachigen Radiostation in Israel in Zusammenhang gebracht werden kann.
In der Schweiz machen die Ermittler eine überraschende Entdeckung: Zahlreiche Konten wurden bei der Genfer Bank Gutzwiller & Co., der Société de Banque Suisse in Morges und der Fibi Bank in Zürich eröffnet. Hinter diesen Konten stehen auch Tarnfirmen, insbesondere im Fall der ACM Private Fund Inc. mit Sitz in Tortola auf den Jungferninseln. Deren Verfügungsberechtigter ist kein anderer als Sergei Michailow. Die Ermittler machten sich ebenfalls über die Funktion einer Gesellschaft namens Solington Holding Inc. Gedanken. Die Bankkonten dieser Gesellschaft werden bei der Arab Bank in Genf geführt. Auf diese Weise konnten bereits Anfang 1997 etwa 2,2 Millionen Schweizer Franken Michailow zugeordnet werden.
Das ist aber noch lange nicht alles: Michailow ist auch an verschiedenen Schweizer Handelsgesellschaften beteiligt, etwa der Cougard Distribution in Pully und der Waadtländer Firma East Line.

Die Familie Michailow führt also ein sorgenfreies Leben. Sie verfügt über nicht weniger als elf Kreditkarten, die in der Schweiz, in Israel, Österreich, Deutschland oder Ungarn ausgestellt wurden. Dazu kommt eine Einmalprämienlebensversicherung, die Michailow bei der Züricher Versicherung (Agentur Lausanne) abgeschlossen hat und mittels der er 1 Million Schweizer Franken von der Hapoalim Bank in Tel Aviv in die Schweiz transferierte. Viel Geld für einen Mann, der nur über sportliche Qualifikationen verfügt …

Man darf auch nicht außer acht lassen, daß nach Schweizer Recht die Villa der Michailows in Borex[3] ein juristisches Problem darstellt. Offiziell darf Michailow, der eine Aufenthaltsgenehmigung beantragt hat, erst dann in der Schweiz leben, wenn er grünes Licht aus Bern erhalten hat. Die Untersuchungen ergeben jedoch, daß die Villa am 21. Juni 1996 von einem Strohmann Michailows namens Olivier Demaurex gekauft wurde. Dieser erhielt dafür einen Kredit von Michailow: Das Haus kostete 260 000 Schweizer Franken, Demaurex erhielt aber 790 000 …

Soweit die Geschichte, die den Schweizer Behörden jeden Tag neue Entdeckungen beschert. Während 1995 und 1996 die russische Organisierte Kriminalität an allen Fronten ihrer Köpfe beraubt scheint, ruft uns Sergei »Mikas« Michailow – vor seiner Verhaftung – in Erinnerung, daß diese »Mafia« extrem jung und dynamisch sein kann und daß ihr vielleicht ein besseres Schicksal bevorsteht: mit neuen Köpfen an ihrer Spitze, die sich hinter neuen Firmennamen verstecken und die neue Netzwerke gründen werden. Rachmiel Brandwain, der uns den Schlüssel zu dieser Welt lieferte, erscheint im nachhinein tatsächlich als Opfer einer Inszenierung, die ihn erst an die Spitze führte und dann wieder fallen ließ. Trotz wiederholter Drohungen seitens der russischen Mafia hat er uns seine Geschichte erzählt – mit dem Willen zum Überleben –, und wir bewundern heute den Mut, den er dafür aufgebracht hat. Denn auch der Autor dieses Buches wird die Geschichte nicht weitererzählen können. Im Oktober 1996 wurde er ebenfalls von einer russischen Mafiagruppe zum Tode verurteilt. Er kann seine Nachforschungen nicht weiterführen und zieht es vor, die Bühne auf Zehenspitzen zu verlassen. Vielleicht findet die Geschichte aber doch noch eine Fortsetzung. Eines Tages, an anderer Stelle und von jemand anderem erzählt …

Anmerkungen

Die Schreibweise der russischen Namen folgt den jeweiligen Originaltiteln, die in Klammern gesetzte Umschrift entspricht den deutschen Transkriptionsregeln des Duden bzw. der Schreibweise, die sich in der deutschen Presse durchgesetzt hat.

Einleitung

1 Arkadi Waksberg: Die Sowjetische Mafia. Organisiertes Verbrechen in der Sowjetunion. München, 1992.
2 Joe Serio: Thieves Professing the Code: the Traditional Role of *vory v zakone* in Russia's Criminal World and Adaptations to a New Social Reality. Artikel im Internet.
Joseph Serio, ehemaliger Moskauer Vertreter des Office of International Criminal Justice steht jetzt einer Beratungsfirma für Sicherheitsfragen mit Sitz in Moskau, der Eurasian Business Services Ltd., vor.
3 S. Ja. Lebedew: Antiobschtschestwennye tradizii obytschai i ich wlijanie na prestupnost. Wyschaja Schkola Milizii (MWD), 1989.
4 Varlam Chalamov (Warlam Schalamow): Essais sur le monde du crime. Paris, 1993. Aus dem Russischen von Sophie Benech.
5 Michail Djomin: Die Tätowierten. Frankfurt, 1975.
6 Financial Crimes Enforcement Networks: Law enforcement eyes new player in organized crime. In: Update: A Bulletin of Financial Crimes and Money Laundering, Frühjahr-Sommer 1993, Bd. 2, Nr. 1 und 2.
7 A. I. Dolgowa: Organisowannaja prestupnost. Juriditscheskaja Literatura, Moskau, 1989.
8 FBI: International criminal enterprises. Nature of the Threat. Criminal investigative division, reference manual.
9 Ende 1996 ist die Rolle der Mogilewitsch-Gruppe im weltweiten Netz des russischen Mobs so bedeutend, daß das FBI einen eigenen, hundert Seiten starken Bericht über sie anfertigt. Obgleich die ungarische Organisation in diesem Buch nicht behandelt wird, dürfte sie für die Entwicklung der russischen Mafia am Ende unseres Jahrhunderts von entscheidender Wichtigkeit werden.
10 1995 unterscheiden die Kriminalisten des FBI zwischen einer Brandwain-

Gruppe und einer Fanchini-Gruppe und berücksichtigen damit die Trennung dieses Gespanns in ihrer Analyse.

Kapitel 1

1 Dieses biographische Detail wurde uns nicht bestätigt. Die Information stammt von einem der versiertesten amerikanischen Kenner Jewsej Agrons und Marat Balagulas, dem Journalisten Robert I. Friedman; er ist Autor des Artikels »The Organizatsiya«, der am 7. November 1994 im »New York Magazine« erschien.
2 President's Commission on Organized Crime: The Impact: Organized Crime Today. Report to the President and the Attorney General. Washington, April 1986, Seite 121–125.
3 Eine amerikanische Gallone entspricht 3,785 Liter.
4 Die Zahlen und das Schema dieses Beispiels sind Carole Sicks Artikel »Oil Sick« entnommen, veröffentlicht im Oktober 1994 im Magazin »Philadelphia«.
5 Die Information wurde dem Autor gegenüber nicht bestätigt, jedoch in dem gut recherchierten Artikel von Nathan M. Adams, »Menace of the Russian Mafia«, erwähnt, der im August 1992 im »Reader's Digest« erschien.
6 Nach Jerry Seper: »The soviet mafia: an american success story«, erschienen in »The Washington Times« vom 29. September 1991.
7 Ein Leutnant Agrons, Michael Markowitz, vertrat die Interessen der russischen Mafia.
8 Robert I. Friedman: The Organizatsiya. A.a.O.
9 Information aus Robert I. Friedmans Artikel »Brighton Beach Goodfellas« in »Vanity Fair« vom Januar 1993.
10 Zeugenaussage vom 15. Mai 1996 vor dem ständigen Untersuchungsunterausschuß des amerikanischen Senats.
Vor allem Michael Franzese, der in ein Zeugenschutzprogramm aufgenommen wurde, hat dem ständigen Untersuchungsunterausschuß des amerikanischen Senats zu einem besseren Verständnis der russischen Mafia verholfen. Seine Aussagen vom Mai 1996 hatten insbesondere die Allianzen und Rivalitäten der italienischen und russischen Mafia zum Thema.
11 Die Handelsgesellschaft trägt den Namen Liat Natalie und bleibt eine der Hauptstützen Marat Balagulas.
12 946 Millionen Gallonen.
13 »New York Newsday« vom 16. August 1992.
14 FBI: International Criminal Enterprises. Nature of the Threat. Criminal investigative division, reference manual.

15 US District Court, Southern District N.Y: United States of America versus Monya Elson. Indictment 95Cr.199.
16 Nicht überprüfte Information, Auszug aus dem bereits genannten Artikel Robert I. Friedmans, »The Organizatsiya«.
17 Pressemitteilung Fuel 0807.rel der Justizbehörde Newark, New Jersey vom 7. August 1995.
18 US District Court of New Jersey: United States of America versus Morelli et al. Indictment n° 93–210 (WGB).
19 Anthony Casso, genannt »Gaspipe«, ein Underboss der Lucchese-Familie, berichtete am 15. Mai 1996 vor dem ständigen Untersuchungsunterausschuß des amerikanischen Senats vom – spät erfolgten – Eingriff des Genovese-Clans in den russischen Mineralölschmuggel.

Kapitel 2

1 Die Zahlen beruhen auf einer Untersuchung, die am 20. Januar 1995 in der belgischen Tageszeitung »Le Soir« veröffentlicht wurde.
2 Daten gemäß dem Steuerbericht des Bürgermeisteramts der Stadt Antwerpen vom Januar 1995.
3 Marc Rozen: Haro sur le diamant russe au rabais. In: »Le Soir«, 22. Mai 1995.
4 Nähere Einzelheiten siehe Kapitel 7.
5 Hugo Merckx: Antwerpen koopt goud in Vicenza. In: »Gazet van Antwerpen«, 16. Mai 1995.
6 In den Anmerkungen des Handelsregisters der Stadt Antwerpen finden sich zwei Daten: 1943 und 1947. Die zweite Jahreszahl ist korrekt.
7 Interview mit François Leiser in der Wochenzeitung »Pourquoi pas?«, Belgien, 18. März 1987.
8 Aktenzeichen 890126-89, Anhang des »Moniteur belge«, monatliches Außenhandelsbulletin des Finanzministeriums.
9 Pourquoi pas?, 18. März 1987.
10 Vgl. Kapitel 1.
11 Diese, dem Autor von Rachmiel Brandwain am 22. September 1995 in Antwerpen gegebene Version ist in ihrem Inhalt nicht nachprüfbar.

Kapitel 3

1 J* M*: The Effects of Organized Crime from the Former Soviet Union on the Federal Republic of Germany. BKA, September 1994.
2 BKA: Organized Crime in the Federal Republic of Germany: the Situation in 1993.
3 U.S. Senate: International organized crime and its impact on the United States. Hearing before the permanent subcomittee on investigation of the comittee on governmental affairs, 25. Mai 1994, Washington.
4 Die Probleme, die bei telefonischen Abhörmaßnahmen und bei der Übersetzung der Gespräche auftauchen, stellen die Polizeibehörden aller Länder immer wieder vor große Schwierigkeiten. Das beste Beispiel liefert die Situation in Belgien. Als Abhörmaßnahmen dort reichlich spät durch ein Gesetz legalisiert werden sollten, fiel den verantwortlichen Polizeibeamten plötzlich auf, daß sie gar nicht über die erforderlichen Gelder verfügten, mit denen die Übersetzer bezahlt werden sollten. Die vielfältigen Formen der Nachrichtenübertragung – und somit auch der unterschiedlichen, notwendigen Abhörgenehmigungen – stellen eine weitere Komplikation dar.
5 AFP-Nachricht EUA 0186 vom 25. April 1995.
6 Stephen Kinzer: Ivan in Berlin; the long shadow of the russian mob. In: »The New York Times«, 11. Dezember 1994.
7 Akte »USA versus Boris Nayfeld«, transcript of bail application, southern district of New York, 11. März 1994.
8 Gespräch mit dem Autor, Antwerpen, 19. Dezember 1994.
9 Vgl. Anmerkung 1.
10 FBI: International Criminal Enterprises. Nature of the Threat. Criminal investigative division, reference manual.
11 Die Villa Ten Schijn in Schilde.
12 Nachdem der Autor in der belgischen Presse einige Artikel veröffentlicht hatte, verschickte Riccardo Fanchini ein dreiseitiges Rundschreiben an seine Antwerpener Geschäftspartner mit Datum vom 31. Mai 1995. In diesem erklärte er vor allem, warum er trotz mehrerer vergeblicher Anfragen unsererseits zu keinem Gespräch mit uns bereit sei. In diesem Schreiben werden weiterhin das Ausscheiden Fanchinis aus der Firma M&S sowie seine Rolle bei der Konkursabwicklung der bankrotten Firma geschildert.
13 Gemäß »Der Spiegel« vom 13. März 1995.
14 Gespräch des Autors mit Brandwain, Antwerpen, 22. September 1995.
15 Gespräch des Autors mit Frank Slaets, Antwerpen, 10. April 1995.
16 Information entnommen aus Craig Copetas und Heidi Ewich: Marked for murder. In: »New York Newsday«, 17. August 1992.

17 Gespräch mit dem Autor, Antwerpen, 8. Dezember 1994.
18 Gespräch des Autors mit Frank Slaets, Antwerpen, 10. April 1995.
19 Von uns konsultierte Version des Artikels Alexander Zhilins (Alexandr Schilin): Generals in business. In: »Moscow News«, 17–23, Juni 1994.
20 Gespräch mit dem Autor, Antwerpen, 8. Dezember 1994.

Kapitel 4

1 Information aus Ludo Albichts Buch »De joden van Antwerpen«. Antwerpen, 1993.
2 Die Villa in der Rue Ferdinand Verbiest Nr. 15 in Egedem ist der europäische Zweitwohnsitz Nayfelds. Nach Angaben der belgischen Telefongesellschaft lief der Anschluß dort bis 1994 auf den Namen Boris Nayfeld.
3 In Antwerpen existiert noch eine vierte Gesellschaft, deren Nennung in diesem Rahmen allerdings nicht gerechtfertigt wäre.
4 Glaubt man den Angaben des Interpol-Büros in Vilnius, handelt M&S Polen vor allem mit Autos. Der dortige Geschäftsführer wurde übrigens 1995 verhaftet.
5 Verlag Michael Joseph, London, 1994.
6 Dimitri de Kochko, Alexander Datskewitsch: L'Empire de la drogue. La Russie et ses marchés. Hachette, Paris, 1994, Seite 93.
7 Siehe: Alleged theft ring foiles. In: »New York Newsday«, 8. Juni 1990. Seine mutmaßlichen Komplizen sind Juri Budnitsky, Jakow Wolonik und Roman Stalinsky.

Kapitel 5

1 Zahlen entnommen aus »Nedelja« (Beilage der »Iswestija«), zitiert von Agence France Presse und Reuter, 28. Juli 1995.
2 AFP-Nachricht EUA0488 vom 29. Januar 1992.
3 AFP-Nachricht EUA0281 vom 13. Juni 1995.
4 Information zitiert von Bernard Cohen in: La mafia russe fait sa loi jusqu'à la Douma. »Libération«, 9. Juni 1994.
5 U.S. Senate: International Organized Crime and its Impact on the United States. Hearing before the permanent subcomittee on investigations of the comittee of governmental affairs, 25. Mai 1994.
6 Clifford Gaddy, Jim Meitzel, Michael Alexeev: Mafiosi and matrioshki. Organized crime and russian reform. In: »Brookings Review«, Winter 1995.
7 siehe Zitat im Kapitel »Berlin«.

8 TASS-Nachricht: Over 20 Russian gangsters have homes abroad. 12. April 1995.

9 Joseph D. Serio, Vyacheslav Stepanovich Razinkin: Thieves professing the code: the traditional role of Vory v zakone in Russia's criminal world and adaptations to a new social reality. Frei zugänglicher Artikel im Internet.

10 Gespräch des Autors mit Rachmiel Brandwain am 5. Januar 1996.

11 Nach der Übersetzung eines Artikels in der russischsprachigen New Yorker Wochenzeitung »Courrier« vom 14. April 1994: Qui a été enterré à Moscou? Un mécène, un homme d'affaires ou un mafioso?

12 Gespräch mit dem Autor, Antwerpen, 5. Januar 1996.

13 Nach der Version Anne Barnards: British firm wonders where its shares went. In: »The Moscow News«, 7. Dezember 1994.

14 Wir beziehen uns auf den Artikel unserer Kollegin Isabelle Ginor: Dangerous gambling in aluminium. In: »Ha'aretz«, 12. Mai 1995.

15 Für diese Nachforschungen befragten wir Michail Sarkisjan im Dezember 1994 und im April 1995.

16 Die derzeitige russische Gesetzgebung erlaubt eine Untersuchungshaft von dreißig Tagen.

17 Die G.U.W.D. hat einer Veröffentlichung des Namens der französischen Firma, der die Gelder der russischen Banden in Moskau zugute kamen, nie zugestimmt, da diese Informationen nur unter Mitarbeit der französischen Behörden zu erhalten waren, d. h. es handelt sich um eine Information aus dem Ausland. Die französische Spur der M&S wurde durch westliche Behörden jedoch bestätigt. Einen Tag nach der Ermordung des »Filmproduzenten« Sergei Majarow am 22. November 1994 in Paris, erstellte der französische Geheimdienst einen vertraulichen, zweiundzwanzig Seiten starken Bericht über die möglichen Hintergründe des Mordes und die Interessen der russischen Mafia in Frankreich. In diesem Bericht ist auch die Rede von der französischen Niederlassung einer Gesellschaft, die mit der M&S in Verbindung steht und die direkt aus Moskau eine Zahlung in Höhe von 190 000 Dollar erhielt. Der Bericht widerspricht dem offiziellen französischen Standpunkt, den das Land auf der FinCEN in Vienna (Virginia, September 1994) vertrat und demzufolge die russische Mafia in Frankreich nicht existiert (sic).

18 Unser erstes Treffen mit Brandwain erfolgte am 8. Dezember 1994, und die Verhandlungen waren ganz offensichtlich schon in vollem Gange. Denn, um sie nicht zu gefährden, bat er uns, das Datum der Gespräche in unserem Bericht auf die Zeit vor dem 4. Dezember zurückzudatieren; ab diesem Datum hatte er sich zu größter Verschwiegenheit verpflichtet.

19 Gespräch mit dem Autor, Brüssel, 2. Mai 1995.

Kapitel 6

1 Freedom of the press under the mob's gun. In: »The Baltic Observer«, 22.–28. Oktober 1993.
2 Gespräch mit dem Autor in Vilnius am 15. August 1995.
3 Auszug aus einem internen FBI-Dokument, das bereits weiter oben zitiert wurde: International Criminal Enterprises. Nature of the Threat, FBI, Criminal investigative division, reference manual.
4 Gespräch mit dem Autor in Vilnius am 15. August 1995.
5 Zahlen nach einem Bericht des litauischen Außenministeriums, Oktober 1994.
6 Am 16. August 1995 teilte uns die Sekretärin von Georgi Dekanidse mit, ihr Chef habe einen Herzanfall erlitten und müsse noch am gleichen Tag ins Krankenhaus eingeliefert werden. Aus diesem Grund sei vor Ende August kein Interview mehr möglich. Wir konnten Georgi Dekanidse nicht persönlich sprechen und verweisen den Leser auf die Interviews, die er der internationalen Presse zu dem Zeitpunkt gab, als er das Leben seines Sohnes rettenwollte. Vor allem: Wilna: Unschuldig in den Tod? Wenn dein Vater der Pate ist. In: »Süddeutsche Zeitung«, 30. März 1995.
7 Eingetragen im Joint-ventures-Register unter der Nummer BI 91-90. Veröffentlichung der Statuten am 17. Mai 1991.
8 Die Vollmacht, die dem litauischen Wirtschaftsministerium vorliegt, wurde in Antwerpen ausgestellt und trägt die Unterschriften Brandwains und eines gewissen D. W. Filchagows.
9 Die Gesellschaftsform ist die einer »UAB« oder »Uzdaroisis Akcines Bendroves«. Das »+« ist die kyrillische Schreibweise von »&«, das bereits in den deutschen Verträgen zwischen der M&S International und der russischen Armee auftauchte.
10 Seit Dezember 1994 versichert uns Brandwain, M + S Vilnius befände sich im Konkursverfahren. Dies wurde uns auch von Michael Kaplan und dem Konkursverwalter der Gesellschaft, Gabrielow, in einem Gespräch am 13. August 1995 bestätigt. Mitte August hatte das Wirtschaftsministerium jedoch keine Kenntnis über ein Konkursverfahren der M + S.
11 AFP-Nachricht 340 vom 5. Mai 1995.
12 Die Gesellschaft wurde am 14. Mai 1991 im Joint-ventures-Register unter der Nummer BI 91-86 eingetragen. 70 Prozent des Kapitals sind litauisch, die Minderheitsbeteiligung liegt zu 25 Prozent beziehungsweise 5 Prozent in polnischer und deutscher Hand.
13 Gespräche mit Rachmiel Brandwain vom 18. und 22. September 1995.
14 Alison Mitchell: Russian emigrés importing thugs to commit crimes in U.S. In: »New York Times«, 11. April 1992.

15 Gespräch mit dem Autor, Antwerpen, 22. September 1995.

Kapitel 7

1 Ze'ev Rosenstein ist einer der mutmaßlichen Finanziers des Drogenschmuggels, bei dem 1991 zwischen Zypern und Israel 380 Kilogramm Haschisch transportiert wurden. Sein Komplize Schmuel Azulaj wurde wenige Tage nach der Freilassung Rosensteins im März 1993 wegen eines geringfügigeren Schmuggels von Haschisch und Kokain verhaftet, den man auf der Autobahn Tel Aviv–Jerusalem entdeckte.

2 Joseph Serio: Organized Crime in the former Soviet Union: new directions, new locations. In: »CJ International«, September–Oktober 1993.

3 Naomi Sheperd: The Russians in Israel. The Ordeal of Freedom. Simon & Schuster, London, 1993.

4 Tom Sawicki: Mobster's paradise. In: »Jerusalem Report«, 9. März 1995.

5 Neben Anton Malewski waren Mosche Haimov und Michael Charney Ziel des Attentats. Haimov und Charney sind dem Händler-Milieu zuzurechnen.

6 Der Ausdruck stammt aus der »Jerusalem Post« vom 14. Oktober 1993: »Police hold ›Israels biggest-ever drug smuggler‹«.

7 Juval Schemesch wurde in Tel Aviv am 22. März 1994 zu sieben Jahren Haft, seine Komplizen zu siebzehn beziehungsweise achtzehn Jahren Haft verurteilt.

8 Eine Besonderheit dieses Falles: Weder die Staatsanwaltschaft noch die Generalstaatsanwaltschaft in Antwerpen bestätigten der Presse gegenüber die Verhaftung der Brüder Ben-David. Die Nachricht sickerte erst aufgrund eines Kommuniqués der Polizei von Tel Aviv durch. Daraufhin nahm der israelische Anwalt der Ben-Davids sein Berichtigungsrecht in Anspruch und bestätigte die Verhaftung.

9 Zu diesem Fall: Alain Deboye: West Side Store à la frontière finno-russe. In: »Le Monde«, 2. November 1995.

10 Bustnai Cohen und Elias Cohen sind nicht miteinander verwandt.

11 Die folgenden Details stammen aus einer Analyse, die das BKA anläßlich der internationalen Konferenz über das organisierte russische Verbrechen in Vienna (Virginia) im September 1994 der amerikanischen Steuerfahndungsbehörde FinCEN vorlegte.

12 Juval Schemesch war in verschiedene Drogengeschäfte verwickelt und sagte nicht nur über den kolumbianischen Schmuggelring aus. Er ließ im Oktober 1993 den Transport von 80 Kilogramm türkischen Heroins an Bord der Yacht *Teddy Bear* auffliegen und ermöglichte so die Verhaftung von zwei Ge-

schäftsmännern, die sich auch als Drogenschmuggler betätigten: Zion Herzl und David Schmerling.

13 Siehe: Two more remanded in drug smuggling case. In: »The Jerusalem Post«, 26. September 1993.

14 Diese Informationen wurden von uns nachgeprüft, stammen aber aus der Feder der flämischen Journalisten Danny Ilegems und Raf Sauviller: Ik wil deze nacht in de vodka vredwalen. In: »Humo«, 18. Mai 1995.

15 Gespräch mit dem Autor, 22. September 1995.

16 The Russian Mafia Goes Global. In: »Newsweek«, 2. Oktober 1995.

Kapitel 8

1 New York State Office of Alcoholism & Substance Abuse Services: Street Advisory. Heroin Update. New York, 1994.

2 Ein interessanter Ausdruck, er bedeutet sowohl »Falke« als auch »Kolporteur«.

3 Die Komplizen Dawid Podlogs sind Alexandr Mojsif, Jefim Kats, Adolf Sirotnikow.

4 U.S. District Court, Southern District of New York: United States of America versus Nayfeld, Ukleba, Mikkaïlov, Elishakow, Krutiy and John Doe. Indictment S1 93 Cr. 965 (LLS).

5 Das FBI wußte zu diesem Zeitpunkt noch nicht, daß es sich um eine belgische Gesellschaft handelte. Von Nayfelds Beteiligung an dieser Gesellschaft erhielt es erst 1993 Kenntnis. Das scheint eine der wenigen Informationen über seine Geschäfte zu sein, die das FBI zu diesem Zeitpunkt hatte.

6 U.S. District Court, Southern District of New York: United States of America versus Boris Nayfeld. Indictment 94 Cr. 537 (PKL).

7 Diese elf Personen haben zu Nayfeld unterschiedliche Beziehungen. Unter ihnen befinden sich seine Schwägerin Galina Nayfeld, sein Bruder Gennadi Nayfeld, seine Frau Walentina und ein »alter Freund aus Weißrußland« namens Boris Sorkin. Das FBI bezeichnete Sorkin als »den selbsternannten Paten der eurasischen Kriminalität in Boston, Massachusetts und Verbündeten Iwankows. [...] Da Nayfeld bis zu seiner Verhaftung in Belgien lebte, können die zahlreichen Reisen Sorkins nach Belgien mit einer Beteiligung dieser Männer an dem Drogenhandel in Verbindung stehen.«

8 Bei diesen Ermittlungen handelt es sich um sogenannte »PSA«, eine Bezeichnung, für die es im europäischen Recht kein Äquivalent gibt: Die *pretrial services* oder »Ermittlungsdienste vor der eigentlichen Verhandlung« unterstützen die eigentliche Untersuchung. Nach angelsächsischem Recht werden beide Parteien in einer Gerichtsverhandlung von einem Einzelrichter angehört.

9 Gespräch mit dem Autor, New York, 18. Januar 1995.

Kapitel 9

1 AFP-Nachricht FRA0082 vom 24. April 1994.
2 Hierzu auch das Interview mit Christophe Nick und Alexandr Dazkewitsch: Mafia à Moscou: Qui tue qui? In: »Actuel«, Mai 1994.
3 Interview in »Le Soir« vom 14. April 1995.
4 Mitch Gelman: Brooklyn Mistery led to Russia, Italy. In: »New York Newsday«, 11. März 1995.
5 Von den neun Personen, die in den Fall der Summit International verwickelt waren, wurden sechs angeklagt: Wjatscheslaw Iwankow, Leonid Abelis aus Palisades Park (New Jersey), Sergei Ilgner aus Brooklyn, Waleri Nowak und Wladimir Topko aus Cherry Hill (New Jersey) und schließlich Jakow Wolonik aus Egdewater (New Jersey). Siehe: Peg Tyre: FBI Busts Russian Mob Influx Seen Called Growing Threat. In: The New Jersey Record, 10. Juni 1995.
6 TASS-Nachricht vom 28. Juni 1995: Popular Russian Singer versus U.S. State Departement.
7 U.S. District Court of New Jersey: United States of America versus Morelli et al. Indictment n° 93–210 (WGB).
8 Louise Goodman, Pressesprecherin des Jordan-Rennteams in einer Erklärung am 9. Mai 1996.

Kapitel 10

1 Die Rolle François Tharins im Fall Michailow wurde von unserem Kollegen Pascal Auchlin aufgedeckt, der darüber für die Schweizer Wochenzeitung »L'Hebdo« berichtete. Vor der Verhaftung Michailows lud Auchlin uns zu einem gemeinsamen Interview mit François Tharin ein. Dessen Identität sollte damals allerdings geheim bleiben. Einige Tage nach der Verhaftung des Mafiapaten, am 24. Oktober 1996, wurde der Name Tharins allerdings in der Tageszeitung »Le Nouveau Quotidien« veröffentlicht.
2 Eines der Argumente, das die Verteidigung Michailows vorbrachte, war, daß die Namen Michailows und Awerins in der ersten, französischsprachigen Ausgabe dieses Buches nicht auftauchten. Diese erschien im November 1996 in Paris, das Manuskript zu dieser Ausgabe wurde im August des gleichen Jahres abgeschlossen. Wenn aber ein Experte für die russische Mafia den Namen Michailow nicht einmal erwähnte, konnte dieser logischerweise auch

nicht der bedeutende Pate der russischen Mafia sein, für den man ihn hielt. Zu dieser Zeit aber wurde Michailow für tot gehalten und war für diesen Bericht demnach nicht mehr von Interesse. Die Erweiterung der deutschen Ausgabe um das Kapitel »Genf« widerlegt dieses Argument der Verteidigung.

3 Zwischen dem 15. und 17. Oktober nimmt die Polizei von Lausanne einen Hausbesuch in Michailows Villa in Borex vor. Sie findet dort ein hochmodernes elektronisches Fernabhörsystem vor, dessen Verwendungszweck ein Geheimnis bleibt.

Anhang

Personen und Institutionen

Die Transkription von Eigennamen und Begriffen folgt den Regeln des Duden bzw. der Schreibweise, die sich in der deutschen Presse durchgesetzt hat.

Igor Achremow – Litauischer Mafioso. Mörder des Journalisten Vytas Lingys.

Jewsej Agron – Mafioso aus Leningrad. Erster Pate in der Geschichte der russischen Mafia Brooklyns. Er kam 1975 nach New York und wurde im Mai 1985 ermordet.

Jakov Alperon – Zentrale Figur des israelischen Alperon-Clans aus Ramat Gan. Der Clan war auf Schutzgelderpressung und Schuldeneintreibung spezialisiert.

Rafael »Rafik« Bagdasarian, genannt »Swo« – Er handelte vermutlich die Allianz zwischen russischen und italienischen Mafiaclans aus. Der Armenier war die moralische Autorität des Drogenhändlers Boris Nayfeld und hatte enge Kontakte zu der Gesellschaft M&S. Er wurde im Juni 1993 im Moskauer Lefortowo-Gefängnis ermordet.

Amnon Bahaschian – Israelischer Mafioso. In den Vereinigten Staaten lag gegen ihn ein Haftbefehl wegen versuchten Mordes vor. Im August 1994 wurde er in Tel Aviv ermordet.

Marat Balagula – Ukrainer. Er wanderte 1977 in die Vereinigten Staaten aus und wurde 1985 Nachfolger des ermordeten Jewsej Agron. Bis zu seiner Flucht im Jahre 1986 verkörperte er die russische Organisierte Kriminalität in »Little Odessa«. 1989 wurde er in Frankfurt verhaftet und an die Vereinigten Staaten ausgeliefert. Dort verurteilte man ihn wegen betrügerischer Mineralölgeschäfte zu einer langen Haftstrafe.

Mosche Ben-Ari – Israelischer Händler aus Haifa. Er lebt in Berlin und liefert Spirituosen nach Rußland. Ein Freund Rachmiel Brandwains.

Levi Ben-David – Ermordete im Mai 1992 den Antwerpener Diamantenhändler Josef Jakobi. Im September 1992 wurde er im israelischen Natanya verhaftet.

Rachmiel »Mike« Brandwain – Antwerpener Händler aus der Ukraine. Mitbegründer der Gesellschaften EMA und M&S International. Spezialisiert auf Goldhandel, Import-Export von Elektroartikeln und Zigaretten.

Boris Dekanidse – Chef der »Vilnius-Brigade«, einer litauischen Mafiagruppe. Er gab im Oktober 1993 den Auftrag für den Mord an dem Journalisten Vytas Lingys und wurde im Juli 1995 zum Tode verurteilt und hingerichtet.

Georgi Dekanidse – Vater von Boris Dekanidse. Geschäftsführer verschiedener Gesellschaften, darunter der Union Service. Er wird verdächtigt, der eigentliche Pate der Vilnius-Brigade zu sein, und soll die Gesellschaft Apranga kontrollieren, eine Partnergesellschaft der M&S.

Monja Elson, genannt »Kischinjowski« – Moldawischer Mafiaboß, der sich in den Vereinigten Staaten niedergelassen hatte. Anführer der Monja-Brigade aus Brighton Beach. Er wurde wegen mehrfacher Mordversuche an seinem Rivalen Boris Nayfeld gesucht und im März 1995 in Italien verhaftet.

Riccardo Marian Fanchini – Ehemaliger Partner Brandwains und Mitbegründer der M&S International. Gründete später die Kremljowskaja Group. Ein deutscher Händler polnischer Abstammung, dessen Sitz in Antwerpen ist. Vertrauter Boris Nayfelds. In den Vereinigten Staaten wird er wegen Einbruchs gesucht und in Europa der Geldwäsche verdächtigt.

Wjatscheslaw Iwankow, genannt »Japontschik« – Der »Japaner« vertrat in New York die wirtschaftlichen Interessen mehrerer »russischer« Banden aus Moskau und stand mit Otari Kwantrischwili in Verbindung. Im Juni 1995 wurde er in Brooklyn verhaftet und im Juli 1996 der Erpressung für schuldig befunden.

Schabtai Kalmanowitsch – Ehemaliger Doppelagent, der für Israel und Rußland arbeitete. Lebte eine Zeitlang in Sierra Leone und besitzt Kontakte zu verschiedenen russischen Kriminellen, unter anderem zu Nayfeld und Balagula.

David Kaplan – In Vilnius geborener Israeli. Er soll mit der Vilnius-Brigade in Kontakt stehen und in den Mordfall Vytas Lingys verwickelt sein.

Michael Kaplan – Vater von David Kaplan und Geschäftspartner Brandwains. Er vertritt die Interessen der M&S in den baltischen Staaten.

Jakob Korakin – Praktizierender Jude mit israelischer Staatsbürgerschaft. Er wurde in Israel wegen Kokainhandels zwischen Kolumbien und Europa (via Sankt Petersburg und Antwerpen) zu achtzehn Jahren Haft verurteilt. Korakin soll den Schmuggel von 1092 Kilogramm Kokain organisiert haben, die im Februar 1993 in der finnisch-russischen Grenzstadt Vyborg entdeckt wurden.

Alexandr Kriworuschko, genannt »Sascha« – Schwager und Geschäfts- partner von Rachmiel Brandwain. Er steht für das »S« in M&S.

Otari Kwantrischwili, genannt »Otarik« – Georgischer Abstammung. Pate einer der slawischen Banden der russischen Hauptstadt und Präsident der Lew-Jaschin-Sportstiftung. Er wurde im April 1994 in Moskau ermordet.

Efim (Jefim) Laskin, genannt »Fima« – Schutzgelderpresser. Boris Nayfelds ehemaliger Partner in Deutschland. Er wurde im September 1991 in München auf brutale Weise ermordet.

Vytas Lingys – Litauischer Gerichtsjournalist. Für die Tageszeitung »Respublika« stellte er Nachforschungen über die M&S und die Struktur der Vilnius-Brigade an. Er wurde am 12. Oktober 1993 erschossen.

Jossif Litwak – Deutscher Staatsbürger. Partner Rachmiel Brandwains in den baltischen Staaten. Das FBI zählt ihn zu der kriminellen Organisation Iwankows. Geschäftspartner der Familie Dekanidse.

Wjatscheslaw Ljubarski – Mafioso ukrainischer Abstammung. Er kam 1978 nach Brooklyn und wurde – wahrscheinlich aufgrund nicht bezahlter Schulden – im Januar 1992 ermordet. Ljubarski war in verschiedene Drogengeschäfte und Betrügereien verwickelt.

Ben-Zion Malamud – Händler aus Omsk. Lebt in Berlin. Partner bei Rachmiel Brandwains Geschäften mit Elektroartikeln.

Anton Malewski – Chef des Moskauer Ismailowo-Clans. Er lebt in Tel Aviv. Brandwain bat ihn um Unterstützung, um die russischen Läden der M&S wieder den Händen Kwantrischwilis zu entreißen.

Tengis Marianaschwili – Ehemaliger Leibwächter Laskins. Mafia-Autorität im

Raum Berlin und erbitterter Feind der Tschetschenen. Vor seiner Ermordung in den Niederlanden im Jahre 1992 arbeitete er für die M&S.

Alexandr Michailow – Heroinhändler. Arbeitete mit Boris Nayfeld zusammen. Bei seiner Verhaftung in Kopenhagen wurden erstmals Fernsehgeräte als Versteck für Drogen entdeckt.

Saidamin Mussostow – Tschetschenischer Killer und Rivale Tengis Marianaschwilis. Lebte in Berlin. Er soll die Schießerei vor dem Berliner Restaurant »Gianni« geplant haben. 1992 wurde er in New Jersey ermordet.

Boris Nayfeld, genannt »Beeba« – Weißrusse. Leibwächter der ersten beiden Paten der russischen Mafia Brooklyns, Jewsej Agron und Marat Balagula. Im Januar 1994 wurde er am John-F.-Kennedy-Airport wegen Drogenhandels von Singapur (via Warschau) nach New York verhaftet.

Dawid Podlog, genannt »Dima« – Boris Nayfelds Partner in Heroingeschäften in New York. Er nahm die Lieferungen in den Vereinigten Staaten entgegen. 1994 wurde er zu siebenundzwanzig Jahren Gefängnis verurteilt.

Juozas Rinkavicius – Litauischer Polizeibeamter. Leiter der Polizeiabteilung für Bandenkriminalität in Vilnius.

Georgi Sadow – Bruder des Mafioso Leonid Sadow. Betreibt zusammen mit Rachmiel Brandwain die Geschäftsfilialen der M&S in Rußland. Laut FBI besitzt er enge Verbindungen zu Iwankow.

Leonid Sadow – Russischer Mafioso. Moskauer Protégé von Otari Kwantrischwili. Ist in Moskau für den Schutz der M&S-Läden zuständig.

Juval Schemesch – Israeli. Betrieb Kokainhandel zwischen Kolumbien und Europa. Als Informant der israelischen Justiz half er, »russische« Drogenringe aufzudecken, die von Israel aus operierten.

Oleg Tjagai – Ebenfalls an den Geschäftsfilialen der M&S in Rußland beteiligt. Er starb im Juni 1994 in Wien an einem Herzinfarkt.

Jakov Tilipman – Russischer Partner von Riccardo Fanchini. Er leitete die Handelsgesellschaft Beniteks. 1987 wurde er in Brooklyn wegen Einbruchs verhaftet, 1990 wegen eines Diamantenbetrugs angeklagt. Ferner wird er der Geldwäsche verdächtigt.

Igor Tjomkin – Er wurde im Mai 1995 in Düsseldorf verhaftet und soll Kontakte zum harten Kern der Vilnius-Brigade besitzen.

Schalwa Ukleba, genannt »Schaliko« oder »Swer« – Russischer Mafioso, der sowohl Nayfeld als auch Elson nahesteht. An dem New Yorker Restaurant »Rasputin« beteiligt. Elson trat im Auftrag Laskins an ihn heran und verlangte von ihm, die Ermordung Nayfelds zu organisieren. Ukleba verhinderte jedoch dieses Attentat.

Wiktor Silber, genannt »Wowa« – Mafioso ukrainischer Abstammung. Lebt seit 1979 in Brooklyn. Ebenfalls am »Rasputin« beteiligt und Benzin-»Schmuggler«. 1992 ließ er zwei Scheinfirmen des FBI und der IRS in Brand stecken. Von den schweren Verletzungen nach einem Mordanschlag auf der Brooklyn Bridge im November 1992 hat er bleibende Schäden davongetragen.

ATF – Bureau of Alcohol, Tobacco and Firearms. US-Bundesaufsichtsbehörde für Waffenkäufe und den Waffengebrauch.

CIA – Central Intelligence Agency. Amerikanischer Geheimdienst.

DEA – Drug Enforcement Administration. Amerikanische Drogenpolizei.

FBI – Federal Bureau of Investigation. Amerikanische Bundespolizei. Sie untersteht dem Justizministerium und ist mit dem deutschen BKA vergleichbar.

FinCEN – Financial Crimes Enforcement Network. Amerikanische Steuerfahndungsbehörde.

IRS – Internal Revenue Service. Oberste Finanzbehörde der Vereinigten Staaten.

MWD – Ministerstwo Wnutrennich Del. Russisches Innenministerium.

NDIC – National Drug Intelligence Bureau. Amerikanische Drogenkontrollbehörde.

Glossar russischer Begriffe

awtoritet – Autorität. Bedeutender als ein Bandenchef, steht aber unterhalb des Paten. Die Abgrenzung innerhalb der Hierarchie unterscheidet ihn deutlich von den einfachen Befehlsempfängern. Er besitzt aber nicht das Prestige seines italienischen Pendants.

besis'chodnost – Ausweglosigkeit; das durch eine Enttäuschung hervorgerufene Gefühl der Gleichgültigkeit.

byki – eigtl. Stiere; hier: Leibwächter.

bratski krug – Ausdruck aus der Zeit der alten *wory w sakonje*. Bezeichnet einen Clan, eine bestimmte Bruderschaft.

dan – Von Schutzgelderpressern von einem Geschäft abgeforderte Summe.

dschigit – im Jargon: abwertende Bezeichnung für Georgier.

fenja – Gauner im Mafiajargon.

lideri – Mafiaboß, der unterhalb eines *wor* steht. In den GUS-Staaten kommen auf einen *wor* etwa fünfzig bis achtzig dieser *lideri* (von engl. leader).

na ljudi – Mafiatribunal. Hierbei werden Konflikte unter Mafiamitgliedern nach den Gesetzen der Kriminellen geregelt.

obschtschak (oder *obschtschaja kassa*) – Fonds, Beutekasse der Mafia. Diese Rücklage, die aus den illegalen Einnahmen, den freiwilligen Beiträgen der Clans und den Bußgeldern für das Nichtbefolgen des internen »Kodexes« gebildet wird, hat verschiedene Aufgaben: Unterstützung der Familien Inhaftierter, Finanzierung neuer Verbrechen, Verteilung von Alkohol und Drogen in den Gefängnissen, Schmiergelder. Die Größe des *obschtschak* spiegelt die Bedeutung des *wor* wieder, der über ihn verfügt.

pachan – Bandenchef; Pate.

rasborka – Abrechnung.

rukowodstwo – Führung, Leitung; entspricht am ehesten der Funktion der italoamerikanischen Paten. Das *rukowodstwo* bestimmt, wer in einem festgelegten Gebiet den Rang einer *awtoritet* innehat. Auf eine Stadt können zwischen zehn und zwanzig solcher »Autoritäten« kommen.

schestjorka – wörtl. der Sechste; unterste Ebene der Häftlingshierarchie. Der Botenträger steht in der Hierarchie unterhalb der *gruppa obespetschenie* – der Gruppe, die sich um die Güterbeschaffung kümmert. Diese befindet sich unter der Aufsicht des *sowetnik,* des Vertrauensmanns des obersten Mafiachefs.

schpana – Jugendlicher, der auf die falsche Bahn geraten ist. Aus ihnen werden später »Soldaten«.

s'chod (oder *s'chodka*) – Treffen der obersten Bandenchefs. Dort werden auf internationaler Ebene mögliche Strategien, zum Beispiel die Eroberung der politischen Macht oder die Koordination zwischen den Banden in der GUS und in den Vereinigten Staaten, besprochen.

sowetnik – Vertrauensmann des *wor* oder obersten Mafiabosses.

stukatsch – Informant, Denunziant.

sutschja woina – »Krieg der Hündinnen«. Blutige Auseinandersetzung innerhalb der Mafia. Sie begann Ende der vierziger Jahre zwischen den Verfechtern eines strikten mafiosen Ehrenkodexes – vor allem lehnten sie jede Zusammenarbeit mit dem sowjetischen Staat ab – und den Pragmatikern, die während der deutschen Offensive in der Armee Stalins dienten. Die »Hündinnen« oder *suki* sind Verbrecher, die sich für letzteren Weg entschieden haben.

tjaschki – Vom russischen Wort für »schwer« abgeleitet. Ein *tjaschki* ist ein hartgesottener Verbrecher, der in der Sowjetunion bereits wegen eines schweren Verbrechens im Gefängnis saß.

wor (Plural: *wory*) – Dieb.

worowskoi mir – wörtl. »Welt der Diebe«. Ein Oberbegriff für das Verbrechermilieu.

wor w sakonje – »Dieb im Gesetz«, oder weniger wörtlich: »Der Dieb, der das Gesetz befolgt«. Ein Verbrecher, der den traditionellen Ehrenkodex befolgt.

zechowik – Illegaler Händler, der vor allem auf dem Schwarzmarkt sein Geschäft betreibt. Von der Mafia gedeckt, gibt er 10 Prozent seiner Einnahmen ab und liefert Waren, deren Qualität über dem Durchschnitt liegt.

Die Tätowierungen der *wory*

Eine der mythischen Besonderheiten des eurasischen Mobs ist der Tätowierungskult der *wory w sakonje* und der einfachen Verbrecher. Den Ermittlern können diese Tätowierungen wertvolle Hinweise liefern. Dies war zum Beispiel nach der Ermordung von Saidamin Mussostow der Fall. Das LKA Berlin verfügt über eine Liste von dreihundert solcher Tätowierungen eurasischer Krimineller. Sie können bedrohlichen, lyrischen oder religiösen Charakter besitzen, in Zusammenhang mit der bevorzugten Verbrechensart des Kriminellen, seinem Rang oder seinen persönlichen Neigungen stehen oder nur auf das Geschlecht oder eine bestimmte kriminelle Kaste beschränkt sein. Im allgemeinen scheint dieser Brauch aus der Mode zu kommen. Heutzutage sind elegante und gutrasierte *wory* gefragt. Auf den folgenden Seiten findet sich eine kleine Auswahl solcher Tätowierungen, die in den Ländern der GUS oder in Europa gesehen wurden.

1. Ein Christuskopf an einem Kreuz, unter ihm eine Bibel. Diese drei Symbole sind von Flammen umgeben, in denen das Wort »Freiheit« erscheint. Bedeutung: »In dem Feuer der kommunistischen Partei wurden die Freiheit und die Willensfreiheit verbrannt.« Diese Tätowierung wird auf der Brust oder den Schultern getragen.

2. Das Strafgesetzbuch von 1960 ist von einem Dolch durchstoßen. Bedeutung: »Ich bin ein Anarchist.« Diese Tätowierung wird oft auf dem Unterarm getragen, findet sich aber auch auf anderen Körperteilen.

3. Diese Tätowierung mit dem Bild einer Hand kann verschiedene Überschriften tragen. Hier sind die Worte »Sklave der KPdSU« zu sehen. An dieser Stelle kann ebensogut »Sklave des MWD« (russisches Innenministerium) oder »Sklave der UdSSR« stehen. Die Bedeutung ist in allen Fällen ähnlich: Die Tätowierung drückt den Widerstand gegen das System der Sklaverei und Unterdrückung in den Arbeitslagern aus. Diese Tätowierung wird an ungewöhnlichen Stellen getragen: auf der Stirn, den Augenlidern oder den Armen.

4. Ein Kreuz in Flammen (Symbol der Gläubigen), das von Stacheldraht umrankt ist. Es trägt die Aufschrift »Glaube an Gott und nicht an den Kommunismus«. Diese Tätowierung wird auf der Brust getragen.

5. Ein Teufelskopf, dessen Hals mit einem Dolch durchstoßen ist. Eine antisemitische Tätowierung, die an verschiedenen Körperstellen getragen wird.

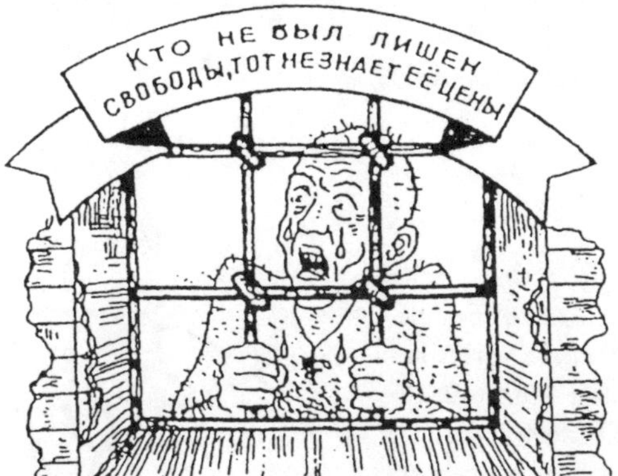

6. Ein Gefängnisfenster, ein Häftling in seiner Zelle und folgende Überschrift: »Wer seine Freiheit nicht verloren hat, kann ihren Wert nicht ermessen.« Nach dem ungeschriebenen Gesetz der Häftlinge bleibt ein wahres »Mitglied der Verbrecherloge« niemals länger als ein Jahr in Freiheit. (Die Anschauung hat sich mittlerweile gewandelt: Jeder Tag im Gefängnis wird nun als unerträglich angesehen.) Diese Tätowierung wird auf dem Bauch getragen.

7. Ein fünfzackiger Stern mit der Inschrift »Tod den Polizeibeamten«, »Tod den Gefängniswärtern«, oder, wie in diesem Beispiel, »Tod dem Abschaum«. Diese Tätowierung wird auf der Brust oder der Schulter, seltener auf den Oberschenkeln getragen.

8. Eine Schulterklappe mit unterschiedlichen Inschriften. In diesem Fall ein »N« für »Napoleon« (oder andere, ähnliche Bezeichnungen). Diese Tätowierungen geben den jeweiligen Rang im Milieu an und weisen eine awtoritet in der Gefängnishierarchie aus. Sie werden auf einer oder auf beiden Schultern getragen.

9. Zwei, drei (oder mehr) Halbkreise in Form von Stacheldraht geben über die verbüßten Gefängnisstrafen Auskunft. Die Zahl der Halbkreise steht für die Zahl der Verurteilungen, die Zahl der Stacheln für die Dauer jeder Strafe (in Jahren). Im Innern der Kreise befinden sich je nach Geschmack die Initialen des Verurteilten oder die Abkürzung des Gefängnisses beziehungsweise des Ortes, in dem die Strafe abgesessen wurde.

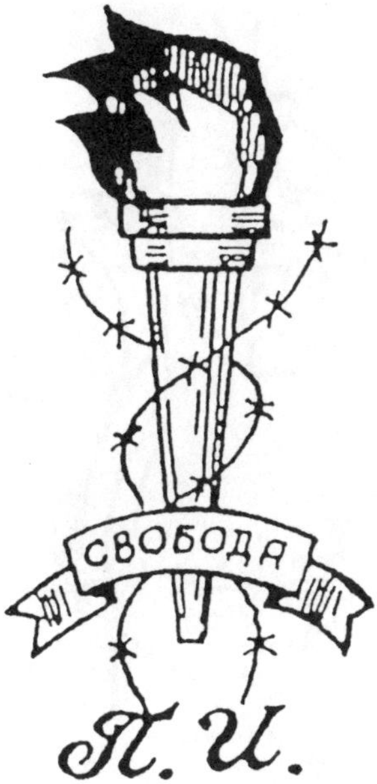

10. Eine Fackel. Bedeutung: Gefängnisbruder oder Lagerbruder. Diese Tätowierung ist oft von Initialen begleitet. Sie bezeugen den Respekt vor der Person, der sie zugeeignet sind.

11. Ein Schwert, um das sich eine Schlange windet. Bedeutung: Der Träger dieser Tätowierung ist Bandenchef. Hebt die Schlange den Kopf, bedeutet das: »Ich begann mit Stehlen und Töten.« Senkt sie den Kopf – was sehr selten ist –, bedeutet dies: »Ich begann mit Stehlen.«

12. Eine Tulpe in einer Hand. Diese Tätowierung wird in der Regel auf der Schulter getragen. Der Träger verbrachte sechzehn Jahre im Arbeitslager.

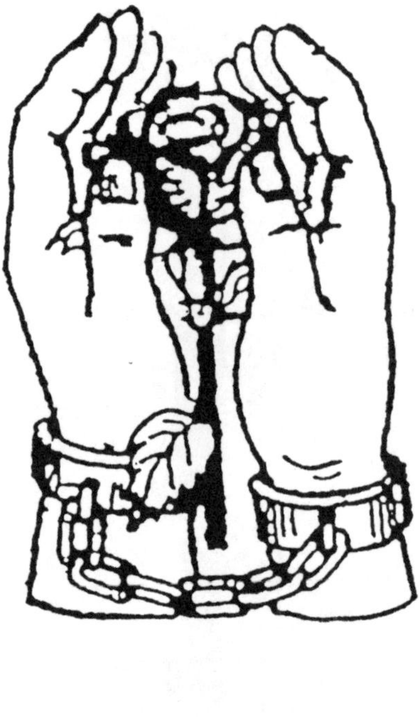

13. Eine Rose in den Händen. Diese Tätowierung steht für achtzehn Jahre Arbeitslager.

14. Der Apfel der Verführung. Bedeutung: Verlust der Unschuld oder die erste Verurteilung. Oft von einem Datum begleitet.

15. Ein Hirsch in vollem Galopp; ein Adler mit ausgebreiteten Schwingen, der in seinen Klauen einen Koffer trägt. Bedeutung: Ich bin zur Flucht bereit. Trägt der Adler anstelle des Koffers ein Schaf in seinen Klauen, hat der Häftling eine besonders kriminelle Vergangenheit.

16. Eine orthodoxe Kirche in einer Handfläche. Die Zahl der Kuppeln hängt mit der Zahl der Verurteilungen zusammen. Diese Tätowierung wird in der Hüftbeuge, auf den Waden oder den Unterarmen getragen. Auf der Brust getragen, wird die Kirche oder Kathedrale ohne Hand dargestellt. Um diese Tätowierung tragen zu dürfen, muß man mindestens fünf Jahre im Gefängnis gesessen haben.

17. Eine Darstellung Neptuns mit dem Sprichwort: »Leben und leben lassen«. Oder es ist eine Hand, die einen gebrochenen Dolch zum Stoß führt, das Handgelenk ist dabei von Handschellen umschlossen. Beide Darstellungen sind ein Symbol der Bedrohung, der Rache. Sie können auch von einem Datum oder Initialen begleitet sein. Bedeutung: »Ich habe es versprochen. Ich werde mich rächen.«

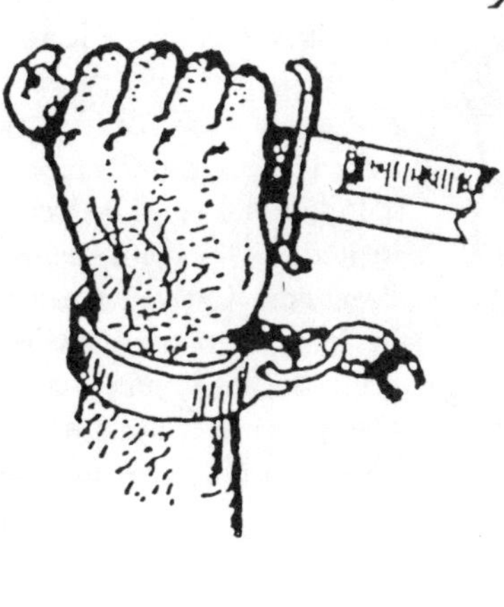

18. Ein Frauenkopf, ein Dolch, Handschellen, die Inschrift: »Rus« für Rußland sowie der Slogan »Noli me tangere« – »Rühre mich nicht an«. Bedeutung: Der Tätowierte hat seine Haft im Ausland abgesessen.

19. Eine brennende Kerze, ein Spruchband mit der lateinischen Aufschrift »Vita Brevis« (»Das Leben ist kurz«) und die Symbole Pik und Kreuz. Die Kerze bedeutet: »Glück beim Diebstahl.« Brennt die Kerze: »Ich habe meine Haft abgesessen, meine Jugend ist für immer verloren.« Das Kreuz spielt auf das Gefängnis an, das Pik ist ein Zeichen der Hoffnung.

20. Eine Katze und die Inschrift: »Die Menschen sind wilde Tiere.« Eine Tätowierung für Frauen, die sie als Mitglied einer Verbrecherbande ausweist.

Danksagung

Unsere wertvollsten Informanten können wir leider nicht namentlich nennen. An dieser Stelle möchten wir aber all jene Gesprächspartner anführen, ohne die eine Analyse der Ereignisse nicht möglich gewesen wäre: Michail Sarkisjan von der Moskauer Generaldirektion für Innere Angelegenheiten (G.U.W.D), Bezirk Nordost (eine Abteilung des russischen Innenministeriums); Kommissar Jörg Kramarz vom Landeskriminalamt Berlin; die beiden New Yorker DEA-Beamten Joseph L. Massimi und Louis Cardinale; das Kommissariat von Brighton Beach (60. Distrikt, New York); Douglas B. Maynard, Staatsanwalt im New Yorker Gerichtsbezirk Süd; Richardas Pocius, stellvertretender Direktor des Nationalen Zentralbüros der Interpol in Litauen; Juozas Rinkavicius, Chef der litauischen OK-Abteilung sowie den Informationsdienst der Bibliothek des DEA-Hauptquartiers in Virginia. Die israelischen Beamten und die Beamten des deutschen Bundeskriminalamtes dürfen wir hier nicht mit Namen nennen; das gleiche gilt für die belgischen Justiz- und Kriminalbeamten sowie die Beamten der belgischen Gendarmerie.

Großen Dank schulden wir dem Personal des Informationsamtes der amerikanischen Bundesregierung (USIA) in Washington, der Botschaft der Vereinigten Staaten und des amerikanischen Kulturzentrums in Brüssel, die mich zwischen 1991 und 1995 in die Geheimnisse des amerikanischen Bundesrechts einweihten; meinen Dank an Rensellaer Lee III. von Global Advisory Services (Alexandria, US-Bundesstaat Virginia) und Louis Shelley von der American University (Washington) für die Zeit, die sie mir geopfert haben.

Auch will ich die Kolleginnen und Kollegen nicht vergessen, die mir zu verschiedenen Zeitpunkten meiner Nachforschungen zur Seite standen. Ihnen gilt mein besonderer Dank: Mario Coffaro,

Chef der juristischen Abteilung des »Il Messaggero« (Rom); Dorinda Elliot, ehemalige Moskauer Bürochefin des Nachrichtenmagazins »Newsweek« (New York), die leider viel zu kurz Korrespondentin in Brüssel war; Eric Merlin von der Wochenzeitung »Événement du Jeudi« (Paris) und allen Mitarbeitern des Drogenbeobachtungszentrums Observatoire géopolitique des drogues (OGD) in Paris; Tom Sawicki vom »Jerusalem Report«; Reuben Schapira, Gerichtsjournalist der »Ha'aretz« und seiner Kollegin Isabelle Ginor; den Mitarbeitern des Archivdienstes der Tageszeitung »The Jerusalem Post«; Rytis Taraila, Chefredakteur der litauischen Tageszeitung »Diena« (Vilnius).

Schließlich wäre diese Arbeit ohne das Vertrauen der Brüsseler Tageszeitung »Le Soir« nicht möglich gewesen. Sie war es, die in den Jahren 1994, 1995 und 1996 die Reportagen, die zu diesem Buch führten, produziert und finanziert hat. Ich möchte ihrem Chefredakteur Guy Duplat und dem Verantwortlichen der Redaktion »Gesellschaft«, Jean-Claude Vantroyen, für ihre aufmerksame Unterstützung danken. Mein Dank gilt auch einigen ihrer Auslandskorrespondenten: Pierre Celerier, früher in Moskau tätig, dessen Aufrichtigkeit und Professionalität ich ebenso schätze wie seinen Mut; Victor Cygielman in Tel Aviv; Nathalie Mattheiem in Washington; und schließlich Irena Wiszniewska, Korrespondentin in Vilnius, in Litauen geborene Polin, deren Leben an sich schon einen Roman füllen würde.

E-Mail: alain.lallemand@lesoir.be

Namenregister

O

P

R

S

T

U,

V

W

Z